THE RESEARCH OF PORCELAIN OF CIZHOU KILN

中国古陶瓷研究辑丛

磁州窑瓷器研究

冯小琦 主编

故宫出版社

2013

彩图一　北朝临水窑青瓷碗

彩图二　宋（金）磁州窑花卉纹梅瓶

彩图三　宋（金）磁州窑白地黑花鹿纹如意形枕

彩图四　金磁州窑白地黑花花卉纹如意形枕

彩图五　金磁州窑白地黑花鹿纹八角形枕

彩图六　金磁州窑白地黑花《菩萨蛮》八角形枕

彩图七　金三彩持荷童子像

彩图八　金三彩男相观音像

彩图九　金磁州窑白釉划花花卉纹碗

彩图一〇　金新密窑白地黑花花卉纹壶

彩图一一　元磁州窑元曲四系瓶

彩图一二　元彭城窑凤纹四系瓶

彩图一三　元彭城窑白地黑花喜鹊纹罐

彩图一四　元磁州窑白地褐花凤纹罐

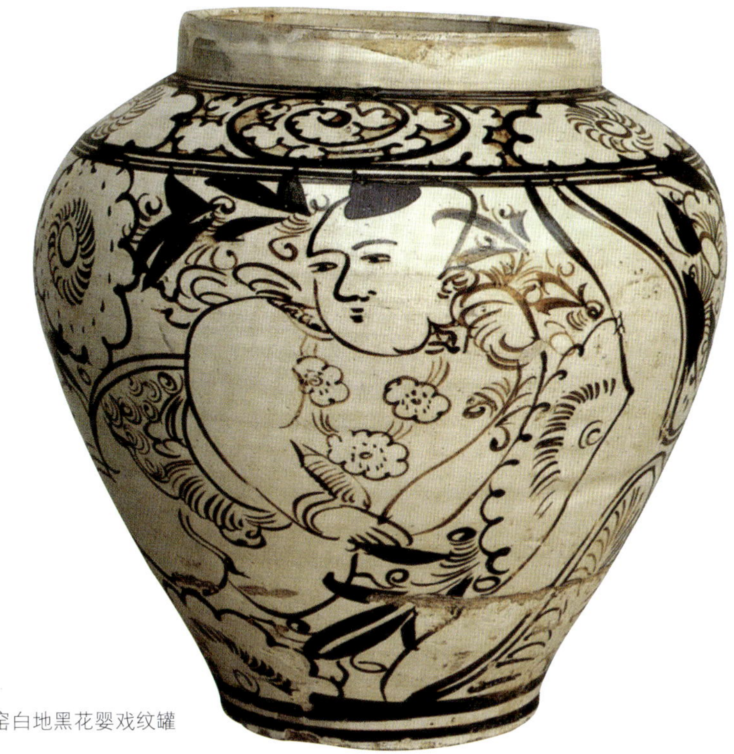

彩图一五　元磁州窑白地黑花婴戏纹罐

彩图一六　西夏白地黑花缠枝牡丹纹罐

彩图一七　西夏白地黑花牡丹飞禽纹六系瓶

彩图一八　南宋西坝窑仿磁州窑白地黑花梅瓶

彩图一九　元海康窑凤鸟纹荷叶盖罐

目录

三 藏品介绍

四 磁州窑系

五 磁州窑与其他瓷窑器物的比较研究

Contents

3. Artifacts Introduction

4. Cizhou Ware Series

磁州窑窑址考察与初步研究

中国防卫科技学院　王建保

内容提要：磁州窑位于太行山东麓的邯郸市峰峰矿区和磁县西部，共 17 处古窑遗址。2008~2010 年笔者考察了其中 8 处，以及半壁街、炉上村和曹村等近期新发现的窑址。将曹村窑址青黄釉标本与范粹墓出土白瓷、白釉绿彩器物及讲武城墓葬出土的同类器物比对研究，结果发现以上器物应属同一窑口，曹村窑可能属于官营窑场。通过研究窑址资料，曹村窑址及两处墓葬出土的青黄釉器物应属陶器范畴。磁州窑经历了北朝、隋唐、宋金与元明清四个发展阶段并有曹村、临水、观台与彭城四个代表性窑址。

关键词：磁州窑　曹村窑址　范粹墓和讲武城墓葬　陶器　四个发展阶段

Abstract: Ci Zhou kiln locates in Feng Feng mine area, Han Dan city, which is in the east foot of Tai Hang mountain and the western part of Ci village, totally 17 ancient kilns. From 2008 to 2010, I investigated eight Cizhou Ware kilnsites, such as Ban Bi street, Lu Shang village, Cao village and other kilnsites discovered recently as well. Comparing the newly discovered specimens of green-yellow glaze from the Cao Village kilnsite with both the white porcelain and green-on-white ware unearthed at Fancui Tomb as well as related wares unearthed from the Jiangwu City Tombs, analysis revealed that the above wares may belong to the same kiln, and that the Cao Village kiln may have been an official kiln. This research indicates that the green-yellow glaze ware from the Cao Village kilnsite and the two unearthed tombs should fall within the scope of pottery. Cizhou Ware experienced four stages of development: the Northern Dynasties, the Sui and Tang Dynasties, the Song and Jin Dynasties, and the Ming and Qing Dynasties. It has four representative kilnsites: Cao Village, Linshui, Guantai, and Pengchang.

Key words: Cizhou Ware, Cao Village kilnsite, Fancui Tomb and Jiangwu City Tombs, Pottery, four developmental stages

磁州窑是我国北方地区著名的民间窑场，窑址遍布今河北省邯郸市部分区县的漳河、滏阳河及其支流沿岸。1918 年巨鹿的意外发现，使得磁州窑引起了世人的广泛关注。国内外学者曾多次深入窑址考察，各有著述。

一 窑址概况[1]

磁州窑位于太行山东麓的邯郸市峰峰矿区和磁县西部，共有 17 处古窑遗址。磁县的漳河及其支流分布着以观台镇为中心的观台、冶子村、东艾口村、申家庄、观兵台、荣华寨、南莲花村、青碗窑、白土村和北贾壁村等 10 处窑址。以临水窑、彭城窑为中心的滏阳河流域分布着临水、二里沟、河泉村、常范庄、富田村、义井村和彭城 7 处窑址。

在磁州窑窑址及其附近，烧制瓷器的各种原材料、燃料和颜料等矿藏丰富。各窑均建于漳、滏河及其支流两岸，水资源充足，既便利制瓷，又为瓷器这种不便于陆路运输的货物提供了方便、廉价、高效的水上运输条件。

二 考察窑址的收获

深受前贤影响，笔者于 2008~2010 年间考察了观台、冶子村、东艾口村、申家庄、北贾壁村、临水、富田村、彭城、半壁街、炉上村和曹村等窑址。其中半壁街、炉上村和曹村窑址是近期新发现的。鉴于上述 17 处窑址已经多有记述，故不再重复。现将新发现的资料简述如下：

（一）炉上村窑址

炉上村（图一）位于峰峰矿区，是传说中张飞炼铁的地方，村西北部发现炼铁炉遗址。长期以来，附近村民往往在此处挖铁矿粉、铁矿石做为副业，结果挖出了地下的古窑址。笔者考察时，采集到了白釉、黑釉、双色釉、钧釉标本以及擂钵和窑具标本等。

1. 白釉

可见碗、杯、瓶类器物标本（图二）。器内满釉，器表半釉，釉色较为光亮，可见稀疏或细小的不同开片。胎灰黄较为粗硬，统施化妆土，装饰方法有白釉黑彩花卉图案，器内可见支钉、沙堆垫烧、涩圈等工艺痕迹。其中一件碗内底可见圆形压痕和支钉痕迹，底足墨书“申”字；另有一件碗内底的彩绘图案画到了涩圈刮釉处，说明是在釉上彩绘（图三）。

2. 黑釉（图四）

根据胎釉特征可分粗细二类制品。细品可见碗、盏类标本，器内满釉，有的器表半釉，有的器表施两种釉及底，釉色纯正、光亮，釉层较厚，可见铁锈花装饰，巧妙运用成分不同的两种釉，以釉代彩、以釉代墨，用毛笔醮釉料绘制竖条纹饰，达到了很好的装饰效果，胎色灰白坚致。粗品，可见碗、罐类标本，罐类口沿变化较多，“墨

图一　磁州窑炉上村窑址一角

图二　磁州窑白釉器标本（炉上村窑址出土）

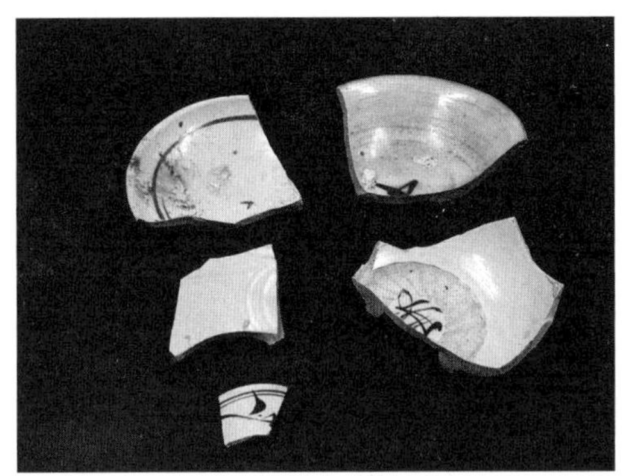
图三　磁州窑白釉器标本（炉上村窑址出土）

图四　磁州窑黑釉器标本（炉上村窑址出土）

图五 磁州窑钧釉器及窑具标本（炉上村窑址出土）

分五色”，有的釉色接近褐、酱色，显得暗淡。胎灰黄较为粗硬。碗类可见内底露胎、涩圈等工艺特征，盘类可见芒口。

3．双色釉

可见碗、盘和盆类标本。器内一般施白釉，器表施黑或酱褐釉。根据器物造型不同，在器内或器表用黑彩绘制花卉、几何纹饰。有的碗类仅底足施黑釉，有的碗口沿“白覆轮”装饰。其中一件内白外褐釉盘，芒口。

4．钧釉

有碗、盘等器物标本（图五），可见生烧现象。

5. 窑具

可见支顶匣钵标本（见图五）。有一件碗底足人为凿穿，可能是充当火照使用。

炉上村窑址的烧造年代，根据现场采集标本，初步判断应在金、元、明时期。

（二）半壁街窑址

半壁街窑址位于峰峰矿区，由于基本建设施工而发现（图六），主要遗物有白釉、酱釉、黑釉及双色釉等瓷器标本和窑具。

1. 白釉（图七）

可见碗、杯、瓶类器物标本。釉色略泛灰、黄，光泽较好，有细小开片，胎灰黄较为粗硬，统施化妆土，装饰方法有白釉黑彩花卉、文字等图案，其中一件碗内底涩圈刮釉处墨书“长□计”三字，底足墨书“闫”字。可见支钉、沙堆、涩圈叠烧等工艺痕迹。

2. 黑釉（图八）

根据胎釉特征可分粗细二类制品。细品可见碗、盏类标本，器内满釉，有的器表

图六　磁州窑半壁街窑址施工现场

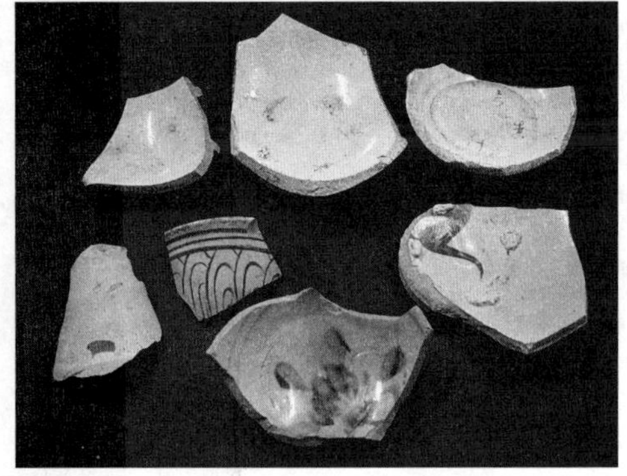

图七　磁州窑白釉器标本（半壁街窑址出土）

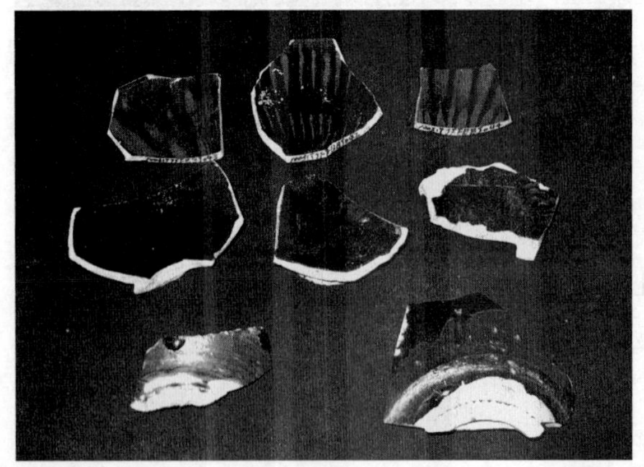

图八　磁州窑黑釉器标本（半壁街窑址出土）

半釉，有的器表施两种釉及底，釉色纯正、光亮，釉层较厚，可见铁锈花装饰，胎色灰白坚致。粗品，可见碗、罐类标本，罐类口沿变化较多，釉色泛褐、酱色，“墨分五色”，显得暗淡，胎灰黄较为粗硬。碗类可见内底露胎、涩圈。

3. 双色釉（图九）

可见碗、盘和盆类标本，盆口沿变化较多，器内一般施白釉，器表施黑或酱釉，根据器物造型不同，在器内或器表黑彩绘制花卉、几何纹饰，可见白釉黑彩划花装饰，有的碗类仅底足施黑釉，有的碗口沿“白覆轮”装饰。其中一件内白外黑釉盘，芒口。

4. 窑具（图一〇）

可见垫饼、支圈、“工”字形支垫、支钉等标本。有一件碗底足人为凿穿，可能是充当火照使用。

半壁街窑址的烧造年代，根据现场采集标本，初步判断应在金、元、明时期，可归属于彭城窑的范围。炉上村与半壁街两处窑址的面貌基本一致。

（三）曹村窑址[2]

曹村窑址位于邺北城东城墙外约500米的漳河河床上（图一一），距范粹墓所在

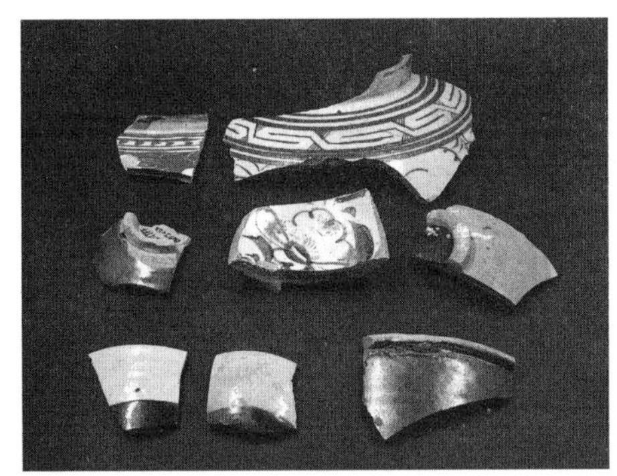

图九　磁州窑双色釉器标本（半壁街窑址出土）

图一〇　磁州窑窑具标本（半壁街窑址出土）

图一一　磁州窑曹村窑址

的河南省安阳县洪河屯约 15 公里，距东魏、北齐讲武城皇陵区约 9.3 公里（图一二）。

1．窑址资料

以窑址为中心在左、前、右三个方向约 300 米的半径范围内，发现了北朝时期的器物残片、窑具、红烧土以及与器物残件粘连的窑渣等（图一三）。

（1）器物

以釉色区分，可见酱釉、青釉、青黄釉及其他釉色标本等。

酱釉（图一四）器物。二次烧成，可见碗、高足杯、瓶等日常生活用器。碗，器表饰二道凸弦纹，旋修痕迹明显，底足稍撇微凹，有的足缘斜削一周。可见三个支钉痕迹，器内外满釉，酱釉细腻有光，有些标本釉色呈青褐或黑褐色。

青釉器物(图一五)。可见碗、盘、杯、瓶等日常生活用器。青釉，有的釉色略泛黄、白，常见细小开片，胎灰白坚致。碗可分直口和敛口两类，器内满釉，器表半釉，常见垂釉，饼足稍撇微凹，足缘斜削一周，常见内底三个支钉痕迹，有二件直口尖唇碗标本，口沿下饰一道或二道细凹弦纹，极为精致。

青黄釉器物。常见碗、钵、高足盘等日常生活用器。以其胎釉品质可分为粗细两类，釉层较薄，釉面光亮、开细小纹片，釉下无气泡，有剥釉现象。胎质均显疏松。碗（图一六），细品，尖唇，直口，深弧腹，饼足稍撇微凹，足缘斜削一周，口沿下饰细凹弦纹，极为精致，内底有三个细小支钉痕迹。器内满釉，器表施釉及底。高足盘（图一七），

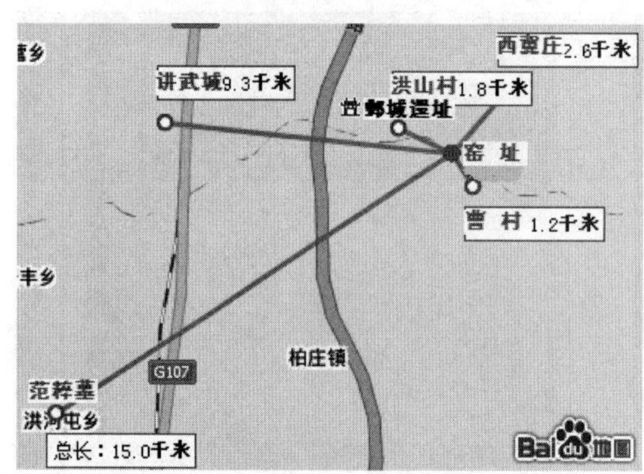

图一二 磁州窑曹村窑址位置示意图

图一三 磁州窑曹村窑址标本

图一四 磁州窑酱釉器标本（曹村窑址出土）

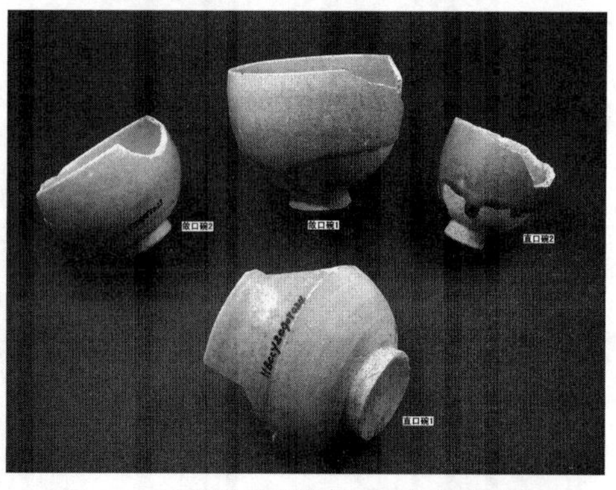

图一五 磁州窑青釉器标本（曹村窑址出土）

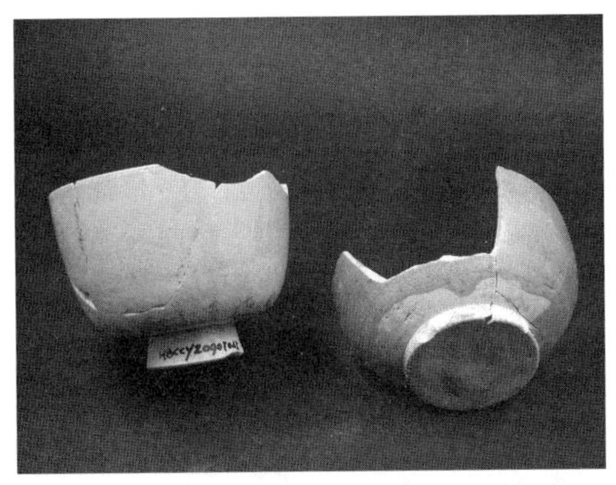

图一六　磁州窑青黄釉器标本（曹村窑址出土）

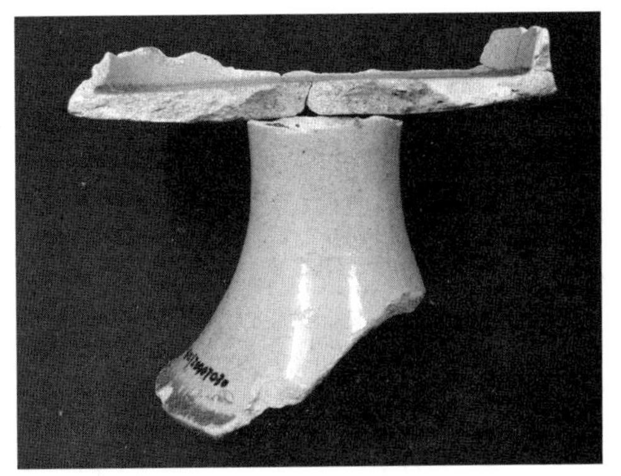

图一七　磁州窑青黄釉器标本（曹村窑址出土）

图一八　磁州窑介于青釉与青黄釉之间的器物标本（曹村窑址出土）

图一九　磁州窑其他标本（曹村窑址出土）

尖唇，口沿外直内斜，平底，盘下承以空心喇叭形圈足，满釉。还有一片钵类口沿标本，口腹部饰竖条绿彩，极为雅致。

介于青釉与青黄釉之间的器物（图一八）。常见碗类，造型与青釉、青黄釉相同，釉色接近青黄釉，有的开片，积釉处泛绿色，胎质接近青釉器物。

其他标本（图一九）。一是属于越窑风格、早于北朝时期的盘口瓶口沿残片，二是白釉瓷瓶类器物的残片。

(2) 窑具

可见三角支钉、空心支柱及其他窑具等。支钉表面常见黏附青釉、青黄釉、酱釉的痕迹（图二〇）。常见灰白胎、红色陶胎。其中一件红色陶胎支钉，表面既黏附酱釉又黏附青黄釉，并残留青黄釉器物胎体的痕迹。

2．窑址标本与出土器物比对

长期以来，河南安阳北齐武平六年（575 年）范粹墓出土的瓶、罐等陶瓷器物[3]的窑口归属问题，一直困扰着业界同人。

2009 年 1 月，磁县文物保管所在讲武城抢救性发掘清理了一座墓葬[4]，出土的墓志盖上刻有篆书“齐”字，遗物中有一件陶俑左耳贴金，还有红胎酱釉及点缀绿彩、

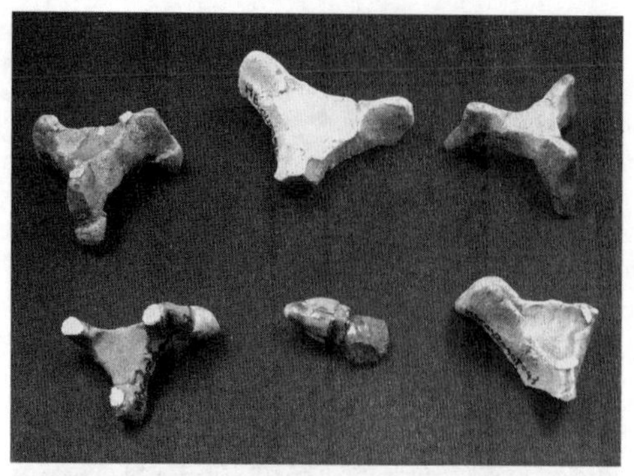

图二〇　磁州窑三角支钉（曹村窑址出土）

图二一　磁州窑曹村窑址标本与范粹墓出土器物比对

图二二　磁州窑曹村窑址标本与讲武城出土器物标本比对

黄彩的青黄釉陶瓷器物。

为了搞清楚曹村窑址的青黄釉标本与范粹墓出土白瓷、白釉绿彩器物及讲武城墓葬出土同类器物的关系，笔者曾邀请有关专家，将曹村窑址标本与范粹墓、讲武城墓葬出土器物做了比对：显示曹村窑址标本与范粹墓出土器物（图二一）釉色均呈青白，釉面光亮、开细纹片，釉下无气泡，从器物表面观察，其工艺水平相当；显示曹村窑址标本与讲武城墓葬出土标本（图二二），若无标记则很难区分。根据比对的结果，证明曹村窑与范粹墓、讲武城墓葬具有同时代、同地域和同品类的共同特点，两处墓葬出土的酱釉和青黄釉陶瓷器物应属曹村窑出产。鉴于上述两处墓葬的皇陵和贵族地位，证明曹村窑址不是一处普通的民间窑场，很可能是专门为宫廷及贵族阶层烧造高档陶瓷制品的官营作坊。

3. 曹村窑烧制器物的陶瓷属性

酱釉器物，根据其胎釉特征，属于陶器的范畴；青釉器物，根据其胎釉特征，属于青釉瓷器的范畴。至于青黄釉器物应属陶器，原因如下：首先，青黄釉器物的胎质明显疏松，尚不具备瓷器对胎质的要求；其次，在窑址发现的表面既黏附酱釉又黏附青黄釉，并有青黄釉器物胎体残留痕迹的陶胎支钉，证明酱釉、青黄釉器物的窑具是交叉重复使用的；最后，红色陶胎的三角支钉和三叉形支柱，也不可能耐受烧造瓷器所要求达到的高温条件。所以，笔者认为曹村窑的青黄釉器物应属陶器范畴，而介于青釉和青黄釉之间的器物属性则需要借助更多的研究方法来界定。

4．曹村窑址的时代上限与下限

曹村窑址发现的酱釉碗与河北省文物考古研究所藏1973年于景县高雅墓（东魏天平四年，537年）出土的酱釉弦纹碗造型一致，证明曹村窑址的时代上限不会晚于东魏。由于高雅墓距东魏政权建立仅四年时间，曹村窑址的时代上限上溯到更早也是可能的。由于“北周大象二年（580年），杨坚、韦孝宽在战争中彻底焚烧邺城居邑，从此结束了邺城作为都城的历史”[5]，所以，曹村窑址可能在战争中遭到毁灭性的破坏，这是其年代下限。

三 关于磁州窑四个主要发展阶段及代表性窑址的探讨

磁州窑自北朝始烧，纵观其1000多年的发展历史，大体上可以划分四个主要发展阶段，每一个发展阶段都有一个代表性的窑址。

第一阶段：北朝时期，以曹村窑址为代表。

根据现有的资料，曹村窑址是已知漳河流域（河北段）最早的窑址，是北朝时期北方地区的代表性窑口之一，其性质很可能是官营窑场。根据叶喆民先生“北朝时制瓷手工业的中心在邺”[6]的论断，曹村窑址很可能是此“中心”窑场。虽然北贾壁窑和临水窑均为北朝时期的窑场，但从始烧时间、窑场性质以及烧制器物的品质综合来看，终稍逊曹村窑址一筹。所以，曹村窑址是磁州窑北朝时期的代表。

第二阶段：隋唐时期，以临水窑址为代表。

临水窑位于现峰峰矿区的临水镇。该镇因紧临滏水而建，故名。在魏（222年）时，临水镇设临水县，北朝时期，临水县曾一度是邺都的“京畿之地”。在当时，临水县位居邺都脚下，水陆交通便利，商贸比较繁荣，陶瓷烧造在这时也开始兴起。2002年，邯郸市文物研究所与峰峰矿区文物保管所，对临水三工区建设工地进行抢救性清理发掘，共出土瓷片3万余件。其中，白釉瓷片21050件，黑釉瓷片5672件，金代红绿彩瓷片200余件，唐代青瓷片400余件，其他瓷片及窑具613件[7]。临水窑址始烧于北朝，历经隋唐宋元一直延续下来，特别是唐代窑址资料的发现，贯通了磁州窑的上下链接，具有重要意义，所以，临水窑是磁州窑隋唐时期的代表。

第三阶段：宋金时期，以观台窑址为代表。

观台中心窑场始烧于五代末到北宋初年，以丰富的大青土、斑花石、釉土等原料，优质煤燃料以及可供生产、方便运销的漳河水力资源等优势发展起来。宋金时期，名窑俱显，磁州窑以其洒脱奔放的风格、贴近生活的题材以及独具匠心的技艺赢得了社会的认同，并迅速将其符号性的“白釉黑彩”文化元素传播四方，形成了庞大的“磁州窑系”。在这一时期，虽然临水窑、彭城窑均有烧造，但其规模、品类均不能超越观台，所以，观台窑址是磁州窑宋金时期的代表。

第四阶段：元明清时期，以彭城窑为代表。

彭城与临水同处一地，矿脉资源、人文习俗相同，具有烧制陶瓷的历史与现实渊源。宋金时期观台窑的繁荣也应该对同样拥有丰富的制瓷原料与水力资源的彭城产生较大的影响，所以，彭城窑元代时逐渐发展壮大起来，形成了新的陶瓷烧造中心，继而，彭城窑的品质也得到了很大的提高，到了明代“磁州……彭城厂在滏源里，官窑四十余所，岁造磁坛纳于光禄寺”[8]。即使到了清代，也不是“只可供肆店农庄之用”[9]，《乾隆府厅州县图志》载：“直隶广平府土贡磁器管县九、州一：磁州……”[10] 所以，彭城窑是磁州窑元明清时期的代表。

四 结语

本文通过对邯郸市部分区县的漳河、滏阳河及其支流沿岸古代窑址的考察，发现了新的窑址资料，丰富了对磁州窑的认识，并依据现有资料，对其悠久的烧造历史进行初步的阶段性总结。但是，仅凭目前的资料，难免以偏概全，尚需进一步的完善。

（鸣谢：本文得到磁州窑博物馆和峰峰矿区文物保管所的大力支持，特表谢忱！）

注释：

[1] 此部分文字根据马忠理先生：《磁州窑考古发掘及分期概述》一文有关内容整理而来，《中国古陶瓷研究》第十一辑，紫禁城出版社，2005 年。

[2] 详见笔者另文《河北省临漳县曹村窑址考察与初步研究》。

[3] 河南省博物馆：《河南安阳北齐范粹墓发掘简报》，《文物》1972 年第 1 期。

[4] 磁州窑博物馆：《磁州窑博物馆馆介》，2009 年。

[5] 罗宗珍：《魏晋南北朝考古》第 25 页，文物出版社，2001 年。

[6] 叶喆民：《隋唐宋元陶瓷通论》第 3 页，紫禁城出版社，2003 年。

[7] 赵学峰：《中国磁州窑典籍》第 14 ～ 15 页，中国文史出版社，2006 年。

[8][9][10] 冯先铭：《中国古陶瓷文献集释》第 40 页，艺术家出版社，2000 年。

峰峰矿区临水古瓷窑遗址调查

邯郸市政府　庞洪奇

内容提要：临水古瓷窑址因全部压在现代城市之下而长期不为世人所知，近年来结合城市建设工程，笔者对在此发现的十多处古陶瓷窑址进行了调查，并参照文物机构的考古发掘成果及参考相关文献资料进行研究，初步廓清了磁州窑临水窑场烧造的基本情况，由此获得了一些新认知：第一，临水窑始烧于北朝，盛于宋金，持续至元明，是磁州窑的烧造之源。第二，临水窑烧造规模大、创新品种多，装饰多样、制作精良、发展历程完整，是磁州窑的中心窑场之一。第三，临水窑的烧造活动和工艺技法必然会对其后出现的彭城和观台窑产生直接而重大的影响；临水与贾壁、观台、彭城几大窑场的传承关系应重新认识。

关键词：磁州窑　临水窑遗址调查　研究

Abstract: Because the ancient Linshui kilnsite lies beneath the modern city of Handan, it remained unknown for a significant period of time. The author investigated over ten ancient ceramic kilnsites discovered during the city' s recent construction projects, and undertaking research with reference to results of archaeological excavations by cultural relic institutions as well as the related literature, this paper tentatively clarifies the fundamental state of Cizhou Ware production at the Linshui kiln. This results in several new insights: first, that the Linshui kiln commenced firing in the Northern Dynasties, flourished in the Song and Jin, and produced up to the Yuan and Ming, making it the origin of Cizhou Ware; second, the Linshui kiln enjoyed large-scale production, many original works, varied decorative practices, superlative craftsmanship, and a complete course of development, making it one of the central kilns of Cizhou Ware; third, the Linshui kiln' s firing technology and technical skill must have exerted a direct and considerable effect on the Pengcheng and Guantai kilns, which emerged later. The relationship between the great kilns at Jiabi, Guantai, and Pengcheng should be reconsidered.

Key words: Cizhou Ware, Linshui Kilnsite, site investigation, research

根据考古发掘和调查，磁州窑的中心窑场有两处：一处是位于漳河流域由观台、

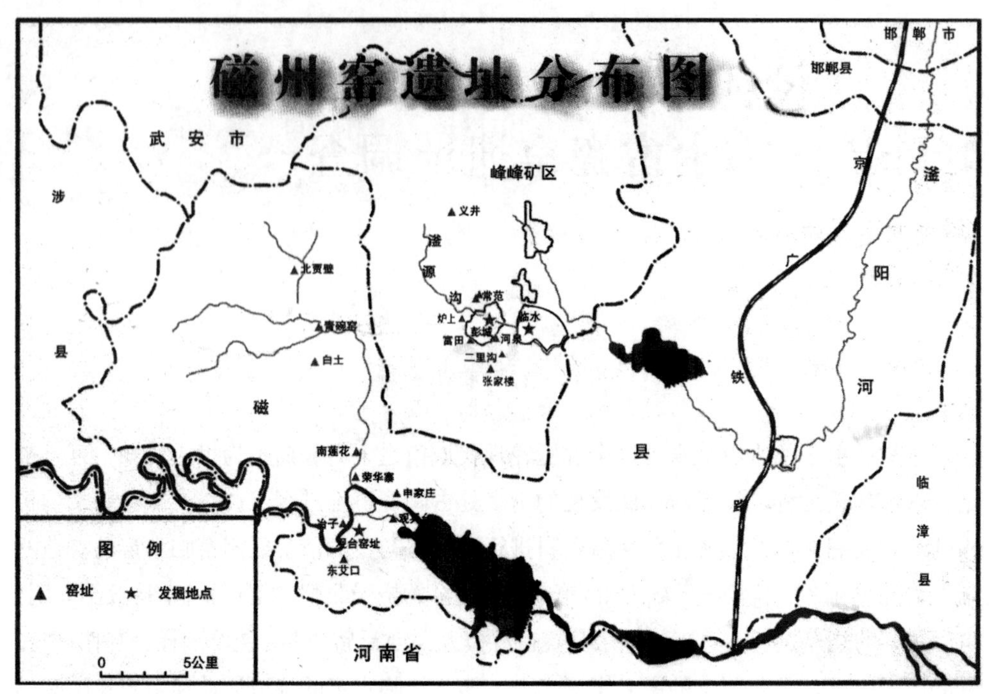

图一　磁州窑遗址分布图

冶子、艾口等窑址组成的窑场；一处是位于滏阳河源头由临水、彭城、常范等窑址组成的窑场（图一）[1]。由于漳河流域的窑场早在元末就已停烧，古瓷窑址在农田之下得以较好保护，而滏阳河流域的古瓷窑场大都压在城市之下，故 1949 年以来的考古调查和发掘主要集中在观台窑场。虽然叶麟趾、陈万里、冯先铭等古陶瓷专家学者对彭城窑进行过多次调查，但都仅限在地面之上[2]，多年来文保机构亦从未主动进行过科学的考古发掘，临水窑更是完全掩埋在城市建筑之下而长期不为世人所知。20 世纪 70 年代以来，随着经济发展和城市建设的不断加快，位于峰峰矿区中心城区的临水镇先后有多处古瓷窑址及数以十万计的窑器标本得以重见天日，临水窑始被人论及，但均论之不详[3]。近年来，笔者和当地磁州窑专家对临水镇多处古瓷窑址进行了调查，结合文物机构的考古发掘成果并参考文献资料进行研究，初步廓清了磁州窑临水窑场烧造的基本情况，并由此获得了一些新认知。

一　窑场地理位置及环境

临水镇（村），因地临滏水（今滏阳河），故名，现为邯郸市峰峰矿区人民政府所在地。222 年（魏黄初三年）三国曹魏将武安县部分地区析出，在今临水镇临水村始置临水县（辖区包括今磁县及峰峰矿区），至 1073 年（宋熙宁六年）改县为镇，属河北西路磁州管辖，此地设县治凡 851 年（其间，县名及县域多有变更）[4]。该镇西依太行山，东邻冀南平原，扼古太行八陉之滏口陉及古昭关，古为山西东出太行去往中

图二　北朝青瓷窑址（1975 年发现，临水火车站南汽车三队住宅楼工地西侧建筑物下）

原腹地的必经之地，著名的磁山文化遗址与之相邻，磁州窑彭城窑场与其东隔滏口陉相望；始建于东魏、北齐年间，素有“中国石窟艺术的缩影”[5]之称的响堂山石窟与其毗邻。此地位于滏阳河源头，山清水秀、人杰地灵，为六朝古都邺城的京畿之地及经济、军事重镇，具有悠久的历史积淀和深厚的文化底蕴。20 世纪 70 年代以来陆续发现的多处古瓷窑址就集中分布在临水城区西部、紧靠滏阳河的区域内（图二）。

二　窑址调查发掘情况

自 1950 年峰峰矿区建立，临水镇成为“新市区”至今（其间，1955 年至 1956 年为省辖峰峰市），该地每有建设工程，便有古瓷器出土或古瓷窑址发现。

1．临水火车站南青瓷窑址

1975 年，峰峰矿区文保所干部李喜仁先生和磁州窑爱好者刘立忠先生（现为中国古陶瓷学会会员、中国工艺美术大师）共同在临水火车站南、生产队起土沤肥的土坑内发现一处古瓷窑遗址。经小面积清理发掘，发现古瓷窑窑炉一座，出土窑灶、支架等窑具及青瓷器百余件，其最突出的特点是部分瓷器（主要是碗、钵）的口部施有化妆土，上面罩以青黄色釉，化妆土部分明显呈现黄白色。1975 年邯郸地区文物大普查后，著名磁州窑专家马忠理先生与李喜仁先生等再次复查了这处古青瓷窑址。1977 年邯郸市和磁县文保部门在东槐树村发掘的北齐武平六年高润墓出土了两式青瓷碗（图三）。参加发掘工作的马忠理先生通过对比分析、研究认为：“其 I 式碗与贾壁窑的青

图三　北齐两式青瓷碗（高润墓出土，磁县磁州窑博物馆藏）

图四　北朝青瓷窑址长方形料池（临水火车站发现）

图五　北朝青瓷窑址圆形料池（临水火车站南发现）

图六　北朝青瓷窑址料池及瓷片（临水火车站南发现）

图七　北朝青瓷碗（临水火车站南北朝青瓷窑址料池出土）

褐釉碗相同，而Ⅱ式碗与临水窑的口部有化妆土的碗相同。”[6] 据此，马先生撰文指出：“贾壁、临水青瓷始于北齐，隋唐续烧，宋代改烧白瓷。”[7]

2009 年 11 月至 2010 年 4 月 3 日，笔者先后几次到峰峰矿区新市区火车站南汽车三队住宅楼工地查看，在前后开挖的两个地槽中分别发现了料池三个及窑炉红烧土、青瓷器（片）等窑址遗存，当与其西侧 1975 年发现的青瓷窑址同为一个窑场（图四、图五、图六、图七）。

2. 临水三工区古瓷窑址

2002 年 5 ～ 6 月，邯郸市、区两级文物部门联合对位于临水镇滏临大街西侧的三工区顺田购物中心建设工地古瓷窑址进行了抢救性发掘清理（图八），发现陶窑一座（图九）、青瓷料池十多处、红绿彩作坊一个（图一〇），出土青釉、绿釉、黄釉、化妆白釉、白地黑花、红绿彩、刻划花、印花、绞胎、绞釉等各类瓷片 3 万余片及大量窑具。这是文物机构首次对临水窑址进行正式的考古发掘。虽然在发掘前这处古瓷窑址遭到机械施工的严重破坏和周边居民的盗掘，但极其重要的是：不仅发现了宋金元古窑址，而且在其文化层之下发现的陶窑火塘中出土陶罐 2 个；从青瓷料池中发掘出土“开元通宝”钱币 17 枚及碗、盘、钵、罐、炉、高足盘、矮足盘等若干青瓷器标本[8]。河北出口文物鉴定站站长穆青先生了解和察看了此次发掘的陶窑情况及出土的部分青瓷器物后，认为从其特征看，该窑的始烧年代至少在隋唐，甚至早到北朝。另外，在顺田购物中心二期工程施工时，除出土了与一期相同的青瓷、白地黑花、红绿彩等宋金元瓷器外，还发现了明代文化层，出土了一些碗内绘有写意人物纹饰、具有典型明代特征的白地黑花赭彩瓷器标本。

3. 汽车一队和峰峰饭店古瓷窑址

汽车一队与峰峰饭店相邻，共同位于滏临大街东侧、三工区窑址东北处。1977 年文物考古机构配合基建工程清理了在该汽车队建设工地发现的窑址[9]，但未发表发掘研究报告；2003 年在该地建设天客隆大型超市时，笔者到该工地查看，发现了以烧制

图八　2002 年临水三工区窑址发掘现场

图九　临水三工区窑址隋唐窑炉发掘现场

图一〇　临水三工区窑址红绿彩作坊遗址

黑瓷为主的窑炉、瓷器标本及窑具，因该超市为钢架结构建筑，只开挖了几道沟槽和浅井而未进行大规模挖掘，故具体的烧造情况不详，但这是一处古窑址无疑。

2009 年“五一”节期间，笔者利用假休到峰峰饭店整体拆迁改建三星级酒店的建设工地调查，看到四五米深的地槽中有两眼古井，从中淘挖出不少炉渣和瓷片（图一一）；其南端土壁上方有烧瓷的炉渣堆积层（图一二）；挖开的泥土中散布着一些宋元瓷片。随后，笔者又进行走访调查，在专事磁州窑瓷片收集的陶瓷十厂内退职工张新堂家里看到了工程开挖时他收集的部分青瓷、化妆白瓷、白釉划花瓷、红绿彩瓷片和一片少见的绿釉黑剔花瓷片。此地与三工区窑址仅百米之远，因此二者当同为一大的窑场。

4. 峰峰电厂古瓷窑址

峰峰电厂建于日军占领时期，位于临水镇城区西部、滏阳河岸东，隔鼓山南街与三工区窑址相邻。据调查，20 世纪 80 年代中期峰峰电厂扩建时就曾出土过不少青瓷、白地黑花、红绿彩等瓷器。2008 年 3 月峰峰热电厂扩建，开挖 150 吨锅炉主机房地基时发现古瓷窑址，在老厂房西墙基下距地表约 1.5 米处发现一座直径不足 2 米的烧瓷窑炉。此项工程基坑开挖面积达 1 575 平方米，深达 6 米，出土了大量瓷器标本和窑具（图一三）。计有青瓷、化妆白瓷、绿釉瓷、黄釉瓷、酱釉印花、白釉绿彩、白釉酱彩、珍珠地划花、白地剔划花、白地黑花、黑釉窑变瓷、白釉印花等各类装饰品种。

除以上窑址外，20 世纪七八十年代在兴建人防工程、区公路站、长途汽车站及邯

图一一　峰峰饭店窑址古井及炉渣遗存

图一二　峰峰饭店窑址炉渣遗存

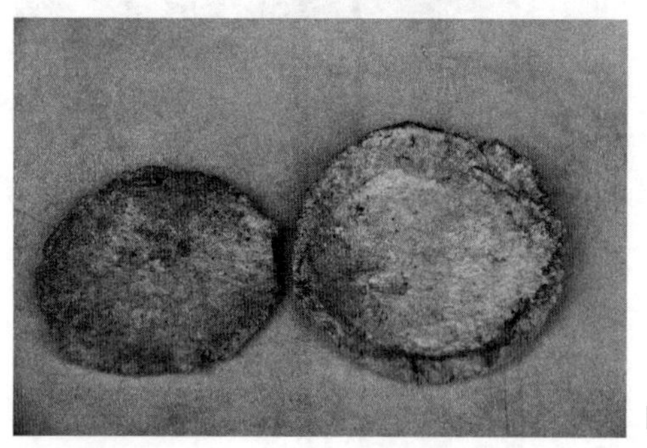

图一三　窑具标本（峰峰电厂窑址出土）

图一四　人民公园窑址遗存

图一五　人民公园窑址瓷土料场遗存

峰输水等工程时，均发现有青瓷、白瓷、红绿彩等大量古瓷器。近年来，随着城市建设步伐的加快，大批新建及旧城改造项目开工建设，笔者又先后在区政府办公大楼、花园住宅小区、世纪广场、望园楼饭店、人民公园、第一小学、第二小学教学楼等建设工地发现了多处古瓷窑遗址和大量古瓷器标本。其中，在位于滏阳河北岸的原人民公园建设工地，除发现不少宋元瓷片外，还看到大量瓷土堆积（图一四、图一五）；在其东部国泰花园建设工地，曾有大量斑花石（磁州窑黑绘原料石）及绞胎球、莲花纹筒形盖罐、黑釉炉等宋元瓷器标本出土。

三 本来面目

经以上文物考古机构、磁州窑爱好者 30 多年的调查、发掘和研究，临水窑场的基本面目已清晰地展现在世人面前：

1. 烧制时间长

始烧于北朝，经隋唐、宋金、持续烧造到元明。

2. 窑场范围广，烧造规模大

从现已发现的古窑址分布情况看（图一六），临水窑场大致范围为：西至峰峰发电厂及东纸坊村，东至区建筑公司，北到邯磁环行铁路，南到滏阳河，总面积近 2 平方公里。在此之间，各窑场首尾相连、窑址密布，地下古陶瓷遗存十分丰富（图一七）。

3. 烧造品种繁多，制作精良

按其用途分，计有生活用瓷、陈设用瓷、宗教用瓷、建筑用瓷、儿童玩具类瓷等；瓷器的造型有各式碗、盘、枕、壶、杯、盏、罐、钵、炉、瓶、盒、盂、砚、棋子、人物俑像、动物摆件、儿童玩具、房屋模型、建筑构件等上百种。从以上品种的器型、胎质、釉色、纹饰等情况看，临水窑工艺先进，釉料讲究，器型规整，整体烧制水平较高，尤以宋金时期为最（图一八、图一九）。

4. 装饰技法多样，纹饰精美

临水窑的装饰技法几乎涵盖了磁州窑的所有品种。除常见之品外，尚有独具神韵

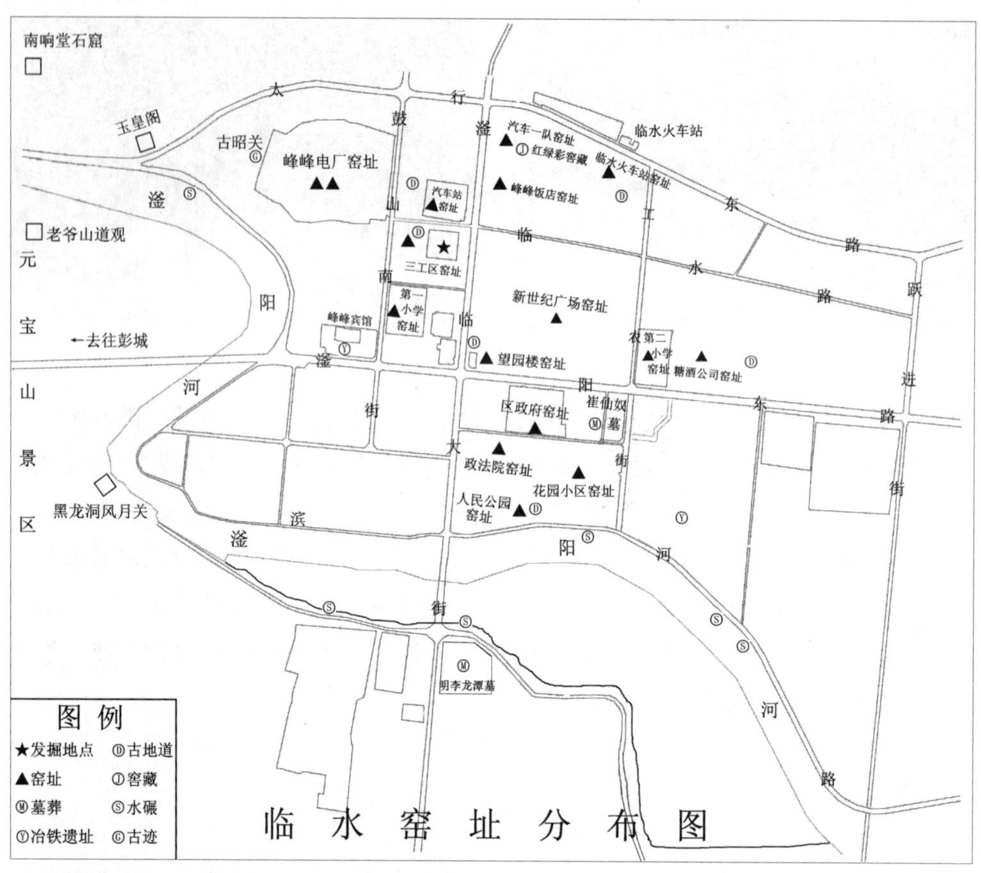

图一六　临水窑址分布图

图一七　区建筑公司住宅楼工地发现的古地道

图一八　宋磁州窑白釉行炉标本（峰峰电厂窑址出土）

图一九　宋磁州窑白釉浅腹碗（峰峰电厂窑址出土）

和特色者，现摘要予以介绍：

（1）青釉瓷及早期白瓷

临水窑北朝瓷器与同属北朝的贾壁窑青瓷有显著不同：一是从釉色上看，贾壁窑除青黄釉瓷外，其青褐釉及青绿釉瓷釉质较差，尤其是前者，釉厚浊有黑点，且普遍有流釉现象，釉滴呈褐色（图二〇）；临水窑青瓷中亦发现有青褐釉者，但所占比重较小；其青绿、青黄釉瓷中有半数以上碗、盘、钵等器物，因施有白色化妆土而呈白黄色（图二一、图二二、图二三、图二四）。二是从胎质上看，贾壁窑的青褐釉瓷器重、胎粗，疏而有孔和黑点，色呈灰褐或黄褐色；而临水窑青瓷多器壁稍薄，器足修削规整。特别需要指出的是，临水窑另有一种近似白胎、白釉的瓷器，其胎质细腻、坚密，瓷化程度极高，击之声如磬，釉质稀薄、釉色白净、略带青色，外半釉处整齐，无积釉、流釉现象，实际上已"近似"白瓷[10]，或应称为"临水北朝早期白瓷"（图二五）。

（2）黄釉和绿釉瓷器

临水三工区窑址和峰峰电厂窑址均出土了不少黄釉、绿釉瓷器，器型有碗、壶、罐、枕、炉、花盆、建筑脊饰等（图二六、图二七、图二八、图二九），有年代早、晚之分和高、低温烧成之别，大都釉色莹润，色彩鲜艳。如电厂窑址出土的绿釉执壶残器，釉色青翠欲滴，它和同处出土的另一只黄釉执壶均为长腹、饼足，应为唐晚期或五代烧造之品；金代绿釉铺首耳四棱扁腹瓶之铺首衔环贴塑纹饰生动精美（图三〇）；三

图二〇　北朝青褐釉高足盘标本（峰峰电厂窑址出土）

图二一　北朝青绿釉碗标本（临水三工区窑址出土）

图二二　北朝青黄釉碗标本（临水火车站窑址出土）

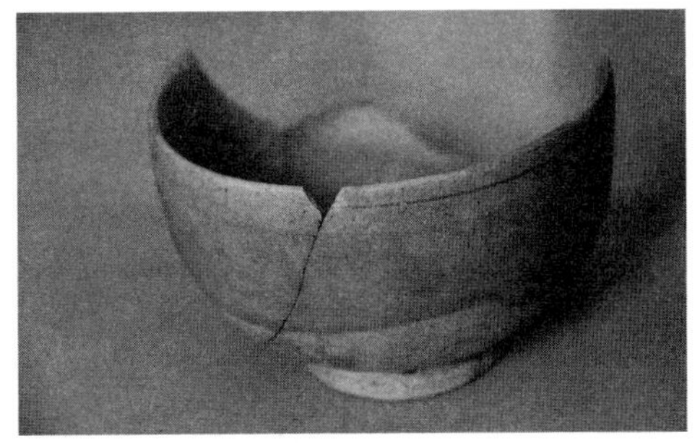

图二三　北朝口部施化妆土青釉碗标本（临水火车站窑址出土）

图二四　北朝青釉碗（临水火车站窑址出土）

图二五　北朝早期白瓷标本（临水三工区窑址出土）

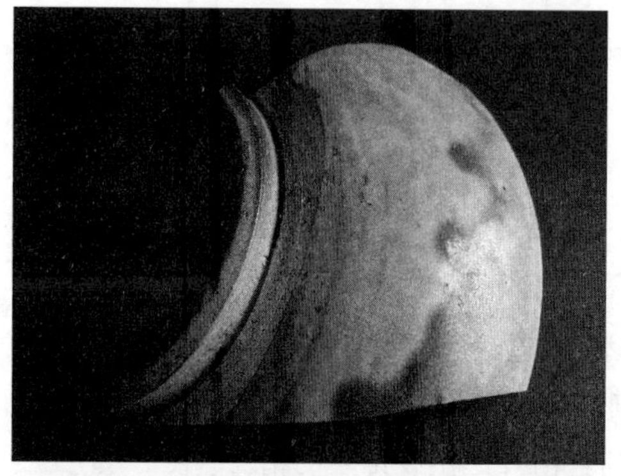

图二六　唐黄釉浅腹碗标本（峰峰电厂窑址出土）

图二七　唐黄釉碗标本（临水三工区窑址出土）

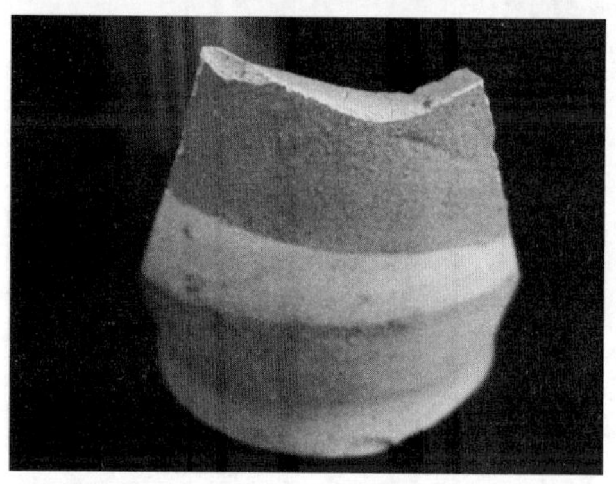

图二八　唐晚期饼足黄釉器标本（峰峰电厂窑址出土）

图二九　唐晚期饼足绿釉器标本（峰峰电厂窑址出土）

图三〇　金绿釉铺首耳四棱瓶标本（峰峰电厂窑址出土）

工区窑址出土的黄釉残炉和电厂窑址出土的龙纹建筑脊饰残件制作工艺精巧，釉色光鲜明亮，一望便知其釉质配制和烧造水平之高（图三一）。

（3）白釉酱彩和酱釉印花

峰峰电厂窑址出土最多，烧造年代约为五代至北宋早期[11]。白釉酱彩以点、绘手法施以白釉碗、盘、罐、钵等器物；纹饰计有蝌蚪纹、三叶纹、麦穗纹、放射纹及散点、梅花点等，色浅者呈酱褐色（图三二、图三三）。酱釉印花，器物造型主要为碗、盘两种，涩圈摞烧。釉色有酱黄、酱黑之分。纹饰均印在碗盘内壁，计有牡丹、荷莲、菊（其中菊花又有缠枝菊、团菊之别）等花卉纹，以及鱼纹、龙纹、婴戏纹、文字装饰等。如一碗片上印有一只乌篷船，船首和船尾各有一男童作奋力划船状，童子胖头胖脑、憨态可掬；一碗心釉下刻有“何家做半（盘）子□□”，另一碗内刻“李”字。前者当为窑厂字号，后者可能是工匠之姓。这应是磁州窑瓷器书写厂家字号最早者（图三四、图三五、图三六、图三七、图三八）。

（4）剔、划花和篦纹

已调查的几个窑址出土最多的是白釉划花篦纹碗、盘标本（图三九、图四〇）；其次是篦纹装饰（图四一）；发现的剔花标本不多，但品种齐全。如三工区窑址发掘出土了少量黑釉剔花标本；电厂窑址出土了白釉剔花、白釉褐彩剔划花篦纹及白釉划

图三一　金黄釉龙形脊饰标本（峰峰电厂窑址出土）

图三二　宋早期白釉酱彩麦穗、蝌蚪纹器标本（峰峰电厂窑址出土）

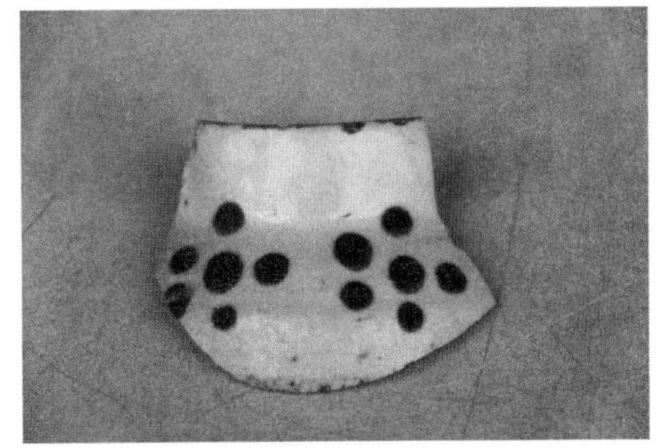

图三三　宋早期白釉酱彩梅点纹器标本（峰峰电厂窑址出土）

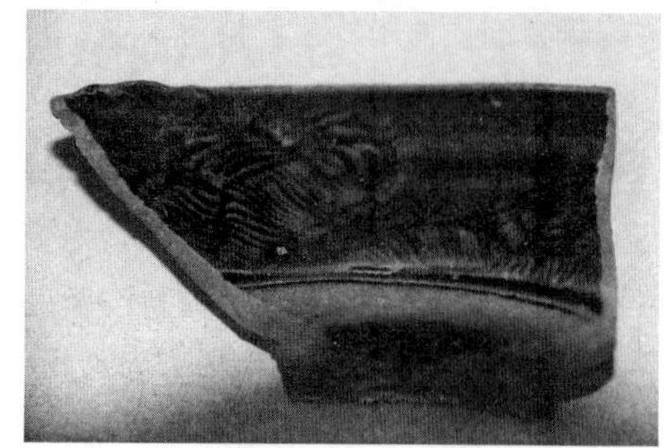

图三四　宋早期酱釉印花龙纹碗标本（峰峰电厂窑址出土）

图三五　宋早期酱釉印花花卉纹器标本（峰峰电厂窑址出土）

图三六　宋早期酱釉印花婴戏纹器标本（峰峰电厂窑址出土）

图三七　宋早期酱釉印花碗（峰峰电厂窑址出土）

图三八　宋早期酱釉印花〞何家做碗半（盘）子〞款器标本（峰峰电厂窑址出土）

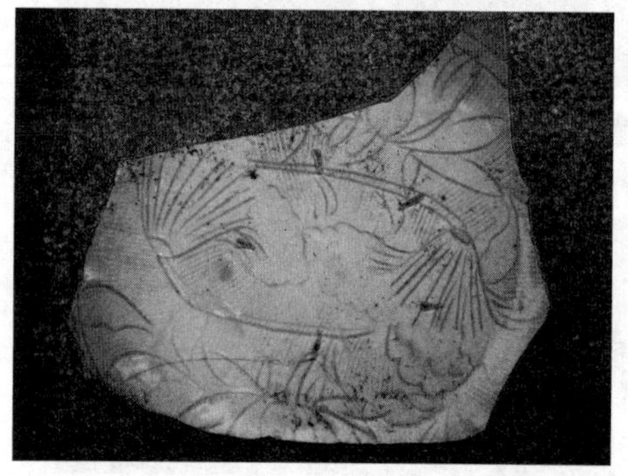

图三九　宋白釉划花篦纹碗标本（峰峰电厂窑址出土）

图四〇　宋白釉划花篦纹碗标本（峰峰电厂窑址出土）

图四一　金白釉篦纹碗（峰峰电厂窑址出土）

花橘红色篦纹标本（图四二、图四三、图四四）；峰峰饭店窑址还出土了一片绿釉黑彩剔花标本，殊为珍贵（图四五）。

（5）白釉暗划花和双线划花

白釉暗划花是在胎体上先划花、后施化妆土、再上釉，经入窑烧造在盘、碗等器物上呈现出浅淡的暗花效果的装饰技法。双线划花亦是暗划花装饰的一种，不同之处是因采用了组合刀具，纹饰是以双线画出，比前者多了一些对比和变化，因而更多了几分雅致和灵动。观台窑亦有此类器物，但出土极少，发掘报告将其归类于“仿定”器，但观台和临水窑址出土的绝大多数此类器物使用了化妆土，显然不是仿定器。峰峰电厂窑址出土此类器物数量最多，从其胎质、造型、施釉特征看，主要为两种：一种胎质较粗，釉色微黄且施釉不到底，足圈大且挖足过肩，纹饰较粗且多为单线，烧造年代应为宋早中期（图四六、图四七、图四八）；另一种胎质较细、胎色灰白，施釉有满釉裹足、满釉支烧及釉不及底者，但釉色很白，器薄而修足规整，纹饰为浅细而流畅的双线划花，其精美几可与定窑比肩，当是宋晚期或金代产品（图四九）。在峰峰电厂窑址还发现了少量细白瓷划花（图五〇）。

(6) 珍珠地划花

峰峰电厂窑址发现得较多，器型有枕、罐、花盆等。其中，枕有叶形、元宝形、

图四二　宋白釉剔划花纹罐标本（峰峰电厂窑址出土）

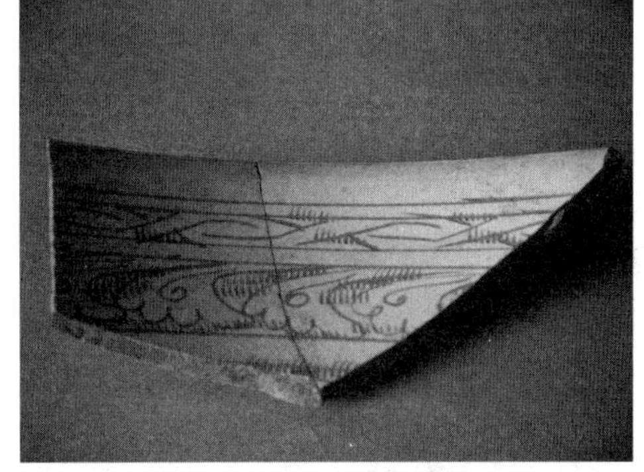

图四三　宋白釉划花橘红色篦纹器标本（峰峰电厂窑址出土）

图四四　宋褐彩剔划花篦纹罐标本（峰峰电厂窑址出土）

图四五　绿釉黑剔花器标本（峰峰饭店窑址出土）

图四六　宋早中期白釉暗划花器标本（峰峰电厂窑址出土）

图四七　宋早中期白釉暗划花器标本（峰峰电厂窑址出土）

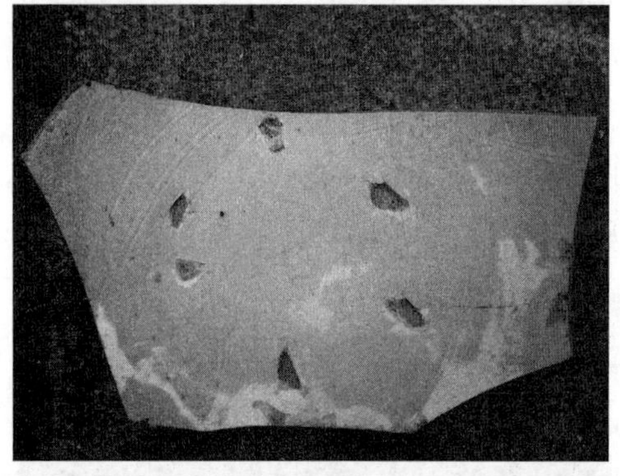

图四八　宋早中期白釉双线暗划花器标本（峰峰电厂窑缠址出土）

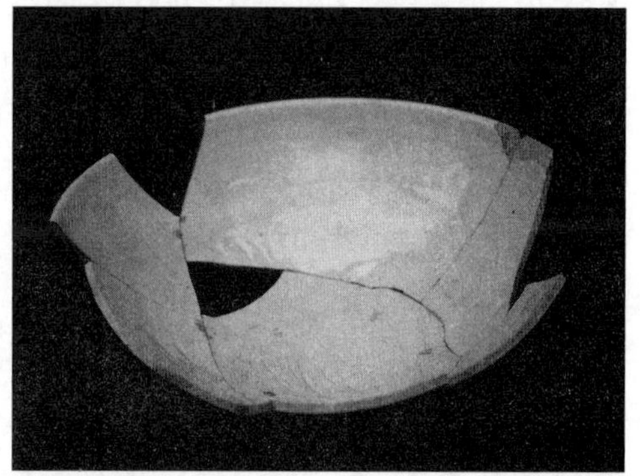

图四九　宋金白釉双线暗划花器标本（临水三工区窑址出土）

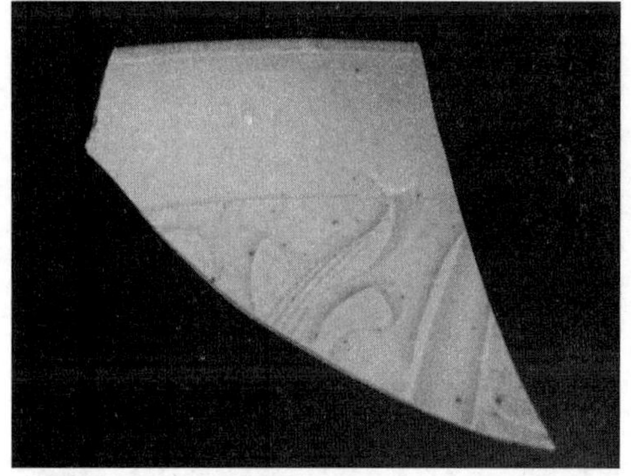

图五〇　宋金细白瓷划花器标本（峰峰电厂窑址出土）

亚腰形三种。纹饰有珍珠地划花缠枝纹、鱼藻纹等，釉质莹润光亮，釉下纹饰多呈橘红色，美不胜收（图五一、图五二、图五三、图五四）。

（7）白地黑花

白地黑花包括绘画和文字两种装饰形式。临水窑出土此类器物最多的是三工区和电厂窑址，多见于宋金枕、瓶、罐、炉及人物塑像等器物（图五五、图五六、图五七、图五八、图五九），特点是色釉漆黑光亮，黑白对比强烈。临水窑白地黑花的装饰题材有花卉、花鸟、珍禽、瑞兽等；受发掘清理面积及出土器物数量所限，窑址出土的人物故事纹饰较少（图六〇、图六一），笔者仅见到三工区窑址出土一方长方形人物仙鹿纹残枕；其他尚见有婴戏、山水纹枕片。文字多将当时流行的诗句、警言、俗语及姓氏等用黑彩题写于枕、瓶、罐、盆、盘、碗之上，以三工区窑址出土较多。如出土的一金代八角形枕上以行书题写“惜花春起早，爱月夜眠迟”（图六二），表现了文人春早观花、秋夜赏月的悠闲、恬淡生活态度，颇具诗情画意；一元代四系瓶残片，斜书“神麌福兴馆”五字，当为窑场附近神麌山（今名元宝山，位于临水、彭城两大窑场之间）下一酒馆定烧之物（图六三）。

图五一　宋珍珠地缠枝纹器标本（峰峰电厂窑址出土）

图五二　宋珍珠地缠枝纹器标本（峰峰电厂窑址出土）

图五三　宋珍珠地器标本（峰峰电厂窑址出土）

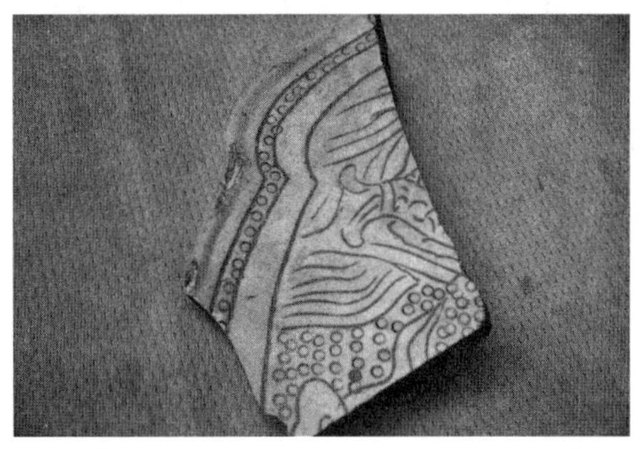
图五四　宋珍珠地器标本（峰峰电厂窑址出土）

图五五　宋金白地黑花器标本（临水三工区窑址出土）

图五六　宋金白地黑花器标本（峰峰电厂窑址出土）

图五七　宋金白地黑花行炉标本（峰峰电厂窑址出土）

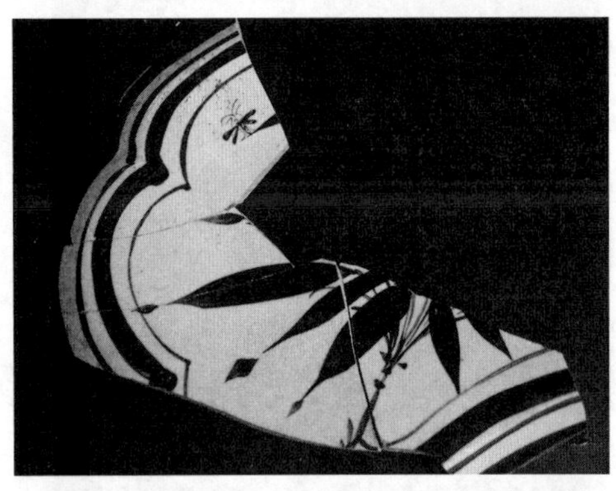

图五八　宋金白地黑花器标本（峰峰电厂窑址出土）

图五九　宋金白地黑花虎纹枕标本（临水三工区窑址出土）

图六〇　宋金白地黑花人物纹枕标本（临水三工区窑址出土）

图六一　宋金白地黑花人物纹器标本（峰峰电厂窑址出土）

图六二　金白地黑花文字枕标本（临水三工区窑址出土）

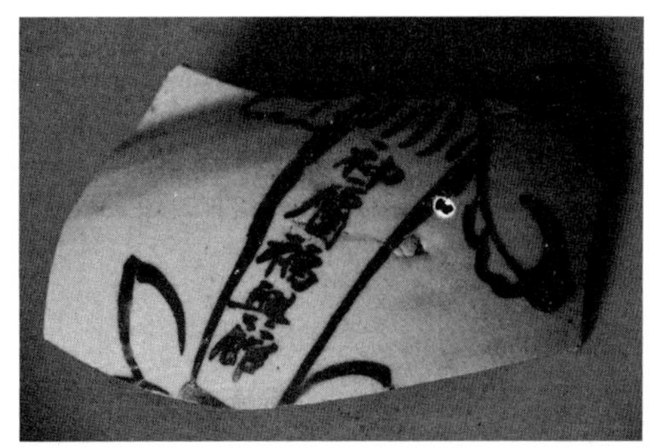

图六三　元白地黑花"神麇福兴馆"四系瓶残片（临水三工区窑址出土）

（8）红绿彩

其突出特点：一是数量大、品种多，以三工区出土为最。器型有碗、盘（图六四）、杯、碟等日用瓷，多绘以花卉、花鸟纹饰，或在盘、碗内用矾红书写“酒中曾德（得）道，醉里遇神仙”等诗句、文字（图六五）；菩萨塑像等宗教用瓷，如一男性观音莲花座像高达 32 厘米（图六六）；人物俑像，如文官俑、武士俑、贵妇俑、仕女俑、戏剧俑等；峰峰电厂窑址还出土一红绿彩房屋模型残件，黄釉瓦当黑彩圈绘，绿瓦红檐，色彩斑斓。二是造型准确、生动传神。尤其是各类人物和菩萨俑像，或站或坐、或抚琵琶、或持如意、或拿团扇、或捧葫芦、或抱孩童，造像各部比例协调，姿势优雅，表情生动。三是器物胎色白，胎体薄，重量轻，釉质洁白润泽，色彩鲜艳光亮，釉下白地黑彩对比强烈，釉上红、黄、绿彩交相辉映（图六七）。

（9）白釉印花

器型主要为盘、碗，纹饰有缠枝牡丹、莲花、海水、云头、婴戏、仕女、犀牛望月等。依据胎质的不同分为两种：一是在不施化妆土的细白胎上印以图案纹饰，再施白釉烧制，可称为“细白瓷印花”，其器壁稍薄，胎质洁白、坚密，釉色莹润、光亮，好者几可与定器相媲美（图六八）；二是在施以化妆土的粗胎上印花，再上釉烧制，是为“化妆白瓷印花”。后者虽为粗胎，但绝大多数图案清晰，纹饰精美，釉色光润，外观效果不亚于前者（图六九）。

（10）绞胎和绞釉

绞胎瓷器临水窑出土较少，仅在三工区和人民公园窑址出土过绞胎球（图七〇）。但三工区和最近在彭城发现的半壁街窑址均出土了不少绞釉小碗。其制作工艺是，先将不同色料搅入透明釉制成绞釉，再蘸或施于器物之上，干后入窑烧制成不同色彩绞（搅）在一起的彩釉瓷。其不同釉彩呈自然流淌状，非常新颖、别致（图七一）。

（11）仿定、仿钧及仿耀印花

仿定瓷的特征是不施化妆土，胎白、器薄、质坚，器型规整，基本达到了细瓷的标准。品种有白釉、黑釉、紫釉及黑釉窑变等（图七二）。临水窑址出土了大量元代仿钧瓷，器型多碗、盘、杯，品种有天青、天蓝、月白、米黄、绿黄多种，除后两种釉色稍差

图六四　金红绿彩花鸟纹盘（临水三工区窑址出土，私人收藏）

图六五　红绿彩文字碗标本（临水三工区窑址出土）

图六六　金红绿彩男相观音像（临水三工区窑址出土）

图六七　金红绿彩瓷标本（峰峰电厂窑址出土）

图六八　宋金细白瓷印花标本（临水三工区窑址出土）

图六九　宋金化妆白瓷印花标本（临水三工区窑址出土）

图七〇　金绞胎球（人民公园窑址出土）

图七一　金绞釉碗标本（临水三工区窑址出土）

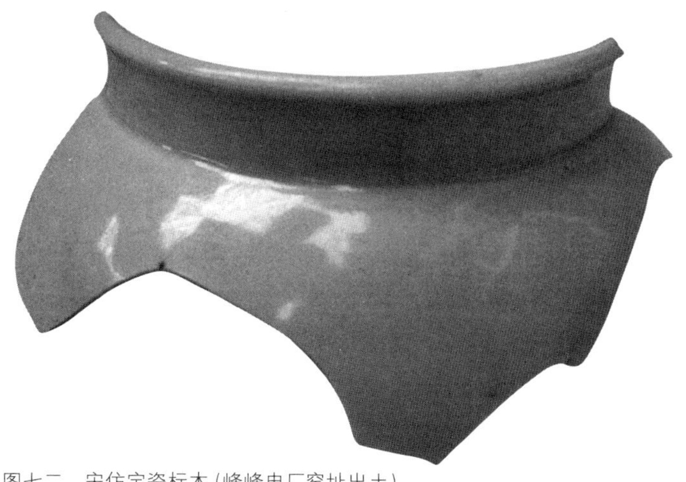

图七二　宋仿定瓷标本（峰峰电厂窑址出土）

图七三　元仿钧器标本（人民公园窑址出土）

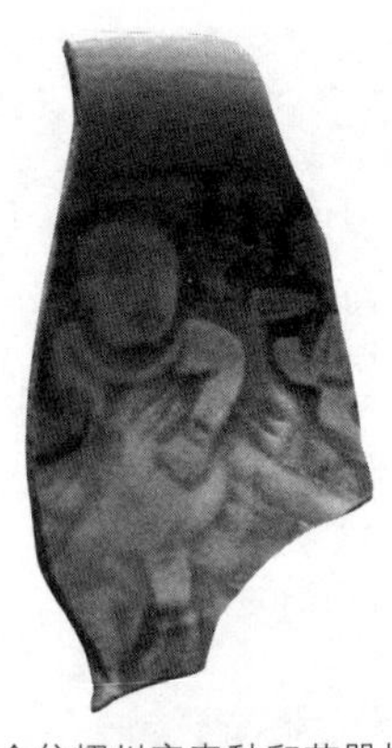
图七四　金仿耀州窑青釉印花器标本（临水三工区窑址出土）

图七五　宋早期白釉点绿彩执壶标本（峰峰电厂窑址出土）

图七六　金绿釉黑彩器标本（峰峰电厂窑出土）

外，均釉质肥润、光亮。特别是临水三工区窑址出土的仿钧瓷，青蓝釉上挂有“铜红”色彩，灿如晚霞，表现出高超的烧造水平（图七三）。三工区窑址和电厂窑址还出土了不少仿耀州窑青釉印花瓷器，釉色青翠，图案清晰，纹饰精美；器型主要为碗、盘；纹饰多为缠枝纹、卷草纹、婴戏纹等（图七四）。

除上述品种外，临水窑址还出土有宋代白釉绿彩及低温三彩、金代绿釉黑绘花、元代翠蓝釉及翠蓝釉黑绘花等，因数量较少，且与观台窑出土器物相同，故此不再一一分析、介绍（图七五、图七六）。

四　对临水窑的几点认识

1. 临水窑是磁州窑瓷器烧造之源

（1）始烧年代早

古磁州境内目前已发现的三处青瓷窑址中[12]，临水窑和贾壁窑均始烧于北朝，观台窑则晚在五代末和北宋初，相差400年左右。过去有研究者将贾壁窑出土的青褐釉瓷与临水窑施以化妆土的黄白釉瓷相比较，以“粗者为先、精者在后”为判断标准，认为临水窑晚于贾壁窑。实际上临水窑也烧造如贾壁窑那样粗糙、原始的青褐釉瓷。而且磁县发掘的北齐武平六年高润墓出土的青瓷器中既有与贾壁窑相同的Ⅰ型碗，又有与临水窑口部施用化妆土特征相同的Ⅱ型碗。可见，临水窑并不晚于贾壁窑，其烧造年代亦在北朝。

（2）持续时间长

调查研究表明，始烧于北齐年间的磁县贾壁窑，烧造时间只有100年左右，便在隋末停烧（马忠理先生调查时发现窑址有仿钧瓷标本，推测该窑元代又有复烧）；最负盛名的观台窑始烧于宋初，停烧于元末，持续烧造时间约为400年上下。彭城窑烧造活动虽由古至今千年窑火不熄，然从现有考古调查看，其始烧年代不早于宋[13]。而临水窑从北朝持续烧造至明以后，时间长达1100年以上。因此，说临水窑是磁州窑瓷器烧造源头当不为过。

2. 临水窑是磁州窑的中心窑场

（1）临水窑品种丰富，技法多样

其他窑口的主要品种应有尽有，而且多自己的“创新”之品。如白釉印花、绞釉等瓷器（图七七），观台窑址先后三次考古发掘均未发现有此品种。有人认为磁州窑的大青土不可能烧造出定器那样的胎骨，因而“细白瓷印花”应是窑场“生活用定瓷”。笔者难以认同这一观点：因为定窑印花白瓷是高档瓷，普通窑工使用不起，而且窑主们一般也不会用他窑产品；该品种在三工区和电厂窑址中均有发现，而且数量较大，并与“化妆白瓷印花”一同出土，因此“生活用定瓷说”是难以解释通的。笔者认为，它极有可能是临水窑工对当地优质瓷土精选、细淘和反复试验，在烧制成功“细白瓷”

图七七　宋绞釉黑绘枕（峰峰矿区文保所藏）

的基础上采用印花工艺制作出来的，也有可能是使用了邢窑或定窑一带的优质瓷土烧造，用来供官家、富豪使用的高档瓷器，而化妆白瓷印花则是普通民众的用品。临水窑早在唐末宋初就已烧造出精美的酱釉印花瓷器，到宋末金初又烧造出白釉印花瓷器，时间上没有间断，工艺上没有变化，只不过是器物釉色不同而已，应是其自我发展的结果。

（2）临水窑不仅在品种上做到了“你无我有”，而且在质量上做到了“你有我精”

如前述十多个主要装饰品种，无论是造型、胎体、釉质、色彩、纹饰等，在磁州窑几个窑口之同类器物中均属上乘，有的还特别突出。如白釉双线暗划花碗，采用满釉支烧或满釉覆烧、满釉裹足单烧工艺，胎体轻薄、器型俏丽、釉色洁白、釉质滋润，再饰以萱草、莲花等飘逸的双线暗划花，尽显其淡雅、高贵气质。红绿彩，是磁州窑的珍贵品种。观台窑不仅出土较少，而且其品种、色彩、纹饰和器型均难望临水窑之项背。1972年在临水三工区窑址东北侧、峰峰矿区汽车一队出土一铺七身组合红绿彩佛像。其中的释迦佛坐像由佛像和莲台六边形须弥座两部分组成，通高61.5厘米，为国内外已知红绿彩瓷器最大者（图七八）；文殊菩萨像由菩萨像和莲台、狮子坐骑两部分组成，通高46.2厘米；普贤菩萨像残高41厘米，由菩萨像和白象坐骑两部分组成；天王像通高34厘米；弟子像高20厘米。1989年5月，峰峰矿区农电局南侧家属楼工地发现了一座墓志铭文为“泰和二年八月十三日亡过崔仙奴”的金代墓葬，出土红绿彩瓷俑像5件。仰卧童子俑像形体最大，长33厘米，宽12.2厘米，厚8.1厘米（图七九）；抱狗站立男俑像，通高16厘米；坐鼓女俑像，通高15.5厘米；骑鼓女俑像，通高16厘米；挟盒站立男俑像通高16.5厘米。这两批出土的红绿彩塑像突出的特点是：人物造型生动、器型高大，色彩鲜艳，装饰精美，胎质细密，釉色光润，“在存世的红绿彩塑像中为罕见之作”。其出土地点均紧邻大量烧造红绿彩器的三工区窑址，应为临水窑烧造无疑。可见，临水窑不仅是磁州窑红绿彩瓷器的主要烧造地，而且“在红绿彩瓷生产中具有一定优势”[14]。

据元大德十年户部尚书马煦撰题的临水镇《李靖庙记》称“惟今临水镇，实古昭德城，隶赵邦之故墟，属胄昴之分野，当雄战国之际，为出入之卫焉。以今陶冶之利，甲于河朔，资给公私，无不得其所矣”。[15]这段文字可证，临水窑场至迟在元初以前已成为“利甲河朔”，称雄中国北方的瓷器烧造中心。

3. 磁州窑中心窑场的传承关系需重新认识

以往，磁州窑研究中有一种观点流传甚广：磁州窑即是观台窑，它源自于贾壁窑；彭城窑是元末观台窑停烧转移过来的，是明代窑场，云云。近年来对贾壁、观台、临水、彭城等窑址的考古发掘和调查研究表明，这不仅有悖史实，而且显失公允（图八〇）。

（1）贾壁窑与观台窑没有直接的传承关系

一是从烧造年代看：贾壁窑虽与观台窑同属漳河流域，但其在隋末即已停烧，与观台窑的始烧年代相差300多年，不可能对其“隔空喊话”。二是从出土器物特征上看，

图七八　金红绿彩佛像（1972年峰峰矿区汽车一队出土）

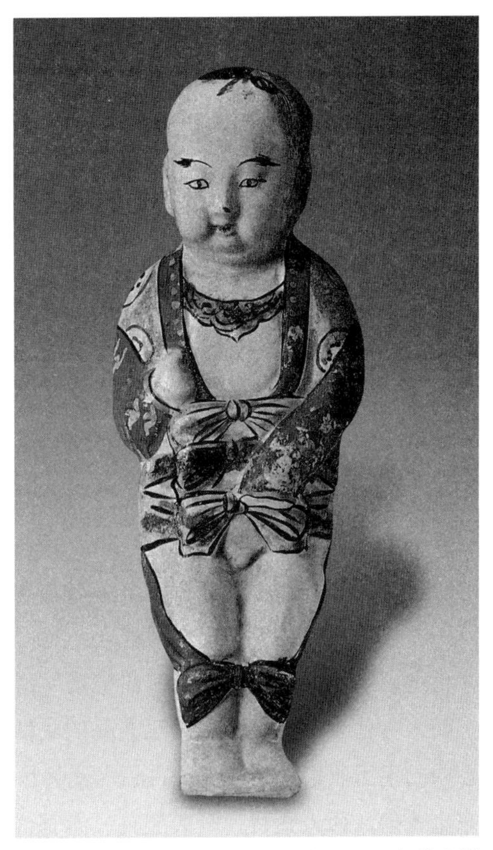

图七九　金红绿彩仰卧童子俑（1989年临水崔仙奴墓出土）

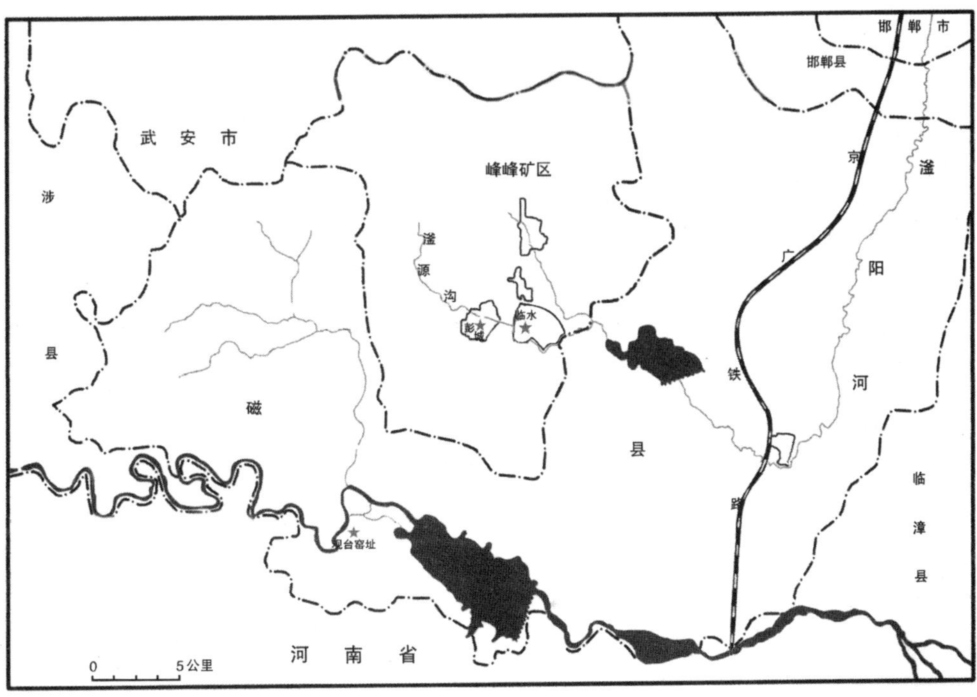

图八〇 临水、彭城、观台窑场位置图

贾壁窑青瓷虽然与观台窑五代末初创时烧造的青瓷在“不施化妆土”这一特征上似乎有“一致性”[16]，但实际上临水窑北朝时也曾烧造过未施用化妆土的青瓷，因而不能以此作为“观台窑源自贾壁窑”的依据；更为重要的是，“施用化妆土”恰恰是磁州窑装饰艺术最基本的特征。因此，这一所谓“一致性”不仅无法解释观台窑如何从烧造“不使用化妆土”的青瓷而“突变”成“化妆白瓷”，反而成了二者没有直接传承关系的“明证”。

（2）彭城、观台窑的烧造和发展均应受到临水窑影响

首先，近年来文物考古机构对彭城二里沟、盐店、老槐树、大庙坡等窑址，今年初对半壁街窑址的考古发掘，以及刘立忠和笔者对彭城派出所、炉上窑址的调查表明：彭城窑不仅在宋代即已开始烧造，而且其窑场范围分布很广（参见本次研讨会发表的相关发掘报告和窑址调查）；从其大量出土的剔划花、白地黑花、红绿彩，以及标有“滏阳王家造”、“彭城枕用功”款识的白地黑花长方形瓷枕、龙凤纹坛、四系瓶、鱼藻纹盆等磁州窑典型器物来看，彭城窑应在金元时期就已成为磁州窑的主要窑场（图八一、图八二、图八三、图八四）。因此，所谓元末“观台窑停烧，窑场转移，彭城才代之以兴”以及“彭城是明代窑场”诸论[17]，显然于史实不符。其次，史料及研究表明，古代城镇不仅是各种工艺品的集散和消费之地，而且其本身也是包括陶瓷烧造在内的手工业集中生产地。古临水置县长达850多年，风景秀丽、名胜众多，“据官路，东出齐鲁，西入秦晋，轻裘肥马，游官他州，富商大贾，经营诸路，□□扰扰，往来不绝”[18]，自古以来一直是六朝古都“邺城”及隋代以后古磁州西部之政治经济文化中心、商贸物资集散地和东西陆路交通要道；烧造瓷器的各种原料和燃料附近均有出产，且拥有滏阳河丰富水力（据调查，从滏阳河源头临水镇纸坊村往下至石桥村，在不过五六里长的一段河道上，原建有十多座大型水碾专门用来加工陶瓷釉料），而且直通运河，水运方便。因此，古陶瓷烧造首先在此兴盛起来，然后再向邻近的彭城、以及较为偏远的贾壁、观台等地扩散、发展，就成为再自然不过的事情。最后，临水发现的古瓷窑址，从北朝到隋唐、经宋金、至元明，涵盖了磁州窑发展的各个重要历史时期；临水窑出土的各个时期的器物，展现了磁州窑由青瓷到化妆白瓷、至白地黑绘、多彩瓷绘之完整发展历程，以及制瓷工艺及装饰技法从低到高、由简及繁的渐进过程。这不仅充分证明了临水窑烧造历史的久远，而且有力的说明其发展历经北朝滥觞、隋唐发育、五代成长、北宋成熟，直至金代走向辉煌，是一脉相承的。其烧造活动及工艺技法必然会对五代末和宋代才开始瓷器烧造的观台窑、彭城窑产生全面而深刻的影响。

由于临水窑址全部压在城市之下，开展考古发掘十分困难，已发现的古瓷窑址悉遭建设工程破坏，上述考古调查活动均是被动地抢救清理发掘，一些器物亦为调查采集所得，没有明确的地层关系记录，尚需文物考古机构进一步加大临水古瓷窑址保护和发掘、研究工作，以期全面、准确地认识临水窑及其与相邻窑场的关系，促进磁州窑研究的深入开展。

图八一　金红绿彩模具及半成品（彭城半壁窑址出土）

图八二　元翠蓝釉黑花标本（彭城半壁窑址出土）

图八三　金元白地黑花〝滏源王家造，鸿川枕用功〞款长方形枕（河北省博物馆藏）

图八四　元白地黑花花鸟纹大罐（彭城窑址出土）

注释：

[1] 秦大树：《简论观台窑的兴衰史》，《文物春秋》1997 年第 10 期（增刊）。

[2][6][7][9][10][12] 马忠理：《磁州窑的装饰品种及其流行时代》，《文物春秋》1997 年第 10 期（增刊）。

[3] 分见马忠理、秦大树：《观台磁州窑址 · 第一章 · 地理环境与考古工作》，文物出版社，1997 年；蔡子谔：《磁州窑审美文化研究 · 磁州窑审美文化的源头及滥觞》，中国文联出版社，2001 年；王建中：《磁州窑鉴定与鉴赏》，江西美术出版社，2002 年。

[4] 分见《峰峰志》第 65 页，新华出版社，1996 年；《武安县志》第 38 页，中国广播电视出版社，1990 年。

[5] 响堂山石窟为东魏、北齐皇家所建，其造像活动集中在北齐年间。其后，隋、唐、宋、金、元、明、清各朝直至民国均有不同规模的修造。因此，被北京大学考古系教授宿白先生誉为“中国石窟艺术的缩影”。

[8] 张林堂：《磁州窑址的新发现》，《文物天地》2005 年第 12 期。

[11] 马忠理、秦大树：《观台磁州窑址》第 239~239 页及彩版 26。

[13] 冯先铭主编：《中国陶瓷史》第 237 页、第 241 页，文物出版社，1997 年。

[14] 秦大树、马忠理、李喜仁：《邯郸市峰峰矿区出土的两批红绿彩瓷器》，《文物》1997 年第 10 期。

[15][18] 见《峰峰志》第 1043 页。明成化《磁州志》录之，今庙、碑均不存。

[16] 马忠理：《略谈观台窑考古发掘的新收获及其意义》，《文物春秋》1989 年第 4 期。

[17] 蔡子谔著：《磁州窑审美文化研究》第 54 页称：“观台磁州窑于元末消失之后，代之以兴的是彭城镇磁窑。”第 55 页称“明朝时期，观台窑已衰落停产。彭城窑代之以兴”。

河北省临漳曹村窑址初探与试掘简报

磁县文物保管所、临漳县文物保管所　李江

内容提要：2009 年 12 月，磁县文物保管所和临漳县文物保管所对临漳河道内的一处遗址进行了初步勘探和小面积试掘。勘探表明该地为一处窑场，试掘出土有窑炉、陶片、青釉陶（瓷）片、三岔形窑具支架和钱币等器物残件及标本。依据出土器物和标本判断，该处窑址既烧制陶器，又烧造釉陶，并伴有早期青瓷出现，是北朝时期一处重要的青瓷窑场。

关键词：河北临漳　青瓷窑址　北朝时期

Abstract: In December of 2009, the Ci and Linzhang County Cultural Relic Preservation Bureau undertook a preliminary prospecting and small-scale excavation of a site in the Zhanghe riverbed. The prospecting shows the site in question was a kiln, with the excavation unearthing kilns, pottery fragments, celadon-glazed porcelain fragments, tool remains and specimens of tri-branching kiln furniture stands, and coins. Judging by the unearthed tools and specimen, this kiln fired porcelain and glazed pottery, and as it accompanied the appearance of early celadon porcelain, was an important celadon ware factory in the Northern Dynasties.

Key words: Linzhang Hebei, celadon ware kilnsites, the Northern Dynasties

河北临漳邺城相传始筑于春秋齐桓公时[1]，后为曹魏、后赵、冉魏、前燕、东魏和北齐六朝古都，地下埋藏有丰富的历史文化遗存。近期，邺北城东城垣东侧、曹村村北漳河河道内的地表发现了许多青釉陶（瓷）片和三岔形窑具支架，不仅吸引了许多专家学者前来调查、研究和考证[2]，同时也招致了一批文物贩子在此猖獗盗挖。为了进一步保护和了解该遗址的具体情况，在邯郸市文物局的指导和安排下，磁县文物保管所和临漳县文物保管所组成联合考古队，从 2009 年 12 月 15 日至 2010 年 1 月 10 日，历时 25 天对该区域进行文物考古勘探和试掘，现将工作情况简报如下：

一　考古勘探

（一）地理位置

此次考古勘探工作区域位于临漳邺北城遗址东城垣东侧约 1 000 米、习文乡曹村村西北约 1 500 米处的漳河河道内（图一），东经 114°　26′　34.3″，北纬 36°　15′　56.1″，海拔 70 米。该地原为漳河河套地区，紧临漳河北堤，1996 年漳河发大水时被冲刷成一条西北、东南向冲沟，成为新的河道，长约 2 000 米，宽 60 ~ 100 米，深 3 米左右。目前，该处现已干涸，并被开荒耕种，种植的农作物有小麦、玉米和花生。地表暴露物较多，主要有青砖、灰瓦、青釉陶（瓷）片及三岔形窑具支架等。土质为黄褐土、灰褐土等，质地松软，沙性大，水分含量较高，部分地层伴有砾浆石颗粒，3.5 米左右见水。

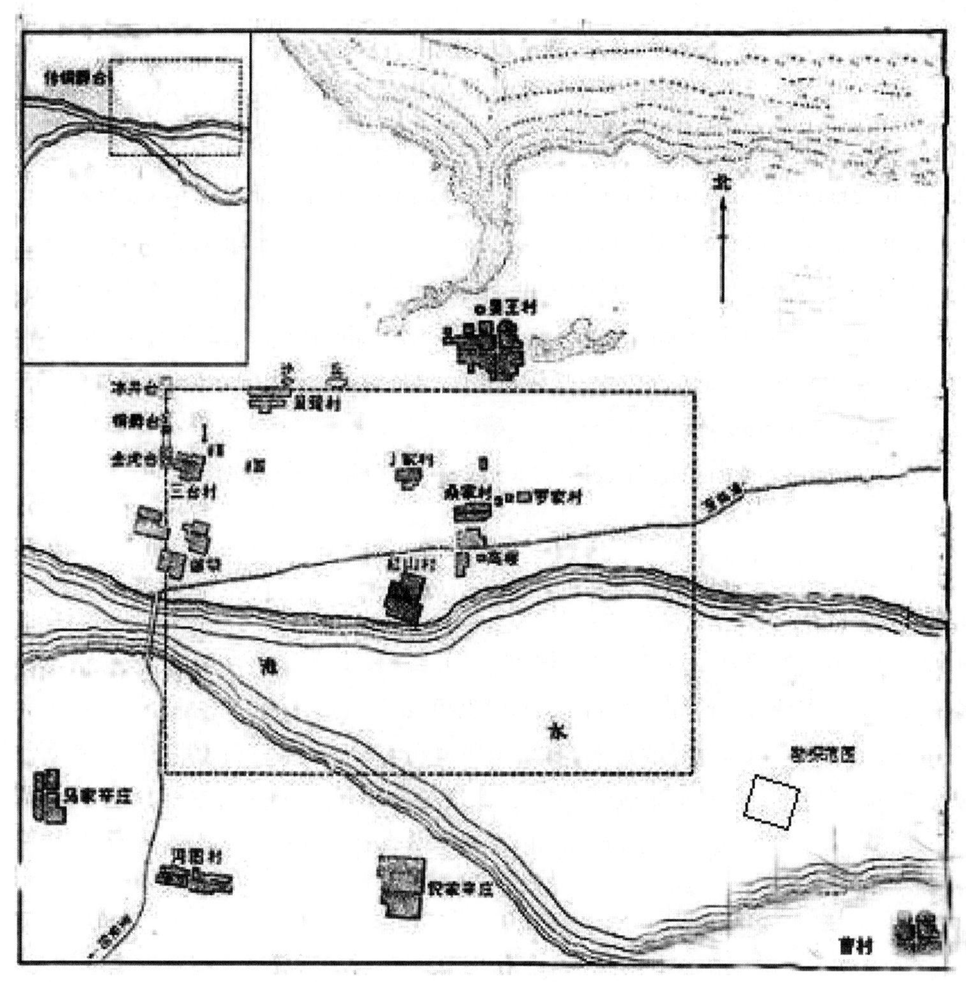

图一　曹村窑地理位置图

（二）地层堆积及文化遗存

此次考古勘探严格按照《田野考古工作规程》，结合现场实际情况制定相应的田野考古勘探工作流程，以 3 × 3 米，中间加一孔的“梅花孔”进行勘探，本次勘探的面积约 8 000 平方米。地层堆积及文化遗存如下 ：

1．地层堆积

第一层：耕土，土质软，厚 0.3 米，均匀分布整个区域，包含物有植物根系、青砖碎块、灰瓦、青釉陶(瓷)片及三岔形窑具支架等。

第二层：灰褐色土，质疏松，深 0.7 米，包含物较多，内含青釉陶（瓷）片、瓦片、陶片、砖和草木灰等，该层分布整个区域。

第三层：大部分为红褐土，土质致密、坚硬，深 2.5 ～ 3 米，厚 1.5 ～ 2 米，西北部为灰褐土，内含水锈斑迹，包含物较多，夹杂有炭粒、红烧土块、木炭灰、青釉瓷片、瓦片、砖块和陶片等(图二)。

2．文化遗存

本区勘探前地表有盗洞 4 处，勘探中发现遗迹 6 处（图三)。

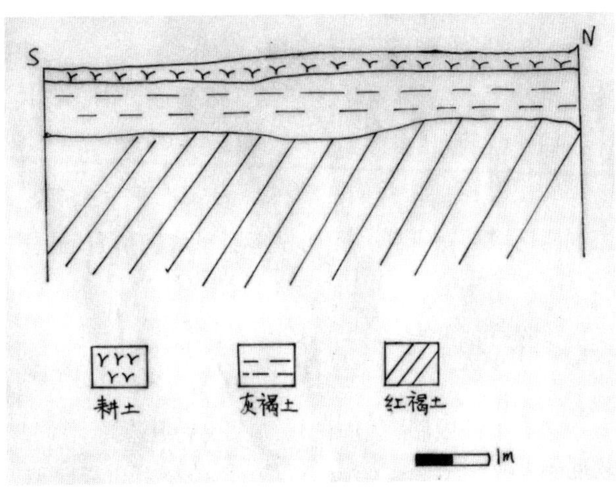

图二　曹村窑地层剖面图

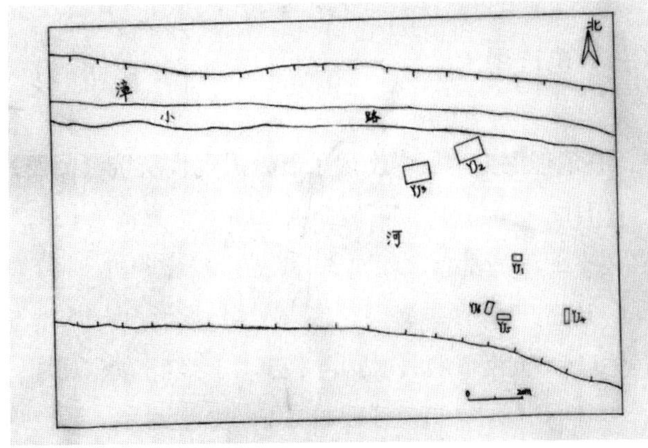

图三　曹村窑遗迹分布图

（1）遗迹介绍

YJ1：位于勘探区域中部，东经 114° 26′ 34.2″，北纬 36° 15′ 56.1″，开口一层下，开口平面呈长方形，东西长 4 米，南北宽 2 米，填土是灰褐土与红烧土，包含有红烧土块、青釉陶（瓷）片、陶片、草木灰和三岔形窑具支架等。

YJ2：位于勘探区域西北部，紧邻小路边，东经 114° 26′ 34.3″，北纬 36° 15′ 56.9″，约 1.3 ~ 1.5 米下开口，长 10 米，宽 3 米，3 米到底，填土为灰褐混合土或红烧土，内含红烧土块、草木灰、黑陶瓦、青釉陶（瓷）片、陶片和青砖等。

YJ3：位于勘探区域西北部，紧邻 YJ2，东经 114° 26′ 33.6″，北纬 36° 15′ 57″，约 1.3 ~ 1.5 米下开口，长 9 米，宽 5 米，3 米到底，填土为灰褐混合土或红烧土，内含红烧土块、草木灰、青釉陶（瓷）片、陶片和青砖等。

YJ4：位于勘探区域东南部，距 1 排 1 孔为基点向南约 40 米，向西 2 米处，东经 114° 26′ 34.3″，北纬 36° 15′ 54.5″，遗迹长 7 米，宽 2 米，填土为灰褐混合土，内含草木灰、青釉陶（瓷）片、陶片和青砖等。

YJ5：以 1 排 1 孔为基点，向南 40 米，向西约 30 米，东经 114° 26′ 33.6″，北纬 36° 15′ 55.2″，该遗迹面积约 1.5 × 2.5 米，填土为灰褐和红褐土，内含草木灰、木炭、陶片和瓦片等。

YJ6：紧邻 YJ5，东经 114° 26′ 33.6″，北纬 36° 15′ 55.4″，遗迹长 3.5 米，宽 2 米，填土为灰褐和红褐土，3 米到底，内含砖块、草木灰、陶片和瓦片等。

（2）盗洞介绍

此次勘探前，我们在该区域内发现 4 个盗洞，其中一个为砖室墓，时代为汉代。盗洞四周散落有青砖、碎瓦和陶器残片，断面地层中夹有很多灰瓦碎片。

二　探方遗存

由于条件限制，我们仅从勘探区域中选择了 YJ2 进行试掘，发掘探方东西长 10 米，南北宽 6 米，方向北偏西 45 度。

（一）遗迹现象

1. 在清理探方地层中出现了五处近现代灰坑（图四）

H1：一层开口，打破三层，略呈长方形，长 1.2 米，宽 1 米，深度 1.45 米。位置在以东北角为基点，向西 3.8 米处，内含陶片、碎砖块，土质松软。

H2：一层开口，打破三层，略呈长方形，长 1.5 米，宽 0.6 米，深 1.4 米。位置在以东北角为基点，向南 3 米，向西 1.7 米处，内含烧土块、瓦片、陶片，灰褐土，土质较松。

H3：一层开口，打破四层，略呈半圆形，直径约 1.7 米，半径约 0.8 米，深 1.3 米。

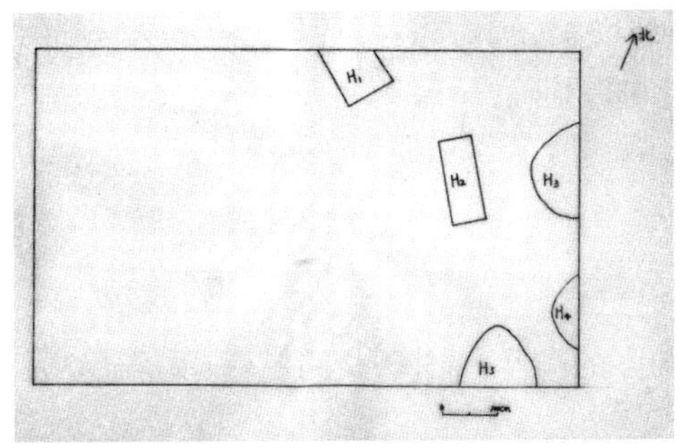

图四　曹村窑探方遗迹图

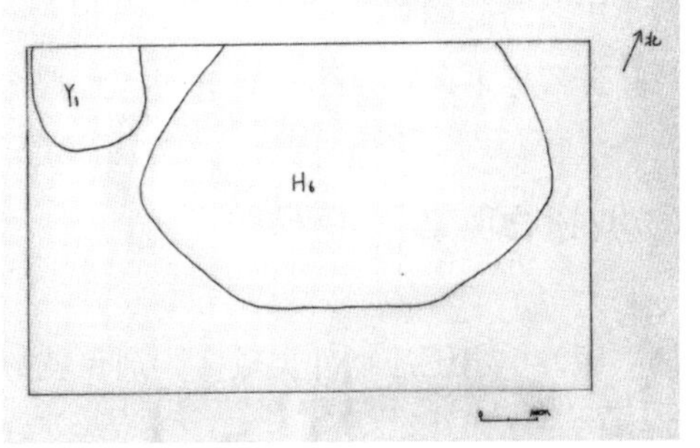

图五　曹村窑探方遗迹图

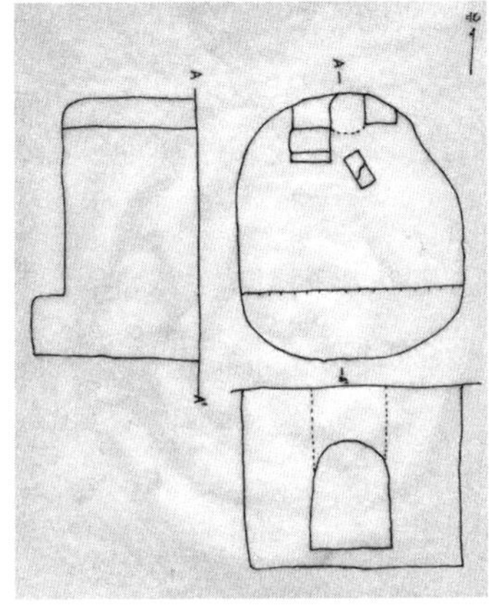

图六　曹村窑窑炉平、剖面图

图七　曹村窑窑炉

位置在以东北角为基点，向南 1.3 米处，内用沙土回填。

H4：一层开口，打破三层，略呈半圆形，直径 1.3 米，半径约 0.5 米，深约 1.2 米。位置在以东北角为基点，向南 4 米处。

H5：一层开口，打破四层，略呈半圆形，直径 1.5 米，半径 1.1 米，深约 1.3 米。位置在以东南角为基点，向西 0.7 米处。内含三岔形窑具支架，青釉陶（瓷）碎片和瓦片等。

2．在清理探方底部时，出现了一处早期灰坑和一个窑炉（图五）

H6：三层下开口，距地表深约 1 ～ 1.3 米。位置在探方的中东部，距南壁 1.5 米，西壁 2 米，东壁 0.7 米处，呈椭圆形，口径：南北 4 米，东西 7 米，深度约 1.2 米到底。周壁向内倾斜，土质较松，内含大量的陶片、烧土块、木炭灰、青釉陶（瓷）碎片、瓦片和钱币等。

Y1：三层下开口，距地表深约 1.3 米，位置在探方的西北角。由于窑体被探方北壁所压，故向北又进行了扩方。该窑体近似于圆形，南北直径约 2.15 米，东西约 1.9 米，残高约 1.2 米，和磁州窑早期的窑体“馒头窑”较为相似（图六、图七）。窑顶脱落，窑皮的硬度较大，从窑炉残壁的碎块来看，窑皮上似乎烧结有耐火材料，但其究竟如何，还有待深入研究和考证。窑门开在南壁上，宽 0.65 米，高 0.9 米，尾部有一个长方形烟道。窑炉内有半圆形窑床，窑床上散存的有几块青砖，具体作用不太清楚。窑床前有低于窑床 0.3 米的平面。窑炉内含两层淤土，上部呈黄褐色，下部为灰褐色，淤土中杂有碎陶片。窑前有一工作面，包含物有烧土、陶片、青砖块、草木灰、釉陶片和瓷片标本，重要的是从中还出土了一个花口黑釉碗。

（二）遗物现象

探方中出土遗物种类较多，现仅就数量较多的陶器、釉陶、窑具、钱币等器物及标本作一简要介绍 ：

1．陶器

完整和可复原陶器很少，均为残片，主要为泥质红陶和灰陶。可辨别的器类主要有碗、罐、瓶、盘、瓦、豆等（图八、图九）。从造型上看大多器物比较规范、整齐，其制法应比较娴熟。器物的纹饰主要有弦纹、方格纹、划纹、覆莲纹和附加堆纹等，大部分装饰在器物的腹部、肩部和底部。

碗 ：大都为残片，可复原的较少，主要为泥质红陶。圈足微向外撇、实心、足心稍凹，大多胎壁较薄，敛口、鼓腹，部分器物外壁刻有两道弦纹，内底装饰有划纹。

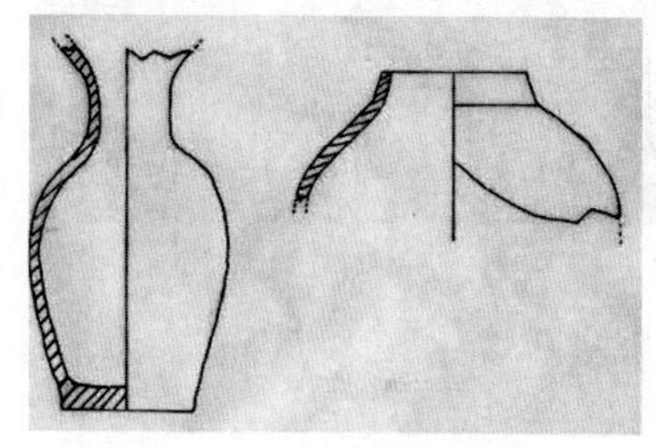

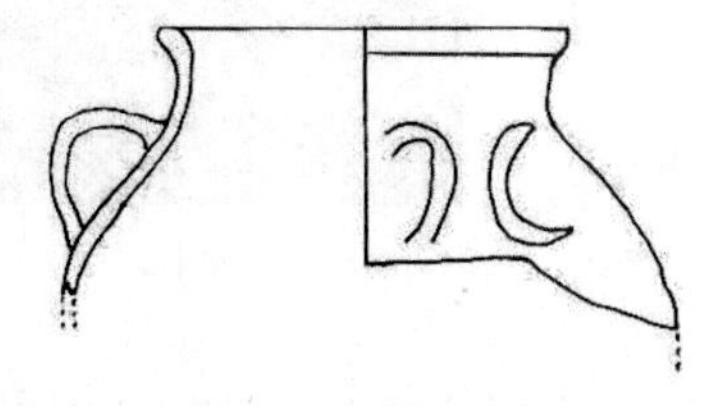

灰陶瓶　　灰陶小口罐　　灰陶双耳罐

图八　曹村窑陶器器型图

图九　曹村窑陶器标本

罐：大都为残片，主要为泥质灰陶和红陶。大多折沿、束颈、圆唇、有大小之分。系为桥形系，少数器物肩部、腹部饰有方格纹和附加堆纹。也有部分器物胎薄，烧成温度很高，击之会发出清脆悦耳的响声。

虽然出土陶器的标本较多，但大多为残片，从器型上大致可辨认出有瓶、盆、瓦当等，但很难确定其造型，故不再予以详细介绍。

2. 釉陶（瓷）

根据出土的器物及其残片来看，主要有青釉、酱褐釉和黑釉等，器型主要有碗、高足盘和瓶等（图一〇）。现根据釉色简述如下：

(1) 青釉

是此次发掘中出土数量最多的标本，大多为残片，器型主要有碗、高足盘和壶等（图一一）。釉色青中泛黄，多含有黑色斑点，釉面光亮，开细纹片、无气泡，应为低温铅釉。青釉碗的造型大多为实心圈足微向外撇，足心稍凹，敛口，腹部微鼓，口沿处饰有弦纹，内饰全釉，外壁大部分施釉不到底，有流釉现象，个别为满釉，圈足底部多有支钉烧痕。青釉高足盘，足残为多段，盘口沿残缺，直径 14.5 厘米，足壁较厚，胎质疏松，胎体

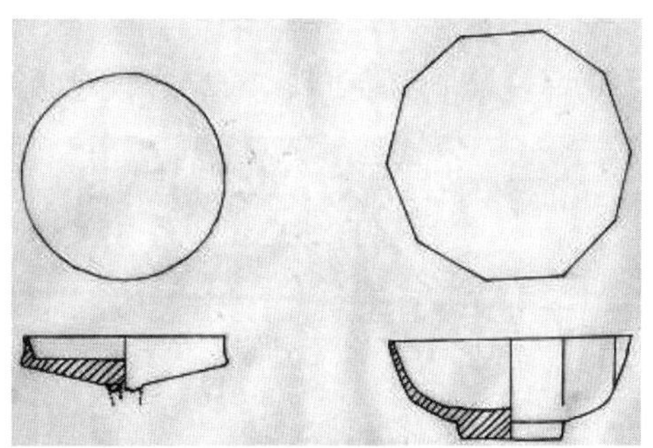

图一〇　曹村窑瓷器器型图

图一一　曹村窑青釉器物标本

发白。盘内外均施釉。值得一提的是在众多青釉标本中，我们发现了一块 6.5×5.5 厘米的残片（图一二），从器型上看应为壶的腹部，特殊的是该片标本上刻有席纹，它发现于探方北朝的地层中，这应是比较少见的。

（2）黑釉

此次清理出的黑釉标本较少。从器型上看主要为瓶和碗（图一三)。这种黑釉颜色较浅，是否算得上真正的黑釉，还有待进一步考证。标本主要有三个，其中两个为瓶的底部，均为平底，底部为满釉，且有支钉烧痕。另一个为小碗，残缺。高 3.5 厘米，口径 10.4 厘米。花口，实心圈足，足心内凹，胎壁较薄，釉面光亮，开细纹片。

（3）酱褐釉

此次清理出的这种标本也较少，均为残片，可辨器型主要有碗、瓶和罐等（图一四）。碗为实心圈足，足心微凹，足底施釉，碗内心有支钉烧痕。瓶为平底，底部施釉。标本中只有一块罐的口沿残片，侈口、束颈、鼓腹，胎壁较薄。这些标本和磁县北朝尧赵氏墓葬[3]出土的同类器物非常相似。

3. 窑具

此次清理的窑具主要有三岔形支钉（图一五)。该窑具有大有小，有的为素胎，有的只有三足尖部有釉，有的为满釉，其中原委不甚清楚。三岔形支钉上的釉有青釉，

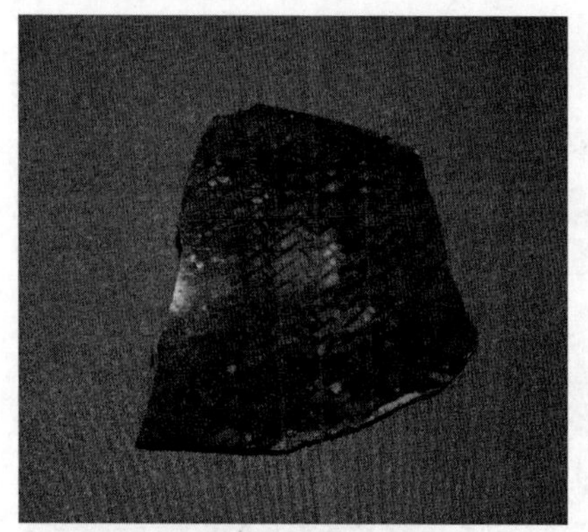

图一二　曹村窑青釉席纹壶标本

图一三　曹村窑黑釉瓶、碗标本

图一四　曹村窑酱褐釉器标本

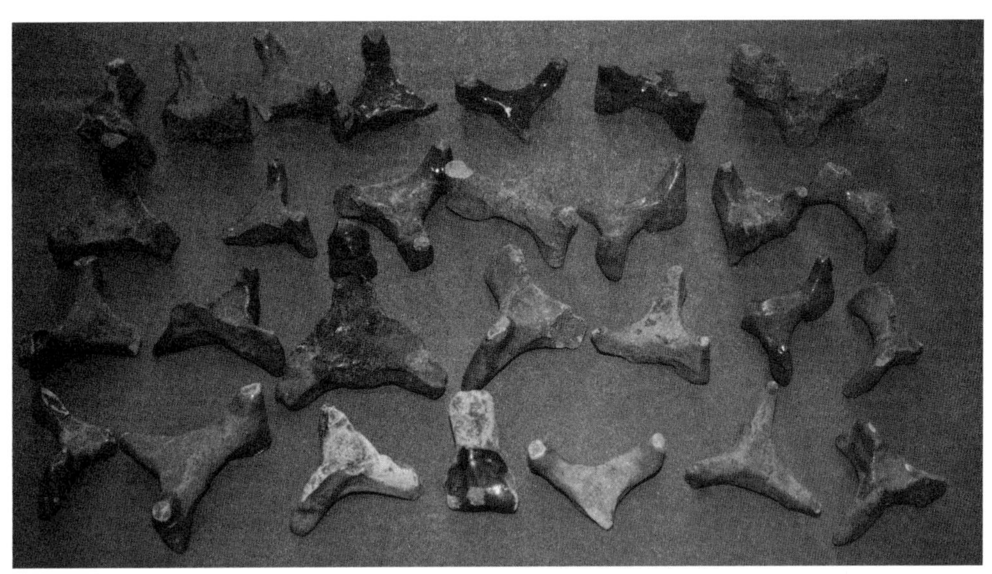

图一五　曹村窑三岔形支钉

图一六　曹村窑钱币标本

也有青中泛黄的，特殊的也有一个带绿釉的。从温度上看大多应为低温铅釉。

4．钱币

此次发掘共清理出三枚铜钱。其中只有一枚完整，两枚残缺（图一六），均为圆形方孔钱，多篆书。完整的为“货泉”，直径2.3厘米，应为新莽钱；另有一枚应为“永安五铢”，直径2.3厘米，“五”字缺失，应为北魏钱；还有一枚缺失较多，只存有带“五”字的部分，应为汉“五铢”钱。

三　结语

通过这次对临漳曹村遗址的初探和试掘，尽管发掘面积有限，清理出的器物及标本较少，但从中获取了丰富的资料信息，主要在以下几方面取得了收获：

1．临漳曹村遗址应为一处重要的窑址

从遗址的勘探和发掘情况来看，该处不仅散落有三岔形窑具支架、窑壁碎块和红烧土块，而且还遗存有多座残毁的窑炉和木炭灰渣地层。故此，可以初定该地是一处重要的窑址，并且是以木柴作燃料的柴窑。

2．临漳曹村窑址的时代可以初定为北朝时期，上限可达东魏，或许更早

该处窑址不仅地表散落的青釉标本较多，而且地层中也出土了大量可辨器型。通过对磁县北朝墓群中东魏尧赵氏墓、北齐高润墓和讲武城北朝墓等有年代标尺的墓葬中出土的青釉碗、酱褐釉瓶、青釉高足盘[4]等器物标本进行物理和化学分析，其在胎色、釉料、配方等方面比较接近，其共性大于差异[5]。故此，我们认为北朝时期，临漳曹村窑址应处于烧造的鼎盛时期。

3．临漳曹村窑址是由烧陶、釉陶向烧制青瓷过渡的阶段

从该处地表和探方出土的器物及标本的质地来看，主要有陶器和青釉、酱褐釉及黑釉等器物。但是，经过同磁县北朝墓葬出土的同类器物相比较，参照北京师范大学物理系、郑州大学物理工程学院、中国防卫科技学院、河南广播电视大学、景德镇陶瓷学院和磁州窑博物馆联合做的窑址标本测试[6]，结合看过标本的许多陶瓷专家的意见，认为试掘清理出土的标本有两种情况：一是许多青釉标本胎质疏松、较软，吸水率大于14%，PbO_2含量很高，最低的大于37%，最高的达到59.27%，烧成温度低，明显属于铅釉陶的范畴。一是部分标本胎质致密，硬度较高，吸水率较低，烧结温度较高，虽然釉料从成分上看还是低温铅釉，但其胎体应属于瓷质，为两次烧成，从理论上讲，应属北方早期青瓷的范畴。所以说，该处是由烧制陶器，经釉陶向烧制青瓷转变、过渡的重要阶段。

4．临漳曹村窑址可能是磁县北朝墓葬中出土的青釉、酱褐釉器物的主要产地

北朝时期，磁县是邺都的京畿要地，也是东魏、北齐帝王将相、王公贵族的皇陵区，在这些贵族墓葬中随葬了大量青釉和酱褐釉器物，而这些陪葬品来自何处？通过讲武城北朝墓出土的青釉罐和曹村窑址同类器物标本进行测试、对比分析，两者之间存在着密切联系[7]。同时，讲武城北朝墓距曹村窑址仅10公里左右，是该窑址产品正常市场覆盖范围，讲武城北朝墓，也可以说磁县北朝墓中出土的青釉、酱褐釉器物极有可能是曹村窑或同类窑口制作的产品。

注释：

[1]《管子·小匡》第二十："（桓公）筑五鹿、中牟、邺、盖兴、社丘，以卫诸夏之地。"四部丛刊本。

[2] 2009年下半年，该地暴露地表的一些青釉（瓷）片标本在河南安阳文物古玩市场出现，引起了许多专家学者的注意。中国防卫科技学院的王建保、郑州大学物理工程学院的李国霞以及邯郸市的庞洪奇、王兴等专家都多次到遗址考察和研究。

[3] 磁县文化馆：《河北磁县东陈村东魏墓》，《考古》1977年第6期。

[4] 磁县文化馆：《河北磁县北齐高润墓》，《考古》1979年第3期。

[5][6][7] 李融武、王建保、赵学锋、李江、张丽萍、李国霞、杨大伟、吴隽、张茂林：《讲武城北朝墓出土器物和曹村窑标本的对比分析》（待刊）。

关于磁州窑几个问题的探讨

上海博物馆　周丽丽

内容提要：将相类产品的窑场归为同一窑系与将不同窑场的相类产品归为同一类型的性质是一致的，磁州窑系与磁州窑类型的提出即是其中典型一例，此种以磁州窑泛称相类产品窑口的现象至迟在明万历朝就已存在。磁州窑产品的胎釉质量虽不能与宋元名窑相比，但其创烧的釉上、釉下、釉上釉下彩瓷，不仅修订了五彩、素三彩及部分杂釉彩是元明景德镇窑开始烧制的错误观点，而且进一步揭示了磁州窑在中国制瓷史上的重要地位与作用。

关键词：磁州窑　磁州窑系　磁州窑类型　五彩　素三彩　杂釉彩

Abstract: It is consistent to classify kilns producing similar porcelains as a series (yaoxi), and classify similar porcelains from different kilns under one type (leixing). The proposed Cizhou Ware Series and Cizhou Ware Type constitute such an example, as the use of "Cizhou Ware" as a general term for kilns producing similar products already existed by the late Wanli era. Though the quality of Cizhou Ware' s clay and glaze cannot compare to the likes of famous Song and Yuan kilns, its creation of overglaze, underglaze, and and their combination not only revises the false notion that the Yuan- and Ming-era Jingdezhen kilns first fired five-color, plain tricolor, and multicolor ceramics, but also further reveals the important and irreplaceable role that Cizhou kilns played in the history of Chinese porcelain.

Keywords: Cizhou Ware, Cizhou Ware Series (yaoxi), Cizhou Ware Type (leixing), five-color, plain tricolor, multicolor

一　关于磁州窑与磁州窑系、磁州窑类型称谓的认识

长期以来，由于在河北磁县观台镇和彭城镇发现了装饰风格独特的民间窑场，而此地宋属磁州，故人们一般都将之称为磁州窑。随着考古工作的深入发展，在河南、山西、陕西等地不断发现烧造与磁州窑风格相类似的窑场。20 世纪 30 年代西方学者首次提出了“磁州窑类型”的概念，20 世纪 80 年代初冯先铭先生在编写中国陶瓷史时进一步将河南、山西等省烧造与之装饰风格相类似的窑场归为“磁州窑系”。本来“磁

州窑类型”与“磁州窑系”的提出只是为了研究与交流的方便，但由此也带来了一定的困惑，有研究者认为类型较窑系更科学，一方面是因为磁州窑还烧造钧窑、耀州窑等面貌的其他产品，故很难将其归为同一窑系；另一方面也因为河南、山西部分地区生产的瓷器质量有的比磁州窑还好，产品数量也很大，将这些地区的窑场归为磁州窑系不一定符合情理。笔者以为，如果“磁州窑类型”专指利用化妆土装饰与彩绘装饰的器皿，那么“磁州窑系”亦可指烧造利用化妆土装饰与彩绘装饰瓷器的窑场。同时，尽管目前的考古资料很难断定一定是磁州窑影响了当时其他窑场的瓷器生产，磁州窑瓷器的质量一定比其他相类似窑场高，磁州窑系的提出可能会给部分窑场的定位造成一定的混乱，但如果“磁州窑类型”可以不包括钧窑、耀州窑等面貌的器皿，“磁州窑系”自然也可不包含钧窑、耀州窑等风格的产品。因此，窑系与类型的概念没有本质的区别，窑系是根据窑场划分的，将生产相类产品的窑场归为同类窑系与将相邻窑场生产的相类产品归为同一类型的性质是一致的。更何况以磁州窑统称其他窑场并不是现代人的发明，其在明代就已出现了。考古调查与发掘资料可以证实，河南、山西等地的许多窑场烧造与磁州窑风格相类似的瓷器，其中一些窑场可与文献记载相应，如河南登封等窑在唐代的《元和郡县志》、宋代的《元丰九域志》中已有著录，只是记录不详，仅有窑场贡瓷之说，没有涉及所烧瓷器的特征。对磁州窑所烧器皿有具体描述的当以明洪武曹昭《格古要论》“古磁器：好者与定器相类，但无泪痕，亦有划花、锈花，素者价高于定器；新者不足论也”为早，文中所述磁州窑是否包括相类窑场目前尚不得而知，但其记录了磁州窑瓷器有“划花、锈花”装饰的特征。明赵范修、诸鐈等纂明万历九年刻本《磁州志》“彭城，在州西滏源里，居民善陶缶罂之类，或绘以五彩，浮于滏河可达于京师”的记载是笔者所知最早提及磁州窑烧造五彩瓷器的著录，文中并没有涉及磁州窑与相类窑场的关系。然在距此不久的谢肇淛《五杂俎》著录中则有“今俗语窑器谓之瓷器者，盖河南磁州窑最多，故相沿名之”[1]的记载，谢肇淛是明万历三十年进士，后除湖州推官，累迁工部郎中。其所论述的瓷器称呼源自磁州窑的论点是否正确值得商榷。但可以从一个侧面反映磁州窑的声誉在当时已达到影响其他窑场的境地。因此，以磁州窑引领其他窑场的称谓很可能在其活动的万历三十年前后就已出现。至于叙述中的“河南磁州窑”，清唐铨衡《文房肆考》“磁器出古邯郸地磁州，故名磁器。昔属河南彰德府，今属北直隶广平府”[2]的解说已十分明了了。

此外，以磁州窑泛称其他窑场还与磁州窑曾为宫廷烧造过御用瓷有关。据考，北宋晚期在漳河地区，以观台为中心的整个磁州窑业得到了全面的发展，金代中后期更是达到了繁荣的境地。元代，虽然爆发了蒙古人进军中原的战争，给磁州窑带来了一定的影响，瓷器的质量也有所下降，但磁州窑烧造的盆、罐、坛、瓶等仍引领其他相类窑场，其产品除了民间销售外，部分制品还进贡朝廷，元大都遗址与原元代宫城遗址中均出土有磁州窑瓷片的现象就是最好的证明[3]。入明后，磁州窑为官府烧造瓷器更是有史可查，明崔铣纂修的《彰德府志》中“磁州……彭城厂在滏源里，官窑四十余所，岁造瓷坛纳于光禄寺”[4]的记载就是典型一例。尽管笔者以为文中所述四十所“官窑”的窑场与严格意义上的官窑有一定的区别，但地处彭城镇的磁州窑在明代为宫廷烧造瓷坛类贡瓷则是不争的事实。除《彰德府志·田赋志第三》的记载有“磁州贡……瓶坛一万九百三十六个”的具体数字外，《明会典·工部十四》中“宣德间题准，光禄寺每年缸坛瓶共该五万一千八百五十只个。分派河南布政司，钧磁二州，酒缸二百三十三只，十瓶坛八千五百二十六个，七瓶坛一万一千六百个，五瓶坛一万一千六百六十个，酒瓶二千六十六个”[5]的记载还表明了贡瓷的年代。尽管《明会典》记录中的贡瓷是否一定包含有与磁州窑相类窑场的产品尚需进一步证实，但目前在与磁州窑相邻窑场发现的元代晚期至明代早期烧造的质量上乘的坛、罐类制品似乎对此已有说明，只是当时都将之称为磁州贡瓷而已。正因为磁州窑是当时“官窑”的所在地，相邻窑场借其称谓推销自家产品也是十分自然的事。

由此可知，将相类窑场称为窑系、相类产品称为类型并非空穴来风，而是在当时泛称的基础上进一步发展而来的。不论磁州窑产品是否是同类器皿中最佳的，但文献记载以此为早，窑址的发现与发掘也以此为代表，那么，以磁州窑系或磁州窑类型命名相类窑场或相类产品是合乎情理的，这与新石器时代文化一般都以首次发现的地点命名的原理是一致的，其他地区发现的相同文化的内涵并不一定不如首次发现的丰富。

二 关于磁州窑在中国陶瓷史上地位的审视

长期以来，唐、五代越窑、邢窑，宋代汝、官、哥、定、钧五大名窑，元、明、清景德镇窑一般都被视为能够代表那个时代最高制瓷水平的窑场，五代、宋、金耀州窑，南宋、元、明早中期龙泉窑以烧造各具特色的青瓷名列其次，而以河北观台、彭城镇为中心的磁州窑与江西吉州窑因烧造各具特色的剔刻及彩绘瓷排列其后。这主要是根据窑场性质、瓷器烧造工艺及胎釉精细程度来划分的，具有一定的合理性。然仔细考量，磁州窑对中国陶瓷生产的发扬光大，对元、明、清景德镇制瓷业的促进推动则是上述其他窑场多无法比拟的，对于其在中国陶瓷史上的地位应该重新审视。

磁州窑自北宋晚期起就显示了强大的生命力，在传统制瓷工艺的基础上不断改革创新，寻求与其他窑场竞争销售市场的出路。为此，其在传统的白色化妆土中加入了呈色剂铁，利用黑、白，褐、白，黑、白、褐等多层次的化妆土，创烧了前所未有的彩绘瓷。同时还将一度中断的唐代长沙窑瓷器上出现的中国绘画和书法艺术再次应用到瓷器上，烧造了较长沙窑青釉褐、绿彩更醒目、更具中国传统水墨艺术效果的黑白相映的彩瓷，为磁州窑的进一步发展奠定了基础[6]。金世宗年间，以观台为中心的磁州窑及磁州窑系的其他窑场进入了繁荣期，除了继续烧造白地黑花瓷外，还突破了唐三彩、辽三彩的釉料色斑工艺，将铜、铁、锰等金属加工成各色彩料，并运用白地黑花的绘画技法烧造了包括红绿彩在内的釉上或釉上、釉下结合的彩绘陶瓷器。元以后观台和彰河流域的各窑场虽先后停烧，但位于滏阳河流域的彭城镇及其他地区的制瓷业在明早期迅速崛起，成为继观台之后烧造典型磁州窑风格的各种彩绘瓷器的又一中心[7]。磁州窑及磁州窑系开创的彩绘瓷装饰，对在此之后的景德镇制瓷业特别是景德镇官窑制瓷业产生了极大的影响，然磁州窑的这方面功绩以往并未引起人们足够重视，故有必要对此作较为详细的梳理。

（一）景德镇窑烧造的五彩、素三彩与部分杂釉彩是在磁州窑创制的基础上进一步发展而来的

元以前，能够代表各朝烧制水平的瓷器主要是单色釉，其中最典型的是越窑、汝窑、官窑青瓷与邢窑、定窑等白瓷，青釉器皿的胎多呈浅灰、香灰、灰黑、黑等色，质地细腻坚硬，白釉器皿的胎多呈白色，质地同样坚硬细润。磁州窑的胎土不仅色灰白、米黄、褐红，更主要的是质地粗松，故只能通过化妆土来修饰釉面效果，因此，如仅从单色釉瓷的胎、釉标准衡量，磁州窑是无法与上述窑口的制品相比的。聪明的磁州窑工匠最终找到了与其他窑场发展不同的途径，利用彩绘装饰技法创烧了许多前所未有的色彩缤纷的瓷器，其中不少品种以往则被误认为是景德镇窑的首创作品。如金、元磁州窑烧制的釉上或釉上釉下彩，无论是三色彩还是五色彩，以往一般多将之称为金三彩，此种称谓主要是沿袭近现代唐三彩与辽三彩的俗称而来的（上海博物馆陈列或出版物上一般都将之称为“彩色釉陶”）。至于金元时期是如何称呼这些“金三彩”的，目前尚不得而知，但从上述明万历九年刻本《磁州志》中对磁州窑五彩制品的记录及明清文献对景德镇相类产品的“五彩”称呼看，这些品种在晚清之前一般多被称为“五彩”，只是并未引起人们的重视而已。随着陶瓷研究的深入，景德镇五彩的称呼已被分类为不同的品种，在此之前的磁州窑金三彩同样应该分类。近十多年来，笔者比较注重景德镇彩瓷的研究，在探讨各类品种起源的过程中发现，景德镇烧造的许多釉上或釉上釉下彩多是承袭磁州窑而来的，有的则是在此基础上进一步创烧而成的，由于景德镇彩瓷的胎质较磁州窑坚细莹白，彩料种类较磁州窑增多，图案题材较磁州窑丰富，器物造型较磁州窑多样，制作工艺较磁州窑精细，故其产品具有耳目一新效果，从而淡化了磁州窑对它影响的认识。随着窑址发掘与出土资料的不断增多，磁州窑彩瓷的风貌开始较为全面地展示在人们的眼前。2005 年阎焰在《天边的彩虹》一书中将磁州窑彩瓷的品种分为 29 种[8]，2009 年其在《釉上多色彩绘陶瓷装饰工艺分类综述》中又将之浓缩为 22 种[9]，笔者以为，尽管磁州窑彩绘品种的种类确有那么多，但根据景德镇彩瓷的分类法，其中除了绞釉、绞化妆土一类制品外，其彩绘品种应该与景德镇彩瓷一样分为五彩（包括色地五彩）、素三彩、杂釉彩三大类。如白地红绿黄黑彩即为五彩，黑釉粉地绘红绿黄彩即为黑地五彩，白地红绿彩即为杂釉彩中的红绿彩等。详析如下：

1. 素三彩

是一种在高温烧成的涩胎瓷或白瓷上，用三种或三种以上不含红色的素色彩填绘纹样低温二次烧成的品种。长期以来素三彩一直被视为明正德景德镇窑创烧的品种，20世纪80年代，由于在明御窑厂遗址发现了书有“大明成化年制”款的制品，陶瓷研究领域才将此类品种的始烧年代提早到成化年间。然这种不含红色的釉上彩绘品种无论从制作工艺、釉彩特征看，早在金代磁州窑就已烧制成功。当然磁州窑素三彩也不是凭空烧制的，其是借鉴了唐三彩与辽三彩的装饰工艺而来的，只是器皿的胎土由陶改为瓷，纹样由釉下胎上印花改为釉下胎上刻花，烧造温度由先低温涩胎素烧，再加彩或在印花纹样轮廓线内填彩，然后于较前低的温度内二次烧成改为先高温涩胎烧成，再在刻划纹样轮廓线内填绘素彩，并以色釉作地低温二次烧成。典型的金代磁州窑素三彩或在黑地上用黄、绿、白彩饰纹（图一），或在白地上用黄、绿彩绘纹，或在黄地上用绿、白彩饰纹（图二），有的则在黄地上用绿、白、黑等彩绘画纹样，流

图一　金磁州窑素三彩莲花牡丹纹枕

图二　金磁州窑素三彩刻花庭院图枕

行枕、盘（图三）、盖盒类制品。明代景德镇御器厂烧造的成化款素三彩鸭熏（图四）及传世书有成化元年款的景德镇民窑烧制的素三彩鸳鸯枕（图五），除了不用化妆土，其他无论从制作工艺、装饰技法，还是釉彩的呈色看完全承袭磁州窑而来。鸭与鸳鸯细部及羽毛均先在成型的胚胎上刻成，高温烧成涩胎器后，再在其上以黄、绿釉作地，并施黄、绿、白、黑、紫等彩，低温二次烧成，彩料的种类虽较磁州窑略有增多，但特征相同。明正德景德镇官窑素三彩呈色进一步增多，绿、黄均有浓淡之别，孔雀绿娇艳。明嘉靖、万历，清康熙景德镇窑则陆续出现了高低温白地及浅藕地等色地素三彩。纹样除了在成型的胎上刻划，涩胎瓷上填绘外，还进一步采用在高温烧成的器皿上直接用低温彩勾勒绘画的技法，但刻划填绘的传统工艺自金代磁州窑开始运用后，自明成化至清宣统朝的景德镇窑始终未停止过使用(图六)。素三彩由金代磁州窑创烧，景德镇窑继承发展的事实由此可知一斑。

2. 五彩

是一种在高温烧成的白瓷上，用红、绿、黄三种或三种以上彩料绘纹低温二次烧

图三　金磁州窑素三彩玉兔纹盘

图四　明成化景德镇窑素三彩鸭熏

图五　明成化元年景德镇窑素三彩鸳鸯枕

图六　清光绪景德镇窑素三彩刻花云龙纹盘

成的品种。金代磁州窑是目前所知最早烧制此类品种的窑场，除红、绿、黄外，尚有黑、白（一般是利用白色化妆土）等色，除白地外，尚有黑地五彩（图七）。纹样的表现手法有两种，一种用红彩勾勒图案轮廓线后再在其内填色（图八、图九），部分则以勾勒填绘与没骨绘画两种技法结合而成（图一〇）；另一种与素三彩一样，先在成型的器胎上刻划纹样轮廓线，然后在烧成的涩胎器上用五彩设色（图一一、图一二）。后一种装饰手法多见于枕类器，以色地五彩制品为多见（参见图一〇）。景德镇地区的窑场元代开始运用磁州窑五彩烧制技术，其中除内蒙古出土的以立粉堆花技法烧造的五彩高足碗装饰较为特殊外，1980 年在景德镇市内清理的一处元代作坊遗址发现的五彩“残片的釉面上用含铅的红、绿、黄三色潇洒地彩绘着一枝折枝菊”[10] 的工艺与磁州窑完全一致，但数量甚少。明早期釉上五彩制品仍多为民窑器，直至成化开始，官民窑均有生产，产品的数量开始不断增多。其制品与磁州窑一样，纹样大多先用矾红彩勾勒轮廓线后，再在其内填色，纹样中的红、黄彩一般多用红彩勾勒轮廓，绿彩纹样则或用红彩勾勒，或用没骨法绘画，两窑的差异除了胎釉的精细外，景德镇五彩

图七　金磁州窑黑地五彩莲花纹盘

图八　金磁州窑五彩开光花卉纹盖钵

图九　金磁州窑五彩盖钵

图一〇　金磁州窑五彩人物图盘标本

图一一　金磁州窑五彩刻花婴戏图枕

图一二　金磁州窑五彩刻花鱼藻纹盘

中的红彩大多占各种色彩的主导地位（图一三），磁州窑五彩中的红彩则或占主导地位（图一四），或只是各色彩中的一种（见图一一）。在彩料的运用上，元、明早期景德镇所用彩料基本上多是承袭磁州窑而来的，后种类不断增多，特别是明末清初，蓝彩、金彩的融入进一步丰富了五彩的呈色，部分制品中的绿彩逐渐成为各色彩中的主要呈色。值得一提的是，金元磁州窑出现的黑地五彩，景德镇窑迟至清康熙朝才开始流行。不仅如此，磁州窑开创的在釉下白色化妆土上用黑彩勾边线，施透明釉高温烧成后，再在其上用红、绿等色填绘低温二次烧成的釉下釉上彩绘工艺，不仅开创了15世纪前期景德镇窑釉下青花勾勒边线，釉上填彩二次烧成的斗彩的先河，而且也为景德镇明中期开始出现、明晚期流行的用黑彩勾边线的五彩与杂釉彩奠定了基础。与磁州窑黑彩勾线不同的是，景德镇五彩瓷上的黑色边线不是在釉下高温烧成的，而是与其他色彩一样在高温烧成的白瓷器上绘画低温二次烧成的，为防黑彩在烘烧过程中飞失，填绘的相邻釉彩一般多罩在其上。相比之下，景德镇彩瓷的黑色边线比较精细（图

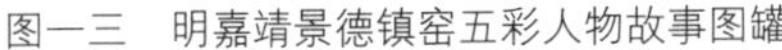

图一三　明嘉靖景德镇窑五彩人物故事图罐

图一四　金磁州窑五彩莲池鸳鸯纹碗

一五），磁州窑彩瓷的黑色勾线则较粗放（图一六），但两者的继承关系明确。景德镇窑五彩瓷器是从磁州窑发展而来的脉络清晰可见。

3. 杂釉彩

（1）红绿彩

是一种在高温烧成的白瓷上，用红、绿两色绘纹低温二次烧成的品种。这一烧造工艺由金代磁州窑创烧而成，由于磁州窑胎质粗松，胎色米黄，为掩饰胎土的缺点，高温釉下一般多施一层白色化妆土，从而将红绿两色衬托得十分艳丽。纹样大多采用红彩勾勒纹样轮廓线，内以红彩饰主纹、绿彩设辅纹（图一七），部分图案采用中国画中的没骨技法，即纹样不勾边线，直接用红、绿两色渲染而成（图一八）。以花卉、花鸟、水禽、诗句等纹为多见。景德镇从元代开始引进红绿彩烧制技术，但传世完整器甚少，目前所见景德镇早期红绿彩大多是15世纪早期的制品，上海博物馆藏红绿彩缠枝莲纹瓶就是其中的代表作，纹样都用红彩轮廓线，内以红彩填主纹，绿彩设辅纹，与磁州窑的彩绘技法及用色完全一致，只是景德镇的胎质细腻洁白，无须用化妆土而已（图一九）。明嘉靖、万历朝，景德镇烧造的红绿彩瓷器较前增多，其装饰风格与磁州窑仍如出一辙（图二〇）。

（2）红彩

是一种在高温烧成的白瓷器上用红彩绘纹低温二次烧成的品种。磁州窑瓷器上单纯使用红彩的相当罕见，传世所见一般多于器皿的边饰组合其他色彩，但主纹红彩

图一五　明嘉靖景德镇窑五彩团龙纹罐

图一六　金磁州窑五彩人物俑标本

图一七　金磁州窑红绿彩鱼藻纹碗

图一八　金磁州窑红绿彩花卉纹碗

图一九　15世纪早期景德镇窑红绿彩缠枝莲纹瓶

图二〇　16世纪景德镇窑红绿彩莲池纹罐

则相当醒目，如盘类器皿上流行的红彩诗句（图二一），部分陶俑上的红彩衣饰（图二二）等即是，景德镇洪武官窑瓷器上的红彩装饰由此而来。

（3）黑彩

北宋磁州窑创烧的黑彩是一种在施了白色化妆土的胎上，用黑彩绘纹或在黑、白化妆土上剔刻纹样后高温一次烧成的品种（图二三），此类品种的瓷器是磁州窑的传统产品，历金、元、明各朝，且均有烧造。景德镇窑黑彩瓷器要迟至清康熙朝才出现，这种黑彩从进口到自行配方，主要借鉴西方技术，与磁州窑、景德镇窑的传统工艺不同，在烧造过程中其上不罩釉也不会飞失，黑彩纹样都在高温烧成的白瓷上绘画后低温二次烧成。尽管如此，磁州窑生产的具有中国传统水墨画艺术效果的釉下白地黑彩器无疑为景德镇釉上白地黑彩器的生产提供了范本。

此外，磁州窑生产的黑、绿彩（图二四），黑、褐彩，红、黄彩（图二五）等杂釉彩品种多对元、明景德镇窑彩绘瓷的烧造产生了重大影响。不仅如此，在一件器物上的不同部位采用两种不同品种的装饰早在磁州窑彩绘瓷器上也已经存在，至于在彩绘瓷器中辅以的刻划技法虽不影响彩瓷的分类，但此类技法同样在景德镇彩瓷上得到了传承。由此不难推断，除了金代磁州窑烧造的部分黑地或褐地红绿彩等杂釉彩为景德镇窑所不见或罕见外，磁州窑创烧的大部分彩绘品种不仅被元明景德镇窑所承袭发展，同时也为景德镇窑其他新品种的开创奠定了基础。目前，在陶瓷研究领域已有越来越多的学者接受了磁州窑创烧五彩、红绿彩的观点，那么素三彩及部分杂釉彩同样应该在其列。

（二）景德镇窑彩绘瓷器上的许多纹样是受磁州窑的影响而来的

景德镇窑烧制的彩绘瓷以元为早，这时乃至稍后的明早期景德镇彩绘瓷上的纹样虽有部分是特为中东地区的外销瓷绘画的，但大部分图案还是受磁州窑影响而来的。

图二一　金磁州窑红彩诗句纹器标本

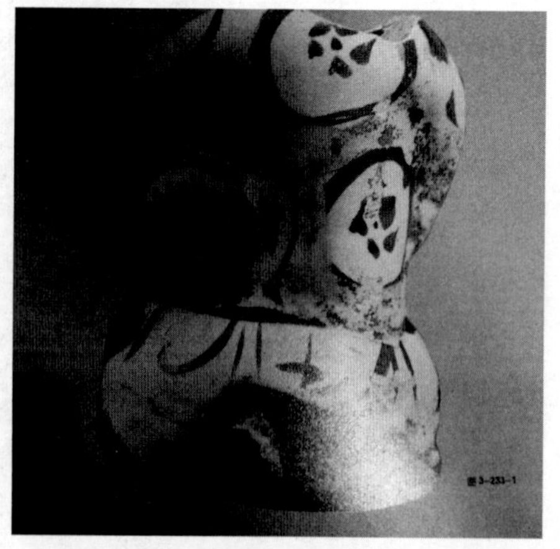

图二二　金磁州窑红彩陶俑

图二四　金磁州窑黑绿彩花卉纹碗标本

图二三　宋金磁州窑白地黑花花草纹瓶

图二五　金磁州窑红黄彩花卉纹器标本

从传世与出土的金元磁州窑彩绘瓷看，其纹样主要有三类，一类为花卉、水禽纹，一类以诗词作饰，另一类是人物图。前两类纹样在磁州窑瓷器上甚为流行，后一种纹样略少，然颇为精美。元末明初景德镇窑流行的图案题材主要是承袭其而来，其中除以诗句作纹的图案较磁州窑明显减少外，花鸟水禽及人物图则在磁州窑基础上进一步发展，两者的继承关系明确，现略举几例如下：

（1）鱼藻纹

是金元磁州窑十分流行的纹样，其构图一般多以一尾或双尾的鱼与水藻组成，鱼纹在整幅画面中非常突出，笔意古朴写实（图二六、图二七、图二八），却又不失艺术情趣，图案线条活泼流畅。景德镇元明彩绘瓷上鱼藻纹构图虽较磁州窑繁复，但画风完全承袭磁州窑而来，两者画面上表现的鱼藻形态及流动的韵律基本一致（图二九），很可能是移居景德镇的磁州窑工绘画的作品。与之相类似的还有莲池鸳鸯图等。

（2）花卉纹

在磁州窑彩绘瓷器上甚为流行，纹样具有大花大叶的特征，以折枝的构图为多见，部分缠枝布局（图三〇、图三一）。元末明初景德镇窑的花卉纹虽在具体绘画上较磁州窑精美，花纹的种类也较磁州窑丰富，但在构图乃至典型图案的大花大叶的绘画风格上则有明显的承袭关系。如荷花（图三二、图三三），元代景德镇窑的纹样构图不

图二六　金磁州窑五彩莲鱼纹碗

图二七　北宋磁州窑白地黑花鱼藻纹枕

图二八　元磁州窑白地黑花鱼藻纹盆

图二九 元景德镇窑青花鱼藻纹罐

图三〇　金磁州窑五彩折枝花卉纹盘

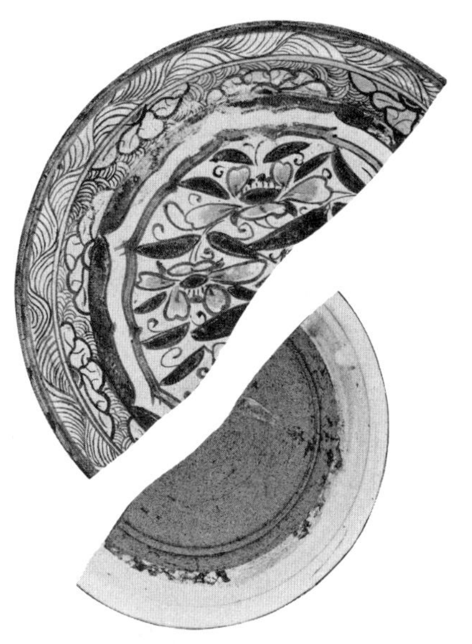

图三一　金磁州窑五彩缠枝花卉纹盘标本

图三二　金磁州窑红绿彩莲花纹罐

图三三　元景德镇窑青花莲池鸳鸯纹盘

仅与磁州窑一样，而且部分荷花的设色，渲染在瓣尖的技法也与磁州窑一致。相类似的纹样还有菊花（图三四、图三五、图三六）、牡丹（图三七、图三八、图三九）、宝相花（图四〇、图四一、图四二）一把莲及花鸟（图四三、图四四）等。明早中期景德镇官窑瓷器上的一把莲、并蒂莲等纹样也多是借鉴磁州窑相类纹样而来的。

（3）龙、凤纹

龙凤纹是宋元南北窑场颇为流行的纹样，一般多见于比较精美的瓷器上，以毛笔彩绘的龙凤纹则以磁州窑为早，元末明初景德镇彩绘瓷器上的龙凤纹是承袭磁州窑而来的。龙凤一般多占瓷器的主要画面，图案具有浓郁的装饰意味（图四五、图四六、图四七、图四八）。当然，元明景德镇窑瓷器上龙凤纹形象的生动威猛，姿态的变化

图三四　金磁州窑五彩菊花纹瓶

图三五　元景德镇窑青花菊花纹瓶

图三六 明洪武景德镇窑青花缠枝菊花纹碗

图三七 金磁州窑红绿彩牡丹纹碗

图三八 金磁州窑五彩牡丹纹碗

图三九 明成化景德镇窑五彩缠枝牡丹纹罐

图四〇　金磁州窑红绿彩宝相花纹碗

图四一　明永乐景德镇窑青花宝相花纹瓶（局部）

图四二　明成化景德镇窑青花宝相花纹碗

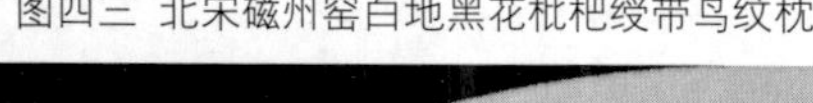

图四三 北宋磁州窑白地黑花枇杷绶带鸟纹枕

图四四　明永乐景德镇窑青花枇杷绶带鸟纹盘

图四五　金磁州窑红绿彩凤纹碗标本

图四六　元景德镇窑青花凤纹瓶（局部）

图四七　北宋磁州窑白地黑花剔刻花龙纹瓶

图四八　明宣德景德镇窑青花云龙纹罐

多样等特点是磁州窑无法比拟的，但磁州窑为景德镇同类纹样的绘画典型基础则是不可否认的事实。

（4）人物图

瓷器上的人物图虽在宋之前的瓷器上已经出现，但辅以场景并含有故事情节的人物图则以金代磁州窑为早，以婴戏、高士、仕女、戏曲故事为典型（图四九、图五〇、图五一）。磁州窑瓷器上的人物故事图有三种表现手法，一种是纹样轮廓先在成型的胎上刻成，高温烧成涩胎器后再填彩低温二次烧成，此种技法多见于金元器；一种是在施白色化妆土的胎上用黑彩绘纹施透明釉后，高温一次烧成，此种工艺流行于北宋至元明的瓷器上；一种是在高温烧成的白瓷上（一般多施化妆土）直接用彩绘纹后低温二次烧成，此种装饰多见于元明瓷器上。元代景德镇窑主要借鉴磁州窑的第二种技法，但不是用五彩、素三彩，而是用青花绘纹，画面与宋金磁州窑一样多取材于当时流行的戏曲、版画。从传世与出土器皿看，《司马相如升仙桥题柱》、《三顾茅庐》、《西天取经》、《焚香拜月》等故事题材两地窑场都有绘画，只是磁州窑的此类纹样金代就已出现，景德镇窑则多始于元朝。这虽与元代杂剧中心由金代北方南移杭州有关，但更与金代磁州窑为元代至明早期景德镇窑同类纹样的烧制提供了实样相关。上海博物馆藏有两件元至明早期的磁州窑釉上五彩人物图作品，其中一件为盆（图五二），其上纹样均用矾红勾勒轮廓线，内填绿、孔雀绿等色，主要表现一仕女与一丫鬟在庭院

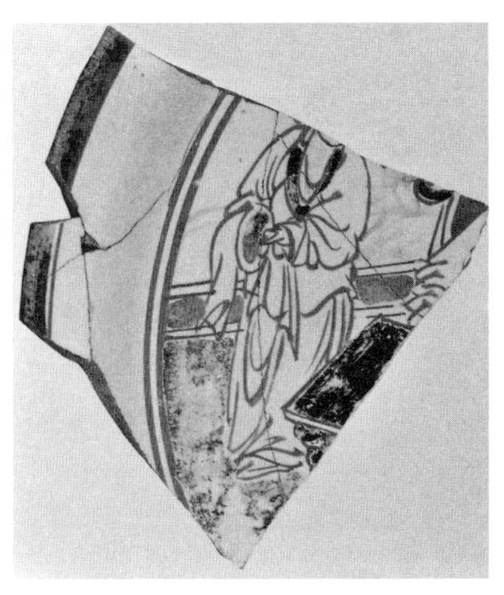
图四九　金磁州窑五彩人物图盘标本

图五〇　北宋磁州窑系白地黑花人物图枕

图五一　明景泰景德镇窑青花人物图罐

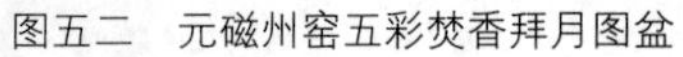
图五二　元磁州窑五彩焚香拜月图盆

图五三　元磁州窑五彩山水人物图罐

中焚香拜月的情景，旁衬栏杆、竹梅及祥云等；另一件为元代盖罐（图五三），其上纹样亦用红彩勾勒，内填黄、绿等色，主要表现人物山水的场景。两件器皿的画风写意，颇有中国传统绘画的艺术风格。而景德镇釉上五彩人物山水图要迟至明中晚期才出现，画面无论从布局，还是勾勒渲染的技法多借鉴磁州窑而来（图五四）。

（5）狮球纹

瓷器上用毛笔彩绘的狮球纹以金代磁州窑为早，元代景德镇窑开始将这一图案引入青花器，狮子的形态完全保留了磁州窑的特征，但磁州窑画面中的狮子多见单狮，景德镇窑青花瓷器中的狮子则单狮、双狮、多狮均有（图五五、图五六、图五七）。

除上列举的几类主题纹样外，景德镇彩绘瓷器上流行的许多辅助纹样亦是在磁州窑基础上进一步发展的，卷枝纹（图五八、图五九）、回纹（图六〇、图六一）、仰覆莲瓣纹（图六二、图六三、图六四）、钱纹（图六五、图六六 ）、曲折纹、弦纹、水波纹等即是其中典型数例。两者纹样的差异仅在磁州窑比较写实，景德镇窑更趋图案化。

综上所述可以得知，磁州窑虽是宋金元时期的民间窑场，瓷器的胎釉质量也不能与宋以来的汝、官、哥、定、钧等名窑相比，但其生产的彩绘瓷改变了宫廷传统的青釉或白釉用瓷风俗，并自元开始逐渐成为景德镇窑的主流产品。元明景德镇窑虽然在烧制白、褐、黑、蓝、红及仿宋官、哥等颜色釉品种上有了一定的突破，清代景德镇窑更是在烧造仿宋代五大名窑及其他颜色釉的瓷器上取得了巨大成就，但占陶瓷生产主流地位的始终是彩瓷。因此，笔者以为，金元磁州窑彩绘瓷的烧制技术对元明清景德镇窑，特别是官窑瓷器生产带来的影响是其他窑场都不能比拟的；以往所持的五彩（包括色地五彩）、素三彩、杂釉彩是景德镇窑创烧的观点是片面的，这些品种是金代磁州窑借鉴了唐彩色釉陶、辽彩色釉陶的釉彩工艺，并在一定程度上吸取了波斯陶的装饰技法进一步创制而成的；景德镇彩绘瓷器上流行的诗句、花鸟、人物、山水等纹样，也是通过宋金元磁州窑在唐代长沙窑相类题材的基础上进一步发扬光大的，磁州窑对中国陶瓷发展所起的作用应该得到新的评估，磁州窑在中国陶瓷史上的地位也应该得到新的审视。

图五四　元景德镇窑青花人物图瓶（局部）

图五五 北宋磁州窑白地黑花狮球纹枕

图五六 元景德镇窑青花狮球纹瓶（局部）

图五七 15世纪早期景德镇窑红绿彩狮子纹瓶

图五八　金磁州窑五彩卷枝纹盘标本

图五九　元景德镇窑青花缠枝纹罐（局部）

图六〇　金磁州窑五彩回纹瓶标本

图六一　明洪武景德镇窑釉里红回纹碗

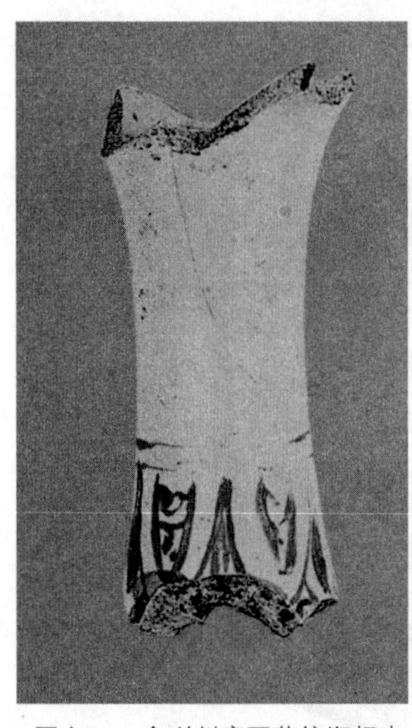
图六二　金磁州窑覆莲纹瓶标本

图六三　金磁州窑红绿彩仰莲纹杯

图六四　明洪武景德镇窑釉里红仰莲纹执壶

图六五　金磁州窑五彩钱纹钵标本

图六六　元景德镇窑青花钱纹盘

注释：

[1]（明）谢肇淛：《五杂俎》卷一二，第 27 页，明万历刻本。

[2]（清）唐铨衡：《文房肆考》卷三，第 35 页，乾隆四十三年刻本。

[3] 北京大学考古系、河北省文物研究所、邯郸地区文物保管所：《观台磁州窑址》第 511 ～ 512 页，文物出版社，1997 年。

[4]《天一阁藏明代地方志选刊·地理志第二·卷三》第 12 页，见冯先铭编著：《中国古陶瓷文献集释》第 40 页，台北艺术家出版社，2000 年。

[5]《明会典》卷一九四《工部十四》，万有文库本。

[6]（明）谢肇淛：《五杂俎》卷一二，第 508 页，明万历刻本。

[7]（明）谢肇淛：《五杂俎》卷一二，第 512 页，明万历刻本。

[8] 望野：《天边的彩虹》第 100 ～ 120 页，大象出版社，2005 年。

[9] 阎焰：《釉上多色彩绘陶瓷装饰工艺分类综述》第 311 ～ 319 页，文物出版社，2009 年。

[10] 刘新园：《元代窑事小考》，《景德镇陶瓷学院学报》1981 年第 2 卷第 1 期。

磁州窑瓷器烧造相关问题的认识

上海博物馆　陆明华

内容提要：磁州窑是中国古代烧瓷名窑，产品远销海内外。本文主要就磁州窑的一些相关情况和现象进行一般性叙述。如磁州窑的官瓷烧造，涉及明清两代北方民窑中官用瓷烧造的情况。关于磁州窑瓷器的社会影响，主要从社会需求和收藏两个角度切入。烧造工艺传播方面，则从对周边地区的传播、对海外的传播和对元代景德镇青花瓷器的影响这三个方面予以剖析。最后的“从磁州窑到磁州窑系”这一分题，着重对目前国内存在的关于“窑系”的看法谈一些自己的认识。

关键词：磁州窑 官用瓷器 社会影响 工艺传播 磁州窑系

Abstract: Cizhou Ware was an important ceramic ware in ancient times, whose products were popular both at home and abroad. This paper focuses on general topics of the ware and discusses related questions and phenomena. First, the paper explores Cizhou imperial wares, and probes into civilian kilns' production of imperial wares in Northern China during the Ming and Qing dynasties. Then, it discusses the influences of Cizhou ware from the angle of social demand and collection. As far as manufacturing techniques are concerned, the author investigates their influences on neighboring and overseas kilns, as well as on Jingdezhen blue-and-white ware during the Yuan dynasty. The last chapter "From Cizhou Ware to Cizhou Ware Series" provides the authors opinion on "ware series", which is under discussion nowadays in China.

Key words: Cizhou Ware, imperial porcelain, societal influence, transmission of manufacturing technique, Cizhou Ware Series

磁州窑是宋元明清时代北方地区的重要民窑，在中国陶瓷史上有着较大的影响。许多年来，国内外不少古陶瓷专家学者对磁州窑及其烧造瓷器有较深入和广泛的研究。当然，由于出土资料和研究证据等因素，过去对磁州窑及其作品的研究依然有一定的局限性，但整体上看，成果是显着的。值此磁州窑瓷器国际学术研讨会召开之际，笔者拟就几方面相关的内容，谈一些自己的认识。

一 磁州窑与官用瓷器

在历史上，磁州窑一直被认为是十分纯粹的民用瓷烧造窑场，其产品有着百姓喜闻乐见的风格和浓厚的民间色彩。自明初有记载“古磁器出河南彰德府磁州”[1]以后，磁州窑逐渐为世人熟知。但这一窑区也曾作为官府的基地而存在过，而且时间相当长。

磁州窑瓷器成为官用产品基地主要是明清时期的事，宋金元时代磁州窑是否有真正的官用瓷基地，实际上我们现在并不十分清楚。但宋金北方瓷器的官方和军方使用痕迹还是存在的。过去认为最典型的河北鹿泉宋墓出土的“天威军官瓶”应是金代磁州窑的产品，但现在已被当地有关专家认为是河北井陉窑烧造（图一）[2]。上海博物馆收藏的一件金“正八”龙瓶有可能是反映官方身份的作品（图二)。“正八”的含义一直不太清楚。笔者认为“正八”的含义是指的官员品秩，应该是“正八品”，古代文献中记录“正八品”的很多，如金代文献记录：“正八品，同管勾；从八品，总掌察左右司,旧二员,正大省一员。”[3]过去笔者曾认为这件“正八”款龙瓶是磁州窑烧造，但有专家认为是扒村窑烧造，应该是正确的。

另外，在河南的民窑窑场里，发现有“京西转运判官贡奉酒 ”瓶（图三）和“省符”瓶等瓷器（图四)，前者系出土物，现藏河南省考古研究所，后者为私人收藏的磁州窑风格梅瓶。在汉代—明代的文献中，较多见到“省符”二字出现。“省符”有特定的涵义,如唐代宫廷向尚书省所下达的命令中有“凡制刺计奏之数,省符宣告之节,率以岁终为断”[4]。

看来宋金时期与磁州窑产品风格接近的窑场生产官府用品一定有不少。但能够明确宋金元时期与磁州窑有关的官瓷却难以明确举证。当然，有些写有款识的磁州窑或磁州窑类型瓷器是可以作为官方见证的，如写有“八仙馆”文字的酒瓶，北宋汴京确实有“八仙馆”，其地在“寿山艮岳”。

> 寿山艮岳在汴城东北隅，徽宗所筑，初名凤凰山，后改寿山艮岳。周围十余里，其最高一峰九十步，上有介亭，分东西二岭，直接南山。山之东有萼绿华台……书馆、八仙馆[5]。

作为徽宗享受生活的名胜之地，这里可谓风光无限，而八仙馆就坐落于此。磁州窑有“八仙馆”落款酒瓶，1982年，笔者在安徽萧县文管所也见有“八仙馆”款酒瓶，系白土窑烧造（图五)。虽然书有“八仙馆”的磁州窑风格瓷器不一定全是宋徽宗“寿山艮岳”之“八仙馆”定烧，但“寿山艮岳”的“八仙馆”定烧磁州窑风格的生活用瓷器则完全可能。

当然，“寿山艮岳”区域内的“八仙馆”不是唯一冠有此名的独家馆舍，其他地方也有，如金末元初的南京也有“八仙馆”。金元时人刘祁记述：

初召至南京时，屏山亦在，余每从之游。乱后余居八仙馆，与飞卿相迩日相见[6]。

此“乱后”不是指“靖康之乱”，而是金末之战乱。此八仙馆是指驿馆。安徽萧县距南京不远，磁州窑或白土窑为这里的“八仙馆”定烧瓷器都不是不可能的。

在磁州窑或磁州窑类型瓷器上书有驿馆名，也应与官方有关，虽然驿馆这种官方或半官方机构的地位较低，有的可能与朝廷没有太大关系，是官府的商业机构，可说只是多少有些关系。如“仁和馆”也是其中一例，古代官方在旅途设立驿站，是传递文书、官员过往、中途暂息和住宿之地。驿站的客舍被称为驿馆，专供沿途过往的官员住宿。不少驿馆冠以地名，如“仁和馆”即是，如明陈眉公谓：“余秀州买得白定瓶，口有四纽，斜烧成‘仁和馆’三字，字如米氏父子所书。”[7] 故宫博物院有藏（图六），安徽濉溪大运河遗址也有出土（图七）。文中所说的仁和馆，应指南宋时期临安的驿馆，

图一　金井陉窑“天威军官瓶”铭文瓶（河北鹿泉宋墓出土，河北省文物研究所藏）

图二　金扒村窑黑釉“正八”龙纹瓶（上海博物馆藏）

图三　金“京西转运判官贡奉酒”瓶标本（河南出土，河南省考古研究所藏）

图四　金“省符”瓶（私人收藏）

图五　元“八仙馆”四系瓶（萧县博物馆藏）

图六　金“仁和馆”瓶（故宫博物院藏）

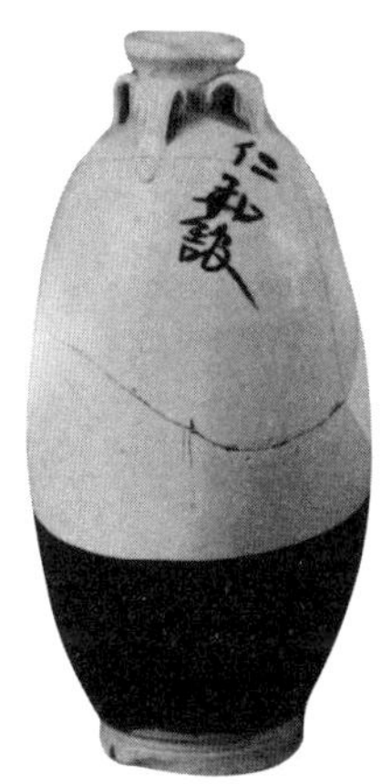
图七　金“仁和馆”瓶（安徽濉溪大运河遗址出土，淮北博物馆藏）

南宋时期有地方文献记载：

仁和馆，在清湖闸之东。绍兴十九年，郡守汤鹏举建[8]。

在传世品中，还有不少书写“内府”二字的瓷质梅瓶，除了少数景德镇的青花款器和白釉铁彩款器外（图八、图九），还有施孔雀绿釉的器物（图一〇），这些都是景德镇御窑提供的优质制品，其烧造年代均为明代。

目前所见的绝大多数“内府”款瓶是具有磁州窑风格的作品，有的明确把这样的器物定为磁州窑烧造，只是时代定为元代或明代。国内外有不少这样的收藏，如故宫博物院（图一一）、日本东京国立博物馆（图一二），爱知县陶磁资料馆等也有这样黑釉罐作品收藏，白釉褐彩文字瓶时代被定为元代，黑釉罐定为明代磁州窑类型烧造[9]。还有真正可肯定在磁州窑烧造的“内府”款瓶在河北观台窑窑址被发现过，原件藏河北省磁州窑博物馆[10]（图一三）。在国内外还有不少地区见有这样的作品出土和收藏（图

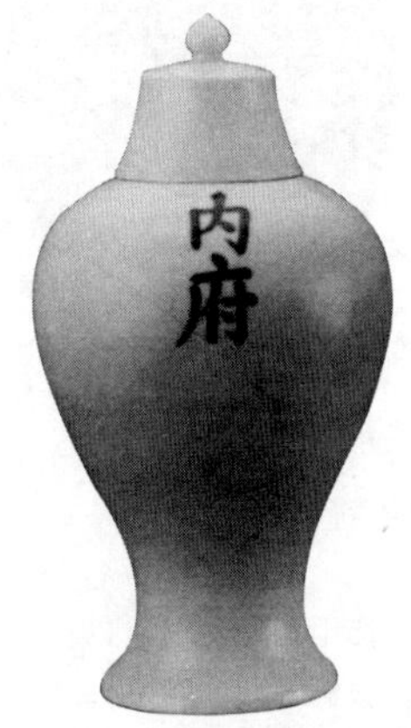

图八　明初景德镇窑青花“内府”瓶（北京市文物研究所藏）

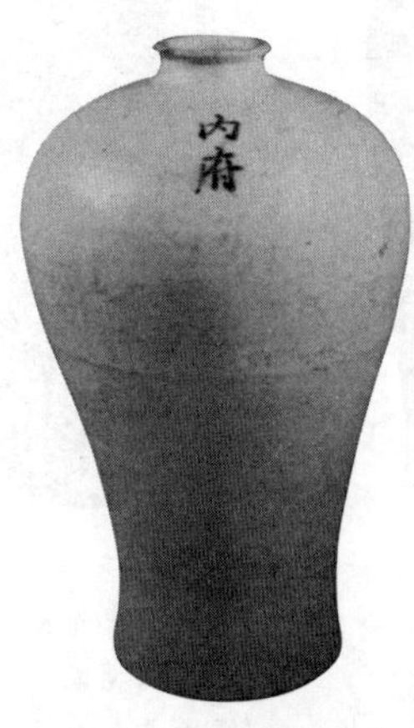

图九　明景德镇窑白釉铁彩“内府”瓶（南京市博物馆藏）

图一〇　明景德镇窑孔雀绿釉“内府”瓶（英国大维德基金会藏）

图一一　元－明“内府”白釉瓶（故宫博物院藏）

图一二　元－明“内府”瓶（日本东京国立博物馆藏）

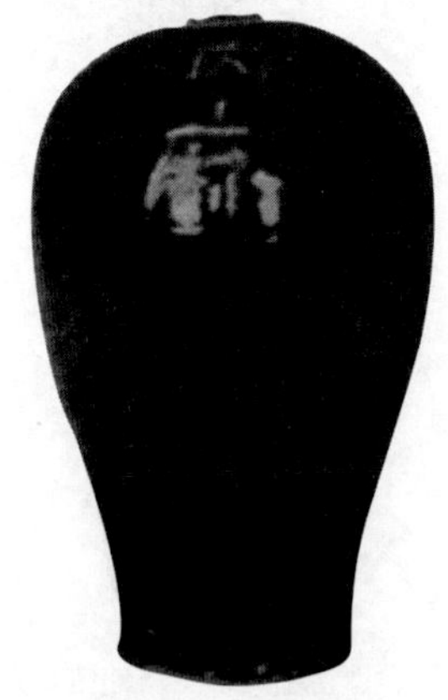

图一三　元－明“内府”瓶（观台磁州窑窑址出土）

一四、图一五、图一六、图一七、图一八）。

另外，还有在器身书有褐彩“内酒”的白釉瓶，安徽六安出土了一件这样的作品[11]，此器烧造年代可能晚至明代，“内酒”二字有可能是“内府酒瓶”之意，与通常所见“内府”款瓶含义相同。这种落款的器物，目前笔者仅见到这一件。

明清时期的磁州窑依然大量烧造瓷器。据记载：

> （洪熙元年九月）己酉命行在工部于江西饶州府奉造奉先殿太宗皇帝几筵，仁宗皇帝几筵白磁祭器，于磁州造赵王之国各坛祭器[12]。

这一段文献，如果分开阅读，后面的“于磁州造赵王之国各坛祭器”，是否烧造

图一四　元－明“内府”瓶（北京出土）

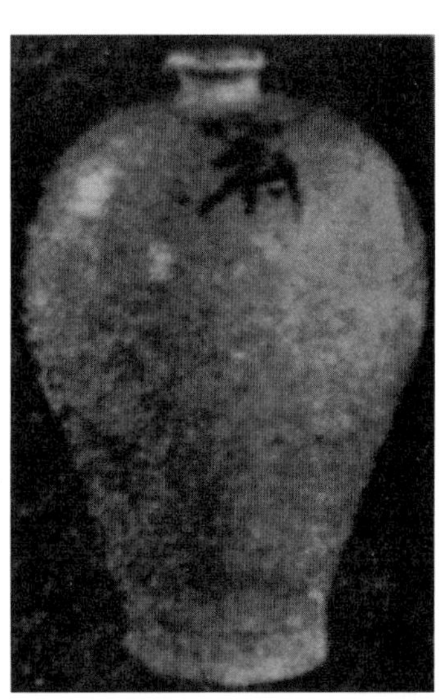

图一五　元－明“内府”瓶（北京后英房出土）

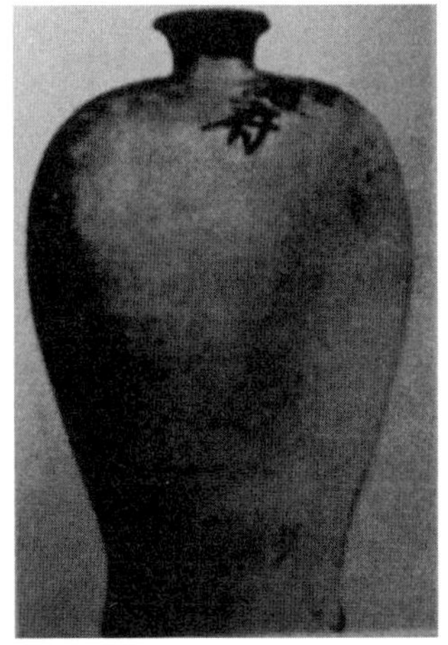

图一六　元－明“内府”瓶（沈阳故宫博物院藏）

图一七　元－明“内府”瓶（河南私人收藏）

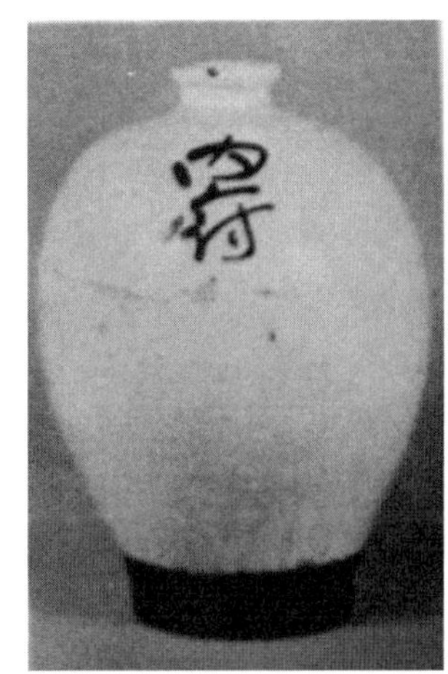

图一八　元－明“内府”瓶（日本私人收藏）

瓷器尚难肯定，但与前面的一段记录连起来，就可肯定是为赵王府定烧瓷器。清人所编《明史》完全按照这段史料抄录：

宣宗始遣中官张善之饶州，造奉先殿几筵龙凤文白瓷祭器，磁州造赵府祭器。

现在，我们无法知道当时的磁州窑烧造了哪些品种的瓷器，但可以了解烧造的是赵王府的“各坛祭器”。这在规格上与皇家的祭器烧造可能无法相比，明代早期，皇家通常使用景德镇官窑和龙泉等官用窑场产品，器物均颇为精美。同时，对此次王府祭器烧造的感觉是明朝的等级森严，分封于河南彰德府的朱姓赵王要使用就在封地烧造的瓷器，也要得到朝廷同意烧造后拨给。这似乎说明，当时有专门的官方定点烧造窑厂。

另据明代官方文献记载：

内府供用库每年该用磁坛一千五百个，光禄寺每年该用缸、坛、瓶共五万一千八百五十个只，俱分派河南布政司并直隶真定府烧造，河南彰德府每年造瓶、坛、缸共一万七千二百八十四件，钧州每年造瓶坛缸共一万七千二百八十三件，直隶真定府曲阳县每年造瓶、坛、缸一万七千二百八十四件，俱送光禄寺供用[13]。

以后增修的文献也提到了磁州窑等的官用瓷器，具体到产品的折价：

嘉靖三十二年题准，通行折价，每缸一只折银二钱，瓶坛一个折银一分。钧州缸……磁州缸七十三只，瓶坛一万五千七百六十二个，共该银一百七十二个，共该银一百七十二两二钱二分，外增脚价银一百三十二两五钱八分五厘。曲阳县……通行解部，召商代买[14]。

明吕坤《停止砂锅潞绸疏》：

织造、烧造，各有地方岁解岁停，各有匹件载在会典可考而知。已查得陶器烧造地方，止有仪征、瓜洲、河南、正定、江西五处。其器物止有瓶、坛、瓷瓮等件[15]。

清代也有相关文献记载：

陶器，顺治初年，定正定府曲阳县岁征瓷坛折价并水脚银……解部移送光禄

寺。三年，定河南省岁解本色瓷坛六百，在磨一副，交部备用。八年，题准外解瓷坛改折召买……[16]

上引《明会典》所记，为明早中期之事；增修的《大明会典》依然属于明代；而吕坤所述，亦为嘉靖时期之事；至于《钦定大清会典事例》所录为清代早期之事，可见明代乃至清初，河北只有曲阳县是官用瓷业基地。几乎没有其他地区的相关信息。但实际上,《明会典》已出现“河南彰德府每年造瓶、坛、缸共一万七千二百八十四件”等内容，因此，磁州在明代属河南管辖并烧造官方用瓷应是众所周知的事。

有关正史记载：

彰德府散下宋相州邺郡，彰德军节度治安阳。天会七年，仍置彰德军节度。明昌三年升为府。以军为名，户七万七千二百七十六，县五，镇五，安阳……汤阴……临漳……磁州……[17]

磁州在府城北七十里，本秦邯郸郡地。汉为魏郡，武安县地。后魏析置临水县。后周割临水，置滏阳县及成安郡。隋罢郡于滏阳，置磁州，后罢。唐改为惠州，后复为磁州。宋以昭义县省入滏阳。元初升为滏源军节度，属广平路，后复为磁州。本朝并省滏阳县入焉，及改今属，编户四十一里，领县二[18]。

稍晚的明代官方文献也概括了当时彰德府所瞎地区：

彰德府，领州一，县六：安阳县、汤阴县、临漳县、林县、磁州、武安县、涉县[19]。

清代的史料记述得更具体：

磁州在府西南一百二十里，东西距一百五十五里，南北距八十里。东至成安县界五十五里。西至河南彰德府涉县界一百里。南至彰德府安阳县界三十里。北至邯郸县界五十里。东南至彰德府临漳县界四十里。西南至彰德府林县治一百八十里。东北至邯郸县治七十里。西北至彰德府武安县治九十里。……隋开皇十年于县置磁州……明洪武初省滏阳县，入州属河南彰德府。本朝雍正四年改属广平府[20]。

以上历史文献已明确记录或证明明代和清早期的磁州窑是官方烧造基地，主要烧造瓶、坛、缸、瓮等器物，这些器物，就是民国以来常说的彭城窑大件器。当然现在能肯定的明代和清早期官用磁州窑瓷器中，只有那些可肯定为磁州窑烧造的“内府”款梅瓶（这些器物过去多定为元代，看来基本上是明代产品），还有许多没有经过确认。这些器皿，大多数是日用器如酒瓶、酒坛和水缸之类。

值得注意的是，明代地方志也已十分明确记载了当时的磁州有官窑烧造：

> 彭城厂在滏源里，官窑四十余所，岁造磁坛，纳于光禄寺[21]。

“滏源里”为小地名，磁县西部彭城镇滏山南，是滏阳河的源头，“滏源里”显然有此含义。

到目前为止，我们还无法确认官方的“彭城厂”在什么位置，也没有考古发掘证明肯定“彭城厂”的实际存在情况及其性质，只知在彭城镇。当然，这种“官窑”是为皇家烧造实用器具的窑厂，其性质与我们通常所说的明清官窑只有用途、风格和水平上的区别，似无本质上的区别，但是否像景德镇御器厂那样有独立的窑厂现在还不清楚，因为迄今为止还没有发现这样明确的窑厂。

可以说，在古代把瓷器作为酒瓶、酒坛和水缸等日用品使用，这应该不是普通的民间用途了。古往今来，民间使用的酒瓶、酒坛等器具绝大多数是所谓“缸胎”陶质制品，直至现代，这种“缸胎”酒瓶、酒坛几十年前依然在使用（当然，现在新制作的多半是复古倾向的产物）。古代能经常使用有彩绘装饰的瓷质储酒器者，可能更多的是有身份的人。因此历代磁州窑或类似磁州窑风格的储酒器的使用，上至宫廷，下到官僚文人阶层，一般较少会在平民百姓家和市井中广泛使用，因为这种器物的价格比一般的“缸胎”陶质制品储酒器要昂贵许多。而官方对日用酒器的把关，肯定不如对景德镇官窑瓷器那样严格。我们现在可以见到的磁州窑风格大型器具内，一定有明清时期烧造的官用酒器。

二 磁州窑瓷器的社会影响

磁州窑瓷器的社会影响不是一朝一夕造成，而是经过漫长的岁月后逐渐形成的。在宋金元时期，庞大的窑区烧造，产品的远输近销，磁州窑瓷器的民间影响必然很大。但由于这是一种民窑产品，可能在文人士大夫阶层中还没有引起足够的关注，文人笔记中几乎没有关于磁州窑瓷器的记载，明代的陈继儒认为，斜书“仁和馆”三字的瓷瓶，是定窑所烧。但这实际上还是磁州窑类型的产品。清代的瓷器赏玩风气，应与晚明相似。而文献中关于磁州窑的记录，也只是引用明代《格古要论》的记载。

从有关文献记载看，磁州窑在清代以前确实没有得到足够重视，论河北瓷器，往往只有邢、定二窑。清代相关文献引述说：

> 《唐书·地理志》:邢州土贡瓷器。《宋史·地理志》:邢州贡白瓷盏。《金史·地理志》:正定府产瓷器。《定州志》:窑器珍于天下，江南好事者往往蓄之，索诸定蔑如也。《磁州志》:彭城镇烧造瓮、缶、盆、碗、炉、瓶诸种，有黄、绿、翠、白、黑各色，然质厚而粗，只可供市肆庄农之用[22]。

当然，这里有区域划分的问题，磁州曾为河南彰德府管辖，后来才归河北，有的地方志是根据当时修志时间划分的，因此会把磁州窑与邢、定等窑连接在一起叙述。

清末民初，磁州窑瓷器逐渐受到世人的重视，特别是民国早年在河北巨鹿古城等遗址出土了大量磁州窑和类似风格陶瓷器以后，磁州窑产品逐渐为世人熟知。以后陆续开始有人收藏磁州窑瓷器。

民国时期，许多磁州窑和同类风格的陶瓷器被贩运到了国外，如日本、美国、英国、法国等国家都有不少收藏。特别是在日本，磁州窑风格的瓷器受到了很大的欢迎，日本人似乎对白地黑花和剔刻等装饰风格的瓷器有一种特别的爱好。在日本的许多公私博物馆和美术馆里，不同程度地收藏着磁州窑和相似风格的陶瓷器，其中不乏精品。

20 世纪 50 年代以后，这些风格清新而质朴自然的作品，逐渐受人关注。过去在皇家陶瓷器收藏中难以入流的民间风格瓷器，在这时候已经成为不少博物馆和收藏家关注的目标。国内的大博物馆开始大量征集陶瓷类文物，如上海博物馆、故宫博物院等都征集到了许多磁州窑和类似风格的陶瓷器。另外，上海的一位收藏家，收藏的磁州窑及相似风格的陶瓷器，几乎占据国内收藏的半壁江山。

1989 年，笔者在香港第一次看到了收藏家杨永德先生的大批包括磁州窑产品在内的陶瓷枕，那是在中文大学文物馆。后来，在广州南越王墓博物馆，又看到了这批作品，为杨先生的捐赠，使这批总数达 200 多件的陶瓷枕成为这家博物馆永久的收藏品。200 多件陶瓷枕不是一个小数目，国内外有不少大中型的博物馆，但收藏陶瓷枕数量达到 200 件的似乎还很少。因此，这是一种收藏的意识，杨先生的收藏意识，最终提高了南越王墓博物馆在另一领域的知名度。

近一二十年来，磁州窑瓷器的收藏地位已越来越高，现在的人们早已摒弃固有的民窑产品质量低劣的陈旧意识，把磁州窑精品视为堪与历代官窑产品媲美的器物，成为收藏的重点。

当然，磁州窑瓷器的社会影响不仅仅局限于收藏方面，影响的存在不仅仅在于谁收藏了磁州窑瓷器，而是由磁州窑瓷器本身的艺术魅力所决定的，因为，磁州窑瓷器的艺术水准虽不能说堪与历代官窑和其他民窑相并列，但它那独特的装饰风格使人感到它并不逊色于其他民窑瓷器。更重要的是，磁州窑瓷器的装饰工艺提升了它自己的社会地位。

三 磁州窑瓷器工艺技法的传播

宋元时期磁州窑瓷器的装饰工艺，是当时国内民间艺术的典范之一。也可说它代表了一个时期民族工艺的艺术水准，由于这种装饰工艺的多元化和独特的艺术性，磁州窑瓷器工艺技法得到广泛传播。

1. 对周边地区的传播

磁州窑瓷器制作工艺是否对周边地区产生影响？这看来是必然的，因为在北方地区有许多窑场烧造与磁州窑瓷器工艺相仿的产品。笔者曾经这样思考：难道只有磁州窑瓷器工艺影响其他地区，就没有其他地区影响磁州窑吗？实际上，这也是十分可能的，在古代，烧瓷技法的传播不应是绝对的，这里的烧造技法，可以影响到其他地区，其他地区的技法完全可以影响到这里。但磁州窑是一个重要产瓷区，烧造内涵十分丰富，因此，把它看做民间装饰瓷器的“龙头老大”是十分自然的。

当然，就周边地区而言，整个磁州窑产区，实际上与它们息息相关，现在版图上的磁州窑，其实与河南距离最近，和山西相去不远，离河北本土的一些窑区也较近。如果说，历史上（确切地说是宋金元时期）的磁州窑是北方民间窑业釉彩装饰工艺最有特色的瓷窑的话，那么，周边地区的不少窑场呈辐射状，是接受了磁州窑烧造的影响，许多工艺技法被吸收到当地，烧造具有磁州窑风格的产品。这些地区，北有内丘、临城、曲阳、井陉等许多地区，南有河南的广大产瓷区，西到山西的辽阔地区，东面则有山东的大量窑区。从发展的情况看，河南地区可能是对磁州窑吸收交流最多也是最广泛的，因为越往南，就越繁荣，河南开封是北宋的都城，是国家的政治中心，金代的多个帝王，曾以汴京为首都或陪都。以后的漫长岁月里，这一带的经济文化一直相对繁荣，窑业十分发达。其次应是山西，遍查山西烧瓷窑场，有大量地区曾烧造磁州窑风格的瓷器。而往北的内丘、临城、曲阳、井陉等窑，都见有烧造磁州窑风格的产品。据山东的研究者说，山东地区除了胶东、鲁北和鲁西南以外，其他地区几乎均有磁州窑风格瓷器发现，分布范围之广泛，出土数量之多，可能是其他窑口无法比拟的。

2. 对海外的传播

磁州窑瓷器制作工艺的海外传播情况，我们可列举邻近的朝鲜半岛。高丽青瓷是 11 ～ 12 世纪崛起的第一个外国仿中国瓷器新颖产品，它充分吸收了汝窑、越窑的制作工艺，当然还包括定窑。最终使其成为一种具有汝、越等窑风格接近但不完全相同的青釉瓷器。北宋徐兢谓：

> 陶器色之青者，丽人谓之翡色。近年以来，制作工巧，色泽尤佳，酒尊之状如瓜，上有小盖，而为荷花鸭之形，复能作碗、碟、杯、瓯、花瓶、汤盏，皆窃仿定器制度。
>
> 狻猊出香，亦翡色也，上有蹲兽，下有仰莲以承之。诸器惟此物最精绝。其

余则越州古秘色，汝州新窑器，大概相类[23]。

这里，他提到了汝、越、定等窑瓷器，唯独不提磁州窑，实际上，磁州窑瓷器对高丽青瓷的影响不小。像徐兢这样的官僚文人，在朝鲜半岛接触的是上流社会，他对汝、越、定诸窑瓷器较为熟悉，对磁州窑器物也许了解不多，也可能未接触到高丽青瓷中的镶嵌青瓷。这种瓷器，实际上是受到磁州窑瓷器装饰影响的。在许多高丽镶嵌青瓷上，可明显看到磁州窑瓷器工艺的影响。当然，由于是青瓷，我们看到的不是完全相同的磁州窑风格产品，但从基本装饰风格看，它那脱胎于磁州窑瓷器的基本状态清晰可见。另外，李氏朝鲜王朝时期（1392 ~ 1910 年）烧造的所谓“粉青沙器”也与磁州窑类型瓷器烧造工艺有千丝万缕的关系。据国内有关专家总结，这种施化妆土的“粉青沙器”有六个品种：镶嵌、印花、雕花、剥地、铁画、粉妆纹。而它与磁州窑相关的工艺主要有划花法、剔花法、剔花填黑法、珍珠地划花等[24]。

至于青釉黑彩或青釉褐彩的工艺，朝鲜陶工也是吸收了磁州窑相关彩绘工艺而发展起来的，在不少所谓“绘高丽”的朝鲜瓷器产品上，可看到磁州窑釉下彩的影子。

这种所谓的“绘高丽”器具，明代以后在日本也大量生产[25]，其源头实际上还是中国的磁州窑。

3. 对元代景德镇青花瓷器的影响

过去都认为，磁州窑和吉州窑瓷器工艺，对元代景德镇瓷器工艺的影响十分大。现在看来，磁州窑工艺技法对元代景德镇瓷器工艺的影响极大，而吉州窑则并不太明显。从历史发展的整体情况看，金人入侵，对吉州窑制瓷工艺产生了重大的影响。特别是白地黑花瓷器，正是由于磁州窑工艺技法的传播，才使吉州窑白地黑花、白地赭花和黑地、赭地白花瓷器装饰工艺流行。而天目黑釉瓷的流行似乎也不完全因为南方福建有天目瓷。因为磁州窑和相同类型的瓷器中也有黑釉及带有装饰的制品。在南宋时期，江西景德镇也没有因为受到磁州窑的影响而出现与之相似纹样装饰风格的瓷器，依然生产与北宋风格相同的青白瓷。整个两宋时期，景德镇始终烧造自己所创的青白瓷产品，南宋时期的青白瓷只是在工艺方面提高，当地并没有创造出新的品种。如果说景德镇吸收国内窑场烧造技法的话，主要只是吸收了定窑的工艺技巧。

而元代的景德镇对磁州窑工艺的吸收和模仿是显而易见的，特别是青花瓷器。当然，在青花瓷器出现以前，磁州窑就已经对景德镇制瓷工艺产生影响了。关于这方面，笔者已在 2009 年由中国古陶瓷学会在北京主持召开的元青花瓷器研讨会上提出相应的观点[26]，不少专家也持有基本相同的看法。另外，据景德镇人士介绍，近期在景德镇地区发现有器表施化妆土的红绿彩瓷片，为当地烧造之物，从这中间可看出南北方瓷器烧造的渊源关系。

四 从磁州窑到“磁州窑系”

从地域上看，磁州窑不是一个简单的窑场，它不像历史上那些单个的窑场，而是有一大批窑场组合起来的总称，因此，磁州窑本身就是一个多元风格的窑系。从以往的发现情况看，我们提得较多的磁州窑窑区有峰峰矿区、彭城、东艾口村、冶子村，还有观台和磁县等。实际上，另外还有不少这样的烧瓷窑区，如北贾壁、青碗河、青碗窑、南莲花、荣花寨、申家庄，还有彭城附近的临水地区等。2003 年，笔者参加了在北京举办的磁州窑瓷器研讨会，会议展示的临水窑瓷器整体水准不低，在此之前，我们甚至不清楚临水窑是和彭城窑是隔河相望的磁州窑窑场之一。在上面提到的这一较庞大地区内，估计以后还会发现窑场。所以说，磁州窑是一个地域广袤、内涵丰富的大窑区概念，大窑区与单一瓷窑的情况不太相同，这中间有些窑场与窑场中间生产的瓷器品种、质量还是有一些区别的，但由于区别细微，除了部分专门研究磁州窑的专家外，通常难以分别，基本上一律以磁州窑命名。实际上其间有些能够区分的，对这种可分者还是应予区分，就好比新石器时代的陶器，分出它的文化和类型。我们对发现的磁州窑产品，能区分的应尽量区分，只要我们坚持这样做，到一定的时候，就可能会把磁州窑产品的基本地域和许多不同窑场产品的不同风格搞清楚。

再说“窑系”，这个概念是近 20 年前故宫博物院研究员冯先铭先生提出的。中国陶瓷史上分六大窑系，“磁州窑系”是其中之一。关于六大窑系的确定和有关情况，有一个发生发展的过程，这里不再赘述，但由于这其中的“磁州窑系”涉及本文叙述的情况，因此在这里稍加阐述。在 20 世纪 80 年代前后的历史条件下，“窑系”说有其一定的作用，因为这牵涉到中国古代许多瓷器窑场的归类问题。就以磁州窑为例，这一窑场是多元化的烧造窑场，其中的品种十分丰富。但是，磁州窑烧造的诸多品种，不仅在邻近的不少地区如河南、山西、山东等地都有烧造，而且还在陕西、安徽、广东等地的窑场中有烧造。各地相似风格瓷器烧造之多，实在令人难以用一个合适的名称来归纳。因此，运用“磁州窑系”这样一个综合性的名称，在当时来说不仅是可行的，而且还是十分合适的。但随着时间的推移，单单以“窑系”来概括全国各地这么许多烧造相似品种的窑场和瓷器，确实是不完全了。当然，我们如何采用一个新的规范用词来概括并代替“窑系”这样一个概念，的确颇费思量。这需要从综合思路来考虑，把过去的六大窑系联系起来，因为“磁州窑系”不是一个独立的概念，它是一个联合体，上面有众多分支。现在有的专家避免套用窑系的概念，而是审慎地运用其他提法。这未尝不可，但看来这也不是一个最终的典型名称。

无论是“磁州窑系”还是其他的冠名，在一定意义上说，作为一个民间瓷窑，磁州窑还是沾光的。人们为什么不以扒村窑或当阳峪窑作为代表性名称？这主要在两个方面：一方面，从古到今，磁州窑名声远播；另一方面，传世瓷器多。早在明初，曹昭在《格古要论》中就已提到磁州窑，先入为主，人们心目中其已有地位，其他窑场产品的发现和认定，都显得孤单而缺乏代表性。有时看到的瓷器不一定是磁州窑产品，即使不认识，姑且放在磁州窑也无妨。因此，可以认为，磁州窑的先天条件优越，不管是谁研究这样类型的瓷器，都要与磁州窑相联系。当然，这不是盲目地跟风，首先必须是有这样的根基，磁州窑是一个品牌，而且更有实力。宋金元时期磁州窑烧造的产品确实是有特点而受到人们的喜爱。明清时期，磁州窑不仅继续大量烧造民用瓷器，还曾作为官方的烧造基地，生产过许多官用器具。否则，人们不会把它看做民间制瓷艺术的代表,也不会有人用“磁州窑系”或其他名称来概括历代的相似艺术风格的产品。

但是,如果我们现在摈弃“窑系”的概念,就应该有一个合适的名称取代它。当然，废除被认为是不尽合理的旧名，创立更有概括意义的新名看来不是十分容易的。你要改变这样的名称，必须有一个真正站得住的让学界广泛接受的称呼，否则，难以令人信服。似乎可以认为，在没有合适名称的情况下，还是以不变为好。就好比前一阶段江苏无锡鸿山大墓发现大量青釉制品，浙江德清发现产品与之相吻合的战国青釉器窑场后引发专家学者探讨时，有关学者提出要改变原始青瓷之名一样。不合理但需要大家认可，在无法统一的情况下，依然保留原有名称为好。当然，对于具体的瓷器产品，可以完全不用“窑系”来命名，如对一件器物，抽象的说这是“磁州窑系”的作品，可以不这样称呼，可以称之为“磁州窑类型”、“磁州窑型”作品。我认为，用“磁州窑类型”、“磁州窑型”称呼不是磁州窑烧造但具有磁州窑装饰风格的器物是较为合适的。

注释：

[1]（明）曹昭：《格古要论》，明洪武二十年。

[2]《中国出土瓷器全集·河北卷》，科学出版社，2008 年。

[3]《金史》卷五五。

[4]《旧唐书》卷四三《职官志》第二十三。

[5]（元）陶宗仪：《说郛》卷三〇下。

[6]（元）刘祁：《归潜志》卷一。

[7]（明）陈眉公：《妮古录》。

[8]（南宋）《乾道临安志·卷二》。

[9]《白与黑的魅力：中国磁州窑磁器的演变》第 2 部图 85、图 148，日本大阪市立美术馆，2002 年。

[10]《白与黑的魅力：中国磁州窑磁器的演变》第 1 部图 26，日本大阪市立美术馆，2002 年。

[11]《中国出土瓷器全集·安徽卷》，科学出版社，2008 年。

[12]《明宣宗实录》。

[13]《明会典》卷一五七，弘治十五年成书，正德四年重刊本。

[14]《大明会典》卷一九四。

[15]《山西通志》卷一八七，清雍正十二年。

[16]《钦定大清会典事例》卷六八八《工部》。

[17]《金史》卷二五。

[18]《明一统志》卷二八《彰德府》，天顺五年。

[19]《明会典》卷一七。

[20]《钦定大清一统志》卷二一。

[21]（明嘉靖）《彰德府志》卷三，上海古籍书店，1964年。

[22]（清乾隆）《畿辅通志》卷五七。

[23]（北宋）徐兢：《宣和奉使高丽图经》卷三二。

[24] 刘毅：《朝鲜时期的粉青沙器初探》，《中国古陶瓷研究》第十四辑，紫禁城出版社，2008年。

[25] 郭学雷：《明代磁州窑瓷器》，文物出版社，2005年。

[26] 陆明华：《元青花瓷器研究概况及相关问题》，《中国古陶瓷研究》第十五辑，紫禁城出版社，2009年。

磁州彭城窑创烧年代初探

邯郸市博物馆　郝良真

内容提要：位于滏阳河右岸的彭城窑是磁州窑的重要窑址。本文根据多年来的考古发掘及标本采集资料，结合文献记载，指出彭城窑至迟于宋代后期便已兴起，并且经历了元代的繁荣发展时期，明代成为延续磁州窑烧造“香火”的唯一烧造中心。宋金时期磁州窑白地黑花装饰技法已趋于成熟，因而彭城窑在创烧的初始阶段便直接吸收了磁州窑装饰技法发展的创新成果，制造出比较成熟的黑白地剔刻划花、白地黑花、红绿彩装饰器物，进而又派生出一系列各种颜色釉的陶瓷装饰品种。而元代彭城窑生产更加兴旺，从文物标本来看，绝大多数是白地黑花器物，并出现了一种新的装饰风格——在白地黑花装饰的外面罩翠蓝釉。

关键词：彭城窑　创烧年代　时代特征

Abstract: Pengcheng Kiln, situated on the right bank of the Fuyang River, is an important Cizhou Ware kilnsite. This paper uses collected materials and specimen from many years of archaeological excavations, combined with accounts from the literature, to point out that the Pengcheng Kiln was active at latest by the latter part of the Song, and also experienced a thriving period of growth during the Yuan, becoming the only firing center of Cizhou Ware continuing into the Ming. The Song and Jin saw Cizhou Ware' s black-on-white decorative techniques grow in maturity, and as a result in its first stages of firing Pengcheng directly assimilated the innovative fruits of Cizhou Ware' s technical development to produce rather mature works decorated with incised, cut, and carved designs on black and white; black-on-white designs; and red-green-glaze, as well as continuing to derive a series of decorative glazes of various colors. And in the Yuan, the Pengcheng Kiln' s production grew even more prosperous, for one can see from artifact specimens that the majority are unquestionably black-on-white wares, which in addition display a new decorative theme – black-on-white decoration coated with blue-green (cuilan) glaze.

Key words: Pengcheng Kiln, ages of firing, period characteristics

关于滏阳河右岸彭城窑的始烧年代，多年来陶瓷学界形成了一种看法，认为彭城窑是在元末漳河流域观台窑和滏阳河左岸临水窑衰落以后于明初创烧的。根据多年来滏阳河流域考古调查与出土及传世的大量文物资料说明，古代漳河流域的贾壁窑和滏阳河左岸的临水窑，均创烧于我国北朝的东魏、北齐时期。而位于滏阳河右岸的彭城窑，至迟于宋代后期便已兴起，并且经历了元代的繁荣发展时期，明代成为延续磁州窑烧造“香火”的唯一烧造中心。

一

宋金时期彭城窑的兴起，有着深厚的历史渊源和地域文化背景。彭城与临水，位于鼓山南麓，分处滏阳河的右岸与左岸，隔河相望而地缘相邻，自远古时期以来就受到了冶陶文化的深刻影响。

早在8000年前的新石器时代，冶陶发达的磁山文化遗址就位于其北十余公里的鼓山北麓一带。先秦两汉时期的邯郸，又是赵国的都城，冶陶手工业十分发达，这对北朝时期磁州窑的兴起至关重要。大量的出土文物资料证明，临水窑就创烧于我国的北朝时期。20世纪70年代，在磁县漳河流域的贾壁村和峰峰矿区临水镇先后发现了多处北朝时期的古窑址，并出土了很多的青瓷标本，是古代磁州窑创烧时代的直接证据。在邯郸长期从事文物调查和考古工作的专家学者，依据出土的大量文物标本资料（图一），详细论述了贾壁窑和临水窑创烧于我国北朝时期的观点[1]，于此不再赘述。最近，在磁县东南的漳河故道内曹村附近又发现了一处我国北朝时期的古窑址，出土了一批北朝时期的青瓷标本，目前磁县文物部门正在清理发掘过程中，不久将公布这次考古发掘成果，这又是一个重要的直接证据。

目前的考古调查资料似乎已经说明，临水窑在北朝至隋唐时期，其烧造规模要大于漳河流域的贾壁窑和观台窑。2002年5～6月份，邯郸市文物研究所在峰峰矿区临水三工区兴建顺田购物中心的建筑工地进行了抢救性考古发掘，出土文物标本3万余件，考古收获较大[2]。其中，出土了唐代碗、盘、钵、豆、矮足盘、执壶、罐、炉等青瓷片400余件，有三角形支架，还有青瓷料池112个，并出土了17枚开元通宝钱币。在宋、金时代的地层内还发掘了1处红绿彩作坊遗址，窑址因压在其他大型建筑之下而无法发掘，在这处遗址内还出土了大量的白釉刻划花瓷片、白釉仿定窑瓷器、仿钧窑瓷器、白地黑花瓷片与红绿彩瓷片。这次考古获得的重要资料，对于研究滏阳河流域早期临水窑以及彭城窑的渊源等问题，都是具有重要的学术意义（图二、图三、图四）。

二

笔者之所以提出彭城窑创烧于宋金时期的观点，完全是基于对磁州窑文献记载的分析和已经出土的大量文物标本资料等的考虑。

图一　北朝磁州窑青瓷碗（磁县高润墓出土）

图二　2002 年 5 月峰峰矿区临水遗址考古发掘现场

图三　2002 年 5 月峰峰矿区临水窑作坊遗址

图四　宋元磁州窑器物（峰峰矿区临水遗址出土）

1. 古代磁州窑的文献记载已经间接地说明了彭城窑兴起于宋代后期

文献对磁州窑的最早记载，是明洪武年间人曹昭《格古要论》古磁器条，他认为“(磁州窑）好者与定器相类，但无泪痕，亦有划花、绣花，素者价低于定器，新者不足论”[3]。明天顺三年王佐校增《新格古要论》卷七古磁器条称：“古磁器，出河南彰德府磁州……”[4]明代谢肇淛在《五杂俎》也记：“今俗语，窑器谓之磁器者，盖河南磁州窑最多，故相沿成习之。”[5]清代许之衡《饮流斋说瓷》也记：“磁窑，出磁州，宋时所建……器有白釉，有黑釉，有白釉黑花不等。”朱琰《陶说》也称：“磁州窑，在河南彰德府磁州。”[6]清代以来的州县等地方志书，对磁州窑的记述则更多，不再一一列举。

需要指出的是，磁州窑创烧于北朝时期，古代文献关于磁州窑的记载却最早出现在明代，而且到明代时漳河流域的观台窑、滏阳河流域的临水窑均已断烧数百年，这个时期所谓的磁州窑就是彭城窑。所以，明代的学者所了解的磁州窑烧造情况和能见到的磁州窑器物，应该主要是指彭城窑的烧造情况与生产的器物面貌。换言之，《格古要论》等文献的记载也主要是以磁州彭城窑为蓝本的。由此来看，古代文献的记载已经间接地说明了彭城窑兴起于宋代的问题。

由于磁州窑是民窑，所产瓷器均为民间生活所用器，产品粗朴不精，所以不为士大夫阶层所赏识,故宋代文献多不记载。虽然《格古要论》首次提到了“磁州窑”一名，但直到20世纪初河北巨鹿发现窖藏磁州窑器以后，人们才开始真正关注磁州窑及其艺术价值的研究。1918年在河北巨鹿窖藏宋代磁州窑瓷器的重要发现，在国内知识界引起了较大的轰动。1920年天津博物院的研究人员在巨鹿镇进行了科学的考古调查，并将这次考古成果整理出版了《巨鹿宋瓷丛录》一书。1921年北京历史博物馆又组织人员对巨鹿古城三明寺一带进行了考古发掘，出土了一批磁州窑瓷器[7]。1925年美国古陶瓷专家霍普逊在英国伦敦曾组织《中国古陶瓷展》，霍普逊通过对巨鹿出土的古瓷进行深入研究，提出白色透明釉下施白化妆土的瓷器，就是中国古代文献所说的“磁器”，把磁州生产“磁器”的窑场称为“磁州窑”，其后磁州窑文化在西方国家得到了广泛的传播。但当时人们对这批瓷器还没有取得明确而科学的认识，也就无法从窑址的源头确立它的考古地层关系，也无法严格区分这批窖藏器物的确切窑口，更不能说明这批器物是磁州观台窑还是磁州临水窑或彭城窑的产品。

2. 多年来彭城镇一带发现了大量宋金元时期的文物标本

据《邯郸陶瓷志》，20世纪60年代初，在彭城附近兴修水利时，曾挖出约七八千件宋元时代的瓷片，并于彭城西大地古窑址区出土了十数件红绿彩盘、碟和小彩俑[8]。据中国工艺美术大师刘立忠先生介绍，1976年1月20日，在修建彭城镇前街派出所办公楼的地基施工中，发现了一处宋金时代古窑址，出土了一件宋代白釉刻花炉和一批黑白釉刻划花瓷片,在窑后墙壁的缝隙中藏有一枚“宣和通宝”(1119~1125年)钱币。北京冯先铭先生也亲眼观察过这批瓷片[9]，刘立中先生至今还保留着这件宋代白釉刻花炉和部分瓷片（图五）。此外，笔者在旧货市场也见到过据称是在彭城二里沟乱葬岗发现的白釉刻花残枕瓷片，并有一方白釉刻花珍珠地纹饰残枕等标本，因为笔者不敢相信其真实性，故没有下决心征集这件残瓷枕。据说早些年在这里挖土时发现过不少白地黑花瓷枕，当时人们因不了解其文物价值，大部分瓷枕被敲碎了，至今这里还能找到一些碎瓷片。据笔者了解，所谓的二里沟乱葬岗，是古代彭城无家窑工的墓地。很显然，在这里出土的瓷枕等器物是古代彭城窑的产品。

1977 年在彭城镇西的炉上村，村民挖土时也发现了很多白釉刻划花、红绿彩瓷片，刘立忠先生在这里还捡到了部分红绿彩瓷片（图六）。庞洪奇先生也曾告知，2005 年他在峰峰矿区工作期间，在炉上村亲眼目睹村民挖掘一处古代炼铁遗址地表三米下的

图五　宋磁州窑白釉刻花炉（彭城镇前街派出所工地采集）

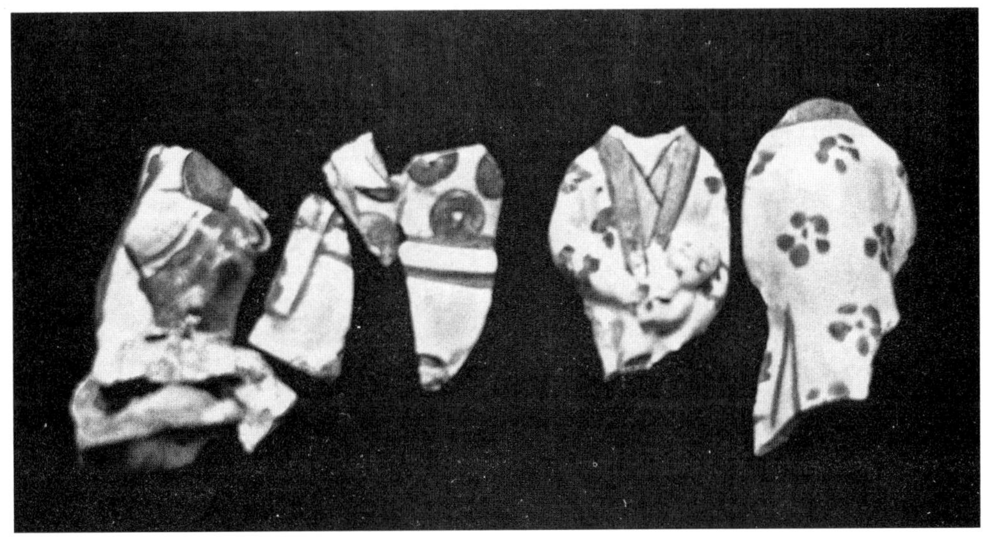

图六　金磁州窑红绿彩器标本（炉上村古窑遗址采集）

残留铁矿粉，在残留铁矿粉底部发现了许多金代红绿彩瓷片，为了防止这处遗址遭到进一步的挖掘破坏，当时他通过村干部让村民将遗址立即回填了。虽然这里没有经过科学的考古发掘，但能发现宋金时期的红绿彩瓷片，这对研究彭城窑兴起的时代同样具有重要意义。

3. 近几年在配合峰峰矿区基本建设过程中，已发现了多处宋金元时期的的古窑址

1999年市文研所在配合峰峰矿区滏阳西路建设的文物考古调查中，发掘了彭城镇盐店元代古窑址，现这处元代窑址被保留在磁州窑盐店遗址博物馆院内供观众参观。参加盐店遗址发掘的马忠理先生告知，在盐店遗址西侧半壁街北头的草市口，还有一处宋金时代的古窑址，在此发现了部分红绿彩碎瓷片，因为这处古窑址被压在居民住宅下，限于当时的条件未能对这处古窑址进行考古发掘。目前，邯郸市文研所正在整理峰峰矿区滏阳西路盐店古窑址考古出土的文物标本，不久发掘简报就会公布。

2010年1月22日，笔者与市政府副秘书长庞洪奇、市文物局局长王兴、市博物馆副馆长马小青等人专程到峰峰矿区彭城镇半壁街原第四蔬菜商场地点，在兴建住宅楼工程开挖的（距地表2米）基槽施工现场，发现了金元时期大面积的彭城窑遗址，开挖的基槽四周断面均保留有厚约1.5米的金元时期的烧瓷文化层，在红烧土层中混杂着大量的烧碗使用过的圈形架支，并随处可见金元时期的瓷片（图七、图八）。毫无疑问，这里是一处规模较大的古代彭城窑烧造遗址。由于基槽内浇注的混凝土圆形基桩（基桩间距2米左右）已施工完毕，也完成了生土回填，致使距地表2米及以下的烧造文化层遭到了严重破坏。这样，位于基槽断面金元时期烧瓷文化层以下还有无更早时期的烧造遗址？现场的情况已无法了解清楚，需要做进一步的文物调查工作。矿区政府在接到当地文物部门报告后，决定工程暂时停工。文物部门在文物调查中试掘了一处直径1.7米的小型窑和一处中大型的连体窑，并出土了数百件金元时期的白釉刻划花、白地黑花瓷片和数十件金代红绿彩瓷片（图九、图一〇、图一一）。与此同时，我们还了解到当地人士张新堂在该工程基槽开挖过程中，于此捡到了数百件瓷片标本。我们随即赶到张新堂家中见到了这批瓷片，发现有北宋时期的玉壁底白釉、黑釉浅腹盏和白釉刻划花瓶、罐类瓷片，有金代的红绿彩瓷片，也有元代的白地黑花

图七 彭城半壁街原第四蔬菜商场基建工程工地

图八 彭城窑金元时期的烧瓷文化层（彭城半壁街原第四蔬菜商场遗址）

图九　彭城窑宋元时期连体窑遗址（彭城半壁街原第四蔬菜商场遗址）

图一〇　彭城窑宋元时期小型窑遗址（彭城半壁街原第四蔬菜商场遗址）

图一一　彭城窑水井遗址（彭城半壁街原第四蔬菜商场遗址）

瓷片，还有明代的矾红彩瓷片和清代的黑釉瓷片以及三枚“泰和通宝”（1201 ～ 1208 年）钱币（图一二、图一三、图一四、图一五、图一六、图一七、图一八、图一九、图二〇）。这些瓷片标本说明，这处古代的彭城窑场自宋代一直延续使用到清代。前述刘立忠先生介绍 1976 年 1 月 20 日修建彭城镇前街派出所办公楼时发现了一处宋代古窑址，就位于这处遗址之东约有 60 余米，北距彭城盐店元代彭城窑遗址西侧的草市口约有 300 米。彭城的老陶工多称这一带为古代彭城窑的“滏源里烧造区”，是古代彭城窑烧造的中心区域。

由此可见，至迟在北宋后期彭城窑便开始了瓷器的烧造。如果笔者在旧货市场所见的白釉刻花珍珠地纹饰残瓷枕确系出自彭城二里沟，再考虑到张新堂在半壁街古窑址捡到的玉璧底白釉盏以及修建彭城镇前街派出所办公楼时出土的“宣和通宝”钱币等情况，那就是说彭城一带还有北宋时期的古窑址存在。由于受到滏阳河左岸临水窑的影响与传播，很有可能彭城窑的始烧年代要早于北宋的宣和时期（1119 ～ 1125 年）。

图一二 宋金元时期彭城窑器标本（彭城半壁街第四蔬菜商场遗址采集）

图一三 宋彭城窑黑白釉浅腹盏（彭城半壁街第四蔬菜商场遗址出土）

图一四 宋彭城窑白釉刻划花器标本（彭城半壁街第四蔬菜商场遗址出土）

图一五 金彭城窑红绿彩器标本（彭城半壁街第四蔬菜商场遗址出土）

图一六　金彭城窑红绿彩器标本（彭城半壁街第四蔬菜商场遗址出土）

图一七　元彭城窑白地黑花器标本（彭城半壁街第四蔬菜商场遗址出土）

图一八　元翠蓝釉器标本（彭城半壁街第四蔬菜商场遗址出土）

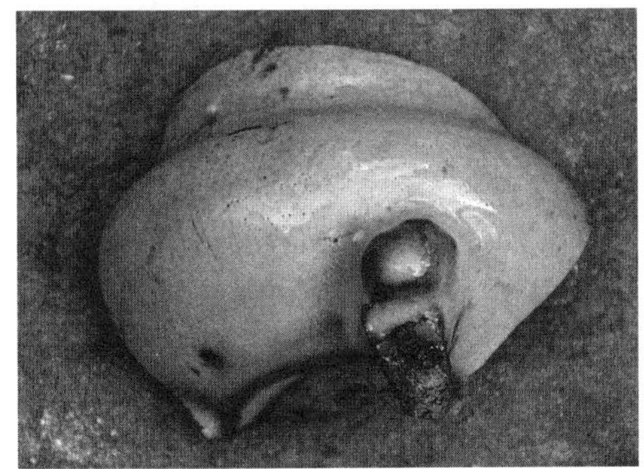

图一九　元彭城窑仿钧窑器标本（彭城半壁街第四蔬菜商场遗址出土）

图二〇　宋彭城窑泰和通宝钱币（彭城半壁街第四蔬菜商场遗址出土）

三

彭城窑创烧于宋金时期，而金元时期又是磁州窑发展史上的一个最为辉煌的阶段，这已是多数学者的共识[10]。这一时期的彭城窑与临水窑隔滏阳河相望而并驾齐驱，并与漳河流域的观台窑临近而呼应，它们共同推动了整个磁州窑产区的繁荣与发展。

大家知道，磁州窑白地黑花装饰技法在金代已趋向成熟，成为磁州窑器物最典型的标志，同时也标志着我国古代瓷器由胎装饰到彩装饰过渡的完成，尤其是红绿彩装饰瓷器的出现，更是磁州窑惊天动地的伟大创造，由此结束了以往用单色颜料装饰瓷器的时代，开创了陶瓷釉上彩色装饰的先河（景德镇在此后几百年才出现釉上五彩的制品），是一项历史跨越性的技术进步，成为我国陶瓷艺术发展的重要里程碑，对中国陶瓷彩绘装饰艺术的发展产生了十分重要而深远的影响。可见，彭城窑在创烧的初始阶段，便站在了磁州窑经过数百年发展而达到的平台之上，直接吸收了磁州窑装饰技法发展的创新成果，制造出比较成熟的黑白剔刻划花、白地黑花、红绿彩装饰器物，并进而又派生出一系列各种颜色釉的陶瓷装饰品种，如绿釉黑花、绿釉蓖纹划花、黄釉黑花、绿釉白刻划花、绿釉黑色泥刻划花等不同装饰技法的制品。由此，形成了我国陶瓷史上第一次陶瓷装饰五彩缤纷发展的新局面（图二一、图二二）。

图二一　金磁州窑红绿彩佛（峰峰矿区文保所藏）

图二二　元磁州窑黑绘花龙凤纹罐（邯郸市博物馆藏）

元代磁州窑的发展，也是处在女真族、蒙古族与汉族之间不断的争战过程中。但是，由于磁州窑生产与广大城乡民众息息相关的日用器皿，也由于统治者把外销瓷生产作为重要的产业政策，在这个特殊的时代，磁州窑的生产规模反而在不断地扩大，技艺创造进入了非常活跃的时段。元朝统治者入主中原后，强行废除科举，曾一度禁用汉字达八年之久，使得大多数汉族的文化人备受轻视和冷落。不少知识分子为了生存的基本需求，不得不放下架子而走进勾栏瓦肆之中，投入到民间文艺创作和能有所为的各种手工业作坊之内，顺手拈起熟练的毛笔，绘制了大量的白地黑花装饰图案，同时用汉字装饰瓷器随即也蔚然成风，书写于瓷器上的元曲词赋，宣扬着民间情绪的基调，从中折射出那种气势雄浑、张力四溢的情绪，同时也是知识分子那种傲骨气质的宣泄与流露。正是在这样的特殊历史背景之下，元代磁州窑工匠的文化艺术结构发生了较大的变化，迎来了一次文化知识的大输血，表现了文人与市井文化的溶融与亲和，形成了元代白地黑花装饰风格的时代特征，并且取得了辉煌的艺术成就。元代彭城窑的兴旺景象更是自不待言，仅从已发现的元代瓷枕底部戳印或墨书“滏阳陈家造”、“滏源王家造”、“滏源张家造”等铭记也可得知，这一时期彭城窑的生产达到了相当的规模（图二三、图二四）。

在彭城一带出土的大量元代文物标本中，除了白釉、黑釉器物外，绝大多数是白地黑花器物，几乎已经不见红绿彩装饰的器物，而且还有一部分器物是在白地黑花装饰的外面再罩一层翠蓝釉，这又是一种新的装饰风格（图二五）。1973 年在彭城兴建

图二三　元磁州窑“滏源王家造”题记瓷枕（邯郸市博物馆藏）

图二四　元磁州窑“滏源王家造”题记瓷枕（邯郸市博物馆藏）

图二五　元磁州窑黑绘牡丹纹罩翠蓝釉罐（私人收藏）

美术陶瓷厂的施工过程中，发现了一处元代古窑址，出土了大量的白地黑花鱼藻盆残片和一件用于粉碎瓷器原料的石碾槽[11]，背面刻有题记“大元国至元三十一年四月初八日张䄵记”，现藏峰峰矿区文保所。元代的磁州窑工匠，为了进一步提高生产率，饱含生活激情，在白化妆瓷器上挥毫，笔势潇洒流畅，绘画生动活泼，题材丰富有趣。装饰纹样多为花鸟虫鱼、珍禽异兽、山水村野、诗词曲赋、戏剧人物、民间故事等不一而足，可谓独具魅力，创造出千古不朽的艺术杰作，尤其这一时期装饰技艺中的书法、绘画内容，保留了我国古代大量珍贵的民俗实物资料，反映了当时的民风、民俗和社会生活风貌，堪称陶瓷器物上的“民俗博物馆”。

注释：

[1] 据邯郸市文物保护研究所原所长张沅先生介绍，1975 年文物工作者在开展古窑址的文物普查中，分别于磁县漳河流域的贾壁村和邯郸市峰峰矿区滏阳河流域的临水镇发现了烧造青瓷的窑址，在贾壁窑的窑址内曾出土了一个完整的青瓷碗，现藏市文研所。又据磁州窑盐店遗址博物馆馆长刘立忠先生介绍，1975 年他曾在磁县贾壁村一带和临水镇村北的大坑西沿上以及今峰峰火车站一带先后发现了四五处北朝时期烧制青瓷的古窑址，收集到数十件北朝时期的青瓷标本。再者，长期从事磁州窑考古的马忠理先生在《文物春秋》1989 年第 4 期《略谈观台窑考古发掘的新收获及其意义》的文章中认为，贾壁古窑址发现的青瓷碗与北齐武平七年（576 年）高润墓出土的青瓷碗属同类器物，是北朝时期的青瓷器。

[2] 政协磁县九届委员会编：《中国磁州窑典籍》第 15 页，中国文史出版社，2006 年。

[3] 文渊阁本《四库全书》第 871 册，台北商务印书馆影印本。

[4] 北京古籍书店影印明天顺六年（1459 年）刻本。

[5] 中华书局点校本，1959 年。

[6] 上海商务印书馆，1940 年。

[7]《巨鹿宋代故城发掘记略》，《国立历史博物馆丛刊》第一册，1927 年。

[8][11] 邯郸市陶瓷总公司编纂：《邯郸陶瓷志》（内部印刷本）第 6 页，1990 年。

[9] 这批瓷片的纹样图案被收录在中国硅酸盐学会编《中国陶瓷史》一书中第 244 页，文物出版社，1982 年。

[10] 秦大树：《试论磁州窑的民窑特色》，《文物春秋》1994 年第 3 期。

磁州窑的生产方式初探

——考古发现的窑业遗迹所体现的生产模式

北京大学考古文博学院 秦大树

内容提要：磁州窑一向被人们称为民间窑场，然而，很少有人认真分析磁州窑的生产模式和管理体制并以此来探讨其民窑特点。本文对 1987 年发掘磁州观台窑清理的烧瓷窑炉、釉灰窑炉和大型石碾槽等遗迹进行了复原、分析，进而了解到，北宋后期磁州窑的窑业生产方式是由一个专门的窑户与若干个制坯户组合成相应的生产团体进行生产；同时在一个较大规模的窑场里，还有专门从事支持性行业生产的人户，如制釉户和加工化妆土的人户，是一种高度分工合作的生产模式。各生产专业户之间是一种平等的关系，以商品的买卖形式相联系。同时，从窑址周围发现的漏泽园墓葬可见，当时的个体生产专业户中，应该存在着雇工生产，特别是在当地没有任何生产资料的外地劳工的雇佣生产形式。由此可证，磁州窑的生产方式是一种发达的商品生产形式，是典型的民窑。

关键词：磁州窑 民窑 遗迹 生产分工 商品生产方式

Abstract：Cizhou kiln had long been considered as a folk kiln (instead of imperial kiln). But, study of its mode of production and management system to investigate its folk kiln characteristics is minimal. This paper, by reconstructing and analyzing the kilns used for firing porcelain, the kilns used for firing glaze’ s ash, and the large stone roller excavated in 1987 on Guantai kiln site of Cizhou Ware, has unveiled that the production model of Cizhou kilns in late Northern Song Dynasty (late 11th Century to early 12th Century) was a specialized kiln operator family cooperate with a few potters families to form a production unit. In a large kiln there are different families specialized in different skills to support the production. For example, there are family of making glaze and the family of making slip. These were very specialized mode of production in close cooperation with an appropriate division of labor. The status among these families was equal and their relationship was purely commercial relation. Furthermore, the public graveyard (known as Lou Ze Yuan cemetery) near the kiln site shown that, there were workers employed by these families to work for producing ceramic objects. These workers had no production facilities and some of them were probably non local. Therefore, the mode of production of Cizhou kiln was a highly developed commercial model; it is a typical folks kiln.

Key words: Cizhou Ware, folk kilns, historical sites, division of production, commercial modes of production

磁州窑是近代以来最早进入学者视野并纳入考古学范畴进行学术研究的窑口。20世纪初期，在河北发现了宋代的巨鹿古城，这座古城在北宋大观二年（1108年）由于黄河泛滥而埋入地下。1918年，当地农民偶然挖出宋代瓷器、漆器和铁器。这一发现立即引起知识界的极大重视，古董商们也蜂拥而至，巨鹿古城内的盗挖活动盛极一时[1]，大批精美的文物流入文物市场，进而流到国外。在西方，许多博物馆和私人收藏的瓷器都明确地标明出土于巨鹿[2]。在日本则出版了专门的巨鹿出土瓷器的图录[3]。当时的北京有不少商号专门以出售巨鹿出土器物而著称。大批宋代文物的出土引起人们寻找这些器物产地的热情，又因为西方学者在收藏古代瓷器时遵循了当时在西方已得到相当发展的考古学工作方法，比较注意各种美术品的来源、产地和出土地点，因此，他们开始对照巨鹿古城出土的瓷器寻找其产地。同时，由于这时期古城遗址出土的残器和碎片在古董市场上大为畅销，一些人开始把目光转向了古代窑址，他们在窑址上挖出瓷器残片，拿到古董市场上出售，这样，一些淹没了数百年乃致上千年的窑址被发现了[4]。随后，一些西方人开始对古窑址进行考察和挖掘。如河南修武当阳峪窑址，由于附近农民的挖掘，使市场知道了这个窑址。1933年，英国人司瓦洛(R.W.Swallow)对河南修武当阳峪窑进行的以挖宝为目的的挖掘，并由卡尔贝克(Orvar Karlbeck)将调查资料在西方发表，引起了高度的重视[5]。当阳峪窑中大批发现的所谓磁州窑类型的瓷器，使人们认识到了这种类型的瓷器并不仅仅在古代磁州的范围内生产，人们开始关注北方地区宋元时期大批窑场中生产的瓷器，这些瓷器制作并不精细，采用当地出产的原料，在胎釉间加施一层白色的化妆土，生产出洁白的化妆白瓷，达到了粗瓷细作的目的。同时，这些瓷器的装饰方法取法多样，十分适合产品的特征，纹样丰富多彩，异常贴近生活。也许是由于这些器物的这些特点，也许是由于这些窑场一向并不被古代文献列入所谓名窑或官窑的范畴，又也许是由于这类器物广泛发现于都城以外的一般遗址中，人们逐渐为这些窑场冠以“民窑”的称号。巨鹿古城出土的器物尽管现在我们已经可以清晰地认定有从宋到元的器物，但当时都认为是宋代大观年间当地人的日用品，卡尔贝克调查当阳峪窑的报告认为该窑址的产品都是北宋末以前的，由此在相当长的时间里这些器物都被认为是宋代北方地区民窑的产品[6]。20世纪50年代初期，故宫博物院在陈万里先生的率领下又发现并调查了许多窑址，这些窑址都出土这种磁州窑类型的瓷器[7]。最终，基于这些发现与研究，陈先生给了这些窑场的这类瓷器一个概念：“宋代北方民间瓷器”[8]。此后人们提到磁州窑，言必谈民窑，似乎磁州窑天经地义地应该是一个民窑。尽管《大明会典》中明确记载明代宣德以后磁州窑是贡御的窑场[9]，也有学者指出在元大都宫城范围内施工时出土的瓷片中有

40%是磁州窑的产品[10]，这些都不足以动摇人们认为磁州窑是一个彻头彻尾的民窑的观念。然而，没有人去认真探讨磁州窑为什么是民窑，其主要特点是什么[11]。在上述长篇的开场白以后，我们了解了磁州窑被称为宋代北方民窑代表的形成背景，本文拟从最基本的方面来探讨磁州窑的生产特点，来求证磁州窑的民窑特征。

首先我们应该探讨并廓清一下民窑的概念和特征。人们常常将某些瓷窑称为“民窑”或“官窑”，并且不断地为某些窑场是否可以称为官窑而争论不休，因而关于官窑的概念多有人提及并观点各异[12]，然而，却少有人探讨什么是民窑及其特点。笔者以为，民窑应该是中国古代社会，尤其是商品经济大大发展的晚唐时期以后，以商品生产为目的的瓷器手工业作坊[13]。商品生产的目的就是为了尽量降低成本，提高产品的质量和美观性，以使产品能够得到市场的认可并顺利地销售出去，只有将产品售出，窑工们的生产价值才能得到实现。因此，民窑有以下特点：第一，在生产中尽可能地采用经济的工艺技术和合理的管理方法，以提高生产效率，降低产品成本；第二，学习和采用被市场认可的工艺技术和装饰方法及纹样，包括所有新的、可以改变产品质量和外观并降低成本的方法，以适应民众的需求和品位，即得到市场的认可；第三，生产各种不同档次的产品，以适应不同人群的需求，总体上的目标就是为了顺利地销售出产品。换言之，民窑既要讲究成本，还要关注瓷器的适销度。

磁州窑是否具有典型的民窑特征，考古发掘所清理的窑业生产遗迹与遗物是非常好的实证资料。1987 年，北京大学考古学系等单位对河北省磁县观台磁州窑窑址进行了以研究为目的的主动发掘。这次发掘取得了较大的成果，共发现了 9 座烧瓷窑炉、1 座釉灰窑、1 个加工原料用的大碾槽及其他一些重要的遗迹，出土了几十万件瓷器残片和窑具[14]。对发掘清理遗迹的复原和研究，为我们研究民间窑业内部的组织结构提供了重要的材料，可以使我们得出磁州窑的某些生产模式和民窑特征。

一 烧瓷窑炉的发现与复原

在发掘中我们清理了相互连在一起的一组窑炉 Y2 ～ Y6（图一），这一组联窑清理出来的共有 4 座（其中 Y5、Y6 是一座窑两次改建而成，因此给了两个窑号），4 座窑炉互相紧接，类似建筑物的“塔山”相建，共同护墙（保温墙），起到了节省建窑材料，提高热效率的作用（图二）[15]。发掘中由于探方范围所限，仅清理出 Y6 即告停止，至于 Y6 以西是否还有相连的窑炉，不得而知，从许多迹象上看还有更多相连窑炉的可能性，未能全部清理为一憾事。这几座窑的结构大同小异，Y3 的结构大致可代表其他的窑，以其为例加以介绍。

Y3 是 1987 年发掘中发现的 Y2 ～ Y6 这一组联窑中最东边的一座，也是其中保存最完好的一座。

Y3 为马蹄形馒头窑，由窑门、火膛、窑室、烟囱和护墙五部分组成。总长 7.36 米，宽 4.17 米，残高 (从火膛底到最高处，下同)3.12 米。方向北偏东 25° (图三、图四)。

窑门 : 为五边形拱券门。两侧壁用平砖顺砌。顶部用两根粗大的废窑柱搭成“人字拱”起券 (图五、图六)。高 2.22 米，宽 0.45 ～ 0.7 米。在距火膛底 0.66 米处，两边各向内凹进 0.1 米，便于装窑后架上一块大型耐火砖，上面砌砖封门。在下边则形

图一 1987 年发掘观台窑清理的 Y2 ～ Y6 一组相连窑炉

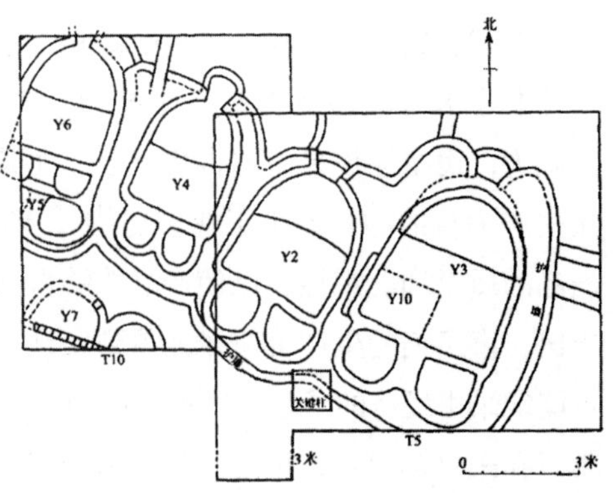

图二 1987 年发掘观台窑清理的 Y2 ～ Y6 一组相连窑炉平面图

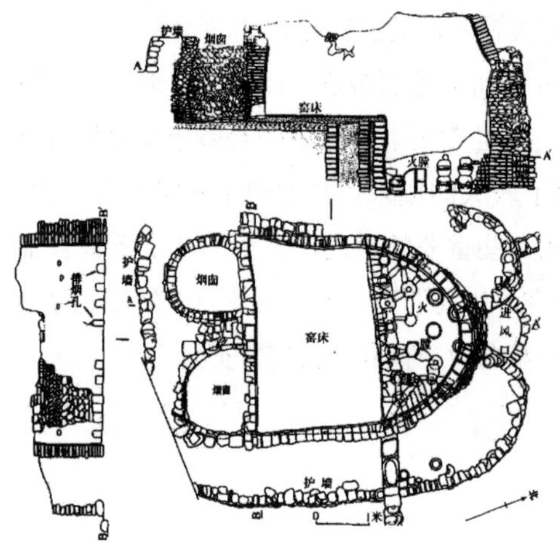

图三 1987 年发掘清理的三号窑炉 (Y3) 平剖面图

图四 1987 年发掘清理的三号窑炉 (东北—西南)

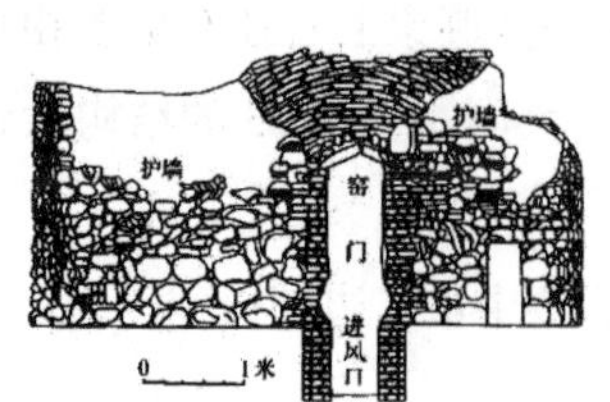

图五 1987 年发掘清理的三号窑炉 (Y3) 窑门正视图

图六 Y3 窑门及通风道图

成一个 0.45×0.6 米的进风口。门前有一扇形凹坑，低于窑门前的工作面 0.53 米，长 0.71 米，宽 0.98 米[16]，与进风口相通，二者共同构成窑炉的进风道。窑门前为黑色的工作面，厚 0.03 米。

火膛：呈半月形。长 1.98 米，宽 3.51 米，低于窑床面 1.38 米。用直径 0.1 ~ 0.15 米的卵石掺泥铺底，泥土已烧成红色，坚硬。火膛中较完好地保存了炉栅。这种炉栅是由废匣钵、砖和窑柱垒成。下面用废匣钵垒成四排匣钵柱，靠窑床的第一排有 7 个匣钵柱，第二排 6 个，第三排 5 个，靠近窑门的第四排有 2 个。匣钵柱用大个的盆形匣钵或漏斗形匣钵覆扣或对扣着搭建。每柱用 2~5 个匣钵。匣钵柱之间搭上砖与废窑柱，构成密密的栅网(图七、图八)。在炉栅下有大量的煤灰渣，窑门外还有部分未烧过的煤块（图九），证明这是以煤为燃料的窑炉。这种炉栅是不成熟的早期形态，每烧完一窑都要拆除清灰，尚未使用专门的炉条。

窑室：窑床呈横长方形。长 2.3 米，宽 3.54 米，前高后低，略倾斜。窑床上铺有一层 3 ~ 5 厘米厚的白色和米黄色的石英及碱石颗粒。窑床由四层构成：第一层为烧结面，是由碱石和石英砂粒烧结而成，厚 0.03 米；第二层为黄色砂粒和小块鹅卵石的混合层，厚 0.11 米；第三层为细腻的红烧土和卵石夯层，厚 0.14 米；第四层为褐黄色填土，这层实际上就是 T5 第 9 层的堆积。在窑床的前端是平砖顺砌的挡火墙，砖墙前抹 0.04 米厚的耐火泥，被高火烧结成琉璃质，挡火墙总厚 0.27 米。在这道挡火墙后还发现两道挡火墙，一道是属于十号窑的，一道为 Y3 原先的挡火墙，现存挡火墙

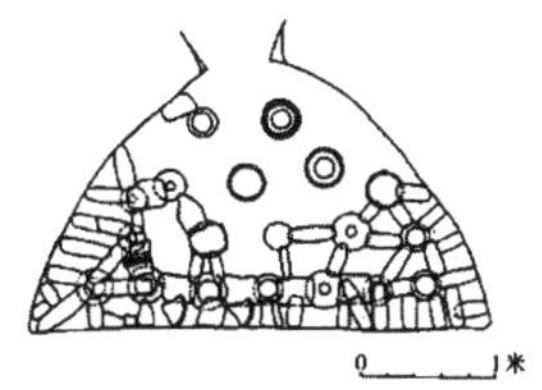

图七 Y3 火塘俯视图

图八 Y3 火塘内炉栅俯视图

图九 Y2 通风道内未燃烧的煤块

是后来为了扩大窑床面积而接出的。Y3 的壁面用长方形耐火砖和近方形的楔形耐火砖顺砌，前部用单层砖，后部用双层砖砌建，厚 0.19 ～ 0.43 米。内壁抹耐火泥，已烧结，厚 0.03 米。窑前部保存较好，从火膛底起 2.3 米处开始发券内收。后壁（烟道墙）有排烟孔两排：下边一排较大，共 10 个，宽 0.1 ～ 0.17 米，高 0.16 ～ 0.22 米；上边一排较小，残存 4 个，宽 0.09 ～ 0.12 米，高 0.04 ～ 0.06 米。排烟孔中塞有碎砖和残匣体，是用来控制排烟量的。

烟囱：2 个，呈半圆形，各与下排的 5 个排烟孔相通。东烟囱顶部内径（下同）长 1.15 米，宽 1.48 米，残高 1.31 米。西烟囱长 1.27 米，宽 1.2 米，残高 1.38 米。近底部最粗，向上渐细，径差 0.27 米。烟囱用砖、废窑柱和匣钵残片砌建。一般基部用较整齐的条砖顺砌，往上开始用各种废料砌建。

护墙：在窑壁外，距窑壁 1 米左右。外边用大块卵石和废窑具砌建，厚 0.18 ～ 0.42 米。里边填土。高度仅及窑壁的发券处。护墙的作用主要是保温和保护窑体。

Y3 是以煤为燃料的半倒焰式马蹄形馒头窑，从炉栅和进风道的原始状态可以看出，这种窑尚属于以煤为燃料烧瓷的比较简易的窑，还处于不成熟的初创形式[17]。从目前考古发掘清理的宋代窑炉来看，北宋时期明确以煤为燃料的窑炉并不多见，比较确定的有陕西铜川耀州窑以 85THY4 为代表的一批窑炉[18]，还有河南宝丰清凉寺汝窑遗址清理出来的一批窑炉[19]。其时代都与磁州窑发现的这一组窑炉比较接近。因此，磁州窑当时在北方地区是最早使用煤为燃料的窑场之一。上述情况表明，河北磁州窑、定窑，陕西耀州窑和河南中西部地区的一些技术先进的窑场可能较早使用煤为燃料，属于工艺先进的窑场[20]。

如前所述，Y2 ～ Y6 是一组相连的窑炉，尽管几座窑炉的结构和大小不尽相同，但主体结构和下面所要复原的技术参数大体相同。限于篇幅，这里就不再具体描述 Y2、Y4、Y5 和 Y6 的结构了。重要是，这几座窑炉一体建造，应该是同时烧制，因此我们认为这一组窑炉应该是属于同一窑主的，窑主要雇佣、管理相应的工人，如负责装窑、看火及装窑、出窑的工人进行生产，是专门负责烧制已经完成成型、装饰、施釉的瓷器，也就是专门的窑户。以下我们再进一步对窑炉进行复原。由于 Y3 完整地保存了窑门，并保存了窑门以上的一段券顶，为我们复原窑炉提供了极好的资料。

Y3 是半倒焰式马蹄形馒头窑。根据半倒焰的原理，火焰热流从火膛中升起，到顶后再折返回窑床，从窑床后壁底部的烟火孔进入烟囱，这使得热量充分散布于窑床上放置的器物之间。半倒焰窑的一个重要条件就是窑顶应能使火焰折返，因此，必须是穹隆形顶，这也是这种窑被称为馒头窑的原因。磁州一带的烧瓷历史自宋以来相延不断，因此窑炉的形制有很强的继承性，今天在彭城一带使用的仍是这种馒头窑，只是在耐火材料工艺有了很大进步的条件下，采用了空间利用更充分，窑内热量分布均匀，热效率也较高的全倒焰窑，然而窑炉的主体和外观仍与宋元时期的半倒焰窑有相当的一致性。而在 20 世纪 40 年代，彭城一带还普遍使用半倒焰窑，外形与宋元时期的窑极相似，为我们的复原提供了重要的参考。

首先是复原窑顶。Y3 的后壁是从火膛底计 2.2 米的高度开始发券，从 Y3 的纵剖图和横剖均可看出发券内收的情况。由于窑室的纵长(窑门内侧到后壁内侧)为 4.16 米，而横宽为 3.54 米，长宽不等，因此前后壁发券较早，根据各壁弧度，复原出窑顶。

Y3 东侧发现的完整的护墙，也是本次发掘的一项收获，保存的最高处为 2.24 米，根据 Y3 的保存状况，这个高度应与原高度相差不多。从现存窑炉看，四周的护墙是等高的，考虑到近千年来的破坏，复原高度比保存的稍高。从遗迹和现在使用的馒头窑看，护墙的高度一般占窑室高度的 3/5 ~ 2/3，这也是一个复原依据。

烟囱的复原参照了现今的窑炉，即其在护墙高度以下是大腔的，护墙以上则收做直而细的一段，总高一般略高于顶。小山富士夫 1941 年在彭城拍摄的一座半倒焰窑后部只有一根烟囱，但烟囱的形制则与双烟囱大致相同 [21] 。Y3 在现存的高度有较强的内弧，Y8 烟囱则在距底 2.2 米处向内急收，也说明了烟囱的这种结构，Y3 烟囱的复原高度略高于窑顶。根据以上复原讨论，绘出 Y3 的正侧面复原图 (图一〇)。

经过对窑炉保存的部分和复原部分进行测算，可以计算出三号窑的一些指标参数。火膛面积，取炉栅高度的面积，由于火膛并非规则的半圆形，只能计算出大约的面积，约 4.86 平方米。火膛容积：指炉栅以上到窑床高度的容积，即容放燃煤部分的容积。由于炉栅本身高度不一致，取其约略的平均高度，结果约为 3.89 立方米。窑床面积：指窑床平面的面积，不计算窑床表面坡度的长度，约为 8.07 平方米。窑炉复原高度：指窑床面 (取坡度的中点) 到复原的窑顶内壁，2.84 米。窑炉容积：指窑床以上可以放置器物的容积，发券高度以下按柱体计算，发券高度以上按球体计算，大约为 16.47 立方米。有效容积：计算出的容积不可能全部用来放置器物，如窑床面上和靠

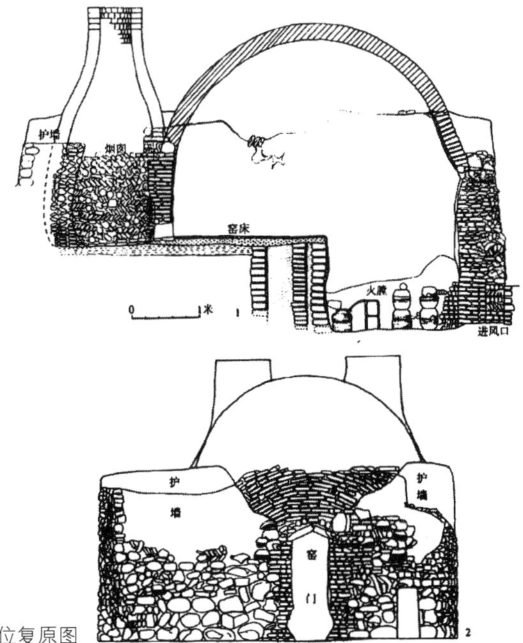

图一〇 Y3 正、侧位复原图

近窑壁处是不能放器物的，因此，在现代陶瓷工艺学上有“有效容积”这一指标，一般将窑炉容积去掉 10% ～ 20% 来计算，我们取中数，即去掉 15%，则有效容积为 14 立方米。为了对其他各窑炉进行复原，我们以此窑为准计算出一些比值。窑室长度(指窑门到后壁的长度，均指内壁的最大值)4.16 米，窑室宽度 3.54 米，长宽比 (L：W) 为 1.195，长高比 (L：H) 为 1.46，宽高比 (W：H) 为 1.23。窑床的长宽比为 0.65。火膛面积与窑床面积之比为 0.6，火膛容积与窑室容积之比为 0.145。根据这些参数，结合 Y2、Y4、Y5、Y6 保存壁面的情况，对这 4 个窑进行复原。得出参数如下：

Y2：窑床长 1.72 米，宽 2.86 米，面积 4.65 平方米；窑室长 3.16 米，宽 2.84 米，复原高度 2.16 米，窑室容积 7.80 立方米，有效容积 6.63 立方米。

Y4：窑床长 1.70 米，宽 2.34 米，面积 3.56 平方米；窑室长 2.80 米，宽 2.34 米，复原高度 2.04 米，窑室容积 5.73 立方米，有效容积 4.87 立方米。

Y6：窑床长 1.37 米，宽 2.31 米，面积 3.10 平方米；窑室长 2.68 米，宽 2.28 米，复原高度 2.00 米，窑室容积 4.71 立方米，有效容积 4.00 立方米。

现根据复原的窑炉对其装窑量进行了推测。1988 ～ 1989 年重庆市博物馆发掘了四川重庆涂山锯木湾窑址[22]，清理了一座宋代石炉栅馒头窑，也是煤烧窑。可贵的是窑床上摆满了匣钵，是实际烧制时匣钵的放置位置。匣钵的直径约为 17 ～ 21 厘米，窑床面积为 4.4 平方米。现存匣钵 55 个，靠近后墙的一排未放匣钵，后部的两侧也不放匣钵，估计是火焰烧不到，根据现存匣钵的位置，推测其实际应可放置 95 ～ 100 个匣钵柱。

以下根据涂山窑的装窑情况复原 Y2 ～ Y6 的装窑量。

①观台窑第二期后段流行的 X 型 1 式匣钵口径为 18 厘米[23]，与涂山窑的大体相同，按涂山窑窑床面积与匣钵数之比进行复原，则 Y3 约可放置 195 柱左右；Y2 可放置 110 柱左右；Y4 可放置 85 柱左右；Y6 可放置 75 柱左右。

②匣钵的高度取窑室原高度与发券处的平均数，则 Y3 约为 1.95 米；Y2 约为 1.48 米；Y4 约为 1.40 米；Y6 约为 1.37 米。

③观台窑 X 型 1 式匣钵高 21.5 厘米。据此则各窑可能装置的匣钵数为：Y3 约 1 768 个；Y2 约为 757 个；Y4 约为 553 个；Y6 约为 480 个。

④在装烧方法复原图中按实际比例所做的复原，每个匣钵内约可放置采用三角形支钉叠烧的碗 5 个（图一一）。则 Y3 总计约可装烧碗 8 840 个左右；Y2 约 3 785 个；Y4 约 2 765 个；Y6 约 2 400 个。尽管 Y2~Y6 这 4 个窑大小不同，结构也有一些差异，似乎应是烧制不同类的器物的，但我们此处暂将其假定为都用来烧制同一规格的碗，则一次约可装烧 17 800 个左右。四个窑相连建筑，就是为了互相保温，充分利用热能。因此，它们必然是一同烧窑的。烧一窑的时间，今天我们只能根据古代文献记载来推定，宋蒋祈《陶记》记载:“一日二夜”[24]，黄堡镇《德应侯碑》记:“煅炼累日，赫然乃成。”[25]河南修武当阳峪窑址所存《怀州修武县当阳村土山德应侯百灵庙记》中则记载：“三日

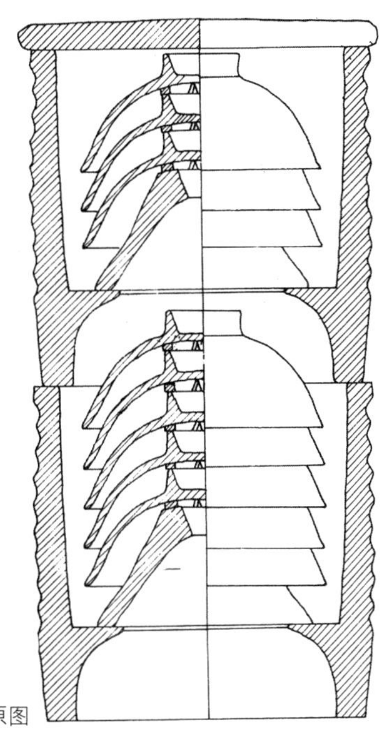

图一一 观台窑 X 型 1 式匣钵装烧复原图

不余方可熟。”[26] 我们取其均数，将其推定为二日二夜，加上装卸窑的时间，以三日为一个周期。

我们访问了现在邯郸市陶瓷公司的技术人员，他们告诉笔者：根据 1949 年前彭城烧瓷情况和现在一些私人小窑的生产情况。制坯一般以 4 人为一组合，一人备料（仅指将熟泥稍加炼制放到轮盘上的工作），一人拉坯，一人利坯（修坯），一人施釉，这种组合一个工作日，按最熟练的技艺和配合及最大工作强度，约可以生产 1 000 个碗，比较正常的是 800 个左右[27]。据此，则要供应一组窑连续不停地正常生产，至少需要 6 个这种制坯小组。加上搬运，备制原料等支持性工作及烧窑等工作，维持这一组窑的生产至少需要 30 ～ 40 人。

前述 4 人一组的制坯组合，在古代很可能是由一个家庭从事的，也正好是一个家庭所能从事的。现在彭城一带的民间传说中就有很多这方面的材料，即各家制坯，到窑主那里去烧制[28]。关于窑主与这种家庭之间的关系，《陶记》中记载为:“陶氓食工，不受艺佣，埽赁窑家，以相附合，谓之‘褪’。”[29] 所谓“褪”，《景德镇陶瓷史稿》解释为：“一个窑户由几个坯户来搭烧，他们一伙宾主就谓之褪。”[30] 按《陶记》的意思，每个坯户同样是自食其力的个体小所有者。因此他们同窑主“不受艺佣”，而“埽赁窑家”，则表明其使用窑炉烧制器物是要付赁钱的。而一个所谓的“窑”应该就是这样一个拥有一组窑炉和相应工匠的窑家和若干个相对独立生产的坯户所构成一个相对独立的集体，而一个窑场就是由若干个“窑家”和众多的坯户组成的。《陶记》记载在景德镇窑有这样的窑（组合）三百余座。当阳峪《怀州修武县当阳村土山德应侯百灵庙记》中则记载：“埏埴者百余家，玆养者万余口”[31]，太原孟家井窑址附近发现的明弘治

三年 (1490 年)《重修百灵庙记》中所说的:“居𫊸大率约三百家,乃古昔陶器之所……”[32]大约说的都是这种组合。

二 釉灰窑炉与制碱[33]作坊的发现与意义

瓷器在配釉时，要使用一些石灰和草木搀和烧成的“釉灰”与釉土相配，釉灰主要作为助熔剂。在磁州窑遗址中也发现了这样的釉灰窑，即一号窑炉（Y1)。

Y1 位于 T1 的北半部，方向 90°，窑门向东。压在耕土下，打破 T1 ②、③层。此窑被破坏严重，仅残存窑底，尾部还残存一个烟囱，大体可见其形制近长方形，尾部有一排长方形小烟囱，没有火膛，现残存部分为挖建 (图一二)。

Y1 东西残长 4.4 米，南北残宽 2.5 米，尾部残高 0.35 米。大体可以分为窑床和烟囱两部分。

窑床：窑床南侧已被破坏，大体呈长方形，前低尾高，坡度约为 5°。窑床表面是一层厚 0.05 米左右的灰白色灰层，成分是 1 ～ 3 厘米厚的小块石灰和草木灰的混合物，灰中还夹杂有玉米、高粱秸和细树枝等未燃尽的植物。灰层下是一层厚 0.05 米左右的红色烧结层，但烧结度不高。中南部一带有一片长 0.7 米，宽 0.5 米的不规则硬面，被烧成茶叶末色的琉璃面。窑床南部的边缘地带有一口半埋于地下的大缸。在北侧烟道前有一个直壁长筒形带瓦纹的黑釉小罐，也是半埋于窑床上。在窑床中部偏北有一个圆形灰坑，直径 1 米，深 0.75 米，坑内填满了白灰色的粉末，十分纯净细腻，没有其他包含物（图一三)。窑床四周没有发现砖砌的窑壁，可以看出窑床是挖建于生土之上的，推测是地穴或半地穴式的。没有火膛的迹象，也未发现窑门。

烟囱：位于窑西端，整体呈枣核形，东西长 0.59 米，南北宽 1.85 米，宽度窄于窑床，残破过甚，只残留一个烟孔，长方形，长 0.35 米，宽 0.2 米，残高 0.1 米，在窑床平面 0.25 米以上处挖建。根据这个烟孔的情况推测，烟道由一排这样的小烟孔构成，除这个烟孔外，还应有 4 ～ 6 个这样的烟孔，均在生土上挖成。在残存的烟孔附近出土了 68 枚铜钱，有唐代的“开元通宝”10 枚，“乾元重宝”1 枚，五代“唐国通宝”1 枚，其余都是宋钱，时代最晚的是“崇宁重宝”[34]。

Y1 内的堆积有 Y1 ①层和 Y1 ②层 (即前述的灰层)，这两个地层均属第二期后段。Y1 烟囱内出土了“崇宁重宝”钱，而作为 Y1 最后一窑堆积物的 Y1 ②层中出土了“政和通宝”钱，据此推定 Y1 的时代属第二期后段，进而推测其应属北宋徽宗朝 (1101 ～ 1125 年) 及其以前。

从 Y1 的形制，窑床的烧结度和窑内残存的石灰和草木灰混合堆积等情况看，这座窑炉不是一座高温的烧瓷器或砖瓦的窑，而是烧“釉灰”的窑[35]。窑床的有效长度为 3.81 米，但由于宽度略残，所以推测窑床的面积为 10 平方米左右。

“釉灰”是将石灰石和草木灰熔炼而成的碳酸钙，作为釉中的添加剂，用以配制

图一二 1987 年发掘观台磁州窑遗址清理的一号（Y1）窑炉（东—西）

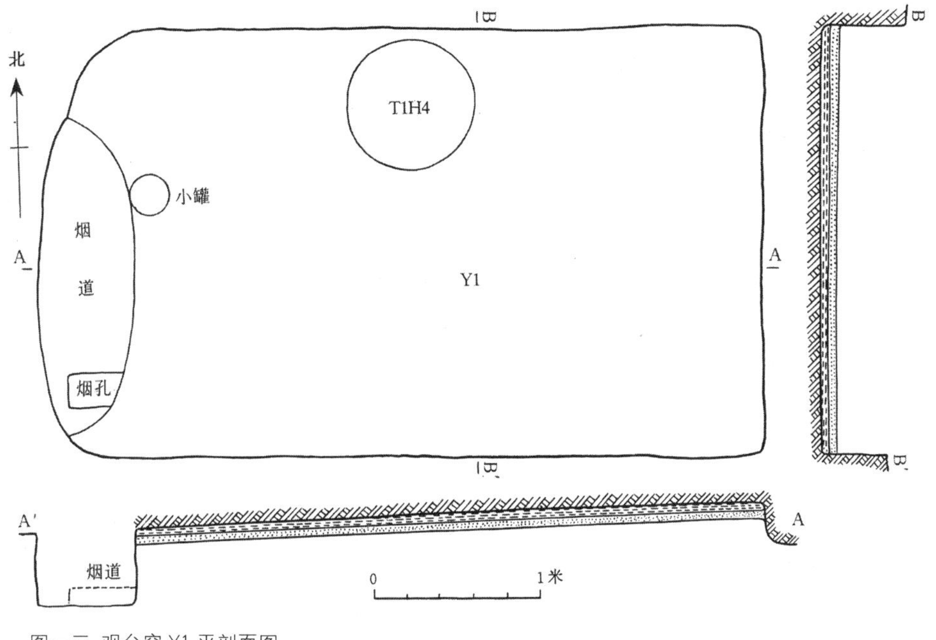

图一三 观台窑 Y1 平剖面图

釉料。关于釉灰，中国古代的文献中就有记载。蒋祈《陶记》载："攸山、山槎灰之制釉者取之，而制之之法，则石垩炼灰，杂以槎叶木柿火而毁之，必剂以岭背釉泥，而后可用。"[36] 清乾隆八年 (1743 年) 景德镇御窑厂督陶官唐英所著《陶冶图说》第三图中对此则有更加详细的论述[37]。清初佚名所撰《南窑笔记》中也有类似的记载[38]。

有学者研究，制釉灰的步骤是：第一，在高温下 (约 900℃) 把石灰岩熔烧成生石灰 (CaO)；第二，用水使生石灰变成熟石灰 [$Ca(OH)_2$]；第三，在以草或木为燃料的低火候 (约 600℃) 中把熟石灰再转化成碳酸钙 ($CaCO_3$)。整个过程实际上是把大块的石灰岩变为软质粉状的碳酸钙。不难看出，以上的第一步是在产地完成的，就如今天的石灰矿场一样，瓷窑窑场完全可以从产地购进生石灰；而第二步是在露天下完成的，即加水后把生石灰变成熟石灰；只有第三步由于是在窑场根据特殊要求而备制的，需要建窑完成。而 Y1 正是这种窑，其使用方法应是在窑内将柴草和石灰一层层间隔放置，然后使其充分燃烧，成为釉灰。Y1 的结构和窑炉内烧结温度不太高的各种现象，可以说明这点。另外，Y1 窑床上的灰坑和边部的大缸，都应是用来盛放成品的。因为从窑床上的堆积物看，成品并不是纯净的，含有植物和石灰残块，因此必须经筛选，而这样的工作是不能在露天有风的场合进行的。

灰在釉料中可以起到下列几个作用：①助熔剂，因其含有碳酸钾、石灰和氧化镁；②呈色剂，因其含有铁、锰和钛；③发泡剂，因其含水分、空气、氯化物、碳酸盐和硫酸盐；④乳浊剂，因其含磷酸盐 [40]。由此可见，用釉灰可以配制黑瓷、青瓷、青白瓷等带颜色的釉。钧瓷的釉中由于含有较多的磷，使釉在二液分相的作用下具有乳浊性,因此早就有人认为是在釉中加了草木灰 [41]。景德镇的青白瓷也略带乳浊性,《陶记》中关于釉的记载，也证明了配釉时要加釉灰。美国纽约州立釉研究所曾试用釉灰配制了两种青釉，获得成功 [42]。观台窑在其生产的绝大部分时间里，以生产白化妆土和透明釉配合的白化妆瓷器为主。用釉灰生产何种釉呢？我们看到，观台窑在二、三期生产仿定瓷器，从质量、数量和器物种类等因素综合分析，是以 Y1 所属的第二期后段最发达。仿定瓷器基本的特点是不施化妆土，在器物转折等釉厚处，可见大量微细的小气泡，使釉层带有乳浊性，多数有开片。胎土经过特别的漂洗加工，胎色一般较浅，呈白色、白灰色和黄白色，胎质细腻。仿定器的釉从细微的差别观察，有三种颜色，大多数呈一种淡雅的青灰色，略带青白瓷的色调；还有一部分呈赭白色，极雅致；也有少部分呈米黄色，接近北宋中期以后定窑白瓷的色调 [43]。我们推测，这种仿定瓷所使用的透明度不太高的釉，就应是用釉灰配制而成的。

釉灰的使用，使观台窑拓宽了釉料的来源，由于用釉灰配制成了失透的白釉，也使观台窑得以成功地仿制定窑类型的瓷器。釉灰是配制仿定瓷釉的重要原料，但其使用量很少，而 Y1 巨大的面积，如果持续生产，其产量是相当可观的。所以，Y1 这个窑的业主应该是担负着向整个窑场提供釉灰，或者是仿定类瓷器的成品釉浆的任务。

1987 年的发掘中还清理出了一个大型的石碾槽，外直径达到 8.75 米，碾槽由一层很厚的青石底板及两旁的方形条石砌帮构成，石条剖面边长 0.25 ～ 0.30 米，石条长 0.7 ～ 0.88 米，槽宽 1.15 ～ 1.21 米，由于长期使用，底板中部被明显地磨下 7 ～ 8 厘米，十分光滑。在碾槽的西南部有水槽遗存，说明这个碾槽应该是一个水碾，即矿物原料在加水的情况下碾压（图一四、图一五）。碾槽座在 T11 ⑤层之中，⑤层的表面，在碾槽的内侧和外部铺满一层直径约 0.01 ～ 0.05 米的细碎的碱石颗粒，出土的瓷片很少而且很破碎，从出土器物分析，这个碾槽使用的时间很长，大约从北宋前期的第一期前段沿用到金代后期的第三期。根据当时的邯郸市陶瓷工业公司所属陶瓷研究所叶广成先生见告，碾槽内外堆积的细小石料是邯郸地区较多分布的 G 层铝矾土，在陶瓷生产中是用做化妆土的原料。由于陶瓷作坊具有要求纯净，不能有污染的特点。因此，在制坯作坊内都会铺垫与生产用相同配方的制坯原料，以免在拉坯和凉坯时造成污染，同样，在对加工纯度要求很高的原料加工场所也是这样，以免在原料中混入杂质。因

图一四 1987年发掘观台磁州窑遗址清理的石碾槽

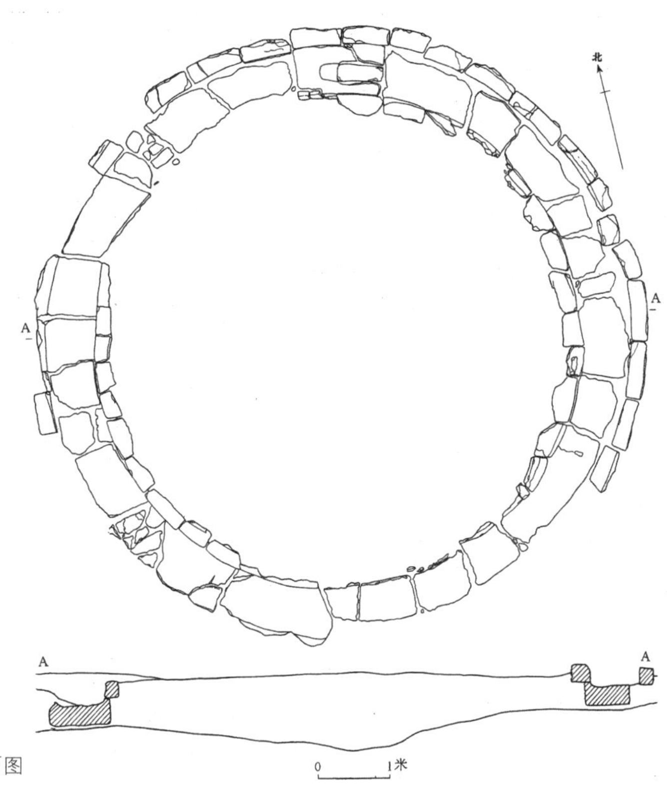

图一五 观台窑石碾槽平剖面图

此，从这座碾槽内外堆积的残留物看，其应是用于加工化妆土的。这样一个巨大的碾槽，连续生产，其产量应是很大的，而在制作瓷器时需要的化妆土并不多，只需少量化妆土原料配成很稀的料浆。因此这个产量巨大的碾槽的业主，应该不是仅仅供应少量窑户，而应该是供给由众多前述的“窑”构成的整个窑场的[44]。

《陶记》记载：“或覆、仰烧焉。陶工、匣工、土工之有其局；利坯（修坯）、车坯、釉坯之有其法。”这里提到了当时景德镇窑业生产中整体陶瓷手工业的分工和个体制瓷手工业作坊中制坯过程中的具体分工，在生产分工上有制瓷器的，有专门制作匣钵的，可能还有专门供应胎料的，为我们提供了一幅当时制瓷手工业生产中高度分工、高效进行商品生产的场景。从明代人宋应星《天工开物》中的记载可见，当时的釉土及一些其他原料是从较远的地方运来，由一些专门的人户提供，如有采瓷土的，有采釉土的，也有采画彩的彩料的[45]。各种原料都有专门的供应商，体现了生产上的分工进一步提高。重要的是各种工序都通过自己的劳动来获利，体现了商品生产的特征。

文献的记载是清楚的，然而考古发现的证据却十分缺乏，或曰我们还缺少相应分析和研究。观台窑这些重要遗迹的发现使我们得以印证这些文献记载，为当时窑业生产的生产模式和管理体制提供了具象的、生动的画卷。同时，观台窑的这几组遗迹的时代都在北宋中后期，比《陶记》的记载又早了百多年的时间，使我们看到，制瓷业中高度分工的生产模式在北宋时期就已十分发达。进一步说，在磁州窑不仅有我们熟知的“窑户”,还应有《陶记》上未记的“碱户（陶工们称化妆土为碱)”和“釉灰户（或曰釉户)”，比之《陶记》中的记载有着更丰富的分工的种类。由此，我们可以看到北宋时期生产的规模和分工的情况。

三 简单讨论

通过前面对 1987 年发掘观台磁州窑址所发现的遗迹做的研究和诠释，我们进一步探讨几个问题。

第一，如前所述，一个窑场是由若干个“窑家”和众多的坯户组成的，其中也包括供应原料的人户。如前面我们所谈到的一号窑（Y1)，这个窑主就应是专门向窑场上各个坯户提供釉灰的。也有可能是专门的“釉户”，直接向坯户提供配好的釉。而那个巨大的石碾槽的拥有者，应该属于一个专门向窑场上各家提供化妆土的“碱户”。这种原料供应的同一性可能是窑址里一个时期的釉十分一致的原因。也是我们今天得以鉴别不同窑口，乃至具体的窑址生产器物的胎釉特征的原因。

上述证据表明,高度的分工不仅存在于一个小家庭内,而且存在于一个窑场中。《陶记》记载：“陶工、匣工、土工之有其局；利坯、车坯、釉坯之有其法，印花、画花、雕花之有其技、秩然规制，名不相紊。”这正是窑场中所存在的分工合作的准确表达。我们可以看到，作为一个大的窑场，分工有两个层次，一是按户分的，如窑家，坯户，釉灰户，碱(化妆土)户，也即陶工、匣工(专做匣钵)、土工(备制原料)等，二是户内或者说一个作坊内的分工，个人分别从事利坯、车坯、釉坯等具体的工艺。当阳峪崇宁四年（1105 年)《土山德应侯百灵庙记》碑所记的：“埏埴者百余家，兹养者万余口”,和太原孟家井窑址附近发现的明弘治三年 (1490 年)《重修百灵庙记》中所说的：“居氓大率约三百家，乃古昔陶器之所……”所说的都应是所谓的“窑家”，从百余家兹养万余口，也可看出当时制瓷业大的分工是很细的，基础工序和支持行业的人群十分庞大。

第二，特别值得一提的是，笔者以为所谓“窑家”、“坯户”可能并不完全以家庭为单位，而是由一个小的生产集体组成，包括由师徒关系相系的组合。这从民间传说中某青年入某家拜师学艺，最后招赘为婿的佳话中有所体现[46]，但同时，也有纯粹的雇佣关系。在今观台窑址的边缘地带（仍在窑址内）发现了一处漏泽园墓地[47]，1987 年我们发掘窑址时清理过一座（图一六）[48]，1989 年又清理了 15 座[49]。这里的漏泽园墓的葬制明显地不同于其他地方发现的漏泽园墓葬，有棺，有制作规整的刻纹填朱砖墓志，有些墓中还有瓷器随葬，显然这与制瓷业有关。从刊布的墓志看，有“本镇寄住阿李”为母乞葬，有“东京百姓李彦”为岳母乞葬等。从 1949 年以来发现的漏泽园墓看，其大多分布于古代的大城镇附近[50]，而在观台窑址旁发现漏泽园墓，是与窑场这一劳动密集地区相关的。而且，在这里做工的有许多是外来的人户，他们肯定是受雇于这里的“窑家”等业主。他们之间的关系应该是和地主与长工相同的雇佣关系。从上述情况可见，当时的制瓷业中，存在着较细致的分工合作，在各相当于家庭单位的生产单元中，如“窑家”和“坯户”等当中，基本上是一种平等关系，相互之间是一种生意关系，只可能存在贫富的差别。而以家庭为单位所从事的各工序之间，可能存在着雇工生产，其关系大约和地主与长工或者地主与佃户之间的关系相似。仍然是封建生产关系的一种，雇工与主家之间有较强的依附关系，未发现计日付酬和定额生产的迹象，即不存在所谓的资本主义生产关系或萌芽，是手工业生产高度商品化的表现，是新的生产关系产生的基础或曰其带有资本主义的生产因素。

第三，根据前述的民窑概念，我们再来看看磁州窑器物所体现的特征。磁州窑创烧于五代末到北宋初期，北宋前期是其初创时期，以这个时期为例分析器物的组合。这时磁州窑的产量小，产品比较单调，尤其是带装饰的器物较少。但是，由于磁州窑面向平民的生产目标，从其创烧伊始就表现出一些特色。首先，积极学习其他窑场的工艺技术，如学习定窑的划花、刻花装饰工艺，也学习河南地区的酱彩点和绿彩点的装饰（图一七）。其次，为满足民众对高档产品的少量需求，将当时金银器上流行的一些装饰工艺也应用到瓷器装饰上，如磁州窑首创的白釉剔花装饰，是在白化妆瓷上

图一六　漏泽园墓志砖（1987 年发掘观台磁州窑遗址出土）

图一七　北宋白釉绿彩香炉（观台窑第一期出土）

划画出花纹，然后将花纹以外的化妆土刮去，露出颜色较深的胎体，形成雪白花纹与褐色地纹的反差，使花纹具有凸起的效果（图一八），这是仿自银器上局部鎏金的金花银器[51]。还有一种珍珠地划花装饰，是在划画的花纹以外，用管状工具在地子上满戳上小珠圈，这是仿自金银器的鱼子纹地錾花工艺[52]。带这两种装饰的瓷器都是当时的高档瓷器，可见磁州窑的产品有不同的档次，以面对不同要求的顾客。同时，通过发掘，我们对单个地层单位中出土的器物进行完整的统计后，可以看到，像磁州窑这样一个民窑，其产品的主流是面向广大民众的，所以，主体的产品是素面的白化妆瓷碗、盘，带装饰的器物只占极少数，在各博物馆和收藏家手中的深受人们喜爱的梅瓶、瓷枕等在器物群中都是凤毛麟角，如在磁州窑繁荣时期的金代，带装饰的器物也不过占到 17% 左右。而在初创期的北宋前期，带装饰的器物仅占到百分之二三。器物群中碗、盘的比例以元代最高，达到 95% 左右，器物种类最丰富的金代后期，也达到 85% 左右。可见，窑址发掘为我们提供的真实情况，与我们在博物馆参观所见的是极为不同的。

总之，磁州窑一向被人们称为民间窑场，然而，很少有人认真分析磁州窑的生产模式和管理体制，并用其来探讨民窑特点。本文对 1987 年发掘磁州窑清理的烧瓷窑炉等遗迹进行了复原、分析，使我们了解到，北宋后期磁州窑的窑业生产方式是由一个专门的窑户与若干个制坯户组合成相应的生产团体进行生产，同时在一个较大规模的窑场里，还有专门从事支持性行业生产的人户，如制釉户和加工化妆土的人户。各生产专业户之间是一种平等的关系，以商品的买卖形式相联系。同时，从窑址周围发现的漏泽园墓葬可见，当时的个体生产专业户中，应该存在着雇工生产，特别是在当地没有任何生产资料的外地劳工的雇佣生产形式。由此可证，磁州窑的生产方式是一种发达的商品生产形式，产品的特征也证明了其面向不同层次需求的产品面貌，这些特点恰恰是我们给出的民窑概念所涵盖的内容。最后，我们举出一件文物作为这些讨

图一八　磁州窑早期白釉剔花罐（私人收藏）

图一九　金元磁州窑白地黑花文字枕标本（邯郸彭城私人收藏）

论的总结。邯郸市彭城私人收藏有一件金元时期的椭圆形瓷枕的枕面残件，上面书写的《西江月》词则基本得到了保存，其曰："自从轩辕之后，百灵立下磁窑……诸般器盒能烧，四方客人尽来掏（淘），件件儿变做经钞。"[53]（图一九）这首打油诗为我们前面的论述做了最好的总结，在商品生产中，只有生产出来的器物都能够销售出去，件件都换成了金钱，劳动的价值才能够实现，这当然是从事窑业生产的窑工们的不二愿望了！

注释：

[1] 佚名：《钜鹿宋代故城发掘记略》，《国立历史博物馆丛刊》第一年第一册，1927 年，第 1~7 页。

[2] 如芭萝女士（Barlow）、崔福斯（Dreyfus）以及维多利亚和阿尔伯特博物馆（Victoria and Albert Museum）的藏品中都有注明是巨鹿出土的器物。见 Hin-cheung Lovell, "Notes on Chü-Lu Hsien", in Oriental Art, Vol. XVl, No.3, 1970. pp. 259-261.

[3] ［日］仓桥藤治郎编：《钜鹿出土陶》，东京：工政会出版部，1932 年。

[4] 如磁州观台窑址附近的东艾口窑址就是此时发现的，见叶麟趾编著：《古今中外陶磁汇编》第四章第二节，"磁州窑"条："……闻宋代磁州窑之佳品，多出自河南之安阳县者，抑或曾用其原料，该地名隘口（秦按：即东艾口），在镇南五十余里，现今无窑迹，常有掘出之品云。"1934 年。

[5] Over Karlbeck, "Notes on the Wares from Chiao T'so Potteries" in Ethnos, vol. 8, No.3 (July~September, 1943), pp.81-95. Over Karlbeck, "Notes on the wares from Chiao T'so Potteries." in Far Eastern Ceramic Bulletin, vol. 4, No. 4, pp.15~16, 1952.

[6] 秦大树、李鑫：《卡尔贝克的"焦作窑"——当阳峪窑研究史与窑业特征驳议》，载北京艺术博物馆编：《当阳峪窑瓷器学术研讨会论文集》（待刊）。

[7] 陈万里：《调查平原、河北二省古代窑址报告》，《文物参考资料》1952 年第 1 期。

[8] 陈万里编：《宋代北方民间瓷器》，朝花美术出版社，1955 年。

[9]《明会典》一九四《工部十四》载："宣德间题准，光禄寺每年缸坛瓶共计五万一千八百五十只个。分派河南布政司，钧、磁二州，酒缸二百三十三只，十瓶坛八千五百二十六个，七瓶坛一万一千六百个，五瓶坛一万一千六百六十个，酒瓶二千六十六个。"中华书局据1936年商务印书馆《万有文库》本排印，万历重修《明会典》本缩印本，1988年。

[10] 李知宴：《磁州窑瓷器的绘画艺术》，《考古与文物》1987年第3期。

[11] 笔者以往对磁州窑的民窑特色做过简单的梳理，但基本上还是在器物层面上的论说，忽略了许多更重要的资料。秦大树：《论磁州窑的民窑特色》，《文物春秋》1994年第3期。

[12] 沈岳明、秦大树、施文博：《龙泉窑枫洞岩窑址考古发掘学术座谈会纪要》，《文物》2007年第5期。

[13] 瓷器手工业作坊的概念可以指一个由不同工种构成的生产单元，也可以是由这些生产单元组成的一个群体，即一处窑场，后者就是我们通常所说的一个窑。而一个我们通常所说的窑口，如定窑、磁州窑等，往往由若干个窑组成。

[14] 北京大学考古学系、河北省文物研究所、邯郸地区文物保管所：《观台磁州窑址》，文物出版社，1997年。

[15] 如果几座窑同时生火，热量互相传导，增加了保温性能有利于节约燃料。

[16] 各部分的长、宽均以窑的总方向来定，南北方向均称长，东西方向均称宽，所给尺寸无固定位置，以窑的这一部分的最大值为准。

[17]《观台磁州窑址》前揭注，图22~25。

[18] 耀州窑清理的宋代窑炉大体可以分为两种类型，一种是以85THY5为代表的窑炉，其窑炉还略细长，窑床接近正方形，面积较小，火塘很浅，并在火塘前发现了强制通风的遗迹，火塘中前部有落灰坑，其中发现木灰，表明应是以柴为燃料的。另一类则以85THY4为代表，火塘面积增大变深，窑床变得宽扁。参见杜葆仁：《耀州窑的窑炉和烧成技术》，《文物》1987年第3期。同样的窑炉与1973年发掘发现的Y3相同，Y3的通风道中堆满了烧土、烧渣和煤块等，似可证明是煤为燃料的。见禚振西等：《耀州窑遗址调查发掘新收获——兼谈对耀州窑的几点新认识》，《考古与文物》1980年第3期。然而，耀州窑的正式报告《宋代耀州窑址》报告了宋代窑炉22座，分为三型，Ⅰ型16座，即前述的85THY5为代表的窑炉，报告认为其时代最早，是宋代窑炉的主要型式，Ⅲ型时代最晚，为以85THY4为代表窑炉型式，明确的是以煤为燃料的窑炉。然而正式报告对各窑使用燃料报道极不清楚，并模糊地称所有Ⅰ型窑炉也都是以煤为燃料的，与以前的报道有出入。见陕西省考古研究所，耀州窑博物馆：《宋代耀州窑址》，文物出版社，1998年。从近年来发现的许多新资料看，Ⅰ型窑炉的结构表明其还是以柴为燃料的。

[19] 河南省文物考古研究所编著：《宝丰清凉寺汝窑》第19~35页，大象出版社，2008年。

[20] 秦大树：《磁州窑窑炉研究及北方地区瓷窑发展的相关问题》，北京大学考古系编《考古学研究(四)》第266~299页，科学出版社，2000年；秦大树：《论磁州观台窑制瓷工艺技术的发展》，《华夏考古》1996年第3期。

[21] [日]长谷部乐尔:《磁州窑》，《中国の陶磁》⑦，第85页，图1，东京，平凡社，1996年。

[22] 重庆市博物馆等 :《四川重庆涂山锯木湾宋代瓷窑发掘简报》,《考古》1991 年第 3 期。

[23]《观台磁州窑址》前揭注，图版一一二。 、

[24] 白焜 :《宋蒋祈〈陶记〉校注》,《景德镇陶瓷 · 陶记研究专刊》，1981 年。

[25] 陕西省考古研究所 :《陕西铜川耀州窑德应侯碑》录文，科学出版社，1965 年。

[26] 刘岩:《当阳峪窑〈土山德应侯百灵庙记〉“铜药”、“铜叶”考辨》,北京艺术博物馆编《当阳峪窑瓷器学术研讨会论文集》(待刊)。研究表明，此碑中记载的烧成时间可能是烧制精细的酱釉瓷器的时间，比较特殊，一般白瓷的烧成时间会稍微短一些。

[27] 此情况承原邯郸市峰峰矿区科委主任杨建国先生协助笔者调查。

[28] 赵爱连、马耕搜集整理 :《青碗窑与碗神庙》,《磁州窑的传说》，中国民间文学出版社，1986 年。

[29] 熊寥主编《中国陶瓷古籍集成·注释本》，江西科技出版社，2000 年 4 月 ;康熙版《浮梁县志》引蒋祈《陶记》，参校乾隆版。

[30] 景德镇陶瓷研究所 :《景德镇陶瓷史稿》第 59 页，轻工业出版社，1963 年。

[31]《当阳峪窑〈土山德应侯百灵庙记〉“铜药”、“铜叶”考辨》前揭注。

[32] 杨芝荣 :《孟家井瓷窑遗址》,《文物》1964 年 9 期。

[33] 磁州窑的窑工们通常将化妆土称为“碱”，施化妆土的工序常常称为使碱。此事承刘立忠大师告知。

[34]《观台磁州窑址》前揭注，第 20~22 页。

[35] 秦大树 :《釉灰新证》,《考古》2001 年第 10 期。

[36]《宋蒋祈〈陶记〉校注》前揭注。

[37] 唐英 :《陶冶图说》，第三图记 :“其三曰炼灰，配釉。釉无灰不成。釉灰出乐平县，在景德镇南百四十里，以青白石与凤尾草 (按 : 即蕨蓝草，景德镇俗称狼鸡草) 制炼，用水陶细而成。配以白细泥，调合成浆，按器种类，以为加减，盛之缸内。……泥十盆，灰一盆，为上釉。泥七八，灰二三，为中釉。若平对，或灰多，为下。”引自 (清) 朱琰 :《陶说》卷一《说今“陶冶图说”条，天津市古籍书店影印，1988 年。

[38] (清) 佚名 :《南窑笔记》“配釉”条 :“其法将釉与灰淘洗极细，各注一缸，或合甜白釉，用釉十五盆，入灰一盆 ;如合成窑釉，用釉八盆，入灰一盆。灰多则釉色青，灰少则釉白，青者入火易熟，白者入火难熟，盖釉之青白不同者，在灰之添减多寡。凡配各种釉约数十余种，俱以灰为主，如调百味必须盐也。”又“灰”条 :“ 出浮梁之长山、取山之坚石，火炼成灰，复以蕨炼之三昼夜，舂至细，以水澄之，用入釉内，以发瓷之光气。”熊寥、熊微编注 :《中国陶瓷古籍集成》第 661 页，上海文化出版社，2006 年。

[39] R. M. Tichane, *Ching-te-chan*, New York State Institute for Glaze Research, 1982.

[40] Robert Tichane :《灰与釉》,《中国古陶瓷研究》第 290~293 页，科学出版社，1987 年。

[41] 刘凯民 :《钧窑系釉的研究》,《山东陶瓷业》1981 年第 1 期。

[42] R. M. Tichane, *Those Celadon Blues*, New York State Institute for Glaze Research, 1978.

[43]《观台磁州窑址》前揭注，第 248 ～ 273 页。

[44]《观台磁州窑址》前揭注，第 37 ～ 38 页。

[45]（明）宋应星：《天工开物》中卷，陶埏第七，“白瓷”条：“凡画碗青料，总一味无名异（漆匠煎油，亦用以收火色）。此物不生深土，浮生地面，深者堀下三尺即止，各省直皆有之。亦辨认上料、中料、下料。用时先将炭火丛红煅过。上者出火成翠毛色，中者微青，下者近土褐。上者每斤煅出只得七两，中下者以次缩减。如上品细料器及御器龙凤等，皆以上料画成，故其价每石值银二拾四两，中者半之，下者则十之三而已。凡饶镇所用，以衢、信两郡山中者为上料，名曰浙料，上高诸邑者为中，丰城诸处为下也。凡使料煅过后，以乳钵极研（其钵底留粗，不转锈），然后调画水。调研时色如皂，入火则成青碧色。”北京大学图书馆藏明崇祯刻本。

[46]《磁州窑的传说》前揭注。

[47] 漏泽园墓地是北宋时期的一项福利制度，约从神宗时期开始实行，目前所见的漏泽园均为徽宗朝的。由官府出资集葬亲友无力埋葬的死者或无主骸骨，此类墓葬由于都有墓志，于研究十分有价值，所葬死者都是宋朝社会最下层的民众。也反映了墓地所在小区域中的认可状况。秦大树：《宋元明考古》第五章《宋代陵墓》第 138~139 页，文物出版社，2004 年。

[48]《观台磁州窑址》前揭注，第 47~48 页。

[49] 磁县文物保管所：《磁县发现北宋漏泽园丛葬地》，《文物春秋》1992 年第 2 期。

[50] 新中国成立 60 年来发现的重要的漏泽园墓地有：最早发现的吕梁县墓，见杨绍舜：《吕梁县发现罐葬墓群》，《文物》1959 年第 6 期。另有贺官保：《西京洛阳漏泽园墓砖》，《文物资料丛刊》(7)，文物出版社，1983 年。顿维善：《河南滑县发现宋代墓群》，《史学月刊》1986 年第 4 期。南阳市博物馆：《河南南阳发现宋墓》，《考古》1966 年第 1 期。河南三门峡上村岭漏泽园墓地是迄今最大规模的清理工作，共清理了 849 座墓，均为大陶罐土葬式。三门峡市文物工作队：《北宋陕州漏泽园》，文物出版社，1999 年。

[51] 秦大树：《白釉剔花装饰的产生、发展及相关问题》，《文物》2001 年第 11 期。

[52] 秦大树：《论磁州窑与定窑的联系和相互影响》，《故宫博物院院刊》1999 年第 4 期；齐东方：《唐代金银器研究》，中国社会科学出版社，1999 年。

[53] 此材料承刘志国先生提供，谨致谢忱！

浅谈女真文化对磁州窑的冲击和影响

磁州窑博物馆　赵学锋

内容提要：在金女真族统治中国北方长达120年的时间里，磁州窑一改北宋以来拘谨、单一的装饰风格，尽情地攫取了金女真族各种灿烂的文化元素，并与中原华夏文明相融合，进入了磁州窑发展的创新期和鼎盛期。

关键词：金代磁州窑　女真人　生活习俗　中原

Abstract: During the Jurchen Jin’ s 120-year rule of Northern China, Cizhou Ware’ s austere and simple style, dating from the Northern Song, wholeheartedly transformed, incorporating various magnificent elements of Jurchen culture. This merging with the civilization of the Central Plains brought Cizhou Ware into a period of innovation and great prosperity.

Key words: Jin Dynasty Cizhou Ware, Jurchen People, customs, Central Plains

磁州窑从北宋开始，由白瓷向彩瓷过渡，逐步形成了白地黑花的装饰风格，在陶瓷界产生了较大影响，并成为当时中国北方最大的窑场，其技艺传播至大江南北，在河南、河北、山西和山东等地形成了一个以磁州窑装饰风格为主要特点的庞大的陶瓷生产体系。在这个体系中，磁州窑作为领军窑场，在装饰技法和装饰内容上，不断发展，不断更新，一直引领着潮流，并且从北宋开始，历经金、元、明、清到现在，窑火一直不断，成为中国陶瓷史上的一个奇迹。但纵观磁州窑发展的全过程，它在各个历史时期，都受到不同社会文化的冲击和影响，也在不同时期取得不同的进步和发展。大家都公认磁州窑在艺术发展上的最辉煌时期是金元时期，而金元时期内又尤以金代为盛，金代是磁州窑装饰艺术的变革期和成熟期，元代只是在此基础上得到了进一步的发展 。

金代磁州窑的最大贡献就是打破了北宋以来拘谨、单一的装饰风格，恣意地展现了北方民族粗犷、豪放的生活内容，形成了独特的装饰个性，这种个性的形成得益于女真族文化的冲击和影响。

一 草原游牧文化与中原农耕文化交融下的红绿彩装饰

女真族首领完颜阿骨打于1115年俘获辽天祚帝而灭辽建金，都会宁（今黑龙江阿城附近），然后举兵南犯，占领了北部中国，都城由会宁迁至燕京、又迁至汴梁。金立国120年（1115～1234年），对中原进行了严酷的统治，统治者的草原游牧文化对中原的农耕文化形成了很大的冲击。金立国之初，女真人未脱野蛮之习，多粗俗不文，他们忙于征服，而当时的磁州窑却在这个战争的罅隙里获得了相对宽松的文化发展空间。北宋时期中国文化推行的是理学和文治，整个社会思潮过于严谨整肃，磁州窑作为社会的一分子在艺术创新和发展上不可能不受到这种思潮的束缚和影响。北宋时期正是磁州窑艺术风格的初创期，白地黑花特点已具雏形，但这时的装饰风格和装饰内容却显得拘谨和单调，缺乏来自生活的灵动感。在女真人统治中原的初期阶段，社会基本上处于一个失控的文化状态，磁州窑的艺人们得以喘息，很快也感受到了女真人挟裹过来的强烈的草原游牧风。女真人虽野蛮不文，但粗犷豪放，这大大激活了中原汉人长期压抑的本性，于是在这个暂时没有约束的时空里，磁州窑的艺人们充分发挥自己的灵感，他们一边在感受着女真人带来的草原游牧文化，一边将其与中原的农耕文化相融合，在金统治进入稳定期后（金中后期），磁州窑创烧出了鲜艳夺目的红绿彩装饰瓷器（图一、图二）。

关于金红绿彩装饰的形成，有专家从唐三彩和定窑柿红釉溯源。磁州窑从北宋开始突破了白瓷的羁绊，开始进行彩装饰的探索，它学习各窑口的装饰工艺，兼收并蓄。所以，曾风靡一时的唐三彩工艺不可能不影响到磁州窑；同时北宋定窑也创烧出了柿红釉，成为了一种特色，必然也会对磁州窑产生影响，所以金代磁州窑在融汇各种彩装饰的基础上创新出了红绿彩。从工艺传承的角度看，这种分析是有一定道理的，但唐三彩和定窑柿红釉的年代距离金红绿彩的形成年代似乎远了一些，这种传承也似乎慢了一些，倒不如这样来诠释金红绿彩的形成：金中期以后，对中原的统治日趋稳固，所以，女真族的民族色彩就越来越明显地影响到了中原汉人的生活。绿色草原是女真人的天堂，绿彩是女真人的生命色；红红火火是中原汉人喜庆的情结，红灯笼、红蜡烛、红对联、红窗花……红色是中原汉人的梦幻色，也许，红绿彩的结合，正是女真族文化和汉族文化的一个交融点。另外，磁州窑在宋金时期形成的白地黑花装饰色彩也正好吻合了女真人对色彩追求的喜好，这为在白地黑花瓷器上红绿彩装饰的形成和流行奠定了绝对的基础。《大金国志》载："金俗好衣白"，黑次之。另《金史·舆服志》载："金人常服为四带衣巾，盘领衣，乌皮靴。"红绿彩人物像的靴（鞋）皆为黑色。这样，在高温烧制成的白地黑花瓷器上，艺人们以白色做底，用黑色勾染人物的眉眼、发髻或衣服摺线、靴等处，然后二次在器身上用氧化铜、氧化铝矿物颜料涂染，再入窑低温烧成，浓墨重彩，大红大绿，俗而不艳（图三）。这个创意虽有迎合女真人之嫌，但毫无疑问地讲，磁州窑艺人们在草原游牧文化和中原农耕文化的碰撞中完成了一个

图一　金磁州窑绶带鸟银杏碗

图二　金磁州窑折枝对花纹大碗

图三　金磁州窑红绿彩童子

创举，在政治上它讨得了统治者的喜欢，在市场上也赢得了广大百姓的喜爱，在工艺上它开辟了陶瓷釉上彩装饰的先河，对后来的陶瓷生产产生了重要影响。

二 女真族生活习俗影响下的瑞兽装饰

在金代，磁州窑的装饰内容较之北宋有了很大的突破，它在保留了剔刻、划花、珍珠地技法的基础上，成熟地将毛笔画运用到了装饰工艺上，使艺人们在装饰内容的表现上更方便、更自如。金代，瓷器装饰图案上广泛出现了一批瑞兽纹饰，有虎、鹿、狮、龙等，这些图案的出现，除了反映艺人们对祥和美好生活的大胆追求外，最重要的是受到了女真人生活习俗的影响。女真人喜爱瑞兽，首先从金代墓葬出土的玉雕、砖雕可以证明。资料显示，在松花江下游奥里米金墓出土了一块透雕玉牌，雕有一对赤鹿，公鹿长角躬背，傲然挺立，母鹿回眸凝望，闲雅安详，左右两侧各有一棵小树，表示鹿栖林中，具有游牧民族的装饰特点。兰州中山林金墓出土了一组砖雕，雕刻着大量鹿纹。还有山西稷山马村、化峪等地金墓出土的这种图案更多，鹿的形象也各不相同，或漫步缓行，或奔腾飞驰，富有浓郁的生活气息。另从女真人的服饰图案上也能找到证明。《金史·舆服志》载：金人“衣色多白……其胸臆肩袖，或饰以金绣；其从春水之服则多鹘捕鹅，杂花卉之饰；其从秋山之服则以熊鹿山林为文。”由此可见，女真人的衣服装饰图案皆以瑞兽为主，“鹘捕鹅，杂花卉”句也显示了女真族游牧狩猎的习性。

金代的磁州窑装饰内容明显地受到了女真族生活习俗的影响。鹿纹是金代磁州窑装饰的一个主要内容，如鹿纹八角形枕（图四）、鹿纹如意形枕（图五），其他还有虎纹（图六）、狮纹（图七）、龙纹（图八）、兔纹等瑞兽装饰图案（图九、图一〇、图一一）。另外，还有不少表现游牧狩猎题材的装饰图案，如鹘捕鹅纹八角形枕（图一二）、鹰捕兔纹腰圆形枕（图一三）。

由此看出，金代女真族在长达120年的统治期间，其游牧文化对中原的农耕文化形成了巨大冲击，而这种冲击的最后结果是两种文化的有机融合。不论是女真族还是汉族，当他们在特定的历史环境下对人性的追求达到高度一致时，就出现了民族文化的高度融合、高度统一，所以说，金代女真族以游牧文化为主题的生活习俗和中原汉族农耕文化为主题的生活情趣融为一体，成为了当时的社会文化主流。最起码，磁州窑在瓷器的装饰内容上，成为了金中后期民族文化交融的一种折射。

图四　金磁州窑鹿纹八角形枕

图五　金磁州窑鹿纹如意形枕

图六　金磁州窑虎纹腰圆形枕

图七　金磁州窑狮纹如意形枕

图八　金磁州窑龙纹大盆

图九　金磁州窑兔纹筒形罐

图一〇　金磁州窑兔纹罐

图一一　金磁州窑兔纹盘

图一二　金磁州窑鹘捕鹅纹八角形枕

图一三　金磁州窑鹰捕兔纹腰圆形枕

三 海陵王时期金文学影响下的诗词装饰

海陵王是金朝的第四任皇帝，从完颜阿骨打1115年立国，到海陵王时代，金王朝已经有了30多年的统治历史，从最初的粗俗不文，到海陵王时代，金代文学完成了它的第一个发展阶段 。这个发展阶段中最早是金统治者借助宋、辽贤达帮助他们治理天下，推动社会文化的发展，在这种“借才异代”的过程中，金统治者也在不断向汉文学挺进。其实在海陵王之前的熙宗朝，皇帝完颜亶就已成为一个杰出代表。熙宗完颜亶自幼随辽国进士韩昉学习汉文经史，又常到皇家图书馆稽古殿研读中原典籍，汉文化程度很深。他常常与韩昉等人“执戟赋诗”，后因被完颜亮所弑，诗作遗失殆尽。海陵王完颜亮幼年时就“好读书”，经常“延接儒生”，在汉文人学士的熏陶下，“好为诗词”。

图一四　金磁州窑文字八角形枕

图一五　金磁州窑文字如意形枕

图一六　金磁州窑文字八角形枕

图一七　金磁州窑红绿彩文字碗

他有良好的文学修养，在诗词创作上，熔南北文化于一炉，形成了南风北骨的风格。在他的影响下，金文学得到了较大发展，在贵族阶层学习汉文学形成一种风尚，在社会上亦复苏了唐宋以来的诗词美学，女真文化、汉文化在海陵王朝之后又步入了一个融合繁荣期。此时，磁州窑在装饰内容上也开创了一个新局面，和当时社会相对应的散淡清雅、闲弄风月、以景寄情、田园拾穗的诗词佳句作为装饰内容，以书法的形式出现于瓷枕的枕面上（图一四），既表现了金代磁州窑艺人的书法水平，更反映了金统治者对汉文化的推崇。如这方如意形文字枕，上题行书“一架青黄瓜，满园白黑豆”诗句，农家田园生活的写照跃然于枕上，让人倍感亲切（图一五）；八角形文字枕，上题行书“山蝉带响穿疏石，野蔓盘青入破窗”诗句，勾勒出了一幅山居的萧瑟小景，颇有韵味（图一六）；红绿彩文字小碗，内题“有客方沽酒，无僧不点茶”诗句，把一只普通的小碗浸润于浓浓的茶酒文化，使人在把玩间就受到了熏陶（图一七）。

在中国几千年的发展中，受儒家文化的熏陶，不论金人还是汉人，都有一个崇尚“官家”的意识，海陵王作为当朝皇帝，既喜好诗词，必定会引领时代的新潮，磁州窑作为一个社会文化的特殊载体，首先接受了这种“官家”影响，以诗词为装饰内容，以瓷器来传递文化，并形成了备受社会各界青睐的装饰新视点。

综上所述，女真文化对磁州窑的冲击和影响是巨大的，金代之所以能成为磁州窑发展的创新期和鼎盛期，并在装饰内容上彰显和放大民族的文化性，女真文化功莫大焉！

宋元饮酒风尚对磁州窑的影响

广东省佛山市博物馆　程宜

内容提要：宋元时期，世俗生活丰富多彩，饮酒之风盛行，对酒器的需求量很大，这种需求促使当时最大的民窑体系——磁州窑系在器型、纹饰上不断创新，产量大幅提升。宋元的饮酒风尚在各个层面深刻影响着磁州窑的发展，是磁州窑在宋元时期进入发展高峰期的重要因素之一。

关键词：宋元　饮酒风尚　磁州窑　影响

Abstract: The Song and Yuan Dynasties were a period of rich and colorful common life, and the rise of drinking culture brought high demand for vessels. This demand promoted the largest civilian kiln system – the Cizhou Ware series – consistently spurring innovation of shape and decoration, and substantially increasing production. Song and Yuan drinking culture profoundly influenced the development of Cizhou Ware on many levels, which is one important factor in Cizhou Ware' s heights of development during the Song and Yuan.

Key words: Song and Yuan Dynasties, drinking culture, Cizhou Ware, influence

磁州，位于今河北省邯郸市南部，因此地盛产磁石，故于隋开皇十年（590年）得名磁州。磁州窑创烧于北宋中期，自南宋、辽金元、明清至今，延烧千年，是我国古代著名的民窑体系。主要烧造黑瓷、白瓷、白地黑彩、白地褐彩瓷。器型以各式的瓶、壶、罐、盘、碗、碟、盏、钵、洗、盆、枕、缸等生活用器为主，多为中下层民众服务，不为士大夫赏识，故宋元文献中未曾提及。然而它在民间却很受欢迎，许多窑场争相模仿，使磁州窑逐渐由一个地方窑场演变为遍布全国多个省份的磁州窑系，产生了广泛的影响。

磁州窑兴盛于宋元时期，这一时期拥有多彩的世俗生活，无论是文人士大夫还是普通民众，不同阶层各呈精彩。所幸古人为我们留下了不少反映当时生活情形的史料，让我们得以遥望千年前的人世繁华。就实物而言，由于磁州窑的装饰题材源于民间世俗生活，记录了当时的社会民情、风俗习惯，为我们研究宋元的社会生活提供了丰富的实物资源，也使我们多了一条回溯宋元历史的途径。其中宋元时期的饮酒风尚对磁州窑产生了不可忽视的影响，使磁州窑生产了大量酒器，绘制了众多与酒相关的纹饰，值得关注。

一 宋元磁州窑流行的酒器

早在6000年前的仰韶文化时期，陶瓷器已经与酒结缘，出现了陶质酒缸和酒杯。从此，酒与陶瓷器关系日渐紧密，相伴至今。在现存的宋元时期磁州窑器物中，酒器所占比重非常大，主要有瓶、罐、壶、杯、碗、盆、缸等，反映出酒在宋元时期人们生活中的重要性。其中，瓶作为主要的盛酒器，使用最为频繁。尤以经瓶、玉壶春瓶、四系瓶等最具代表性。

1．经瓶

“经瓶”一词，始于宋代。宋人赵令畤《侯鲭录》卷三说：“陶人之为器，有酒经焉。晋安人盛酒以瓦壶，其制，小颈、环口，修腹，受一斗，可以盛酒。凡馈人牲兼以酒，置书云酒一经，或二经至五经焉。”经瓶的功用主要是储藏酒水，饮酒时，一般还需倒在玉壶春瓶或注壶中，再斟到酒杯、酒盏中饮用（豪饮除外）。在宋元时期，磁州窑生产了大量经瓶。宋代袁文《瓮牖闲评》卷六说：“今人盛酒大瓶谓之京瓶。”“京瓶”即经瓶。可见，经瓶一词在宋代很是流行。它身长口小，清秀挺拔，是宋元时期家庭和大小酒铺里常见的盛酒器（图一）。明代民间有插梅的习俗，因经瓶“口径之小仅能与梅之瘦骨相称”[1]，逐渐改称梅瓶。古时，人们往往将容量很大的酒器称为“酒海”，上海博物馆所藏磁州窑醉乡酒海经瓶即表明其出色的盛酒功能。

图一　宋磁州窑梅瓶

2. 玉壶春瓶

玉壶春瓶又称玉壶春壶。基本形制为撇口，细颈，垂腹，圈足，体量较小，造型优美婉约，其颈部曲线恰适人们斟酒时抓握。玉壶春瓶造型定型于北宋，功用相当于现在的酒壶。由于人们钟爱玉壶春瓶美观的造型和装饰，故其逐渐由实用器演变为观赏性的陈设器。唐代司空图《诗品·典雅》中有“玉壶买春，赏雨茆屋；座中佳士，左右修竹”的句子，“玉壶买春”即用玉壶去买酒（“春”指酒，唐代时人们多称酒为“春”，后代沿用）。《水浒传》第三十七回《及时雨会神行太保，黑旋风斗浪里白条》讲：“酒保取过两樽玉壶春酒，此是江州有名的上色好酒”，可见，玉壶春是一种酒的名字。南宋《武林市肆记》上也记载有海岳春、蓬莱春、锦波春、浮玉春、秦淮春、丰和春、谷溪春等酒的名字。因此，不少专家认为“玉壶春瓶”的名称是因“玉壶春”酒而来（图二）。

3. 四系瓶

四系瓶也是磁州窑的典型器物，体形细长，小口，束颈，长腹，圈足，瓶口与瓶肩处附有四系。器体上半部施白釉，下半部施黑釉或褐釉，在白釉部分书写、绘画。四系瓶装饰以文字为主，此器型在金元时期特别流行。其中，书馆铭的有“仁和馆”、“八仙馆”、“太平馆”、“贞元馆”、“同乐馆”、“嘉和馆”等；直接书含“酒”文字的有“清酒肥羊”、“一色好酒”、“百家酒”、“酒”、“省酒瓶”、“酒色财气”（图三）、八思巴文“美酒”、“此酒填平闷海推倒愁山”等；书酒的品种有“梨花白”、“秋露白”、“羔羊酒”等。从磁州窑大量四系瓶上所书文字来看，其主要功用乃为盛酒。

图二　元白地黑花花卉纹玉壶春瓶

图三　元黑花“酒色财气”铭四耳瓶

此外，如故宫博物院藏磁州窑黑釉罐（图四）、磁州窑白地黑花小口瓶（图五），喀左博物馆藏磁州窑白釉黑花龙凤纹罐、婴戏纹罐（图六），赤峰市喀喇沁旗博物馆藏元磁州窑白釉剔花缠枝牡丹纹葫芦瓶（图七），赤峰市博物馆藏黑釉盏（图八）等器型，都是当时以盛酒为主要功能的陶瓷容器。

> 元时，彭城磁州窑……白地黑彩常变为赭彩，很显然这是为了适应快速大批量生产方式的需求而导致的结果，其中一半多的产品是酒器[2]。

图四　宋磁州窑黑釉罐

图五　宋磁州窑白地黑花小口瓶

图六　元磁州窑白釉黑花婴戏纹罐

图七　元磁州窑白釉剔花缠枝牡丹纹葫芦瓶

图八　元黑釉盏

可见，饮酒风尚导致社会需求增加，进而促使宋元磁州窑酒器品种不断创新，产量也大幅提高。

二 宋元饮酒风尚在磁州窑器物上的反映

宋元人们饮酒喜欢行酒令，文人们更钟情于曲水流觞之戏。“曲水流觞”原为我国夏历三月第一个巳日，祓除祸灾，祈降吉福的民俗活动。晋代王羲之曲水流觞写下著名的《兰亭集序》以后，曲水流觞逐渐从禳灾祈福演化为文人雅聚的活动，一般是在院子里挖一条曲折的小水道，或在风景宜人的山谷中寻觅自然曲水，将酒杯从上游向下游缓缓漂流，当酒杯漂到某人面前停下时，此人就要即兴吟诗、作词或唱曲一首，如果不能完成就要罚酒一杯。孟元老有“都人最重三伏，盖六月中别无时节，往往风亭水榭，峻宇高楼，雪槛冰盘，浮瓜沈李，流杯曲沼，苞鲊新荷，远迩笙歌，通夕而罢”[3]的记载，记录了人们在难熬的三伏天，流杯曲沼，饮酒笙歌，通宵达旦的情景。

不单文人雅士、普通市民热衷饮酒，妇女也饮酒为乐。宋代妇女在寒食、冬至、元旦三大节日的晚上，有结伴外出游玩，在饭馆饮食的习惯：“……小民虽贫者，亦须新洁衣服，把酒相酬尔”；七夕“乞巧”：“妇人女子，至夜对月穿针，饾饤杯盘，饮酒为乐”[4]，享受属于女孩子的美好时光。在宋代，立夏日“妇女作李会，取李子汁和酒饮之，谓之驻色酒”[5]，认为饮李子汁酒不仅能留住姣好的容颜，而且能祛除夏日疾病。

饮酒成为生活不可或缺的一部分，逢各种节日当然更要集体饮酒作乐一番。元日饮屠苏酒；立春皇帝给近臣赐酒；清明祭祀先祖，更是热闹非凡，不醉不归。“四野如市，往往就芳树之下，或园囿之间，罗列杯盘，互相劝酬……自此三日，皆出城上坟，但（冬至后，笔者注）一百五日最盛……斜阳御柳，醉归院落”[6]；四月，户部点检所十三酒库，按惯例于四月初煮（黄）酒开坛；四月八日浴佛斋会“在京七十二户诸正店，初卖煮酒”[7]；五月端午节，人们将菖蒲切成丝放入酒中，饮菖蒲酒；八月秋社，各以社糕、社酒相赍送贵戚；中秋节前，诸店皆卖新酒，市人争饮，往往中午刚过，各家的酒就宣告售罄；九月重阳清酒开坛，众人将“辟邪翁”茱萸和“延寿客”菊花浮于酒面饮用，祈福消灾；冬天来了，围炉取暖饮酒聚会更是适逢其时，十一月一日，“民间皆置酒作暖炉会也”（图九），宫中“遇雪即开筵”，赏雪时“羊羔儿酒以赐”。除夕之夜，一家人团聚在一起，通宵守岁，饮酒唱歌，其乐融融。一年中，哪一天不是饮酒的好日子呢？

上海博物馆藏有一件宋代登封窑珍珠地划花人物瓶（图一〇），橄榄形瓶主纹饰描绘一醉态酣然，头带幞头的文人，在柳间抒怀。不少人认为此纹饰描绘的是东晋五柳先生陶渊明。陶渊明是我国文学史上第一个大量写饮酒诗的诗人，曾写《饮酒》诗20首。相同纹饰的瓷器残片在登封窑大量出土（图一一）；广东省博物馆藏宋代褐彩人物梅瓶（图一二），通体褐彩勾绘，中部四开光，分别描绘了带巾着袍袒胸的酒徒欲饮、稍醉、大醉、昏睡的四种饮酒状态。此瓶1964年从广东佛山澜石墓中出土，在佛山唐宋奇石窑有同类的瓷片出土，还发现不少带有“政和二年”、“政和三年”、“政和六年”、“嘉祐××”等印记的北宋年号瓷片。此件褐彩人物梅瓶有可能是佛山北宋时期

图九　宋代煮酒画像砖

图一〇　宋登封窑珍珠地划花人物瓶

图一一　宋登封窑珍珠地划花人物纹瓶标本

图一二　宋褐彩人物纹梅瓶

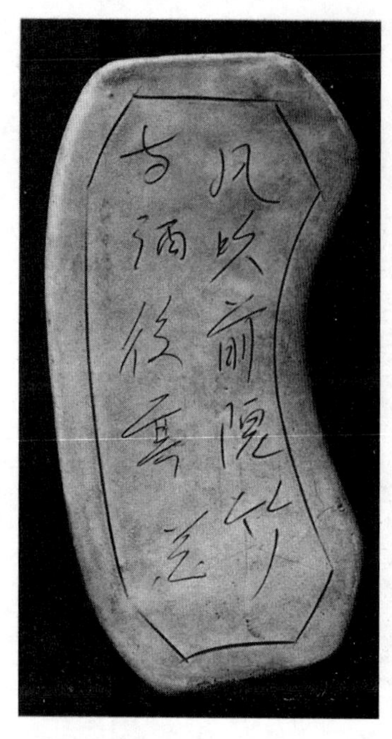

图一三　宋白釉诗文瓷枕

磁州窑系的产品。磁州窑中用文字反映当时饮酒生活的瓷器数量非常多，如一件宋代磁州窑黄釉瓷枕划写“绿杨沽酒市”五字，金元时期的红绿彩碗也有不少书写相同文字的；另一件宋代白釉诗文瓷枕上划写“风吹前院竹，有酒后亭（庭）香”诗文（图一三）。可见，这种借酒抒怀的纹饰在当时颇为流行，反映出宋元时期的饮酒风尚对磁州窑瓷器纹饰的深刻影响。

三 宋元丰富的酒品种在磁州窑器物上的反映

宋以前，我国酿酒主要以酒曲法酿造，宋代初期出现煮酒法，元代进一步创蒸馏法酿造技术。用煮酒法、蒸馏法酿造的酒，与用酒曲法酿造的酒相比较，酒质更加纯净，味道更加醇厚浓郁，为宋元酒业的发展与繁荣奠定了坚实的基础。

宋元时期酒品十分丰富，北宋著名的酒有：产自武陵桃源的用优质曲和糯米精酿而成的五菱桃源酒；用桂林桂花酿造而成的瑞露酒；深受达官贵人追捧的用羔羊、糯米和曲酿制而成的白羊酒（即羊羔酒）；用黄柑酿造的洞庭春色；产自滑州的冰堂酒；用生鸡蛋与酒搅匀共饮的金丝酒；用绿豆酿制而成的醇香色碧的醇碧酒；用蜂蜜酿造的蜜酒；水上人家疍民酿造的蜒酒；苏轼自酿的万家春；产自广东惠州的用梅子酿造的梅酝；苏轼在惠州罗浮山区自酿的罗浮春；治病保健的苏合香酒；金陵老儒辛思顺所酿辛秀才酒；用泰州客次井的蟹黄水酿造的雪醅；凤州凤翔所产凤州酒；四川古蔺镇所产凤曲法酒等[8]。

南宋虽然偏安一隅，但饮酒的风气并未减弱，酒的品种也丝毫不比北宋逊色。《武

图一四　元白地黑花“梨花白”大口罐

林旧事》中记载南宋的各种名酒就有“（出自御库的）蔷薇露、流香；（出自三省激赏库的）宣赐碧香、思堂春；（殿司）凤泉、（祠祭）玉练槌；有美堂、中和堂、雪醅、真珠泉、（出卖）皇都春、常酒、和酒。（浙西仓）皇华堂、（浙江仓）爰咨堂、（扬州）琼花露、（湖州）六客堂、（苏州）齐云清露、双瑞……”[9] 等。据宋代学者张能真《酒名志》记载，仅磁州附近就有风曲法酒、艾城酒、香桂酒等不少品种。正因为饮酒风气隆盛，因此宋代佳酿的品种特别多、产量特别大。

丰富的酒品种，被窑工们用书法形式装饰到磁州窑产品上，即直接在器物上用色釉书写酒的名称，多见书“梨花白”（图一四）、“竹叶青”、“红梨花”、“秋露白”、“莲花白”、“金波玉液”、“羔羊酒”等酒名，反映出宋元时期丰富的酒品种对磁州窑装饰的影响。

四 宋元饮酒场所在磁州窑器物上的反映

日本的中国经济史研究专家加藤繁博士在其 20 世纪 30 年代初所作《宋代都市的发展》中指出，宋代城市中的酒楼，“都是朝着大街，建筑着堂堂的重叠的高楼……这些情形都是宋代才开始出现的”[10]。酒楼是两宋城市中数量最多、规模最大、利润最高的行业之一。“在两宋都城，著名的酒楼就有：忻乐楼、和乐楼、遇仙楼、铁屑楼、仁和楼、清风楼、会仙楼、八仙楼……”[11] 等数十家。《东京梦华录》中描绘了京城酒楼的奢华和繁华：“凡京师酒店门首，皆缚彩楼欢门，惟任店入其门，一直主廊约百余步，南北天井两廊皆小阁子，向晚灯烛荧煌，上下相照。浓妆妓女数百，聚于主廊槏面上，以待酒客呼唤，望之宛若神仙……”[12]《武林旧事》也记录了南宋临安的“熙春楼、三元楼、五间楼、赏心楼、严厨、花月楼……”[13] 等著名的民间酒楼。当时，酒店可谓遍布城邑，“……坊巷院落，纵横万数，莫知纪极，处处拥门，各有茶坊酒店，勾肆饮食”[14] 。酒楼不仅数量多，而且通宵达旦地经营，当第二天赶早入市的人，听到寺院行者打铁牌子或木鱼循门报晓，闻声而起时，“酒店多点灯烛沽卖……至天明不绝”[15] 。这样的情形，也可直观地从《清明上河图》中见到，图中就生动地呈现了市民当街沽酒、酒肆饮酒、戏楼唱酒的热闹场景（图一五）。

环境良好的酒楼可能还是孵化宋元词、曲的摇篮。文人之间饮酒少不了玩既斗酒更斗才的行酒令，由行酒令逐渐发展出小词、散曲，可谓宋元文化艺术的意外收获。宋元的行酒游戏十分昌盛，上至君王，下到普通百姓都乐在其中，连端肃的司马光也难免“轻辞丽句”：“宝髻松松挽就，铅华淡淡妆成。轻烟翠雾笼轻盈，飞絮游丝无定。相见争如不见，有情何似无情。笙歌散后酒初醒，深院月斜人静。”

宋元时期，不少磁州窑的酒瓶、酒罐书写了与酒肆有关的文字，如“仁和馆”、“八仙馆”、“太平馆”、“熙春馆”、“玉春馆”、“玉山馆”、“贞元馆”、“元贞馆”、“同乐馆”、“长乐馆”、“嘉和馆”、“状元楼”、“武阳馆”、“玉山馆”、“梨花馆”、“（同）醉馆”等。其中白釉黑彩“仁和馆”四系瓶（图一六）和白地黑花“八仙馆”铭四系瓶（图一七）等带馆铭的四系瓶，让我们不禁联想到宋元时期闻名遐迩的“仁和”、“八仙”等酒楼。虽然“仁和馆”四系瓶可能只是金元时期北方地区某处馆驿订造，而非为“仁和”酒楼专烧[16] ，随着研究的深入，也有研究人员认为带馆铭的四系瓶“与宋元时期的市井生活，酒肆文化密切相关……‘仁和馆’等馆名应为酒肆或馆驿的字号，并在宋、金、元时期一直沿用”[17] 。宋人文莹《玉壶清话》记：“真宗赏曲宴群臣于太清楼，群臣欢浃，笑谈无间。忽问廛沽优佳者何处，中贵人奏，有南仁和者。亟令进之，遍赐宴席。”描写了真宗与群臣与“南仁和”三间的酒中逸事。欧阳修《归田录》

图一五　《清明上河图》中的香药铺

图一六　金白釉黑彩〞仁和馆〞铭四系瓶

图一七　元白地黑花〞八仙馆〞铭四系瓶

记“仁宗在东宫，鲁肃简公为谕德，其居在宋门外，俗谓之浴堂巷，有酒肆在其侧，号仁和酒，又名于京师，公往往易服微行，饮于其中”。可见，“仁和”酒楼不单名气大，延续时间长，而且还不止一家。在商品意识比较浓厚，广告推销意识逐渐苏醒的宋元时期，磁州窑酒器上反映那些著名的酒馆也就不足为怪了。

五 宋元饮酒风尚对相关行业的渗透及其在磁州窑器物上的反映

城市中大小酒楼间相互依存、相互补充，又和茶肆、香药、租赁、娱乐业等连为一体，形成一个庞大的酒文化体系，共同编织缤纷的宋代日常生活。

茶肆兼容性相当大，既喝茶，又炒菜、饮酒，成为人们交流沟通的重要场所。其中茶肆中的“分茶酒店”实际就是中小型酒店，而“分茶店”则是以经营面食为主兼卖酒水的店铺。茶肆的形式多样，重要的一点是，所有的茶肆都兼营酒。

许多香药、饮品也因为酒而生意兴隆，《武林旧事》载，当时设有香药局，掌香料及醒酒汤药之类，如神芎丸、香薷饮、二陈汤等就是比较流行的醒酒药丸和汤药。

图一八　元白地黑花"神芎丸"大口罐

神芎丸（图一八）有消酒食、清头目、清食肉多口臭等疗效。宋元人肉食主要以猪、羊、牛、家禽为主，以酒佐之，神芎丸正可对症治疗酒食过量；香薷除有解热、利尿的功效外，对中酒不醒，效果尤佳；流行于北宋的“二陈汤”，不仅是养生佳品，也是化解“伤酒”的良药。《水浒传》第二十一回就有“伤酒”的宋江向卖汤药的王公索“二陈汤”化解的描写。

各种香药果子与酒也颇有渊源。《梦粱录》卷一六之《分茶酒店》在列数的数百种下酒食品中，将香药与水果、坚果列在一处，既表明香药的运用极为日常化，也让人猜测香药可能就是一种有药用功能的果品。除香药果子外，宋人也十分喜爱时果、果脯和各种果子制作的饮食，其中也有助酒之功能：“果子局，掌装簇饤盘看果、时新水果、南北京果、海腊肥脯、脔切、像生花果、劝酒品件。”[18]

为了更加专业化，还出现了各种租赁行业。耐得翁《都城纪胜》记载官府贵家置“四司六局”，负责掌管宴席排档的安排打理，这种机构用于商业租赁，雇主只需出钱，不用费力，就可以轻松举办繁复的筵会。“茶酒司”等“四司”担任了其中重要的角色，

"凡民间吉凶筵会，椅桌陈设，器皿合盘，酒檐动使之类，自有茶酒司管赁。吃食下酒，自有厨司。以至托盘，下请书，安排座次，尊前执事歌说劝酒，谓之'白席人'，总谓之'四司人'"[19]。而六局中的"香药局"，则专掌香料及醒酒汤药之类[20]。

《东京梦华录》卷二之《饮食果子》中载"凡店内卖下酒厨子，谓之'茶饭量酒博士'……更有街坊妇人，腰系青花布手巾，绾危髻，为酒客换汤斟酒，俗谓之'焌糟'……又有向前换汤斟酒歌唱，或献果子香药之类，客散得钱，谓之'厮波'；又有下等妓女，不呼自来，筵前歌唱，临时以些小钱物赠之而去，谓之'劄客'，亦谓之'打酒坐'；又有卖药或果实萝卜之类，不问酒客买与不买，散与坐客，然后得钱，谓之'撒暂'"[21]。一幅酒、药、果、曲相互辉映，各色人等共冶一炉的热闹繁华图景。"神芎丸"药罐和许多书写在磁州窑器物上的文人与歌妓共同创作于娱乐场所的词、曲，都是宋元时期与酒相关的行业在磁州窑瓷器上的反映。

六 官府参与生产管理酒业促进了磁州窑的发展

酒的产业实在太大，除民间经营外，官府也出面参与生产和管理。官府有自己办的酒库来酿酒，专职酿酒的户部点检所产酒量相当大，"点检所酒息，日课以数十万计，而诸司邸第及诸州供送之酒不与焉。盖人物浩繁，饮之者众故也"[22]。《梦粱录》记载："点检所官酒库，各库有两监官，下有专吏酒匠掌其役。但新、煮两界，系本府关给工本，下库酝造，所解利息，听充本府赡军，激赏公支，则朝家无一毫取解耳。"[23] 这些酒库是带有公益性质的，数量多达几十处。和乐楼（升旸宫南库）、和丰楼（武林园南上库）、中和楼（银瓮子中库）、春风楼（北库）、太和楼（东库）、西楼（金文西库）、太平楼、丰乐楼、南外库、北外库、西溪库等都是属于户部点检所的官库。又有安抚司所属的酒库："安抚司所管一道酒库，如余杭县闲林酒库，石濑步东西二酒库，临安县青山、桃源二酒库外，有安吉州德清县市名为德清正酒库，五林闹市处曰德清东西二酒库，安吉州归安县曰琳市东西二酒库，嘉兴府华亭县曰上海酒库。"[24] 宋时，官府仅在磁州一地就设酒务 12 个。《东京梦华录》卷四载"……其余工匠，修内司，八作司……内酒坊，法酒库……各有指挥"[25]，可见，朝廷对酒的生产和管理是非常有序的。现藏河南省文物研究所的一件宜阳县二里庙窑出土的宋代京西转运判官黑瓷经瓶，瓶残高 47 厘米，上书"京西转运判官供奉酒□□□"（图一九），从铭文中可知该瓶是北宋向朝廷京西转运判官供奉酒的容器。另一件内蒙古自治区哲盟开鲁县文物管理所藏元代白釉"内府"瓶（图二〇）也反映出元代官府在磁州窑专门订造酒瓶。可见，磁州窑不仅为民间，同时也为官府提供了大量酒器用于生产、储存和运输。官府参与酒的生产和管理，使宋元酒业蓬勃发展，进而使磁州窑酒器和与酒相关纹饰得以更加流行，对酒器的需求量大大增加，客观上促进了磁州窑瓷器的发展。

图一九 宋“京西转运判官”黑瓷经瓶

图二〇 元白釉“内府”瓶

七 结语

宋元浓厚的饮酒风尚，促使磁州窑器型不断创新，出现了大量与酒相关的陶瓷装饰纹饰，酒器的需求量大幅提高。宋元的饮酒风尚从各个层面深刻影响着磁州窑的发展，是磁州窑在宋元时期进入发展高峰期的重要因素之一。

注释：

[1]（民国）许之衡撰，杜斌校注：《饮流斋说瓷·说瓶罐》，山东画报出版社。

[2] 刘志国：《酒文化与磁州窑》，《陶瓷科学与艺术》2002 年第 5 期。

[3]（宋）孟元老撰，邓之诚注：《东京梦华录注》卷八，第 207 页，中华书局，2008 年。

[4]（宋）周密著，李小龙、赵锐评注《武林旧事》卷三，第 84 ～ 85 页，中华书局，2008 年。

[5]《玄池说林》，《说郛三种》卷三一，上海古籍出版社，1988 年。转引自钟敬文主编、萧放副主编，游彪、尚衍斌、吴晓亮等著：《中国民俗史·宋辽金元卷》，第 204 页，人民出版社，2008 年。

[6]（宋）孟元老撰，邓之诚注：《东京梦华录注》卷七，第 178 页，中华书局，2008 年。

[7]（宋）孟元老撰，邓之诚注：《东京梦华录注》卷八，第 202 页，中华书局，2008 年。

[8] 王鲁地编著：《中国酒文化赏析》第 30 ～ 32 页，山东大学出版社。

[9]（宋）周密著，李小龙、赵锐评注：《武林旧事》卷六，第 173 页，中华书局，2008 年。

[10] 尹永文著：《行走在宋代的城市》第 180 页，中华书局。

[11] 尹永文著：《行走在宋代的城市》第 181 页，中华书局。

[12]（宋）孟元老撰，邓之诚注：《东京梦华录注》卷二，第 71 页，中华书局，2008 年。

[13]（宋）周密著，李小龙、赵锐评注：《武林旧事》卷六，第 160 页，中华书局，2008 年。

[14]（宋）孟元老撰，邓之诚注：《东京梦华录注》卷三，第 111 页，中华书局，2008 年。

[15]（宋）孟元老撰，邓之诚注：《东京梦华录注》卷三，第 117 页，中华书局，2008 年。

[16] 陈杰：《从"仁和馆"铭四系瓶谈起》，《北方文物》2003 年第 3 期。

[17] 马小青：《磁州窑四系瓶的流行时代与文化内涵》，《收藏》2009 年第 6 期。

[18]（宋）吴自牧著，符均、张社国校注：《梦粱录》卷一九，第 302 页，三秦出版社，2004 年。

[19]（宋）孟元老撰，邓之诚注：《东京梦华录注》卷四，第 126 页，中华书局，2008 年。

[20]《梦粱录》卷一九《四司六局筵会假赁》记"香药局，掌管龙涎、沈脑、清和、清福异香、香垒、香炉、香球、装香簇烬细灰，效事听候换香，酒后索唤异品醒酒汤药饼儿"。

[21]（宋）孟元老撰，邓之诚注：《东京梦华录注》卷二，第 73 页，中华书局，2008 年。

[22]（宋）周密著，李小龙、赵锐评注：《武林旧事》卷六，第 174 页，中华书局，2008 年。

[23]（宋）吴自梅著，符均、张社国校注：《梦粱录》卷一〇，第 147 页，三秦出版社，2004 年。

[24]（宋）吴自梅著，符均、张社国校注：《梦粱录》卷一〇，第 148 页，三秦出版社，2004 年。

[25]（宋）孟元老撰，邓之诚注：《东京梦华录注》卷四，第 120 页，中华书局，2008 年。

从文字装饰看古代磁州窑产品的生产和销售

广东佛山市博物馆　黄晓蕙

内容提要：磁州窑是我国古代北方最负盛名的民间瓷窑，民窑性质决定了其产品的生产属于民间自主经营的体制，必须根据市场的需求，生产适销对路的商品。本文通过对磁州窑以文字装饰产品的考察与研究，来探讨古代磁州窑产品的生产和销售情况。

关键词：磁州窑　民窑　文字装饰　生产销售

Abstract: Cizhou Kiln is the most uminunt representative of folk kilns in the northern part of ancient China. Since folk kilns are privately owned and their products could be sold only by a system of independent civil management, the producers of kilns must manufacture readily- marketable products based on market demand. By investigating and analyzing the text decoration of various Cizhou Ware products, this article explores the production and salesmanship of Cizhou Ware in ancient times.

Key words: Cizhou Ware, folk kilns, text decoration, production and salesmanship

磁州窑是我国古代北方最负盛名的民间瓷窑，窑址主要分布在河北漳河流域和滏阳河流域的观台和临水、彭城一带，这里在宋时因地属古磁州，窑口因而得名。磁州窑是北方宋金时期烧瓷品种最为丰富的瓷窑[1]，以白地黑花装饰最具特色。她以鲜明生动、丰富多样的装饰题材，淳厚朴拙、粗犷豪放的装饰手法和富有民族特点、乡土气息的艺术风格，在我国陶瓷史上独树一帜，写下辉煌的篇章。据有关资料记载，早在宋代，山西、河南、山东、内蒙、东北等地就出现大批仿磁州窑装饰风格的民窑，并影响到陕西耀州、安徽萧县、四川广元、江西吉州、广东海康、广西合浦等窑口，形成了一个贯穿大江南北的庞大磁州窑系。

磁州窑是民窑，民窑性质决定了其产品的生产属于民间自主经营的体制，必须根据市场的需求，生产适销对路的商品。本文拟从公开发表的实物资料及文献资料，通过对磁州窑以文字装饰产品的考察与研究，来探讨古代磁州窑产品的生产和销售。

一 磁州窑以文字装饰的品种和形式

从国内文博单位及民间收藏的实物遗存来看，磁州窑产品中以文字装饰的不在少数，在全部装饰纹饰中，仅次于花卉图画类装饰[2]。据专家考证，磁州窑继承了唐长沙窑以文字书法装饰瓷器的传统，在产品上大量书写诗文短句。在北宋时期，磁州窑产品上便出现了文字，最初只是在器物的底部书写窑号或订购者的姓氏及用途，后逐渐发展到把瓷枕的枕面、坛、罐、盆、碗的外壁作为文字书写的载体。金、元代是磁州窑诗文装饰最繁盛时期，许多作品的书法水平堪与名家手笔相媲美。到明代，由于设立官窑，使磁州窑工匠的文字书法创作受到很大的限制，产品数量大大减少，以文字书法来装饰的主体地位降为陪衬的地位[3]。从以上演变情况可知，磁州窑以文字装饰从宋开始，金元时达到顶峰，明代后开始下降。据对遗存实物不完全的统计，以文字作装饰的品种，最多的是碗、枕，其次是瓶、坛、罐、盘、壶、盒等。从形式上看，有用独字作装饰的，有用多字装饰的，还有以文字与绘画相结合的，再有就是用别字现象。

1．独字装饰

这类装饰多集中在碗、盘、瓶、枕上，大多数书“福”、“寿”、“春”、“夏”、“秋”、“冬”、“风”、“花”、“雪”、“月”等，表达人们对幸福、健康的追求，描写四季更替及对大自然的热爱。有研究者统计过，磁州窑中独字装饰的文字有100多个，除上述文字较多使用外，还有反映自然风貌的，如：“日”、“月”、“山”、“江”、“河”、“海”、“流”、“川”、“水”、“天”、“云”、“火”等。有表现人生、品行方面的，如：“人”、“民”、“儿”、“子”、“夫”、“年”、“乐”、“仁”、“德”、“贤”、“学”、“正”、“益”等。有记录数字的，如：“贰”、“三”、“七”、“九”、“十”、“千”、“万”、“亿”等。还有表达生产要求的，如：“丰”、“达”、“玉”、“有”、“用”、“多”、“要”、“常”、“成”、“利”、“金”、“明”、“功”、“耕”、“马”、“牛”、“羊”、“虎”、“雁”等。而在河北省文物研究所藏的磁州窑独字装饰的碗中，姓氏占了多数，有“王”、“牛”、“刘”、“张”、“赵”、“程”、“许”、“黄”、“方”、“孔”、“吴”、“白”、“庞”、“何”、“陈”、“于”、“关”、“李”、“文”、“孙”等，其中以“王”姓最多[4]。这些用不同文字作装饰的产品，向我们展示了当时磁州窑生产的盛况；而将姓氏作为装饰，则从另一个侧面反映出当时各窑坊之间存在着激烈竞争。

2．多字装饰

用多字装饰的，以在瓷枕上装饰最常见，瓶、罐、酒坛、灯具等各类器物上也多见。一般为诗、词、歌、赋、散曲、对联、俗语、警句等，字数有几个、几十个甚至上百个不等。文字内容丰富，包罗万象，通俗浅显，表现手法灵活多样，篆楷行草，各呈其美，并形成陶瓷史上以文字装饰的空前规模。究其原因，与其社会背景有关。磁州窑地处中原地区，自古文化比较发达；唐宋以来，中国文化繁荣昌盛，特别是诗词歌赋曲所取得的卓越成就，使社会上形成喜好文学、研习书画之风；加上宋元之际是我国文化史上的重要转折期，随着政治上的动荡不安，中国传统文化开始由雅入俗，呈现出市井的热闹和繁华。宋代商业革命和城市发展造就了新兴市民阶层，他们开始在经济和社会发展中占据主导地位，他们的生活方式表现为更注重现实生活的享乐，注重实际利益，倾向于通俗易懂、浅显直白、畅快淋漓地表达思想感情[5]。基于如此，磁州窑便有了可以欣赏和接受这种产品生产的广大市场，经营者们根据市场所需，生产出大量雅俗共赏的产品，以满足社会不同阶层的需求，也就不足为奇了。

3. 字画结合

文字与绘画相结合的，在瓷枕、瓶、罐、坛、盒等器物上多见。这类手法多结合器物的造型，利用器物形状变化来绘画和书写文字。有的以绘画为主，文字多起点缀或画龙点睛的作用；有的常用线条或图案作边框，将古诗词名句、名段、名篇文字和花卉组合在一块，图文并茂，用来表达一种主题思想；还有的画面所配的文字书法，不仅为静止的画面增添了生气，还起到广告宣传作用，增加产品的文化含量，以吸引更多的消费者。

4. 别字现象

用别字现象，即在器物上书写诗、词时，故意使用错字、别字和自造字，以达到意想不到的效果。纵观磁州窑产品的文字装饰内容，大都表现的是平民主题，表达形式多作俚俗口语。由于浅白直露，颇合市民阶层的胃口，因此以文字装饰的产品，出现了使用别字、错字，甚至超越文字规范的自造字等现象。如在一明代白地黑花大酒坛上分层书写："闻香须下马，知味且廷(停)车。""刘伶问酒谁家好，李别(白)迫(回)言此处高。"其后一句不仅策划了两个历史人物隔着几百年时空进行关于酒的对话，前后两句还用了几个别字。在一元白地褐花四系罐上题"落花时节水流香，送客归来笑一场，不锁草堂收乐去，野雀偷笔学提(题)墙"。还有一件元瓷枕把曲牌《山坡羊》写成《山坡黑羊》(或"山坡里羊")，仅此一下，趣味就生成了。大概就是为了这个"趣"，就是使陶瓷买主从中找乐，聊博一笑而后起到促销作用，从中可以看出磁州窑的经营者们煞费苦心，为了使产品更好地销售出去，想出的许许多多的办法[6]。

二 磁州窑文字装饰内容归类及功能

磁州窑是民窑，生产的是民间日用消费品，因此产品更多的是作为商品，通过交换来体现其具体的价值。磁州窑的产品面向民间，市场广阔，需求量大，而且市场要求这些产品价廉物美。如何占据市场？如何让自己的产品被更多的消费者接受和喜爱？这是经营者们不得不思考的问题。于是，文字书法作为一种最简单、最简易、最直白、最直接的表现手法被装饰在瓷器产品上，使消费者能直截了当地了解产品的用途和功能与外观，从而选择自己喜爱的产品。当然，书什么样的文字必须符合市场所需，必须讨得不同层次消费者的喜好，因而利用多种浅显通俗直白的文字对产品进行直接有效而广泛地宣传，是磁州窑经营者的睿智所在。根据所搜集到的资料，笔者将磁州窑文字装饰的内容大致归类如下，并对其功能作简要分析。

1．广告类文字

这类文字在明代生产的白地黑花酒坛上大量出现，如邯郸市博物馆及民间藏家所藏的酒坛上书有"东阳高酒"、"东阳好酒"、"东阳美酒"、"东阳美味"、"好酒一坛"、"一坛东阳酒，美味香甜"、"酐酢高酒"、"一坛高酒"、"一色高酒"、"一坛酣酢，美味高酒"、"曲花酒香"、"清香高酒"、"美味第一"、"来沽"、"美味"等文字；有的酒坛上绘鬼脸纹样，并写有"一坛好醉"、"高香甜酒"等词句。这类文字与酒有关，是对酒的质量、品质最生动通俗的褒赞，具有强烈的广告性质，应该是专为酿酒作坊或酒肆制作的。一些有纪年的酒坛上的文字写得极为夸张，如明万历戊申年造酒坛题有"四邻不买皆因隔壁三家醉，好客来沽只是开坛十里香，一坛水白，美味香甜"；明已卯年造酒坛书有"隔壁三家醉，开坛十里香"；彭城安氏作坊所藏明嘉靖已亥年造酒坛，书有"铜金刚三盅腿软，铁罗汉两盏头底，一醉解千愁，三盅和万事"；旅顺博物馆收藏的万历辛丑年烧制的酒瓮肩部写有："闻香千里来下马，知味百步且廷（停）车"；万历二十九年酒坛肩部书有题记："广招云外三千客，味压江南百万家"。这些文字，使人看见酒坛，还没饮酒就似乎已陶醉在美酒飘香的境界中。此外还有一些酒坛上书："二四神仙常在此，十八学士不利（离）门"；"上沽采石江，还饮黄鹤楼"；"酒气冲天非鸟间，香代……龙做造"等，语句十分有气势，使人对酒坛里的酒产生一种欲罢不能的渴求。在酒坛上大量出现的这类广告词句，反映出当时磁州窑的生产已能按消费者的审美和经商要求，以丰富的器表纹样装饰及周到的广告宣传满足销售需求，在很大程度上提高了产品的附加值。此外，这一类广告性质的文字对研究明代的商业史有一定的参考价值，同时也反映出当时华北地区酒类的产量已达到相当规模，也是探讨明代酿酒业生产状况的实物资料[7]。

2．商标类文字

这类文字在宋元时期的枕、盒、四系瓶，明代酒坛上多见。其中最独特、最具创造性便是在器物的底部用戳印标记款的做法。以宋元瓷枕为例，常见的戳印标记有"张家造"、"张家窑"、"古相张家造"、"相地张家造"、"张家枕"、"张家大枕"、"王家造"、"王家枕"、"滏源王家造"、"李家造"、"申家造"、"古相陈家造"、"刘家磁器"、"漳滨逸人制"、"漳滨逸人造"、"王氏寿明"、"艾山枕用功"等。这些款识有阳文也有阴文，文体为隶书或楷书。形式有竖式或横式，有方形、长方或钟形等，其中"张家枕"尤为特别，单框内"张家枕"三字，框上覆盖荷叶，框下莲花上托，形成自家特有的标识。据考，"张家造"标识从北宋开始就有，延续到元代，使用时间长达 300 年之久，真可谓老字号产品。从这些戳印标记中可发现一有趣现象，如即使是王家造的枕，经营者也清清楚楚地打上"王家造"或"滏源王家造"，表明这是两家处不同地域的"王家"，表示两家窑坊展开公平竞争，让消费者各取所需。由此可见当时各窑场、窑坊为扩大自己的销售范围，在商品的激烈竞争中获胜，已经懂得采用这种商标加广告的宣传方法，公开、公平地竞争，绝不假冒品牌，混淆市场。这是一种经营的方式，在当时是一个新的创举，也是产品商标的新发明。

其次，近年在彭城出土的一批元代四系瓶标本及残片上，发现许多四系瓶上书写有“仁和馆”、“太平馆”、“熙春馆”、“八仙馆”、“秋成馆”、“同乐馆”、“长乐馆”、“嘉和馆”、“玉春馆”、“玉山馆”、“元贞馆”、“武阳馆”、“永和馆”、“武阳馆”、“武阳太平馆”、“梨花馆”、“白花馆”、“岳阳馆”、“仙人馆”、“玉山馆”、“周会馆”、“同乐馆”、“临波馆”、“福来馆”、“黄华馆”、“朝元馆”、“风乐馆”、“ 羔羊馆”、“ 永成馆”、“ 金鱼馆”、“状元楼”、“天上楼”等馆名、楼号，以及“大德(年)”、“皇庆年”、“梨花白”、“秋露白”、“红梨花”、“一枝花”、“风花雪月”（图一）“赵家瓶”、“纪家瓶”等年号、名称、自家用品标记等。据有关学者考证，这些馆名、楼号，当与宋元时期的市井生活、酒肆文化密切相关，应该是遍布北方各地的驿馆、旅店、店铺、饭馆或酒肆的名号[8]。这些馆号不仅显示了元代盛世时期城市经济的发展，饮食业兴旺，交通便利，驿馆遍地的情景，反映出昔日市井文化的繁华景象；也充分说明了磁州窑的经营者根据顾客的需求，将驿馆、酒肆、酒产品名称或酒生产年号等直接书写在四系瓶上，大量生产。这些林林总总的酒瓶，就如同驿馆、酒肆、酒产品的商标、标签，通过酒的销售，在四方消费者中建立起口碑，起到推广宣传的作用。

再次，最近在河北、山西等地出现了一些明代酒坛，坛上的文字宣传的是酒坛本身。在这些酒坛中，有的标注具体的制作时间，如“大明万历十年制”、“万历岁次辛丑年造”、“丙子年造”、“戊午年记二月”等；有的则标注具体的生产地点，如“潞安府壶关县程村”、“程村自造”等。还有一酒坛书“山西潞安府壶关县程村匠人马做造大样酒坛，丙子年造”字样，不仅标明酒坛生产的地点，还写有制造者的姓名，这样就在酒坛上留下了生产作坊的具体地址和联系人，以便购买者联系或订货。酒坛的经营者这样做，既宣传了

图一 元磁州窑〞风花雪月〞四系瓶（民间藏）

自己的作坊，扩大了产品的知名度，又可以争取更多的酒类制造商和经销商订购自己的产品。因此这类文字兼有品牌宣传的功能[9]（图二、图三）。

3. 诗词歌赋类文字

以诗词歌赋来装饰瓷器，这在唐代长沙窑已出现，磁州窑继承了这一传统，并使陶瓷的文字书法装饰无论在规模和质量上达到极致。如瓷枕是磁州窑宋元时期的典型器物，是社会各阶层人民必需的生活用品，市场销售前景广阔，这就需要经营者们生产出来的产品必须满足其所适用的不同消费主体的需求。藏于磁县文保所的一件宋枕上书："风吹前院竹，雨折后庭花"；故宫博物院藏一宋枕上有："春前有雨花开早，秋后无霜叶落迟"；广州南越王博物馆藏一宋枕书："为惜落花偏扫地，爱观明月懒糊窗"；民间藏的一金代瓷枕上有："飞雁声断暮云碧，江树叶凋秋水寒"。这几个枕描绘的都是同一景致，但遣词造句各有精妙，以满足不同消费者的喜好。邯郸市博物馆、峰峰矿区文保所等单位藏有多个书苏东坡词的金元瓷枕，如《如梦令》词枕："为向东波(坡)传语，人在玉堂深处，别后谁来，雪压小桥无路。归去，归去，江(上)一犁春雨。"《点绛唇》词枕："莺踏花飞，乱红铺地无人扫。杜鹃来了，叶底青梅小。倦拨琵琶，总是相思调。凭谁表，暗伤怀抱，门掩青春老。点绛唇。"元代渔樵民谣枕："渔得鱼，鱼兴阑，得鱼满笼收轮竿。樵得樵，樵心喜，得樵盈担斤斧已。樵父渔夫两悠悠，相见溪边山岸头。绿杨影里说闲话，闲话相投不知罢。渔忘鱼，樵忘樵，绿杨影里空惆躕(踌躇)。画工画得渔樵似，难画渔樵腹中事。话终所以是如何，请君识问苏东坡。"这些苏词枕，一方面是为了表达对苏东坡的纪念，另一方面也因为当时社会各阶层都喜爱苏轼词，因而使得瓷枕销路看好[10]。这些都从中可见经营者对市场的敏锐把握。1949年后，河北磁县、峰峰出土一批书写元曲的白地黑花枕，所见曲牌计有《朝天子》、《红绣鞋》、《山坡羊》、《石庆东原》、《落梅风》、《喜春来》等。这些曲子内容多集中在叹世、归隐、田园等主题上[11]。日本白鹤博物馆藏有一件元枕，书有曲牌《七娘子》，描绘了男女间的离愁别恨，充满悲凉的情调。故宫博物院藏一元枕，题有《小桃红》曲，表达人们渴望家门兴旺、财富丰盈、健康长寿的愿望。这些曲调内容应有尽有，大都与人们的现实生活息息相关。鲜明的主题，可谓紧扣时代的脉搏，加之赏

图二　明磁州窑"万历年造"酒坛（民间藏）

图三　明磁州窑"程村匠人造"酒坛（局部，民间藏）

图四　元磁州窑"枕赋"枕（广州西汉南越王博物馆藏）

心悦目的黑白色彩相配，这样的产品怎能不赢得消费者的喜爱，而竞相争购呢？

此外，磁州窑的经营者为了维护自己产品的声誉，宣传与推销产品，还在产品上书写诗句赞美自己生产的瓷枕。如一瓷枕上写着"久夏天难暮，纱窗正午时。忘机勘正寝，一枕最幽宜"。还有在枕上描绘瓷枕的功能、用途及评价的，如："绘瓷作枕妙陶然，文质彬彬更可怜。片目花笼争日莹，块冰岚染履霜坚。夜横吟塌偏聊思，晾入黑甘分外便。寄语养亲行孝子，三更凛凛不须扇。"诗文对瓷枕的赞美之情跃然而出。彭城出土一件元代文字装饰枕写有一首《西江月》词："自从轩辕之后，百灵立下磁窑。于民闻阎最清高，用尽博士机巧，宽池拆澄尘细，诸般器盒能烧，四方客人尽来掏，件件儿变作了经钞。"词中记载与歌颂了磁州窑窑神的福祉，窑场面貌与高超制瓷技艺，满腔热情地赞美了自己窑场丰富而优美的产品，远销各地换来利润的自豪的心情[12]。这是磁州窑经营者对自己最直接、最有力的推广和宣传手段（图四）。

4．吉祥语、俗语、警句类文字

这类文字的内容较为庞杂，各类品种的器物上都有书写，文字大都浅白直露，且颇多俗语，具有浓厚的民间乡土气息。如表示吉祥的："福禄祯祥"、"吉祥如意"、"富贵荣华"、"一家平安"、"福德长寿"、"家国永安"、"天下太平"等，表达了人们对美好生活的向往；表示处世箴言的："忍"、"清净道生"、"己所不欲，勿施于人"、"君子爱财，取之有道"等；表示劝世的："常忆离家走，双亲拂背言。遇桥需下马，有路莫行船。未晚先寻宿，鸡鸣再看天。古来冤枉者，尽在路途边"，"绿叶追风长，黄花向日开，香因风里得，甜向苦中来"，"竹羊也是羊，韩信与张良，如（儒）门三招浪，男儿当自强"等；表示警示的："光阴似箭贵如梭，为人不要苦奔波。积下黄金惟北斗，轮回空手见阎罗"，"春日当耕不种田，夏日徒身凉处眠，秋天赖（懒）堕（惰）不收拾，冬忍饥寒莫祭天"等；此外有的器物上还书有"一家行善，米麦上万，生下贵子，河南巡按"及"天和地，道和仙"等字样，表明在当时社会底层流行着"得贵子、求富贵"的心理。同时，有的文字则折射出人们"求利"思想，如一明代酒坛上有"进宝钱龙"、"买卖合意"等字，另一酒坛开光处书有"招财利市"字样，这些文字不仅迎合经营者发财致富的心理，而且也十分切合买家购物求吉利的心态，可谓买卖双方皆大欢喜（图五）。

图五　元磁州窑文字枕（广州西汉南越王博物馆藏）

三 磁州窑产品的生产销售方式探讨

磁州窑的生产属于民间经营，是根据普通百姓的生活需求组织生产的，生产出的产品则以商品形式出售给消费者，因此只有适应市场需求才能生存与发展。在产品生产过程中，生产经营者必须主动迎合人们的消费心理，所以在以文字装饰的产品中出现大量广告商标用语、吉祥文字和诗词歌赋等，都是这种生产理念的体现。由于民窑的性质，磁州窑的各个窑场间存在着激烈的竞争，如何在市场上取得优势是各生产经营者首先要考虑的问题。根据前文对文字装饰的分析，笔者归纳磁州窑产品生产销售方式的以下特点：

1. 注重广告宣传效应，扩大产品销售规模

磁州窑的生产经营者十分重视产品的宣传，宋元时期大量瓷枕底部的戳印标记，就是打造商标品牌最早的做法。“张家造”、“古相张家造”的印记，就如同现今某些知名企业的品牌，消费者只要认准了这个商标来购买，产品的质量就有了保证。同时戳印标记的做法，也使得产品在流传的过程中，保持了品牌的效应。又如明代白地黑花酒坛上广告文字，“东阳好酒”、“美味第一”、“清香高酒”、“一潭好醉”等，简洁扼要直白的语句，直接迅速地抓住饮酒者的胃口和心态，这样的酒坛，怎能不受到酒肆商家的青睐呢？再如酒坛上标明酒坛生产的地点，或写上制造者的姓名，可以使更多的消费者能按图索骥，前来购买或订货，这在当时信息闭塞的社会，无疑是扩大产品宣传的一个有力手段（图六）。

2. 提高产品的文化内涵，达到商品促销的目的

磁州窑以文字作装饰的产品，内容除书写广告语句外，还有大量书写诗词歌赋、曲令、俗语、吉祥语、警句的文字。这不仅与当时社会的文化背景、人们审美意识有关，也反映了生产经营者力图通过增加产品的文化含量达到促销目的。原本是日常的生活用品，经粗瓷细作，再加上诗文的点缀，产品一下子变得典雅而富有灵性，从而提高了商品的文化和经济价值。唐长沙窑一酒壶上书有一首诗：“买人心惆怅，卖人心不

安。题诗安瓶上，将与买人看。”充分说明了生产经营者书诗文于产品上的动机和心理。磁州窑也同此。可见产品在满足消费者使用功能的基础上，还要使他们从中获得精神愉悦与审美享受(图七)。

3. 以市场为导向，满足不同消费群体的需求

任何商品的营销，都要以市场为导向，以满足不同消费群体的需求为目的，这样的生产才具有生命力。磁州窑以文字做装饰的产品，兼顾社会不同层次所需，使文字的内容和形式呈现百花齐放的局面，正是这种生产理念所使。对社会士大夫阶层或文人雅士，产品书诗词歌赋、散曲、小令，以凸显“雅”的情趣；对广大的平民百姓、普通阶层，大量产品上书写俚语、吉祥语、警句，甚至书写别字、错字，以表达其“俗”的趣味；对商家、酒肆、作坊或驿馆、店铺，则据其所需或按其所定制，书写商业广告词句、馆名、店号，以彰显其“白”，从而达到广而告之的目的。由此可见，为保持产品的竞争力和生命力，历代窑场为满足不同消费群体的需要付出了艰苦的努力，从而使磁州窑生生不息，延烧千年，以至于清代彭城出现“市廛连亘、磁店森立，每日送磁之人力车，首尾衔接，鱼贯穿插，市无隙地”[13]的繁荣局面。古语“千里彭城，日进斗金”，正是古代磁州窑产品长期行销广大市场的真实写照(图八)。

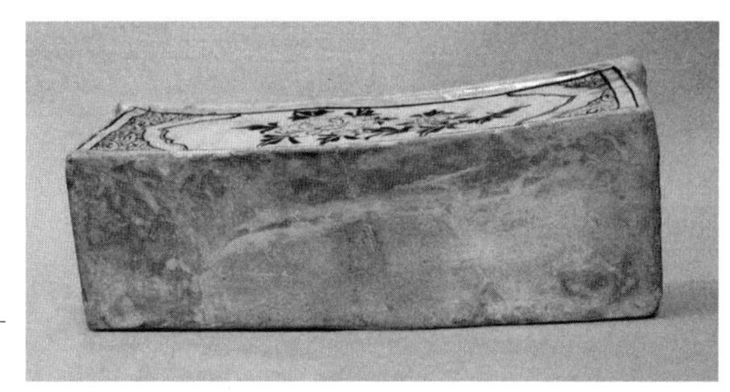
图六　元磁州窑˝枕赋˝枕底部印款(广州西汉南越王博物馆藏)

图七　元磁州窑系诗文八角形枕(广州西汉南越王博物馆藏)

图八　元磁州窑船子和尚诗枕（广州西汉南越王博物馆藏）

四 结语

综上所述，民窑的性质决定了磁州窑走过一条兼收并蓄、开拓创新，并形成自己鲜明风格的艰辛道路。丰富多彩的文字装饰所显示的商业意识和消费者至上的理念，使窑场经营者摸索出适应生产发展的销售规律，从而在激烈的市场竞争中站稳脚跟，不仅满足了消费者的需要，而且提升了产品的文化品位与社会价值。在继承与发扬我国陶瓷文化，大力打造陶瓷文化产业品牌的今天，这种意识和理念仍值得我们借鉴。

注释：

[1] 冯先铭：《中国古陶瓷图典》第 285 页，文物出版社，1998 年。

[2] 郭其会：《宋代磁州窑陶瓷书法装饰的探析》，《佛山陶瓷》2009 年第 5 期。

[3] 王兴：《磁州窑的书法艺术》，《邯郸师专学报》2000 年 12 月。

[4] 戴书田、张羽：《河北省文物研究所藏磁州窑题字瓷器》，《文物春秋》2002 年第 3 期。

[5] 张晓燕：《从磁州窑瓷枕看宋元市井文化的勃兴》，《文物世界》2009 年第 2 期。

[6] 雪生：《试论磁州窑的文化现象》，《河北学刊》1998 年 3 期。

[7][9] 陈瑞青、郭树行：《磁州窑酒坛铭文研究》，《文物春秋》2006 年第 5 期。

[8] 马小青：《磁州窑四系瓶的流行时代与文化内涵》，《收藏》2009 年第 6 期。

[10] 马小青：《磁州窑枕上的苏轼词》，《邯郸职业技术学院学报》2003 年 12 月。

[11] 马小青：《磁州窑白地黑花元曲枕》，《文物春秋》2001 年第 1 期。

[12][13] 刘志国：《古代磁州窑陶瓷商品初探》，《河北陶瓷》1993 年第 1 期。

磁州窑书法艺术欣赏[1]

清华大学美术学院　叶喆民

内容提要：自古以来，我国文字的起源演变始终同陶瓷器的发明、发展密切相关。本文举例分析了宋元时期磁州窑瓷器书法的艺术特色，并结合书法理论，指出其书法作品信手而书、错落有致，富有浑厚、洒落的气势与古拙、天然的情趣，既是宋元民窑瓷器中的奇珍异宝，亦属当时民间书法的典型杰作。

关键词：磁州窑　瓷器　书法艺术

Abstract: Since ancient times, the evolution of Chinese writing has consistently been closely related to porcelain development. This paper presents examples to analyze the distinctive artistry of porcelain calligraphy in Song- and Yuan-era Cizhou Ware, and synthesizes theories of its calligraphy, specifically addressing its spontaneous brushwork that aestheticizes disorder; its unrestrained energy, full of vigor; and its crude appeal, primitive and natural. This calligraphy is a curious treasure of Song- and Yuan-era civilian porcelain, and also ranks among the classic masterpieces of contemporary civilian calligraphy.

Keywords: Cizhou Ware, porcelain, calligraphic artistry

自古以来，我国文字的起源和演变始终同陶瓷器的发明、发展密切相关，而且沾溉弘远，历代递嬗不衰。早如仰韶文化、大汶口文化、马家窑文化陶器上面画刻的符号，已为文字的滥觞；商周时期陶器上出现的契刻文字与当时甲骨、铜器文字大同小异；战国陶器上多有模印篆字，已成为断代决疑的重要根据；而秦砖汉瓦上面的文字更是学习篆隶书法的绝好典范；晋、唐通用的行、草书与楷书直至今日仍用于瓷器装饰；而宋代陶瓷器的光辉成就不仅在我国陶瓷史上占有重要的地位，且同当时流行的“苏、黄、米、蔡”四家书法有所联系，个别器物上还带有契丹文、西夏文等少数民族文字，元、明、清瓷器上面除沿用各体书法外，更有八思巴文、阿拉伯文、藏文、满文等文字出现。这可以说是研究我国各民族文字和书法艺术的宝贵文物，也是当时社会背景及民俗爱好的历史见证，同时还是鉴定器物真伪与识别时代风尚的重要线索。

有关磁州窑的作品屡见不鲜，早在明代陈继儒（眉公）的《妮古录》内就有记载：

余秀州卖得白锭（定）瓶，口有四纽，斜烧成“仁和馆”三字，字如米氏父子所书。

而今通过考古发掘证明这并非定窑所制，在彭城出土的残器中有类似器物，如“永和馆”、“仁和馆”、“状元楼”等时有发现。

除了这一见于文献且已脍炙人口的事例外，宋、元期间还有不少书写了诗句或“八思巴文”的罐、瓶、碗、盘、枕等，其书法豪迈、气韵流畅。不仅可供欣赏，而且对于研究当时民间书风与少数民族文字来说，也是非常宝贵的资料。再如最近出土的一片磁州窑“思齐”残枕[2]，字体端庄，笔力遒劲，一望而知是“颜体”的云礽[3]。联想当时米芾、苏轼、蔡襄、黄庭坚等人书法的流行，足见其影响深远，由此也可见名不见经传的民间书法家们功力之深厚。例如一件宋磁州窑书牧童诗句豆形枕（图一），上写“细草烟深暮雨收，牧童归去倒骑牛”，笔力清劲，气韵流畅；另一件金磁州窑书蜂鹤诗句绿釉八角形枕（图二），上写“蜂飞花下至，鹤引水边行”，书法隽拔，笔

图一　宋磁州窑“牧童”诗句豆形枕（邯郸峰峰矿区文保所藏）

图二　金磁州窑绿釉“蜂鹤”诗句八角形枕（磁州窑博物馆藏）

意盎然，犹有宋人米家书法余韵。其他如书写“远浦归帆”（图三）、“沉醉东风”（图四）的元磁州窑四系瓶等，都堪称是雅俗共赏、出类拔萃的典范之作。

元代磁州窑器物依然保持了以往宋、金时期的装饰风格，有的刻、写当时流行的词曲，如《山坡羊》、《小桃红》、《满庭芳》、《朝天子》之类，虽然内容多有遣兴陶情或消极遁世之作，但是可补文史之不足。如河北彭城出土的一件元磁州窑书《山坡里羊》词四系瓶（图五），上写：

晨鸡初报，昏鸦争噪，那一个不红尘里闹？利名人都上长安道。今日少年明日老，山依好，人不见了。《调寄山坡里羊》

其笔力苍劲，颇有当时著名书家鲜于枢、冯子振书法的豪迈不羁之趣。另一件元磁州窑书《春华秋月》诗句四系大瓶（图六），也具有同样笔法，上写：

落花时节水流香，送客归来笑一场。

不锁草堂收乐去，野雀偷笔学提（题）墙。

图三　元磁州窑“远浦归帆”四系瓶（河北文物保管所藏）

图四　元磁州窑“沉醉东风”四系瓶（私人收藏）

图五　元磁州窑《山坡里羊》四系瓶（邯郸峰峰矿区文保所藏）

图六　元磁州窑《春花秋月》四系瓶（河北省博物馆藏）

其笔法之熟练与形制之巨大，在同类器物中颇为罕见，令人观之精神为之陡健，兴叹不已。

磁州窑在宋、元器物中使用双勾线或蓖划、或模印成字，如“春花”、“忍事”、“福德”、“家国永安”、“招财利市”、“清净道生”以及“张家造”、“张家枕”等，有的凝重严整，形似魏碑字体；有的生动流畅，好像飞白书法。周围加上各种剔划花纹，精美别致，堪称是变化万端、千姿百态的艺术珍品。

回顾过去人们欣赏磁州窑器物时，多着眼于造型、花纹和诗词方面，很少注意其书法上的艺术成就及历史作用。像陈继儒那样留心到米芾书法影响磁州窑器的事，实属难能可贵。虽然清代文人如吴大澂、王懿荣、陈介祺、刘鹗、罗振玉、端方等人亦有关于陶器文字的著述，但他们都是把目标集中在战国陶器和汉代砖瓦方面，尚不能与前者相提并论，只不过在欣赏方法上值得我们借鉴。例如陈介祺在《习字诀》中所主张的“练行不如练气”，是他受陶文与金文布局结构启发的结果。因为有些陶瓷器文字和铜器铭刻的书法，多是随同器型或装饰上的需要而自然变化，并不拘泥于行列整齐，字体大小也不规矩一致，如此反而显得参差错落、跌宕多姿，妙趣横生，使人百观不厌。

笔者的书法启蒙老师罗复堪先生在《论书示门人六十首》中写道：

文似看山不喜平，作书尤贵势峥嵘。秦砖汉瓦旁搜采，偏正欹斜意趣生[4]。

此处所讲的“不喜平”、“势峥嵘”、“意趣生”，不仅是前人作文章、学书法的最高准绳，也是我们欣赏古代磁州窑器物上的书法、花纹乃至造型时值得参考的审美要领。尽管它们的表现方式各有不同，或以笔力雄强取胜，或以纹饰简练见长，或以形制优美悦目，但总的都离不开“线条”的特性，例如所谓“书线”、“画线”、“轮廓线”之类。然而，这种美质却是今日某些坐井观天、只知道横平竖直的“书法家”们和只会模制成型的“陶艺家”们所无法理解甚至反唇相讥的。

书法既是一种线条美术，自然在视觉上也就给人以具体和抽象的各种感觉。它那笔画的长短、宽窄、疏密、斜正、强弱、起落及墨色的浓淡、干湿，都会使人进而联想到作者运笔时的意图、轻重、顿挫、迟速、方向以及情感和修养等许多方面。正如清人毛庆臻的《一亭考古杂记》所说：

> 古人作书无论行楷草隶、钩磔波撇，皆有性情。书卷行乎其间，绝无俗态、扭捏诸弊。故能章法浑成，神明贯注，令观者兴会飚举，精力陡健。

他所谓的“性情”、“书卷”，既是我的师辈们经常讲述的“性灵”和“书卷气”（或者说“文艺修养”）。所谓的“俗态”和“扭捏”，乃指作字时的故意造作，勉强安排。清初一向主张“宁拙勿巧，宁丑勿媚，宁支离勿轻滑，宁直率勿安排”的傅山在《霜红龛全集》中也曾讲道：

> 俗字全用人力摆列，而天机自然之妙竟以安顿失之。按他古篆隶落笔，浑不知如何布置，若大散乱而终不能代为整理也。写字不到变化处不见妙。

傅山（青主）是公认的品德高尚的著名书法家，其见解有独到之处。他把对各种书法的欣赏以及书法如何才能写到妙处等问题讲得十分透彻，值得我们深思。

试看王羲之那名烁古今的《兰亭序》，之所以被传说为“醉后所书醒来不复能及”的道理，也正是由于“无意于书”反而得到“天机自然之妙”的缘故。又如颜真卿的墨迹《祭侄文稿》，也是出于满腔悲愤而无意书之，才成为堪与《兰亭序》媲美的千古名作。这些看似信手而书、随意涂改的“稿书”，固然是出自大名家的手笔，因而能“随心所欲不逾矩”，但也不妨联想我们平时所书的书稿或信札，若同自己专为应酬而书或当众挥毫的字幅相比，究竟孰优孰劣？恐怕是前者自然生动，妙笔时出，而后者则拘泥板滞、欲工反拙。因此，过去的文人们对于古代书法的欣赏标准几乎形成一种定论，即一等字是稿书，二等字是信札，三等字方为应酬和鬻字的作品。由于磁州窑器物上面的书法，多是出自工匠或落魄文人之手的“无意之书”，从而得到“天机自然之妙”，因而具有艺术欣赏的价值，这一点是不言而喻的（图七、图八、图九）。

假如说磁州窑有些作品字体不齐，或者有失平正，甚至出现错别字，似乎是“难

图七　金磁州窑《菩萨蛮》八角形枕（私人收藏）

图八　金磁州窑《如梦令》八角形枕（磁县中国磁州窑博物馆藏）

图九　金磁州窑〝一架青黄瓜〞如意形枕（磁县中国磁州窑博物馆藏）

登大雅之堂”的市井“俗书”而不值一顾，则何妨反思那些古来出自工匠或寒士之手的秦砖汉瓦以及北魏龙门石刻、六朝造像、摩崖文字等，为什么竟被许多文人墨客和鉴赏家们视同拱璧，而且推崇备至、终身临习不衰？这是因为它们虽然看来不很规整，甚或显得放纵，若不经意信手而书；有的还迁就器物的造型、材料或用途而变化其书法行列、位置。但如仔细观赏，就会发现其格外富有浑厚、洒落的气势与古拙、天然的情趣。正如徐悲鸿老师在一篇跋文中所讲：

> 顾初民刊甲骨已多劲气，北魏拙工勒石弥见天真[5]。

这种“劲气”与“天真”以及他平时强调的“稚拙”和“天趣”，在磁州窑大量的书法作品中也是屡见不鲜的。

宋代姜夔《续书谱》在论及“真书”时曾有一段非常精辟的话：

> 真书以平正为善，此世俗之论，唐人之失也。古今真书之妙无出钟元常（繇），其次则王逸少（羲之）。今观二家之书，皆潇洒纵横，何拘平正？良繇（由）唐人以书判取士，而士大夫字书类有科举习气。颜鲁公作《干禄字书》是其证也。矧欧、虞、颜、柳前后相望，故唐人下笔应规入矩无复魏晋飘逸之气。且字之长短、大小、斜正、疏密，天然不齐，孰能一之？

姜夔（白石）既是当时著名的书法家，又是才能卓越的音乐家，他的论述正是将书法同音乐等量齐观的卓识高见。

磁州窑历史悠久，享誉民间，而其黄金时代正当北宋书风以豪迈取胜、上下流行之际，作为陶瓷装饰用的书法出现上述特征自在意中。既然符合民间窑所共有的那种奔放不羁、清新明快的自然风格，又怎能一味用“干禄字”与“馆阁体”那样“整齐如算子”似的书法来加以苛求呢？何况其中并不乏笔力苍劲、气韵流畅之作，例如上述窑址出土的“思齐”残枕题字，以及为响堂山文化馆所藏的元代书《山坡里羊》词四系瓶。前者笔笔中锋，有如欧阳询《用笔论》所说那样“刚则铁画，媚若银钩”，给人以刚柔相济、神气闲静之感；而后者字势挺拔，用笔好似斩钉截铁，沉着痛快，堪与当代名家如鲜于枢、冯子振的书法媲美。其他传世和出土精品很多，不胜枚举。

唐代书法理论家张怀瓘在其《文字论》中曾说：“深知书者惟观神采，不见字形。”当我们欣赏书法艺术作品妙境时，果然有此感觉，而且会产生许多生动具体、美妙之极的联想。例如古人曾将钟繇书法比作“云鹄游天，群鸿戏海”，将王羲之书法比作“龙跳天门，虎卧凤阙”[6]；还有人将欧阳询书法比同“草里惊蛇，云间电发”，将颜真卿书法比喻为“锋折剑催，惊飞逸势”[7]。类似这般比拟生动而形象的成语，至今在书论中仍沿用不辍。此外，还有人将古代书法作品比成“仙人、古佛、武士、美女”等

图一〇　金"有客门浮世"八角形枕（私人收藏）

图一一　金绿釉"水风轻蘋花渐老"如意头形枕（河北文保中心藏）

图一二　金"明知空手去"椭圆形枕（故宫博物院藏）

各种神态[8]。假使依照此种比喻方法来欣赏和评价磁州窑的书法艺术，则好像面对一群笃实淳朴的普通百姓，即使有的略输文采，却别有一种质朴无华、平易近人的风范。比起后来明清官窑书法（包括陶瓷装饰及款识）之姿媚有余而刚健不足，犹如卑怯俗弱的循吏家童一般忸怩造作，愈加使人感到前者落落大方的书法具有浑金璞玉之美。从这一点上看，磁州窑的艺术成就远远不是邢窑、定窑所能相比的。因此我认为磁州窑的书法作品，既是宋元民窑瓷器中的奇珍异宝，亦属当时民间书法的典型杰作；不仅为我国陶瓷史和书法史谱写了光辉的一页，而且给我们今日的陶瓷装饰乃至书法研究树立了卓异的榜样（图一〇、图一一、图一二）。至于其文字内容在民间文学和民俗学方面的学术价值，限于篇幅，只好留待以后再作探讨了。

注释：

[1] 本文原载《装饰》及《磁州窑研究论文集》，现加修订并增补图版以飨读者。

[2] 叶喆民：《磁州窑新得》，《中国陶瓷》1987 年第 4 期；叶喆民编：《中国磁州窑》上卷，第 15 页，图版 23，河北美术出版社，2009 年。

[3] 云礽是指其本人的第八代（礽孙）和第九代（云孙），“礽”亦作“仍”。

[4]《罗复堪论书诗六十首》，《书谱》总 69 期、70 期。

[5] 叶喆民：《悲鸿先生论书法》，《美术研究》1982 年第 6 期。

[6] 萧衍：《古今书人优劣评》。

[7]（清）刘墉：《法书要录·唐人书评》。

[8]（清）康有为：《广艺舟双楫》。

观台磁州窑白地黑花瓷器研究

国家文物局数据中心、中国文物信息咨询中心　胡朝晖

内容提要：磁州窑是中国北方民间瓷窑的杰出代表，素以质朴、实用的造型，潇洒、豪放、明快、生动的装饰著称。其装饰的基本特点是具有强烈的黑白反差，其中以白地黑花装饰最为强烈。它以毛笔作为工具，用彩料直接在瓷器上作画，充分体现了中国画的技法，表现出自由、奔放的画风，成为磁州窑最具特色的产品。本文根据近年来的发掘报告和相关资料，对观台磁州窑白地黑花瓷器的种类、装饰艺术、制瓷工艺和生产年代进行归纳和总结并就相关问题进行论述。

关键词：观台　磁州窑　白地黑花　研究

Abstract: Cizhou Ware is an outstanding masterpiece of Northern Chinese civilian porcelain, renowned for simple and practical construction as well as lively and bold decoration. Black-on-white designs are the most striking example of its fundamental strong contrast between black and white. Craftsmen use brushes to paint images directly onto the porcelain, thoroughly bringing to life the techniques of Chinese painting. This expression of free and unrestrained personal style makes Cizhou Ware a most unique product. This paper follows "The Cizhou Kiln at Guantai" and related archaeological papers to summarize and form conclusions about the typology, decoration, technology, and chronology of Cizhou Ware produced in the Guantai kiln, and also discuss other related questions.

Key words: Guantai, Cizhou Ware, black-on-white porcelain, research

磁州窑是中国北方民间瓷器的杰出代表，素以质朴、实用的造型，潇洒、豪放、明快、生动的装饰著称。其装饰的基本特点是具有强烈的黑白反差，其中以白地黑花装饰最为强烈。它以毛笔作为工具，用彩料直接在瓷器上作画，充分体现了中国画的技法，表现出自由、奔放的画风，成为磁州窑最具特色的产品[1]。磁州窑白地黑花是用斑花石为彩料，在化妆土上用毛笔绘花纹，然后罩上透明釉的一种釉下彩装饰，是磁州窑最典型和最具特色的装饰技术[2]。标准的成色应为白地黑花，但也包括白地茶色花纹、白地赭色花纹[3]和所谓白地酱花等[4]。

"用毛笔在化妆土上作画，再用竹签类工具勾勒花朵的轮廓、叶茎和花瓣、动物

的羽翼、鳞片等细部，成为白地绘划花；用毛笔直接在化妆土上作画或写字，这是典型的白地黑花。”秦大树先生《磁州窑白地黑花装饰的产生和发展》一文中将这两种技法归为典型的白地黑花装饰范畴。

本文根据北京大学考古学系、河北省文物研究所、邯郸地区文物保管所所著的《观台磁州窑址》这一发掘报告和相关资料，对观台磁州窑白地黑花瓷器的种类、装饰艺术、制瓷工艺和生产年代进行归纳和总结并就相关问题进行论述。

一 观台磁州窑白地黑花瓷器的种类

《观台磁州窑址》发掘报告将观台磁州窑分为第一期前段，第一期后段；第二期前段，第二期后段；第三期；第四期前段，第四期后段。

从观台磁州窑址的出土情况来看，白地黑花瓷器最早出现在第二期前段，即神宗熙宁年间到哲宗元符年间（1068 ~ 1100 年）。器型有器盖（图一）[5]、炉、白釉罐（图二）和枕。

第二期后段，即 12 世纪前半叶，包括北宋末的徽、钦两朝到金海陵王朝以前（1101~1148 年），白地黑花器型比第二期前段增多，有钵（图三）、器盖（图四）、炉（图五）、长颈喇叭形足瓶（图六）、罐（图七）、筒形罐和盆（图八）。

第三期，即金代中后期，从金海陵王朝到蒙古军队攻占磁州窑所在地彰德府的金宣宗兴定三年（1149~1219 年），白地黑花器型非常丰富，有钵（图九）、器盖、花口长颈喇叭形足瓶（图一〇）、花口长颈直圈足瓶（图一一）、喇叭口长颈圈足瓶、小盘口的梅瓶、矮梯形口梅瓶（图一二）、筒形罐（图一三）、双耳罐（图一四）、龙纹盆（图一五）、椭圆形枕、八边形枕（图一六）、如意头形枕以及跪人、侍女人物雕塑。

第四期前段，跨越金末、蒙古时期到元代前期，即金宣宗兴定四年至元成宗大德年间（1220~1307 年）。白地黑花器型比第三期减少许多，仅有碗（图一七）、盘（图一八）、玉壶春瓶和长方形枕。

第四期后段，即元后期（1308 年至 14 世纪末以前），未见白地黑花器物。

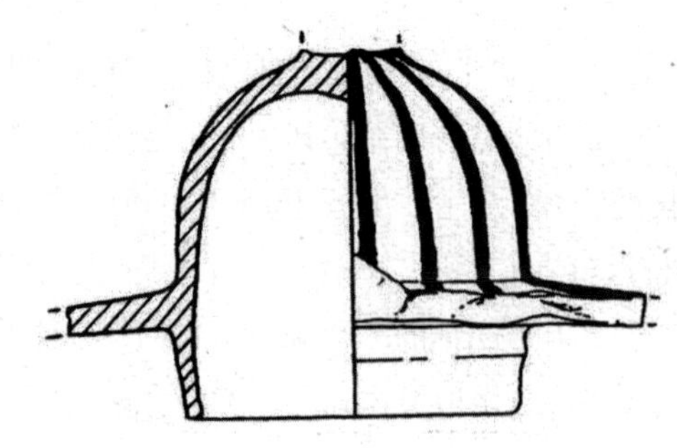

图一　宋白地黑花放射状纹器盖

图二　宋白地黑花荷叶鹌鹑纹罐

图三　宋金白地黑花折枝草叶纹钵

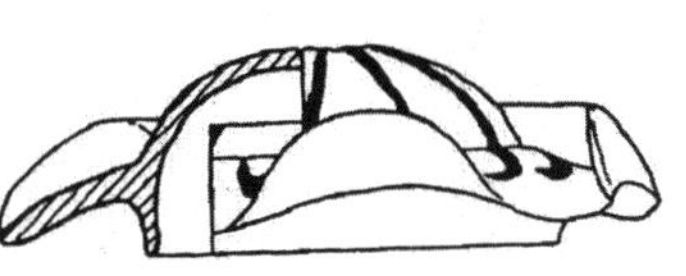

图四　宋金白地黑花勾连纹器盖

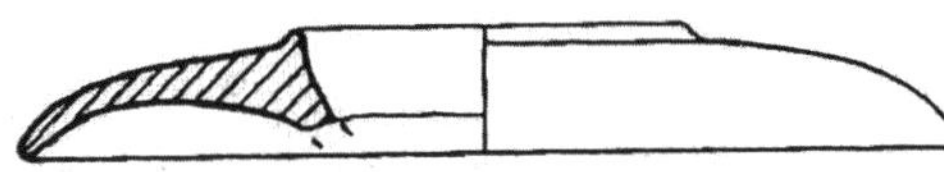

图五　宋金白地黑花缠枝花草纹炉

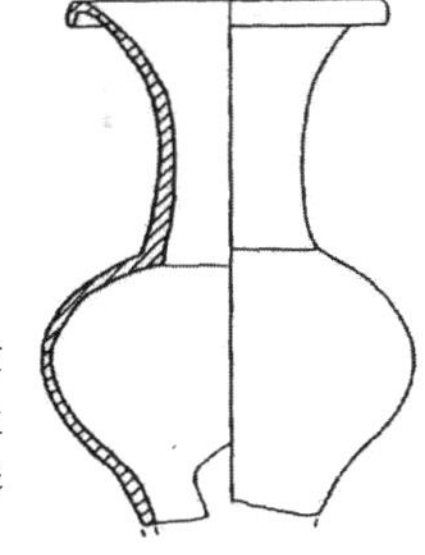
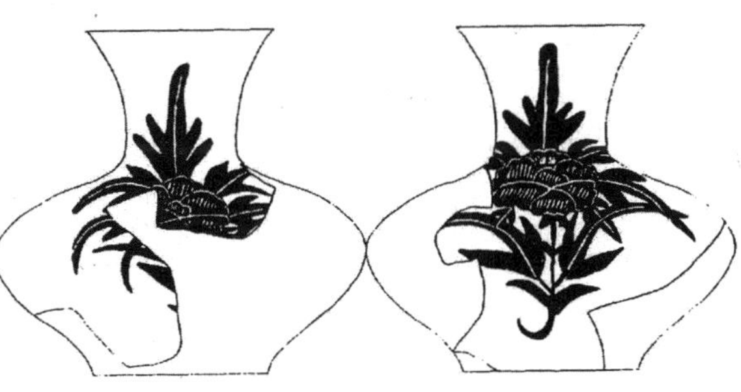

图六　宋金白地黑花折枝牡丹纹长颈喇叭形足瓶

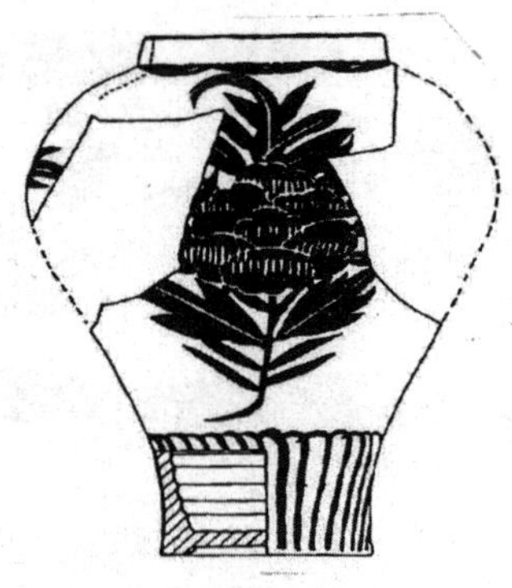

图七　宋金白地黑花折枝牡丹纹罐

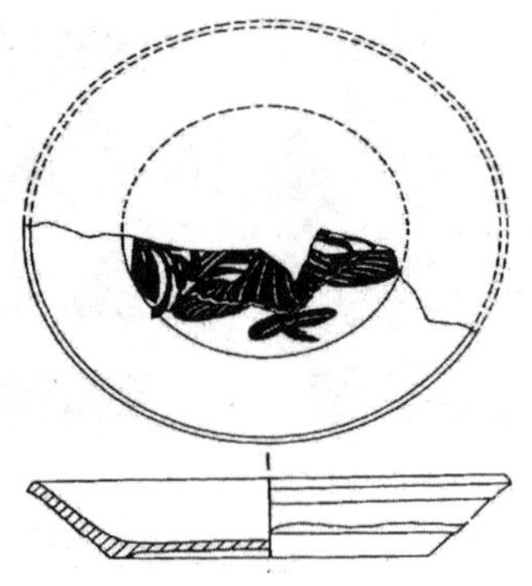

图八　宋金白地黑花荷塘图盆

图九　金白地黑花开光四叶纹钵

图一〇　金白地黑花缠枝芍药花纹花口长颈喇叭形足瓶

图一一　金白地黑花草叶纹花口长颈直圈足瓶

图一三　金白地黑花连续卷叶纹筒形罐

图一二　金白地黑花缠枝芍药纹梅瓶

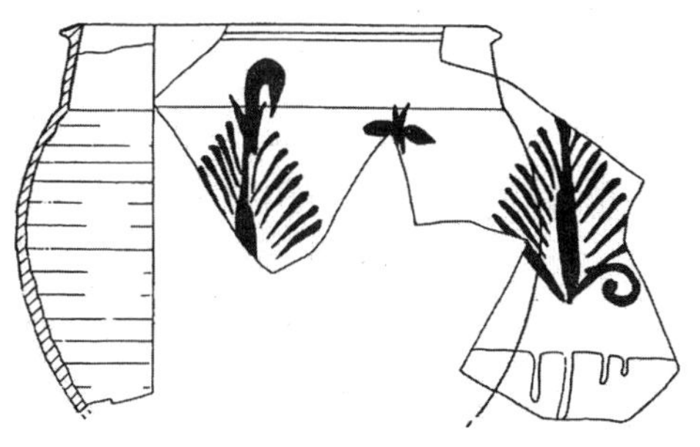

图一四　金白地黑花折枝草叶纹双耳罐

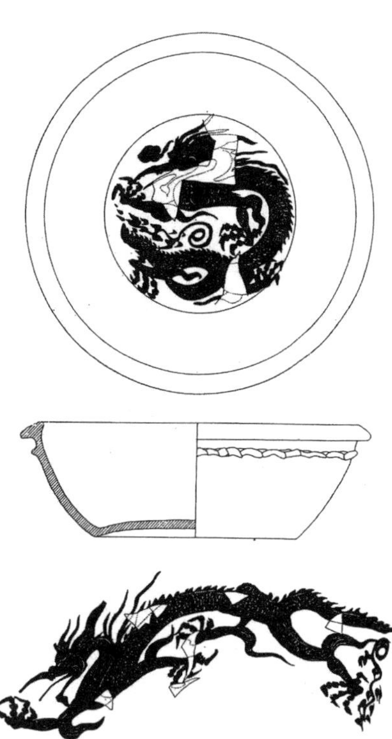

图一五　金白地黑花龙纹盆

图一六　金白地黑花荷塘图八边形枕

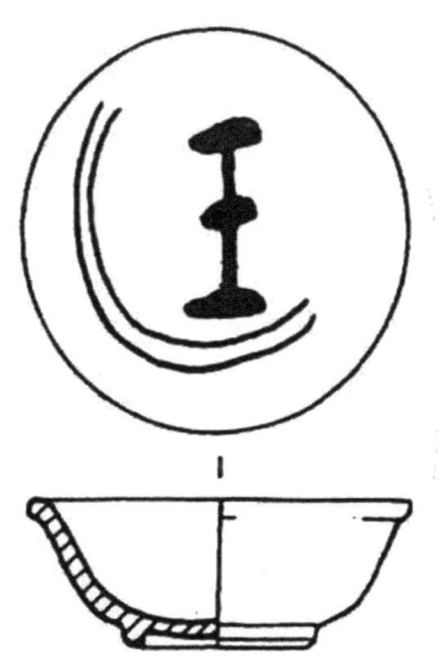

图一七　金元白地黑花“王”字纹碗

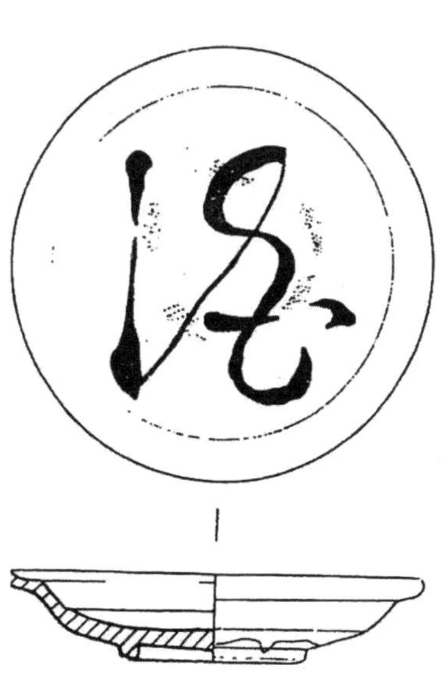

图一八　金元白地黑花“酒”字纹盘

二 观台磁州窑白地黑花瓷器的装饰艺术

关于磁州窑白地黑花瓷器装饰艺术的来源，秦大树先生指出："其产生的直接来源是比之较早出现的黑剔花装饰，斑花彩料的应用和强烈黑白反差的走红是其产生的直接动因。"[6] 磁州窑的白地黑花装饰艺术成功地将中国绘画的技法与陶瓷工艺相结合，成为其最典型和最具特色的装饰技术，对后来陶瓷艺术的发展产生了很大影响。冯先铭先生曾谓：白地黑花技法的成熟和发展，直接导致了元明青花瓷的发展[7]。指出了白地黑花装饰在中国陶瓷发展史上的重要地位。

从第二期前段，观台磁州窑址出土的白地黑花瓷器看，主要纹饰有：在器盖上用黑褐色彩，在盖面和沿面上绘放射状纹（见图一）；在炉上用乌黑色彩在沿面和腹壁绘丛草纹；在白釉罐上用黑褐色彩绘三层花纹，上下为草叶、荷叶、鹌鹑、彩蝶纹（见图二）；在枕上用黑彩书文字"楼上角声风引去，□前花影日移来"。

总体说来，这一时期的绘画以简单的草叶纹、线纹、花鸟纹为主，枕面书写诗词、曲或警句，白地黑花的风格显得呆板、单调。

第二期后段，白地黑花纹饰有：在钵上用乌黑色彩绘两枝为一组、共两组的鸟形草叶和折枝草叶纹（见图三）或绘折枝大叶牡丹、散草纹；用漆黑光亮的黑彩，在器盖盖面绘放射状勾连纹（见图四）、四朵相对的草叶纹或在器盖钮心画一只蝴蝶；在炉上用漆黑色彩绘大叶折枝花、缠枝花草纹（见图五）；在长颈喇叭形足瓶上用黑色彩绘大叶折枝牡丹两枝（见图六）；在罐上用深黑色彩绘三株大叶折枝牡丹，口部为半圆形团花边饰（见图七）；在筒形罐上用黑褐彩绘钱纹；在白釉盆上黑褐色彩绘荷塘图（见图八）。

总体来说，这一段白地黑花纹饰内容比第二期前段丰富，出现了较多的折枝牡丹纹饰，绘画技艺比第二期前段有所提高，白地黑花的风格仍显得较为拘谨、单调。

第三期，即金代中后期，白地黑花的纹饰非常丰富，主要有：在钵上用纯黑色彩在腹部画圆形开光，内部四瓣开光，中心为四叶纹（见图九）或用酱色彩绘连续卷草纹；在器盖上用酱色彩绘相对的四朵草叶纹，钮心为四片叶纹；在花口长颈喇叭形足瓶上，自颈至腹绘缠枝芍药花纹，下腹为菊瓣形边饰，足部为宝装覆莲瓣（见图一〇）；在花口长颈直圈足瓶腹及口下绘三株折枝草叶纹（见图一一）；在喇叭口长颈圈足瓶上用黑褐色彩绘大叶折枝牡丹两株以及在球腹瓶上用黑色彩绘单株大叶草纹。

梅瓶上所绘纹饰非常丰富，常见纹饰有：用漆黑色彩绘荷叶、云和鹤纹；用黑褐彩绘八朵花头的小碎叶缠枝牡丹纹，底和肩有花瓣形边饰；用深黑彩绘花头简洁，枝叶细碎的缠枝牡丹纹，肩部和底部有菊瓣形边饰；用酱色绘四层纹饰，上、下为菊瓣形边饰，中层为六朵花头缠枝芍药，中下层为富贵不到头边饰（见图一二）；用棕褐色彩绘梳双髻的小孩和大片的蕉叶。

在筒形罐上绘以下纹饰：用黑褐色彩上下绘宽带边饰，中间绘连续卷叶纹（见图一三）；用酱棕色彩绘单株草叶纹三枝；用黑色夹以焦黄色彩绘折枝草叶纹和彩蝶纹；用黑褐彩绘并列折枝草叶纹；用黑褐色彩绘二叶二鸟并列折枝草叶纹；用酱色彩绘画单株草叶纹三组；或用黑褐色彩绘两层纹饰，上层为缠枝牡丹纹，下层为宝装覆莲瓣；用黑褐色彩绘折枝牡丹及小彩蝶纹；用黑褐色彩绘如意头形开光，开光内为荷塘纹，开光间为草叶纹。

在其他器型上的纹饰有：在双耳罐上用黑彩绘折枝草叶纹及小粉蝶（见图一四）；在白釉盆上用稍发暗的黑彩，内壁绘龙纹，底部一条团龙和一火焰宝珠，侧壁绘两条行龙和两火焰宝珠，龙长吻圈曲，五爪，气势雄浑（见图一五），以及在跪人、侍女等人物雕塑上用黑彩绘衣边及纹饰。

在枕上的纹饰有：在椭圆形枕面上绘宽带边框、寒枝雀纹，长尾雀正扭头俯视，边框上为连续卷草纹；在八边形枕面上用黑褐色彩绘芦草鹭鸶纹，酱色彩书写楷书文字“风花雪月”，黑酱色彩绘奔鹿纹、用黑褐色彩画花，外面用粗细线勾出八角形边框，中部是飞雁衔芦枝纹，用乌黑色彩绘荷塘图（见图一六）、用酱色彩在侧墙绘单株草叶，枕面为芦草仙鹤纹；在如意头形枕上，用黑彩在边墙绘卷叶纹，在枕面绘如意形开光，内用行书写“行人挥汗”等字。

总体说来，观台磁州窑这一时期的白地黑花装饰真正成熟了起来。以毛笔作为工具比其他装饰手法都来得灵活、简单，并且可以把中国古代的书法和绘画技巧应用到制瓷工艺上来，使得白地黑花装饰具有极大的活力，装饰图案摆脱了宋末金初时呆板的面貌，形成了一种极为潇洒、豪放、生动、流畅的风格。窑工们以瓷器表面作为画纸，创造了许多生动的飞禽、走兽、孩童形象和人物故事画，或书写上民间广为吟唱的诗、词、曲和民谚、警语等，成为广大人民群众喜闻乐见的一种生气勃勃的民间艺术，为我们今天留下了许多不朽的艺术品[8]。

这与马忠理先生的观点吻合，他认为“白地黑花装饰这种传统技法……大量出现在第三期宋末，特别是金代最盛行”[9]。

第四期前段，白地黑花纹饰比第三期减少许多，其中碗上的纹饰有用褐黑色彩绘双环纹及草书“王”字（见图一七）；在内壁绘散草纹和三环纹。盘上的纹饰有用酱色彩在内壁绘双环和“王”字；在内壁用黑彩草书“酒”字（见图一八），用酱色彩草书“一色好酒”四字。在玉壶春瓶上用褐黑色彩绘弦纹及散草纹。在双耳罐上用深褐色彩绘葵花纹。在长方形枕上绘如意头形开光，开光内画风竹。

总体说来，观台磁州窑这一时期的白地黑花装饰变得草率而又单调，呈现出衰落的景象[10]。

三 观台磁州窑白地黑花瓷器的制瓷工艺

第二期前段开始，观台磁州窑的制瓷工艺发生了重大的变化，进入了一个新的发展阶段。首先，观台磁州窑开始采用煤为燃料烧瓷，生产的白釉瓷器釉色多呈粉白色或白色，不再有发青绿色的釉，施釉较薄的器物一般不再有大块的开片，而变成细碎的米仔开片，但釉色显得十分纯净，同时胎质细腻坚致。其次，观台磁州窑开始使用覆烧工艺生产瓷器，提高了成品率和产量，第二期后段观台磁州窑采用了漏斗形匣钵装烧法，刚开始在一匣钵内装二三件或更多的碗、盘，后来改进为漏斗形匣钵单烧，使烧成的器物更加精美。同时，观台磁州窑的成型工艺也有较大的改进，从这个时期开始，观台磁州窑创造了仿定窑精品，器物胎体变得很薄，利坯技术十分精湛。煤的使用与制瓷工艺的改进提高了观台磁州窑瓷器的质量，从而给白地黑花瓷器的生产和发展提供了必要的条件和基础[11]。

四 观台磁州窑白地黑花瓷器的生产年代

从以上情况看，观台磁州窑白地黑花瓷器出现时间在第二期前段，为发生期；第二期后段，白地黑花器型和纹饰比第二期前段增多，为发展期；第三期，白地黑花器型和纹饰非常丰富，为繁荣期；第四期前段，白地黑花器型和纹饰比第三期减少许多，为衰落期（表一）。

表一　观台磁州窑白地黑花瓷器分期[12]

分期	器　形	纹　饰
第二期前段	VI 型 1 式器盖；III 型 3 式炉；VI 型 1 式白釉罐；V 型 1 式枕	放射状纹；丛草纹；草叶、荷叶、鹌鹑、彩蝶纹；黑彩文字“楼上角声风引去，□前花影日移来”
第二期后段	III 型 2 式、III 型 3 式钵；VI 型 2 式、X 型器盖；XI 型；XV 型炉；IX 型 1 式瓶（长颈喇叭形足瓶）；XIV 型梅瓶；II 型 1 式筒形罐；IV 型 1 式盆	鸟形草叶和折枝草叶；折枝大叶牡丹、散草纹；放射状勾连纹；四朵相对的草叶纹，蝴蝶纹；大叶折枝花；缠枝花草纹；大叶折枝牡丹；半圆形团花边饰；钱纹；荷塘图
	IV 型 2 式钵；IV 型 2 式器盖；X 型瓶（花口长颈喇叭形足瓶）；XI 型 3 式瓶（花口长颈直圈足瓶）；XI A 型瓶（喇叭口长颈圈足瓶）；XII 型 2 式瓶（有小盘口的梅瓶）；XIII 型 2 式瓶（矮	在腹部画圆形开光，内部四瓣开光，中心为四叶纹；连续卷草纹；相对的四朵草叶纹；缠枝芍药花纹、菊瓣形边饰和宝装覆莲瓣纹；折枝草叶纹；大叶折枝牡丹纹；残荷叶、云和

分期	器形	纹饰
第三期	梯形口梅瓶);XIII 型 3 式瓶（矮梯形口梅瓶);XIII 型 4 式瓶（矮梯形口梅瓶）；III 型 1 式筒形罐；III 型 2 式筒形罐；IV 型筒形罐；V 型 1 式筒形罐；V 型 2 式筒形罐；VI 型筒形罐；VII 型 1 式筒形罐；VII 型 2 式筒形罐；V 型双耳罐；III 型盆；V 型 2 式椭圆型枕；VIIA 型八边形枕；VIIB 型八边形枕；VIIC 型八边形枕；IX 型如意头形枕以及跪人、侍女人物雕塑	鹤纹；花瓣形边饰，八朵花头小碎叶缠枝牡丹纹；菊瓣形边饰、缠枝牡丹纹；菊瓣形边饰、六朵花头缠枝芍药纹和富贵不到头边饰；双髻的小孩和大片的蕉叶纹；单株大叶草纹；连续卷叶纹；宽带纹和连续卷草纹；单株草叶纹；折枝草叶纹和彩蝶纹；并列折枝草叶纹；二叶二鸟并列折枝草叶纹；缠枝牡丹、宝装覆莲瓣纹；折枝牡丹及小彩蝶纹；如意头形开光，开光内荷塘纹，开光间为草叶纹；折枝草叶纹及小粉蝶；团龙和火焰宝珠纹；寒枝雀纹，长尾雀及连续卷草纹；芦草鹭鸶纹；楷书文字“风花雪月”；奔鹿纹；飞雁衔芦枝纹；荷塘图；单株草叶及芦草仙鹤纹；卷叶纹及行书文字“行人挥汗”；黑彩勾人物雕塑衣边及花纹
第四期前段	III 型 5 式碗；VIII 型 6 式碗；XII 型 2 式盘；XII 型 3 式盘；XV 型 1 式盘；XV 型 2 式玉壶春瓶；XII 型卧虎形枕	双环纹及草书“王”字；散草纹和三环纹；草书“酒”字；草书“一色好酒”四字；弦纹及散草纹；葵花纹；风竹纹

注释：

[1][6][8][10] 秦大树：《磁州窑白地黑花装饰的产生和发展》,《文物》1994 年第 10 期。

[2] 北京大学考古学系、河北省文物研究所、邯郸地区文物保管所编：《观台磁州窑址》,文物出版社，1997 年。

[3] 陈万里：《陶枕》，朝花美术出版社，1954 年。

[4] 李辉柄：《磁州窑遗址调查》,《文物》1964 年第 8 期。

[5] 本文图片均来自《观台磁州窑址》插图。

[7] 冯先铭 :《我国陶瓷发展中的几个问题》,《文物》1980 年第 4 期。

[9] 马忠理 :《略谈观台窑考古发掘的新收获及其意义》,《中国磁州窑典籍》,中国文史出版社,2006 年。

[11] 秦大树 :《论磁州观台窑制瓷工艺、技术的发展》,《华夏考古》1996 年第 3 期。

[12] 观台磁州窑白地黑花瓷器分期图材料来源于《观台磁州窑址》。

磁州窑炉上村窑址白地黑花、酱花瓷的初步分析[1]

北京师范大学物理系 李融武
中国磁州窑博物馆 赵学锋 李江 张丽萍
郑州大学物理工程学院 李国霞 赵维娟 刘建立
复旦大学现代物理所 承焕生
峰峰矿区文物保管所 张林堂

内容提要：磁州窑是我国古代北方民间瓷窑的杰出代表。为了解磁州窑炉上村窑址白地黑花瓷、酱花瓷的原料来源和物理性能，用 XQK—02 空隙仪测试了部分样品的物理性能，用质子激发 X 射线荧光（PIXE）测试了样品的化学组成，测试结果的动态模糊聚类分析表明：样品胎可能是由 3~4 批原料烧制成的，透明白釉的原料来源相对比较集中，白地黑花釉的原料来源稍分散一些，白地酱花釉的原料来源相对更为分散一些。

关键词：磁州窑炉上村窑址　白地黑花和白地酱花瓷　化学组成　物理性能　原料来源

Abstract: Cizhou ware is an outstanding representative of ancient northern Chinese folk ceramics. In order to understand the sources and physical properties of the raw materials of black-on-white and brown-on-white glaze from Cizhou Lushangcun village kiln, we used XQK-02 gap instrument to test the physical characteristics of the samples and used Proton-induced X-ray fluorescence (PIXE) to test the chemical composition of the samples. Our dynamic fuzzy cluster analysis of the testing results indicates that the sample porcelain bodies were made in three to four batches; the raw material sources for the transparent white glaze were relatively concentrated; the raw material sources for the black-on-white glaze were somewhat dispersed, and those of brown-on-white glaze were further dispersed.

Key words: Lushangcun Village kilnsite of Cizhou ware, black-on-white porcelain, brown-on-white porelain, chemical composition, physical properties, source of raw materials

磁州窑是中国北方著名的民间瓷窑，它和当时的定窑、邢窑并称为河北的三大名窑。磁州的烧瓷历史较早，从磁县北朝墓群墓葬出土的青瓷覆莲罐、龙柄鸡首壶等器皿看，北朝时磁州就开始烧造青瓷，唐末五代生产白瓷，而从北宋开始，磁州的烧瓷业经过长时期的生产演变形成了“白地黑花（褐彩）”的独特装饰工艺，在古代陶瓷史上独树一帜。在广泛的生产传播中，磁州窑的技艺不但影响到了河南、山西、山东、内蒙等地的窑场，而且还影响到了朝鲜、泰国、越南、日本等国家，在世界陶瓷史上占据了重要的位置[2]。

磁州窑最基本的特点是在白度不高并比较粗糙的器胎上施一层化妆土，以达到粗瓷细作的效果。同时，在这层化妆土上，窑工们创造了一系列的装饰手法，其中以白地黑花装饰的反差最为强烈。它以毛笔作为工具，用彩料直接在瓷器上作画，充分体现了中国画的技法，表现出自由、奔放的画风，成为磁州窑最具特色的产品[3]。冯先铭先生曾谓白地黑花技法的成熟和发展，直接导致了元明青花瓷的发展[4]，指出了白地黑花装饰在中国陶瓷发展史上的重要地位。

为了解磁州窑炉上村窑址白地黑花、酱花瓷的原料来源，分类关系和物理性能，我们用质子激发 X 射线荧光测试了磁州窑炉上村窑址白地黑花瓷的化学组成，用阿基米德悬浮法测试了部分样品的物理性能，得出了一些有意义的结果。

一 样品的选取和测试分析结果

所选样品是 2009 年 10 月由磁州窑博物馆张丽萍指导，在河北省峰峰矿区炉上村窑址（应属于彭城中心烧造区）的一处斜坡次生堆积层采集的，其中部分样品的照片如图一所示。

古陶瓷中化学组成或元素含量的变化是由于胎、釉配方或原料矿源的差异所造成的，古陶瓷通常是就地取材烧制，由于矿源枯竭、不同时期审美观点不同，或不同陶

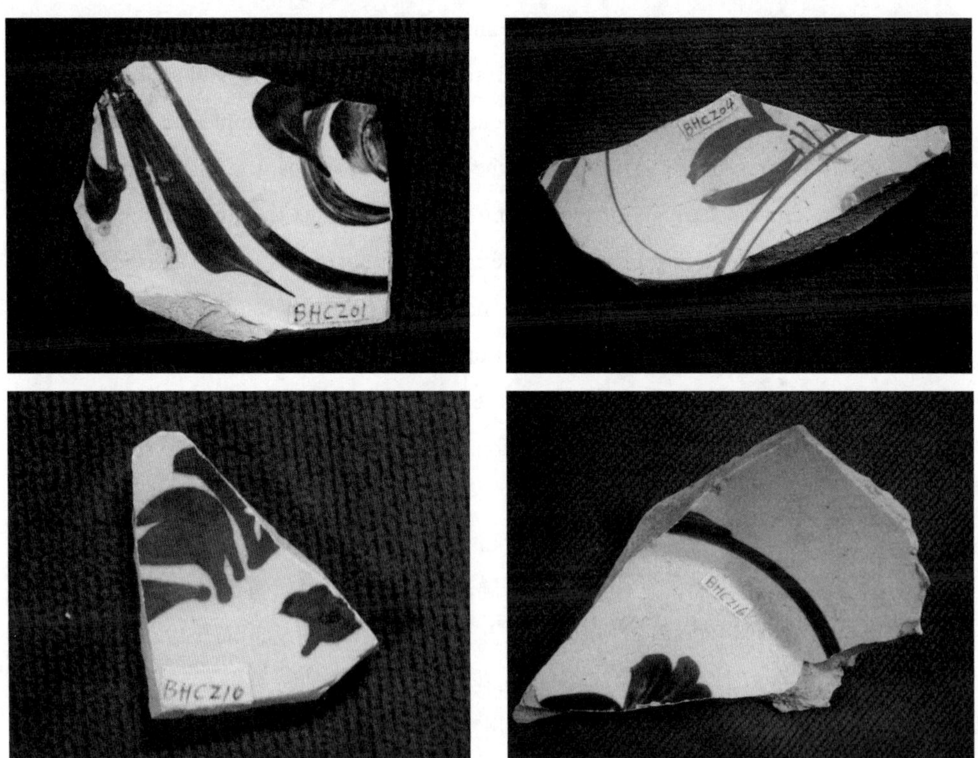

图一　样品 BHCZ01、BHCZ04、BHCZ10、BHCZ16 的照片

瓷类都会造成矿料的来源不同，这有利于用元素组成对古陶瓷进行断源研究[5]。我们用质子激发X射线荧光[6]测试了10个白地黑花瓷样品的化学组成,测试结果列于表一。

表一 样品胎、釉的化学组成平均值

	Na_2O	MgO	Al_2O_3	SiO_2	P_2O_5	K_2O	CaO	TiO_2	Cr_2O_3	MnO	Fe_2O_3	CoO	NiO	CuO	ZnO
样品胎的平均值	0.69	1.25	29.56	61.62	0.46	1.90	0.51	1.41	0.03	0.01	2.43				
透明白釉平均值	2.64	1.38	18.07	69.40	0.56	4.01	2.96	0.26	0.01	0.01	0.51	0.01	0.01	0.02	0.00
白地黑花釉平均值	2.29	1.19	17.21	69.77	0.39	3.51	3.43	0.24	0.02	0.08	1.60	0.01	0.14	0.01	0.01
白地酱花釉平均值	1.18	2.61	15.05	51.75	0.45	3.57	2.71	0.37	0.03	0.29	21.64	0.02	0.02	0.08	0.04

用XQK—02空隙仪测试了部分样品的干重、湿重、悬浮重、空隙率、吸水率、体积密度和表观密度，测量结果见表二。

表二 样品的物理性能参数

样品	干重 (g)	湿重 (g)	悬浮重 (g)	空隙率 (%)	吸水率 (%)	体积密度 (g/cm^3)	表面密度 (g/cm^3)
BHCZ01	2.246	2.362	1.36	11.577	5.165	2.535	2.242
BHCZ03	1.219	1.372	0.73	23.832	12.551	2.493	1.899
BHCZ04	1.357	1.493	0.8	19.625	10.022	2.436	1.958
BHCZ10	1.107	1.175	0.65	12.952	6.143	2.422	2.109

表二显示样品的孔隙率和吸水率是不一致的，这表明样品的烧成温度是不一致的。多数样品的孔隙率和吸水率比较低，表明它们的烧成温度和瓷化程度比较高；个别样品的孔隙率和吸水率较高，表明它们的烧成温度较低，这些样品有可能是处于生烧状态。

二 样品胎、釉的动态模糊聚类分析

模糊聚类分析是根据模糊数学理论，用模糊矩阵的方法建立概念、发现规律、建立模型的一种方法[7]。用模糊聚类分析方法将样品分成若干类，每个样品属于且仅属于其中的一类，每个样品可由所含元素的含量或化学组分的含量表示其原料来源的特征[8]。

1. 样品胎的动态模糊聚类分析

把用质子激发X射线荧光所测得的每个样品胎的Na_2O、MgO、Al_2O_3、SiO_2、P_2O_5、K_2O、CaO、TiO_2、Cr_2O_3、MnO、Fe_2O_3 11种化学组分含量，用模糊聚类分析法进行归类分析，得到如图二所示的动态模糊聚类分析图。我们参考理论值将最佳阈值定为 0.686, 这时，样品可分为以下 4 类：

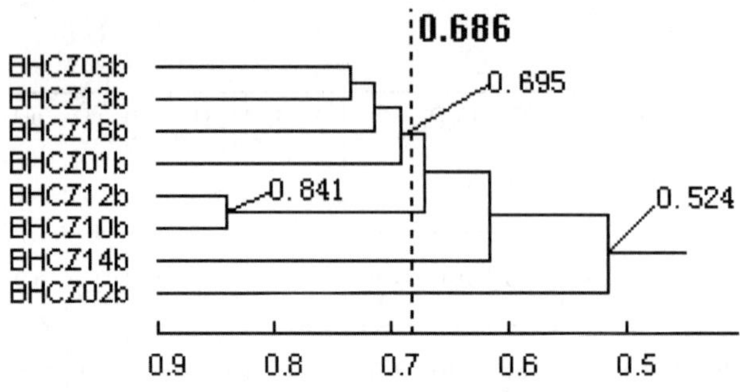

图二　炉上村白地黑花瓷胎的动态模糊聚类分析

第一类：该类从 BHCZ03b 到 BHCZ01b，共包括 4 个样品。这 4 个样品的胎料产地或配方相对比较接近，在 λ= 0.695 时它们聚为同类。

第二类：这一类共包括 BHCZ12b、BHCZ10b 2 个样品，这 2 个样品的胎料产地或配方非常接近，在 λ=0.841 时它们就聚为同类，它们极有可能是由一批料制作成的。

第三类、第四类：每类各有 1 个样品，它们的代码分别是 BHCZ14b 和 BHCZ02b。这两类之间的分类关系比较疏远，表明它们的胎料产地或配方有所不同；它们和第一、二类的分类关系疏远，表明它们的胎料产地或配方和第一、二类不同。

2. 样品釉的动态模糊聚类分析

把用质子激发 X 射线荧光所测得的每个样品釉的 Na_2O、MgO、Al_2O_3、SiO_2、P_2O_5、K_2O、CaO、TiO_2、Cr_2O_3、MnO、Fe_2O_3、CoO、NiO、CuO、ZnO 15 种化学组分含量，用模糊聚类分析法进行归类分析，得到如图三所示的动态模糊聚类分析图。我们参考理论值将最佳阈值定为 0.835，这时，样品大体可分为以下 10 类：

第一类：该类从 BHCZ03wg 到 BHCZ02wg，共包括 8 个样品，全部是炉上村白地黑花瓷的透明白釉。这 8 个样品的釉料产地或配方相对比较接近，在 λ= 0.848 时它

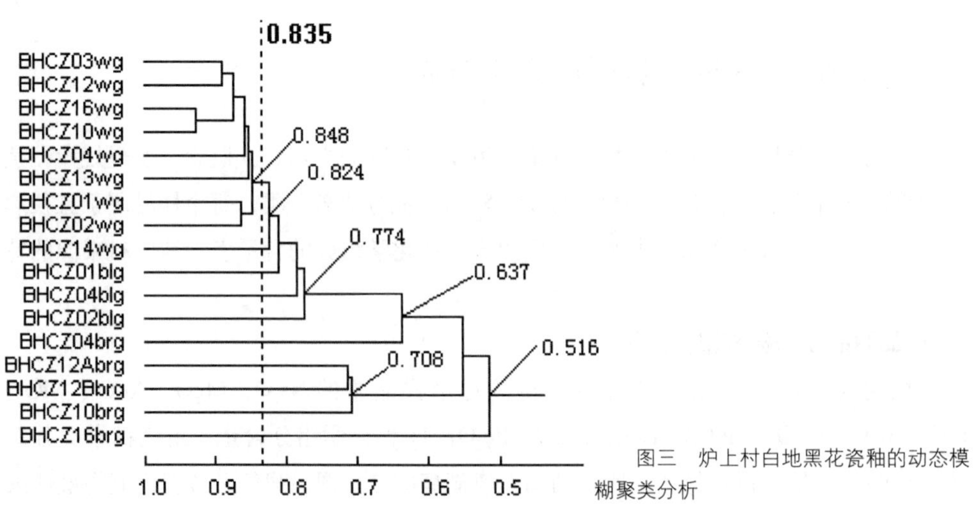

图三　炉上村白地黑花瓷釉的动态模糊聚类分析

们聚为同类。

第二类：这一类只有 BHCZ14wg 1 个样品，是炉上村白地黑花瓷的透明白釉。这个样品的釉料产地或配方和其他透明白釉样品稍有些不同。在 λ= 0.824 时，它和其他透明白釉样品聚为同类。

第三类、第四类、第五类：每类各有 1 个样品，它们分别是黑花釉样品 BHCZ01blg、BHCZ04blg、BHCZ02blg，在 λ = 0.774 时它们聚为同类。

第六类：这一类只有 BHCZ04brg 1 个样品，是炉上村白地黑花瓷 BHCZ04 样品另一面的酱釉。该酱釉的釉料来源或配方和本样品的透明白釉、黑花釉不同，和其他样品的釉料来源或配方也不同。

第七类、第八类、第九类：每类各有 1 个样品，它们分别是 BHCZ12Abrg、BHCZ12Bbrg、BHCZ10brg，都是炉上村白地酱花瓷的酱花釉。在 λ = 0.708 时它们聚为同类。

第十类：这一类只有 BHCZ16brg 1 个样品，是炉上村白地酱花瓷样品 BHCZ16 的酱花釉。该酱花釉的釉料来源或配方和本样品的透明白釉不同，和其他样品的釉料来源或配方也明显不同。

三 结论

对于所测试的样品，根据以上分析，可以得出如下结论：

第一，所分析样品的胎料来源或配方可能有 3~4 个。

第二，所分析样品透明白釉的原料来源比较集中，釉料配方比较接近。

第三，黑花釉的原料来源稍分散一些，它和多数透明白釉的原料来源和配方有所不同。

第四，酱花釉的原料来源相对更为分散一些，它和黑花釉、透明白釉的原料来源或配方则明显不同。

第五，样品的烧成温度是不一致的。多数样品的烧成温度和瓷化程度比较高，个别样品的烧成温度稍低一些。

注释：

[1] 国家自然科学基金（批准号：50772101，50762006）、中国科学院核分析技术重点实验室基金（批准号：B0901）资助项目。

[2] 赵学锋主编：《中国磁州窑典籍》，中国文史出版社，2006 年。

[3] 秦大树：《磁州窑白地黑花装饰的产生与发展》，《文物》1994 年第 10 期。

[4] 冯先铭：《我国陶瓷发展中的几个问题》，《文物》1980 年第 4 期。

[5] 高正耀、王杰、陈松华等 :《用中子活化分析研究古汝瓷起源》,《原子能科学技术》, 1997，31(4)。

[6] 承焕生、何文权、杨福家等 :《宋代汝瓷研究》,《文物保护和考古科学》, 1999 年，11(2) 。

[7] 谌红 :《模糊数学在国民经济中的应用》 第 97 ～ 148 页，武汉华中理工大学出版社，1994 年。

[8] 李国霞、赵维娟、李融武等 :《汝官瓷和钧官瓷胎料来源的质子激发 X 射线荧光分析》,《中国科学》 G，36（3）。

议磁州窑童子持莲纹

南京博物院 霍　华

南京艺术学院人文学院　刘金祥

内容提要：童子持莲纹是北宋磁州窑的常用纹样，影响至今。本文讨论两个问题，之一，邯郸地区民间所称的莲花生，磁州窑瓷枕上经常出现的童子持莲纹和《营造法式》中的化生纹三者之间有何关系。之二，磁州窑瓷枕上经常出现的童子持莲纹中的鹅或者鸭子或者大雁的形象究竟是哪一种？通过对《营造法式》成书背景的讨论和与书中图样的对比，并从汉字的语音和语义分析，论证磁州窑童子持莲纹是绘于瓷器上的化生图，磁州窑瓷枕上化生图中的走禽应该是鹅。

关键词：磁州窑　童子持莲纹　化生

Abstract: Designs of a young boy holding a lotus (tongzi chi lian wen) were a common motif used in Northern Song Cizhou Ware, and its influence persists to the present. This paper discusses two questions: first, what is the relationship between the Handan area's folk moniker Pahmasambhava (lianhua sheng); the design of a young boy holding a lotus, commonly appearing on porcelain Cizhou Ware pillows; and the design of spontaneous generation from the Treatise on Architectural Methods. Second, the goose, or duck, or wild goose, that often appears in designs of a young boy holding a lotus on porcelain Cizhou Ware pillows: which bird is it? Through discussion of the background of the Treatise's publication and comparison with the drawings within the book, as well as phonetic and semantic analysis of Chinese characters, this paper proves that the design of a young boy holding a lotus in Cizhou Ware is an image on porcelain of spontaneous generation, and that the cursorial bird depicted in such images should be a goose.

Keywords: Cizhou Ware, design of a young boy holding a lotus, spontaneous generation

磁州窑是我国宋元时期的名窑。童子持莲纹是北宋磁州窑的常用纹样，在邯郸地区也被称作莲花生（纹），其影响至今。

在磁州窑器物上，童子持莲纹常见白地绘黑花，也有剔刻花品种；它出现在瓷罐上，更多被绘于瓷枕之上。其根据器物的造型和纹样的尺幅，有各种不同的构图和形象，

图一 西夏黑釉露胎剔花童子持莲纹瓶

图二 金白地黑花童子持莲纹罐（采自《中国陶瓷全集·9》第222号，上海人民美术出版社，1999年）

图三 北宋白地黑花化生纹长方形枕（河北省磁县博物馆收藏。采自张子英编著《磁州窑瓷枕》第35页，人民美术出版社，2003年）

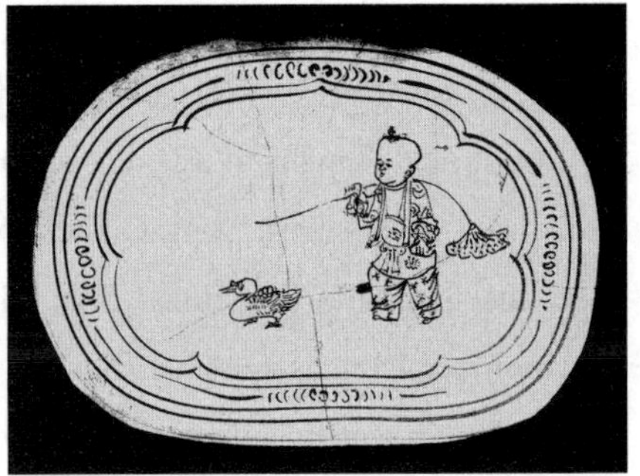

图四 北宋白地黑花化生纹腰圆形枕（采自张子英编著《磁州窑瓷枕》第151页，人民美术出版社，2003年）

装饰于罐腹部的多做团花图案（图一、图二），瓷枕枕面的釉下彩童子持莲纹则好似一幅中国画，童子或卧或行，有的画面还出现或鹅或鸭子或大雁的形象，纹样的共同特点是童子都手持一柄莲叶（图三、图四、图五、图六）。

在宋人李诫著《营造法式》中，也有童子持莲的形象，称作化生。《营造法式》中的化生纹有四种形象，一种列于卷三二《雕木作制度图样》[1]中（图七），作圆雕造型立于莲座上，另外三种分别列于卷三三《彩画作制度图样·上·骑跨仙真第四》[2]内（图八、图九、图一〇），或者为骑于鹅身，或者是舞刀练剑弄雄山羊，持绣球锦旗耍雌山羊的童子仙真。

本文讨论两个问题，之一，邯郸地区民间所称的莲花生，磁州窑瓷枕上经常出现的童子持莲纹和《营造法式》中的化生纹三者之间有何关系。之二，磁州窑瓷枕上经常出现的童子持莲纹中的鹅或者鸭子或者大雁的形象究竟是哪一种？

图五 北宋白地黑花化生纹腰圆形枕（香港杨永德先生收藏。采自张子英编著《磁州窑瓷枕》第 149 页，人民美术出版社，2003 年）

图六 金白地黑花化生纹如意形枕（采自张子英编著《磁州窑瓷枕》第 290 页，人民美术出版社，2003 年）

图七 《营造法式·雕木作制度图样》

图八《营造法式 · 彩画作制度图样》

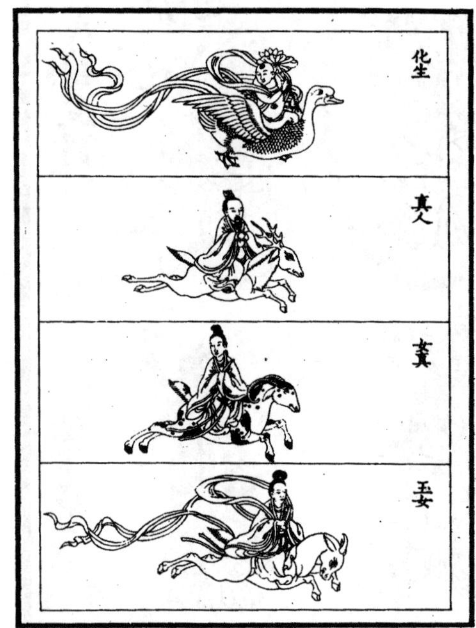

图九《营造法式 · 彩画作制度图样》

图一〇 《营造法式 · 彩画作制度图样》

一 关于莲花生、童子持莲纹和化生纹

1. 莲花生

查《佛教大辞典》[3]“莲花生”条：莲花生，藏文 Pad-ma-vbyun-gnas，梵文 Padmasambhava，亦称“乌金大师”，公元 8 世纪古印度僧人，传为乌仗那国（今巴基

斯坦境内瓦特河谷）人，于 751 年前后入藏。由于他对藏传佛教所作的巨大贡献，受到各宗派的共同敬仰，被奉为“师君三尊”[4]之一。传说莲花生大师为了普度众生，具有八种变相，此又称莲师八变：莲花金刚上师、释迦狮子上师、莲花王上师、爱慧上师、日光上师、忿怒金刚上师、狮子吼声上师。另外，值得注意的现象是，在目前研究磁州窑童子持莲纹这一类纹样的著作中，几乎没有提到过莲花生大师。

2．化生

佛教术语。查《佛教大辞典》[5]：“化生为梵文 Caturyoni 的意译。六道众生产生时的四种形态。据《增一阿含经》卷一七和《俱舍论》卷八等载为：(1) 卵生，从卵壳而生，有鸡、雀、乌鸦、鹊、孔雀等；(2) 胎生，从母胎而生，‘人及畜生至二足虫，是名为胎生’；(3) 湿生（亦名因缘生），从湿气而生，所谓‘腐肉中虫，厕中虫、尸中虫’；(4) 化生，无所依托，借业力而出现者，例如诸天神、饿鬼及地狱中的受苦者。”

3．莲花生与化生

接着上面两点分析，在《营造法式》卷三二《雕木作制度图样》中立于莲座的化生形象（见图七）是否是莲花生大师的八变之一莲花王上师的形象呢？

这里从以下四方面讨论这个问题：

(1) 莲花生大师的活动时间

据《佛教大辞典》“莲花生”条所述莲花生大师是公元 8 世纪古印度僧人，可知其活动时间在宋代之前。

(2) 从《营造法式》讨论

北宋建国以后百余年间，官家大兴土木，为了明确官府房屋建筑的等级，规范建筑的艺术形式及规范用工料例，宋哲宗元祐六年（1091 年），掌管宫室建筑的将作监编成《元祐法式》，由哲宗皇帝下诏颁行，北宋绍圣四年（1097 年）诏李诫重新编修。李诫是在哲宗元祐七年，到将作监供职的[6]。宋崇宁二年（1103 年），在《元祐法式》的基础上，李诫历经六年编成《营造法式》，流传至今。《营造法式》是北宋官方颁布的一部建筑技术专业书，但是，李诫在编书过程中参阅文献和旧有的规章制度，收集工匠讲述的各工种操作规程，所以，《营造法式》卷二九至三四中所列雕木作和彩画作的图样应该来自官家和佛教典籍，或者参考民间有关经典而成。这一点从《营造法式》图样采用佛家术语“化生”作为童子持莲图样的名称也可以看出来。

(3) 再从佛教传说讨论

佛教传说佛祖诞生时地涌圣莲，太子佛立于荷花中的故事在民间广为流传，民间一般民众对佛祖与莲花生大师的区别并不一定清楚，但是，莲是圣洁花，与佛教圣人有关的概念普遍为世人所接受。在佛教绘画和图案中，也有很多莲与佛一起出现的形象。所以，童子持莲纹是与佛教有关的纹样。

(4) 从汉字的语音和语义分析

莲花生的“花”与化生的“化”谐音，而祈求多子是中国古代人们的普遍观念；“化”

被理解为名词时，化生是佛教术语，“化”被理解为动词时，化生可以理解为化现生命，这种理解在古代的百姓心中是不需要解释就可以广为流传的。

二 关于纹样中鹅或者鸭子或者大雁的形象

要讨论磁州窑瓷枕上经常出现的童子持莲纹中鹅或者鸭子或者大雁的形象究竟是哪一种，是否具有象征意义，我们首先要弄清楚磁州窑童子持莲纹的出处。由于磁州窑是民间窑场，纹样无文字说明，且由于中国传统文化中对民间工艺和图案一贯不重视等原因，此纹样的出处似乎无从查起。但是，研读《营造法式》，其中载有“化生”纹样的卷三三《彩画作制度图样·上》的有关章节给笔者以启发，从中也许可以寻觅到与磁州窑童子持莲纹中的鹅或者鸭子或者大雁的形象有关的信息。

1.《营造法式》中的有关章节

《营造法式》中的有关章节目录（图一一）中，有关章节是《飞仙及飞走等·第三》和《骑跨仙真·第四》两部分。《飞仙及飞走等·第三》中所列都是一雄一雌的动物，有飞仙——嫔伽、凤凰、鸳鸯……和飞走——谿鶒、鸳鸯、鹅、狮子、山羊、象……它们或雄雌共处一栏或分置于两栏；《骑跨仙真·第四》部分所列为或骑于飞仙身上，或与飞走嬉耍的仙真形象，绝大多数与骑跨仙真相配的瑞兽形象在《飞仙及飞走等·第三》部分中出现过，并且与其中的成双成对形象相配套，例如，《飞仙及飞走等·第三》中有鹅的形象（图一二），图八中有化生骑于鹅身；《飞仙及飞走等·第三》中分别有雄雌狮子、象的形象，图九、图一〇中有拂菻[7]长缨牵狮子，獠蛮[8]舞旗戏大象，化生刀枪绣球锦旗弄山羊的画面，图九中是雄性飞走，图一〇中为雌性。笔者认为，此处的拂菻指东罗马帝国或拜占庭帝国人物形象的仙真——代表外国方面；獠蛮即《宋史》卷四九三中提到的“蛮獠”，是南方少数民族人物形象的仙真——代表少数民族方面；化生为童子形象的仙真——代表佛教神仙方面。以狮子配西方的拂菻仙真，大象配南方的獠蛮仙真，山羊配中原汉地的化生仙真，相得益彰。此处的拂菻和獠蛮，已经没有贬义，而是流露出万国来朝泱泱大国的荣耀感[9]。从《营造法式》成书的时间也可以说明这一问题。参见注释[7]和[9]可知，北宋与拂菻、獠蛮和平共处，两方来朝的时间分别是北宋元丰四年十月（1081年）和嘉祐二年（1057年），在北宋崇宁二年《营造法式》成书之前。也就是说，北宋官方颁布的《营造法式》图案法样中象征性地反映了北宋帝国安定祥和的景象。这种情况完全符合官本位的中国文化传统中的惯例。

2. 从整个时代文化看磁州窑童子持莲纹

绘有走禽的磁州窑童子持莲纹流行于宋金时期，盛行于北宋时期，那么，我们可以将它作为北宋时期的一种非语言符号进行考察。“每一个时代都有一个时代的文化内容和特征”[10]，在中国文化中，非语言符号的传播具有可信性和隐喻性[11]。《营造法式》中化生的形象是童子持莲，与磁州窑童子持莲的图像元素一致，它们都是同

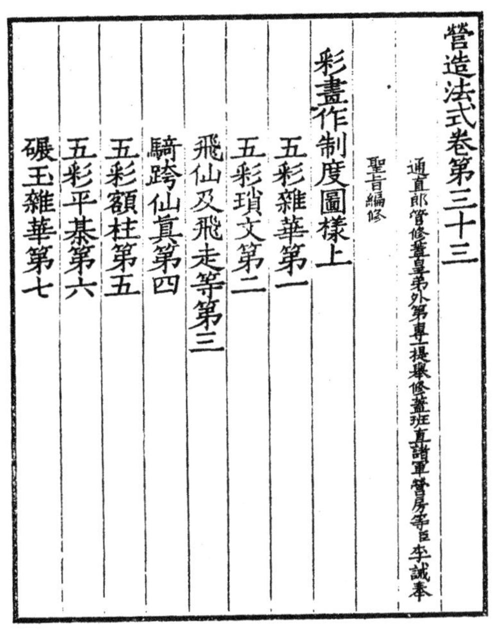

营造法式卷第三十三

通直郎管修蓋皇弟外第專一提舉修蓋班直諸軍營房等臣李誡奉

聖旨編修

彩畫作制度圖樣上

五彩雜華第一

五彩瑣文第二

飛仙及飛走等第三

騎跨仙眞第四

五彩額柱第五

五彩平棊第六

碾玉雜華第七

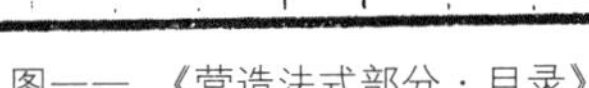

图一一 《营造法式部分・目录》

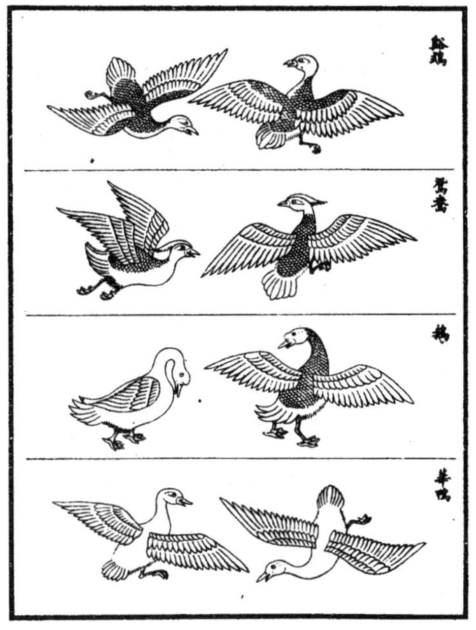

图一二 《营造法式・彩画作制度图样》

一个时代的产物，具有共同的时代特征，有可比较性和参照性。

通过如上分析，笔者认为磁州窑瓷枕上童子持莲纹中的走禽应该与《营造法式》中的一致，为鹅比较合适。

综上所述，可以得出如下二点结论：第一，现在邯郸地区民间所称的磁州窑瓷枕上的莲花生（纹）与藏传佛教中的莲花生大师似乎没有必然的联系，而是反映古代民间求子意识的吉祥纹样，但是，在宋金时期两者是否有联系，还有待于讨论。因为，随着佛教传入内地，北宋时期在《营造法式》中出现立于莲座上的圆雕莲花生上师形象是有可能的。进一步看，如果存在这种情况的话，这位莲花生上师的形象在汉地传播的过程中被整合[12]、被汉化、被民间化，以至于出现在《营造法式》上的时候，已经活脱脱地成为一个立于莲座上的可爱的娃娃形象，与大众心目中的莲化现童子的形象相融合，更多表现出的是民间祈求多子的意识。第二，磁州窑童子持莲纹是受到佛教文化影响的纹样，是绘于瓷枕上的化生图。《营造法式》中的化生纹和磁州窑器物上的童子持莲纹没有必然的蓝本式关系，但是，在北宋的大时代背景之下，《营造法式》中的化生纹具有时代性和导向性。磁州窑童子持莲纹有出现鹅和没有鹅出现的两种图像，当时应该有流行画稿，但是由于年代的久远和中国传统文化中对这一部分资料不重视，今天已经无从考证了。

三 余论

磁州窑童子持莲纹，即化生纹这一课题还值得继续研究，余论之一是期望在北宋人的作品中找到有关这方面的确切记载，之二是纹样中的鹅是否具有象征性还有待进一步讨论。

注释：

[1] 李诫：《营造法式》四，第 103 页，商务印书馆，1933 年。

[2] 李诫：《营造法式》四，第 136 ~ 138 页，商务印书馆，1933 年。

[3] 任继愈主编：《佛教大辞典》第 986 页，江苏古籍出版社，2002 年。

[4] 藏传佛教中对护寂堪布、莲花生大师和吐蕃王赤松德赞三者的尊称。

[5] 任继愈主编：《佛教大辞典》第 401 页，江苏古籍出版社，2002 年。

[6] 李诫（1035 ~ 1110 年），字明仲，从宋哲宗元祐七年（1092 年）开始在将作监供职，职位由从七品的主簿监级别一直做到从三品的监级别。

[7] 一般认为，拂菻指东罗马帝国，定都君士坦丁堡（今土耳其的伊斯坦布尔），存在于 395 年至 1453 年，历 12 个朝代。《宋史》卷四〇九〇·列传第二四九·外国六“天竺、于阗、高昌、回鹘、大食、层檀、龟兹、沙州、拂菻”条中记载：拂菻王减力伊灵改撒于北宋元丰四年十月（1081 年），“始遣大首领你廝都令廝孟判来献鞍马……元祐六年，其使两至。诏别赐其玉帛二百匹、白金瓶、袭衣、金束带”。（元）脱脱等撰《宋史》四〇，第 14124 页，中华书局，1977 年。

[8] 此处獠蛮应该指南方的少数民族。在《宋史》卷四九三·列传二五二·蛮夷一“西南溪峒诸蛮上”中，有“蛮獠”的记载，应该意为“蛮地的獠人”，《营造法式》中的“獠蛮”与《宋史》中的“蛮獠”所指相同。

[9] 关于拂菻来北宋王朝朝贡的情况见注释 [7]。关于北宋与蛮獠由刀枪相见到和平相处，蛮獠来朝贡的情况见《宋史》卷四九三·列传二五二·蛮夷一中“西南溪峒诸蛮上”条记载，大意为：蛮獠数人寇钞，边吏不能制。朝廷姑欲无事，间遣史谕旨，许以改过自归，裁损五七州贡奉岁赐。初辄不听，后遣官经制，大出兵临之，且驰檄招谕。于是，仕义乃陈述说，本无反意，之所以僭称号，补官属，是由于边远地方之人不知中国礼仪而然。守信等轻信师实之谮，檀伐无辜，愿以二十州旧地复贡奉内属。嘉祐二年（1057 年），仕义率众七百饮血就降……（元）脱脱等撰《宋史》四〇，第 14179 页，中华书局，1977 年。

[10] 陈文华主编：《文化学概论新编》第 272 页，首都经济贸易大学出版社，2009 年 10 月。

[11] 张国良主编：《传播学原理》第 105 ~ 108 页，复旦大学出版社，1995 年。

[12] 整合不同的价值，使其在中华一体的文化格局中熔铸成为一个有机的整体，是中国文化基本精神的功能之一。张岱年、方克立主编：《中国文化概论》第 398 页，北京师范大学出版社，1994 年。

宋金元磁州窑白地黑花瓷枕的发展演变

邯郸市博物馆　马小青

内容提要：磁州窑瓷枕在国内外各大博物馆、美术馆和文物部门多有收藏。过去，由于考古资料的缺乏，古陶瓷界对磁州窑白地黑花瓷枕的产生时代及发展变化认识模糊，许多馆藏瓷枕的时代判断上甚至有误。本文根据近些年观台窑考古发掘、墓葬出土和纪年瓷枕资料分析，认为北宋磁州窑瓷枕造型多，装饰技法丰富，装饰题材较少。白地黑花釉下彩装饰产生于北宋末年至金前期。金代瓷枕造型依然丰富，白地黑花瓷枕开始流行，并形成了较为固定的绘画格式，装饰题材也逐渐增多，流行时代大体在大定至泰和年间。元代白地黑花长方形瓷枕流行，瓷枕的造型和装饰技法统一，装饰题材、内容极其丰富，绘画装饰风格成熟复杂。此类枕的时代大体在13～14世纪之间，甘肃省博物馆藏“明道元年”（1085年）虎纹长方形枕的烧造年代也应属这一时期，而非北宋。

关键词：宋金元　磁州窑　白地黑花瓷枕　发展演变

Abstract: Porcelain Cizhou Ware pillows are collected in museums, art galleries, and departments of cultural relics both domestically and abroad. In the past, due to the scarcity of data from archaeological studies, the field of ancient ceramic studies possessed a vague understanding of when black-on-white Cizhou Ware pillows were produced and how their development evolved, such that the ages of many such pillows collected in museums had even been appraised in error. Based on recent analysis of studies of excavations at Guantai Kiln, unearthed tombs, and pillows decorated with dates, this paper holds that porcelain Cizhou Ware pillows from the Northern Song took various shapes, and enjoyed a richness of decorative technique, but relatively few decorative themes were used. Black-on-white decoration with underglaze designs were produced from the latter years of the Northern Song to the early Jin. Jin Dynasty pillow molding techniques were still abundant, and black-on-white pillows first became popular, forming a relatively fixed pictorial form. Decorative themes also gradually diversified, and the pillows' period of popularity generally took place from the Dading to Taihe reigns. In the Yuan Dynasty, rectangular black-on-white pillows were in fashion, and the techniques of pillow-shaping and decorating standardized, with extremely abundant decorative themes and a mature, complex style of pictorial decoration. This was generally 13th and 14th century type of pillow, so the firing period of rectangular pillows with tiger designs in the Gansu Provincial Museum collections labeled “First Year of Mingyao” (1085) should belong to this period, not the Northern Song.

Key words: Song, Jin, and Yuan Dynasties; Cizhou Ware; black-on-white porcelain pillows; development and evolution

瓷枕是宋金元时期磁州窑产品中一项颇具文化内涵的艺术创作，即使在当时，除了“荐首”这一实用功能外，也是值得珍藏的艺术品。广州南越王墓博物馆收藏有一件书写《枕赋》的元代长方形瓷枕，《枕赋》云：

> ……既入诗家之手，忻（欣）置读书之屋，鄙珊瑚（富）贵之器，陋琥珀华靡之属。远观者疑（凝）神，狎玩者夺目。来尺璧而不易，贾万金而不粥（鬻）。囊以蜀川之锦，椟以豫章之木，藏之若授圭，出之如执玉……

虽有夸张，但也可窥见时人对磁州窑瓷枕的喜爱程度。磁州窑瓷枕的造型千变万化，装饰技法种类繁多，装饰题材丰富多彩，可以说集宋金元时期制瓷工艺美术之大成，同时折射出当时社会的政治、经济、文化和民风民俗的方方面面。其中白地黑花瓷枕最具代表性，它将中国古代传统水墨画技法运用到瓷画上，以铁为颜料，在瓷枕胎体的白化妆土上挥毫泼墨，尽情挥洒，最后罩一层透明釉，形成千古不褪色的釉下彩绘画，使我们今天仍能欣赏到磁州窑工匠永传后世的艺术杰作。

瓷枕作为重要的磁州窑艺术品，在国内外各大博物馆、美术馆和文物部门多有收藏，过去由于考古资料的缺乏，古陶瓷界对磁州窑白地黑花瓷枕的产生时代及发展变化认识模糊，许多馆藏瓷枕的时代判断甚至有误。随着磁州窑考古发掘的深入和墓葬出土资料的不断涌现，对白地黑花瓷枕的产生发展应有重新认识的必要。本文拟根据近年考古发掘、墓葬出土和国内外馆藏纪年器资料，梳理此类瓷枕的发展脉络，搞清时代问题，并试图对过去的模糊认识进行修正，以期此后对一些馆藏磁州窑瓷枕的断代有所帮助。谬误之处，敬请方家指正。

一 白地黑花瓷枕的产生

磁州窑是指今河北省南部邯郸的磁县、峰峰境内太行山东麓漳河、滏阳河流域宋金元时期的制瓷窑场，这一区域当时大体归属磁州管辖，故名。1949 年后，漳河流域的观台窑先后经过三次考古发掘；滏阳河流域的彭城窑、临水窑也有三次考古发掘，特别是 1987 年第三次观台窑发掘，不仅地层清楚，出土丰富，还为磁州窑器物提供了科学的分期断代标准[1]。加之漳、滏流域墓葬、遗址出土，以及散失国外和私人收藏的带纪年款的瓷枕，这些都为白地黑花瓷枕的深入研究打下了基础。

白地黑花，本文专指用毛笔蘸斑花料（磁州窑当地的一种贫铁矿）在白色化妆土上绘画书写呈现黑白对比效果的一种装饰技法。北方地区最早使用白地黑花装饰技法可追溯到隋代，河南安阳隋开皇十四年（594 年）张盛墓出土的文官像的发冠、须眉、衣履和剑鞘等部位均以黑彩描绘[2]，唐代黄堡窑也有素胎黑花装饰品种[3]。但隋代黑彩只是在瓷俑上的点缀性辅助装饰，唐代黑釉花也是极其简单的花纹，与磁州窑匠师直接将宣纸上的国画技法运用到瓷器绘画上不可同日而语，白地黑花黑白对比强烈，最大程度上达到了国画效果，并有自己的特色，上透明釉烧制后不掉色，可以永久传世留存。

据 1987 年观台窑考古发掘资料看，磁州窑白地黑花技法产生于北宋末年至金代前期这一段时间，并逐渐发展繁荣，金代中后期达到鼎盛。观台窑一期后段（宋末金初）始出现白地黑花装饰技法，较早的白地黑花是在白釉钵等小件器物上绘单株花草，绘画简单。那么北宋是否存在其他形式的白地黑花呢？邯郸武安邑城乡曾出土一方白地褐彩椭圆形文字枕，乳白釉，开细碎冰裂纹，枕面与侧墙相接处微出檐。枕面内凹，前倾，未开光，褐彩直书“欲作高堂梦，须凭妙枕歌”（图一），彩呈褐色，用手抚摸有凸凹挡手之感，属釉上彩，与白地黑花釉下彩不同。经仔细观察，这种釉上褐彩装饰与观台窑北宋时期流行的白釉点褐彩技法相同。白釉点褐彩装饰品种在观台窑一期（北宋前期）地层中即存在，有草叶纹和麦穗纹；到二期前段（北宋中期）白釉褐斑技法使用最多，第一期的草叶纹演变为梅花点，具体制作过程为酱褐彩与釉料混合在一起，装饰在小钵、罐、小碗等器物的釉上，属釉上彩，与用含铁颜料直接在化妆土上绘画，再上透明釉的白地黑花釉下彩技法不同。

墓葬出土有纪年的白地黑花器物大多也是在 12 世纪前半期开始出现。如河南方城崇宁三年（1104 年）范致祥墓出土的白地黑花敛口碗[4]，山西长治皇统三年（1143 年）崔政墓出土的白地黑花山水图枕残件[5]。

图一　北宋白地褐彩“欲作高堂梦，须凭妙枕歌”椭圆形枕（邯郸出土）

1987年观台窑出土北宋至金前期的瓷枕造型多样，有银锭枕、亚腰枕、叶形枕、八角竹节枕、豆形枕和椭圆枕等；装饰技法繁多，有划花、珍珠地、篦划花、白剔花、黑剔花和黑绘划花等；装饰题材内容相对简单，仅有花卉、动物、简单文字等，人物题材很少。如北宋早期的珍珠地半圆团花卷草纹银锭枕，北宋中期的白剔花缠枝花豆形枕、珍珠地“福德”叶形枕、珍珠地“福德枕一只”叶形枕，北宋末年至金前期的白地篦划花牡丹纹叶形枕等。可见观台窑北宋地层中未见白地黑花釉下彩瓷枕。

这一时期国内外存世带纪年的瓷枕主要有：

台湾郭良蕙藏北宋“至和三年”（1056年）白剔花缠枝菊纹叶形枕。枕背面和枕底部分别戳印“至和三年”和“张家造”两枚窑戳。

英国大英博物馆藏北宋“熙宁四年”（1071年）白地珍珠地划花长方形枕。枕面中央为双勾文字“家国永安”，枕面两边分别划书文字，右为“元本冶底赵家枕永记”；左为“熙宁四年三月十九日”。

河北巨鹿古城出土北宋“崇宁二年”（1103年）白地划花叶形枕。枕底墨书“崇宁二年新婿亚”。

河北省博物馆藏北宋“政和八年”(1118年)白剔花兔纹八角竹节形枕。枕底墨书“政和八年八月二十三日记之”。天津市历史博物馆藏有同时期的白剔花兔纹八角竹节形枕，底部刻划文字“长命枕一只”。

二　金代白地黑花瓷枕

金代是磁州窑的繁荣期，各地墓葬出土磁州窑及磁州窑系带大定、泰和年款的瓷枕颇多，这从一个侧面说明经过宋末金初的社会巨变后，经济逐渐恢复，制瓷业开始复苏。1987年观台窑发掘金代层出土器物最为丰富，瓷枕种类多样，各种装饰技法在瓷枕上得以充分发挥。其中白地黑花瓷枕开始流行，最具代表性，成为金代瓷枕装饰的主要品种。金代的白地黑花瓷枕，其造型多种多样，有八角形、椭圆形、豆形、如意头形和长方形等；装饰技法以白地黑花为主流；装饰题材内容逐渐丰富，有花鸟、花卉、动物、婴戏和诗文联句等。更为重要的是，金代白地黑花瓷枕逐渐有了较为固定的统一的绘画格式，大体归纳为三个共同点：

第一，无论何种枕形，枕面多随枕形文武线（粗细线）开光，开光内绘主题纹饰。

第二，此类枕横长多为30厘米左右，枕面面积较小，因此，开光内构图简洁、明快，以小品、小景式绘画为主，大多没有背景，题材多为花鸟、动物、婴戏、马戏、熊戏和楹联等。

第三，枕体周壁绝大多数装饰同一样式的二方连续卷草纹，少数为单株草叶纹或素面。

以上述三个共同点作标准进行排列对比，可将一批白地黑花枕归为一类。

这一时期国内外存世带纪年的瓷枕主要有：

磁县磁州窑博物馆藏1987年观台二街采集的“大定二年”（1162年）白地黑花花鸟图椭圆形枕。枕底部墨书“大定二年□月……”并有竖版上荷叶覆盖下荷花承托“张家造？”窑戳一枚（图二）。

上海博物馆藏金代“大定二年”棕褐地黑花鹡鸰图虎形枕，枕底部墨书“大定二年六月二十六日□□”。

山西省博物馆藏金代“大定二年”棕褐地黑花折枝花图虎形枕。枕底部墨书“大定二年……”

邯郸市文研所藏金代“大定五年”白地黑花黑地划花海兽衔鱼椭圆枕。底部有墨书题记“大定伍年四月十三日买到枕子一个坚考至记□”（图三）。

美国费城美术馆藏金代“大定十八年”白地黑花对弈图豆形枕。枕底部墨书“大定十八年……”有六、七、八字不可辨识（图四）。

山西长治市博物馆藏“大定二十三年”款白地黑花开光花卉纹长方枕。

日本静嘉堂文库美术馆藏金代“泰和元年”（1200年）白地黑花双鸭戏水图椭圆枕。枕底部墨书“……胡大嫂价钱四十（文）谨记泰和元年六月十九日记……”（图五）

上述这些带年款的瓷枕可作为推断金代此类枕的大致年代参考，即金大定年间（或稍早）至金泰和年间(13世纪初)。

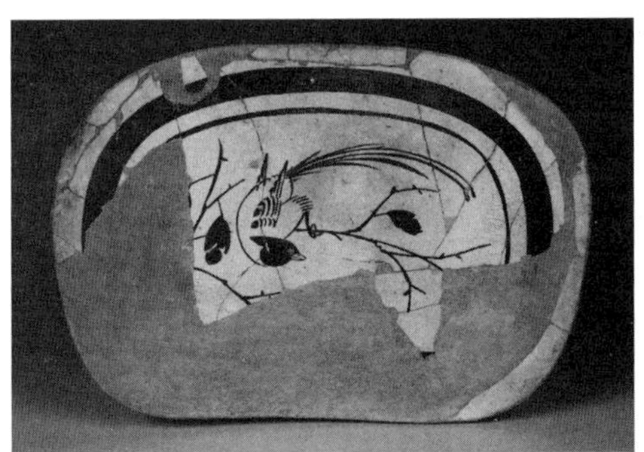
图二　金“大定二年”白地黑花鸟纹椭圆形枕

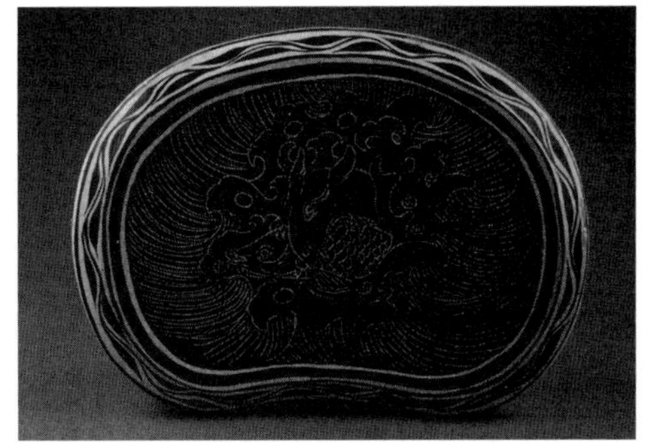
图三　金“大定五年”白地黑花黑地划花海兽衔鱼纹椭圆形枕

图四　金“大定十八年”白地黑花对弈纹豆形枕（费城艺术博物馆藏）

图五　金“泰和元年”白地黑花双鸭戏水纹椭圆形枕（日本静嘉堂文库美术馆藏）

三 蒙古元时期的白地黑花长方枕

1219年，蒙古兵攻占河北州县，磁州窑产地落入蒙古统治者手中。蒙古元时期白地黑花瓷枕进一步发生了变化，宋金时期多种多样的造型统一归于长方形，北宋丰富多彩的装饰技法归于白地黑花一种，在瓷枕造型和技法简化归一的同时，装饰题材内容却达到了登峰造极的地步，除继承北宋金代花卉、花鸟、动物、婴戏和楹联诗文等题材外，还新增了山水人物、历史故事、神仙志怪、世俗生活、元杂剧和诗词曲赋等。白地黑花长方枕的绘画格式也可归纳为三个共同点：

第一，枕形制统一为长方形，枕面与四壁相接处出檐，枕面有的稍向前倾斜，有的稍平；枕体长度多在30～40厘米，有的在40厘米以上，装饰绘画面积扩大。

第二，枕的装饰风格、绘画构图、布局统一，除底面外，其余五面均有菱花形开光画面。枕面随形绘边框，边框内有菱花形开光，多绘主题纹饰，题材多为山水风景、人物故事、花鸟瑞兽、诗词曲赋等，绘画细致复杂，多有背景描绘。开光与边框之间填细碎花草纹，或有喇叭花、石榴花、梅花等。

第三，枕前、后墙随形绘边框，内有菱花形开光，少数开光内绘山水风景、花鸟瑞兽、墨竹、花卉和诗文等，多数开光内仅绘简单的花鸟、墨竹、花卉；枕两侧也有菱形开光，开光内多为固定的并蒂莲、并蒂牡丹或单株的牡丹、莲花。

从上面三点可以看出白地黑花长方形枕从绘画构图、布局、内容、题材等方面要比简洁明快的金代白地黑花瓷枕成熟复杂得多。

甘肃省博物馆收藏有一方带北宋明道元年款(1082年)的白地黑花卧虎图长方形枕（图六）[6]，枕面菱形开光内画卧虎望月图，右上角题款“明道元年巧月造，青山道人醉笔于沙阳”。首先，通过对这方枕的造型、胎质、釉面以及绘画风格等方面观察，不是赝品。那么，对这方长方枕烧造真实年代的考证成为不可回避的问题。北京大学秦大树教授等学者曾对此枕提出质疑[7]，刘涛先生在《宋辽金纪年瓷器》中也认为此枕时代在金代以后[8]。笔者据1987年观台窑发掘资料认为：观台窑宋中前期不见白地黑花品种，不可能出现装饰绘画如此复杂成熟的白地黑花瓷枕，如肯定此枕年号，则此类枕应于北宋珍珠地、篦划花叶形枕以及金代白地黑花枕同时存在，可观台窑只在四期前段（约从蒙古尽占河北州县1216年到元武宗至大年间以前）发现此类长方形枕的前墙残片两片，而北宋金代前三期地层中均未见此类白地黑花长方枕标本。因此，明道元年枕年款有误，或为后世所书寄托款。白地黑花长方形枕除明道元年款外，还有私人收藏的一方白地黑花长方形诗文枕，枕面开光内墨书七言诗一首：“唐虞礼乐岁元新，齐鲁中书有大臣，泰和三年调玉烛，衣冠万国拜王春。”(图七)[9]诗文中提到金泰和三年(1203年)年号，不是瓷枕的绝对烧造纪年，而用来作为此类白地黑花长方枕的断代参考上限较为合理。磁县文博物馆藏一方白地黑花《山坡里羊》曲文长方形枕（图八）[10]，枕上所书元曲小令明确为元散曲作家陈草庵的作品，为元代枕无疑。

图六　元白地黑花“北宋明道元年”款长方形枕

图七　元白地黑花长方形诗文枕（私人收藏）

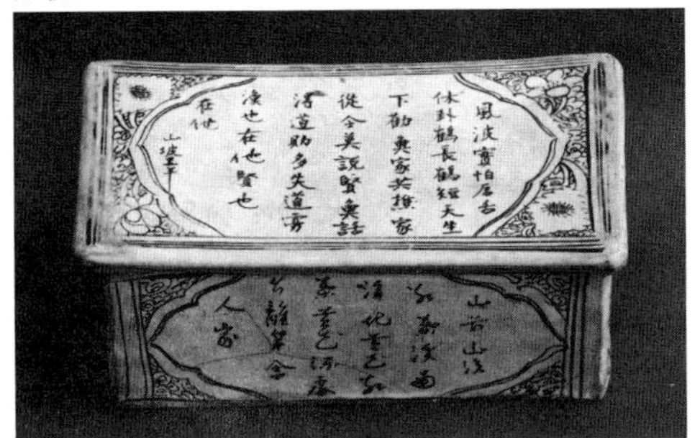
图八　元磁县白地黑花《山坡里羊》曲文长方形枕

图九　元白地黑花尉迟恭单鞭救驾图枕

图一〇　元白地黑花杂剧图枕

图一一　元杂剧“大行散乐忠都秀在此作场”壁画

陈草庵（1245~1320 年），名英，字彦卿，号草庵，大都（今北京）人，元人钟嗣成《录鬼簿》列其前辈名公，称“陈草庵中丞”，卒时已近 80 岁。《全元散曲》录存其小令 26 首，多愤世嫉俗的叹世之作。此外，白地黑花长方形瓷枕上书写元散曲小令的还有很多，曲牌名有《朝天子》、《红绣鞋》、《落梅风》、《石庆东原》、《小桃红》和《喜春来》等。此类枕绘画元杂剧内容的也很多，有尉迟恭单鞭救驾（图九）、李逵负荆请罪、火烧博望、空城计、柳毅传书、司马相如桥头题诗、八仙过海和宫门带等。有一方瓷枕，枕面直接绘画了元杂剧舞台演出场面（图一〇），生动形象，绘画与山西洪洞县明应王殿内现存泰定元年 (1324 年）元杂剧壁画《大行散乐忠都秀在此作场》（图一一）画面有相同之处，史料价值极高。这些资料是白地黑花长方形瓷枕蒙元时期流行的有力证据。

前述金代白地黑绘瓷枕带年款者有大定二年、大定五年、大定十八年和泰和元年款的，而白地黑绘长方形枕也有泰和三年款和明确的元代散曲（书陈草庵散曲小令的瓷枕）的。可见，泰和年间既有金代白地黑花瓷枕，又有长方形白地黑绘枕，或可作两者的上下限。另有私人收藏元中期“至治二年”（1322 年）白釉素面长方形瓷枕，与白地黑花长方形枕形制相同，可暂作为此类枕的参考下限。结合观台窑四期前段分期，笔者认为白地黑花长方形枕流行时代应定在泰和年间（或稍早）到元中期（14 世纪初）。日本大阪市立美术馆馆长蓑丰先生著文[11]及在《磁州窑特展图录》中也将此类白地黑花长方形枕的流行时代大体定在 13~14 世纪[12]。

这一时期国内外存世带纪年的瓷枕主要有：

私人藏金代“泰和元年”(1203 年)白地黑花诗文长方枕。枕底部墨书诗一首:“唐虞礼乐岁元新，齐鲁中书有大臣。泰和三年调玉烛，衣冠万国拜王春。”枕底部有“张家造”窑戳。

美国华盛顿佛利尔美术馆藏元代“至元二年”（1336 年）白地黑花瓶形枕。瓶的肩部用黑彩书“至元贰年四月廿四日李名记枕□”。

河北省邯郸市峰峰矿区文保所藏元代“至正二年”（1342 年）白地黑花侧卧妇人形瓷枕。枕底墨书“至正贰年六月初四日，申家窑”。

综上所述，本文根据观台窑发掘、墓葬出土和纪年瓷枕资料分析，认为北宋磁州窑瓷枕造型多，装饰技法丰富，以胎装饰为主，装饰题材较少。白地黑花釉下彩装饰产生于北宋末年至金前期，北宋地层未见白地黑花瓷枕标本。金代瓷枕造型依然丰富，白地黑花瓷枕开始流行，并形成了较为固定的绘画格式，装饰题材也逐渐增多。金代白地黑花瓷枕的流行时代大体在大定至太和年间。元代磁州窑流行白地黑花长方形瓷枕，瓷枕的造型和装饰技法统一，但装饰题材内容极其丰富，绘画装饰风格成熟复杂，此类枕的时代大体在 13 ～ 14 世纪，甘肃省博物馆藏“明道元年”（1085 年）虎纹长方形枕的烧造年代也应属这一时期，而非北宋。

注释：

[1] 北京大学考古学系、河北省文研所和邯郸市文保所主编：《磁州观台窑》，文物出版社，1997 年。

[2] 社科院考古研究所安阳发掘队：《安阳隋张盛墓发掘记》，《考古》1959 年 10 期。

[3] 陕西省考古研究所：《唐代黄堡窑址》，文物出版社，1992 年。

[4] 南阳地区文物队：《河南方城金汤寨北宋范致祥墓》，《文物》1988 年 11 期。

[5] 商彤流、杨林中、李永杰：《长治市北郊安昌村出土金代墓葬》，《文物季刊》2003 年 1 期。

[6] 中国硅酸盐学会主编：《中国陶瓷史》，文物出版社，1982 年。

[7] 秦大树 :《磁州窑白地黑花装饰的产生与发展》,《文物》1994 年第 10 期。

[8] 刘涛 :《宋辽金纪年瓷器》,文物出版社,2004 年。

[9] 范冬青 :《陶瓷枕略论》,《上海博物馆集刊》第四期,上海古籍出版社,1987 年。

[10] 张子英 :《磁州窑烧造的文字枕》,《文物春秋》1993 年第 4 期。

[11] [日] 蓑丰 :《论磁州窑长方形绘画枕》,《中国陶瓷研究》第五辑。

[12] [日] 蓑丰主编 :《磁州窑特展图录》,Yutaka Mino ,Freedom of Clay and Brush through Seven Centuries in Northern China:Tz`u-chou Type Wares,960-1600A.D. Indiana University Press,Bloomington,1981.

论宋磁州窑瓷枕上的风俗画

中国艺术研究院美术研究所　李纪贤

内容提要：宋代民间窑场不断涌现，装饰手法不断革新。北宋风俗画的流行，刺激了民间窑场的釉下彩绘艺术的发展。本文分析了北宋磁州窑瓷枕上的风俗画，指出此类作品中多见儿童及世俗生活题材，其釉下彩绘采用白描的画法，构图简洁而不失章法，呈现出有别于官窑瓷器和画院作品的艺术特色。

关键词：宋代　磁州窑　瓷枕　风俗画

Abstract: The Song Dynasty saw civilian kilnsites constantly spring into existence, and the constant reinvention of decorative methods. The popularity of Northern Song folk painting spurred civilian kilns' development of underglaze painting. This paper analyses folk painting on Northern Song porcelain Cizhou Ware pillows, specifically the commonly-appearing themes of children and everyday life. Out of such underglaze painting, which uses line-drawing techniques of clean composition and balanced presentation, emerges a distinctive artistry different from imperial kiln porcelain and works of the Painting Academy.

Keywords: Song Dynasty, Cizhou Ware, porcelain pillows, folk painting

瓷器的普及，早在唐代就已“天下无贵贱通用之”[1]，入宋之后制瓷工艺进一步发展，由于封建统治者对瓷制品的奢望，客观上也促使宋代制瓷匠师在装饰方面进行更广泛的探索，民间制瓷窑场这时如雨后春笋般地不断涌现，为争夺市场、打开销路，更是各施高招。宋代的磁州窑正是在这一特定的历史条件下，装饰手法不断革新和进行多样化的创造。宋、金瓷器上的装饰，尤其是磁州窑系中不少民窑瓷绘，显示出其有别于官窑瓷器的民间特色。

一

宋代随着农业生产力的逐步提高、商业的空前兴旺，在比较发达的城市里，都集中了无数的小商人和手工业者，由此形成了广大的市民阶层。伴随着城市的进一步繁荣、市民阶层的不断壮大和发展，市民文艺空前活跃。过去文学作品中格律严密的诗词歌赋等艺术形式，已不能充分表达市民阶层的思想感情，于是一种既反映农村和市民生活、又适应他们审美趣味的通俗文艺便应运而生。宋、金的话本小说、杂剧和南戏，就在这种时代环境下产生了。这些形式活泼的民间文学艺术，从各个角度反映了现实生活，传达了市民的心态和喜怒哀乐，表达了市民阶层的要求和想法，所以受到了广大市民群众的欢迎。小说、诗歌、戏曲方面是如此，美术领域也这样。由于市民意识的日益高涨，并开始形成有别于传统价值观念的新的生活理想和审美意趣，宋代反映现实的“风俗画”也在这样的文化心理背景下出现并成长，其作品和话本戏曲一样反映市民阶层的生活理想和审美情趣，如燕文贵的《七夕夜市图》、张择端的《清明上河图》、马远的《踏歌图》、王居正的《纺车图》等，在题材上与当时不断扩大的欣赏对象相适应。北宋后期以降，连画院内也涌现出不少专攻风俗画的高手，风俗画的沛兴，匹配了宋时社会审美思潮的转捩。

北宋时风俗画的流行，也刺激了民间制瓷窑场的釉下彩绘艺术。宋人邵伯温的《邵氏闻见录》载：“康节先公过士友家，见其枕屏上画小儿迷藏，以诗题其上云：‘遂令高卧人，欹枕看儿戏。’”由此可见当时的风俗画在家用器物——瓷枕上也广为盛行。制瓷匠师与画院画家有别：他们本来都是来自民间的劳动者，社会地位低下，长期生活在社会的底层，但他们的视野比较广阔，能广泛地接触到社会生活的方方面面，与市民阶层特别是广大的劳动群众有着鱼水亲情，对他们平凡而又丰富的日常生活十分熟悉，因此观察的社会现象非常细腻深刻。深厚的生活基础、长期的生活积累，使他们创作出来的作品，洋溢着一股深厚的乡土芳菲、散发着非常浓烈的民间生活气息。诚然，制瓷匠师为了谋生，要按照作坊主的要求作画，但他们所受的限制不像画院画家那样的严格，相对而言，能较自由地发挥自己个性的创造。因而，像磁州窑中的民窑瓷绘，能保持着艺术上的淳朴性和有别于画院画家的自由、豪放的艺术特色。

本文所谈及的宋时磁州窑生产的白地黑花瓷枕，乃继承唐代长沙窑釉下彩绘的传统，以当地生产的斑化石为彩绘原料，在施有白色化妆土的胎地上画出黑色的纹饰，再施釉经过高温烧成。其彩绘的纹样与色地黑白对比鲜明，色彩富有强烈、明快的民窑艺术的装饰效果。宋时磁州窑白地黑花瓷枕上所具的浓郁民间情趣，更在于其彩绘内容不少源于世俗生活、且题材非常广泛。两宋的风俗画中，儿童题材是极受重视和关注的内容，磁州窑烧制的瓷枕，儿童题材也是较为多见的专门画题。1954 年，河北省邢台市曹演庄出土的宋磁州窑腰圆形白地黑花垂钓纹枕（图一），高 7.7 厘米，长 28.8 厘米，宽 22.1 厘米，是一件画意非常清幽的作品。它上面的瓷绘，乃描绘中古时期一个幽闲自得的儿童，夏日时候在河边独自持竿垂钓、两鱼正欲争食鱼饵的刹那间。我国古代儿童题材的作品，艺术家在把握儿童的头部和身躯的比例时，常采用变形处理的手法，尤其是将孩子的头部予以加强、表现得特别大，这种一反常态的硕大、丰满和富有夸张的变形，不但没有破坏人物形象的整体感，反而使孩子们的神态变得更充满童趣、更为天真可爱。对于这件瓷枕纹饰中的主人公，制瓷匠师也遵循这一传统

图一　宋磁州窑腰圆形白地黑花垂钓纹枕

的创作规律，突出地夸张儿童这一外形的特点，生动地塑造出一个甜美、招人喜爱的形象。在人物的表现上，制瓷匠师更是言简意赅、生动地刻画出小孩弯着腰、撅着小屁股、双目凝视、全神贯注地正准备提竿甩线的状态。那随风飘动的垂线和争食的游鱼，使画面的环境显得格外地幽寂而自然；一旁陪衬的景物是以几条微曲的线条为河水，更是衬托出水面的平静；河边的野地上点缀着几丛青草，着墨不多，却洋溢着农村特有的质朴无华之美，表现了朴素村野的风情韵致，使画中的人物与大自然融为一体。画面的这一情景除了制瓷匠师深刻地了解周围儿童的生活、并将自己的思想感情和画中人物的情趣融会在一起外，也把他自己童年时代的兴趣和爱好倾吐出来了。可以说作品是非常写实的，创作题材来源于生活，朴素的画面上倾注着制瓷匠师最淳朴的感情，因而对广大观者有很大的感染力，能产生思索和共鸣。

儿童题材是反映民族文化底蕴的传统内容。儿童是人类延续生命的象征，也潜藏着人类本能的人生追求，因此在我国封建社会里儿童题材不仅盛行于宫廷、贵族的上层社会，也在民间受到广泛的喜爱。自隋唐以来，儿童题材就成为包括陶瓷艺术在内的我国古代美术作品的衍生不息的装饰内容。有宋一代，以儿童生活为内容的绘画已达到鼎盛时期，苏汉臣、李嵩就是两宋画院内专精并对描绘儿童有特殊兴趣的画家，苏汉臣的儿童题材作品非常丰富，据记载就有：《萱草婴儿图》、《婴儿浴戏图》、《二童赛枣图》、《婴儿斗蟋蟀图》、《货郎图》、《百子嬉春图》等，传世的《秋庭戏婴图》（图二）一向被评论家们赞誉为“深得其状貌，更尽其神情”的优秀作品。宋代磁州窑生产的瓷枕上所表现之儿童题材，除上面谈及的宋代磁州窑腰圆形白地黑花钓鱼纹枕外，就笔者所见到的还有骑竹马纹枕（图三）、抽陀螺纹枕（图四）、踢毽子纹枕、放风筝纹枕（图五）、童子戏花纹枕（图六）、童子放鸟纹枕（图七）等，都是对中古时下层社会儿童生活的忠实记录。这些画面都不是一般地表现孩子们的欢乐雀跃，而是通过在戏耍中的各种模样，多侧面地揭示孩提时代的情趣，它们都是民间生活中孩子们童趣

图二　宋苏汉臣《秋庭戏婴图》

图三　宋磁州窑白地黑花骑竹马纹枕

图四　宋磁州窑白地黑花抽陀螺纹枕

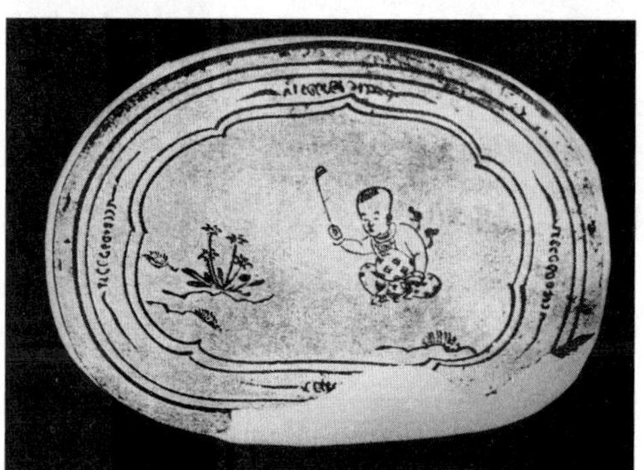

图六　宋磁州窑白地黑花戏花纹枕

图五　宋磁州窑白地黑花放风筝纹枕

图七　宋磁州窑白地黑花放鸟纹枕

的真实写照。与画院画家的着眼点有别，民窑的制瓷匠师都是把一个个普通儿童和他们日常生活中看似平淡而实则充满“野趣”的生活小事，作为主题来表现；对生活的观察使他们把注意力转向更平凡日常琐屑的生活小景上，从中发现画院画家不曾发现的美。制瓷匠师通过细致的观察、剖析孩子的心理、性格特征，捕捉他们最能传神的瞬间、并以简练概括的笔墨再现出来，力图使自己也回复到无忧无虑的童年时代。而他们运用夸张变形以求神似的艺术手法，所揭示孩子们的童心、童真的特征和心灵之美，使这些艺术形象充满儿童的情趣和幽默感。

在我国传统的儿童题材中，放牧图与婴戏图、货郎图一样也是其中一个重要的内容。有宋一代，纸本的绘画有：祁序的《江山放牧图》、李安忠的《逐羊图》和《牧羊图》、甄慧的《牧童卧牛图》、王逸民的《秋林牧戏图》、闫次平的《牧牛图》、陈居中的《骑犊图》等，著名的文人画家苏轼和李公麟也曾合作《竹石牧牛图》。上述作品有一个共同点即牧童们所放牧的动物都是牛或羊二种家畜。而磁州窑瓷枕上的放牧图，多是童子放鸭、童子赶鸭的画面。在这些枕具上，磁州窑制瓷匠师对中古时乡村牧童的生活予以真实地描绘，但其放牧的动物与纸本完全不同，表现对象所出现的变化，在我国古代美术史上，为我们了解和研究宋时的牧放题材增添了新的内容。本文所收集到的几件童子放鸭纹的枕具（图八、图九、图一〇），画面上牧童的动态相异，他们的年龄、性格甚至服饰也绝无雷同，表情和姿态生动不一，正是由于制瓷匠师平日对他

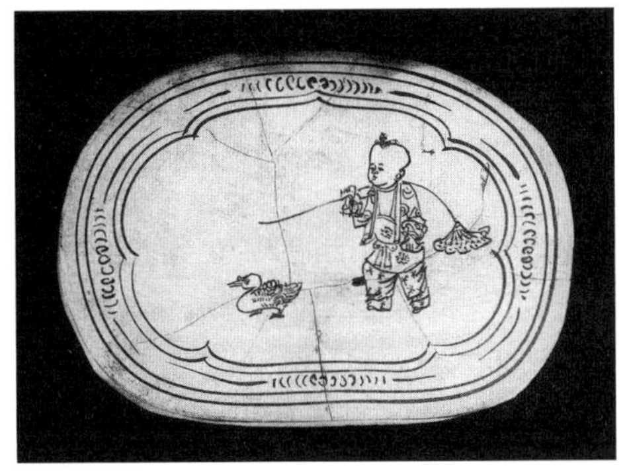

图八　宋磁州窑白地黑花放鸭纹枕

图九　宋磁州窑白地黑花放鸭纹枕

图一〇　宋磁州窑白地黑花放鸭纹

图一一　宋磁州窑白地黑花睡童纹枕

们的观察非常仔细，才能从不同视角再现主人公的各种生活场景，将他们刻画得神情毕现。一旁陪随的鸭子，每件作品既能画出其短脚、腿脚不灵便，走路缓慢、步履蹒跚的特点；又表现出牧童天真可爱的娇憨之态，两者可谓相映成趣。最为生动的是那件睡童纹枕（图一一），枕面上的主人公衣服敞开、两眼紧闭，正倒卧在一旁的坐墩上。天真纯朴的孩子这时已忘却了自己的“使命”，香甜地在野外睡着了，睡梦中他赶鸭用的荷叶已坠落在地，画面上没有鸭子。这件作品的构思非常巧妙，制瓷匠师调动观者情绪，让你充分发挥自己的想象力——鸭子这时可能在池塘中戏水、或许在田边啄食……这一属于传统意义上的田家风俗画，被赋予宁谐牧歌式的抒情色彩，使画面具有田园抒情诗般的魅力。

二

城市经济的日渐繁荣，进一步唤起民窑制瓷匠师对世俗生活的兴趣。他们的视角不断地转向日常、琐细的生活小景，扩展到平凡市井、农村生活及社会活动的各个方面。蹴鞠纹枕的画面表现了北宋时文化娱乐中上层人士和市民们的一种爱好与兴趣。“蹴鞠”传说源于远古时的黄帝时代，属于健身的球类活动。在唐宋时期，这一球类游戏分为两种：一种是骑在马上打的称为马球；另一种就是蹴鞠。蹴鞠在北宋时十分流行，连闺中的少妇和仕女也都以蹴鞠为时髦。宋磁州窑白地黑花蹴球纹枕上的画面（图一二）就是描绘一位轻松自如的少女，倒背双手、面对跃起的球，正抬起右脚沉着镇定欲踢。表现同一主题的还有宋磁州窑白地黑花童子蹴鞠纹枕（图一三），主人公在球面前表现得惊慌失措，不知如何是好。两件瓷枕上人物脸部的不同表情、手脚有别的姿势和情态的区别，反映了蹴鞠在当时社会生活中非常盛行。也表现出制瓷匠师已经不是对生活本身的“摹仿”和照搬，而是经过心灵的过滤、精神的纯化，在简洁和单纯中结构画面。

宋代市井喧嚣、都市空前活跃。从文献和绘画作品所知，东京汴梁城，不仅商店、酒楼、茶坊比比皆是，各种文娱活动的场所也非常众多。那些供市民娱乐的商业性娱

图一二　宋磁州窑白地黑花蹴球纹枕

图一三　宋磁州窑白地黑花蹴球纹枕

乐场所，时人称之为“瓦舍”。这种瓦舍拥有很大的面积，内设众多的表演棚——勾栏。瓦舍勾栏里聚集了各类时兴的表演伎艺，每日不停地进行演出，很多人聚集在这里观看表演。《东京梦华录》中的“京瓦伎艺”谓：“不以风雨寒暑，诸棚看人，日日如是。”京瓦伎艺中表现的内容十分丰富，其中提到一种“小儿相扑”，笔者认为本文选登的两个孩子“搏斗”画面的宋磁州窑白地黑花小儿相扑纹枕（图一四），其上所描绘的应是当时“小儿相扑”的伎艺表演。这件枕具上的两个孩子被“相扑”巧妙地组织在一起，无论从动作到眼神都有交流，一招一式身体的动感非常强，透过这两个妙在似与不似之间的形象，宋代磁州窑制瓷匠师恰到好处地抓住了最富有表现力的情节，在艺术表现上是非常贴近生活的。这种充满童真、纯朴、简练有致的画面，明显带有极大的趣味性、情感性以及生活的相关性，感人至深。此外宋磁州窑白地黑花马戏纹枕（图一五）也于画面正中的部位描绘一着紧身衣裤的表演者，他非常勇敢地倒竖在急速奔驰的马背上，表演着令人不寒而栗的绝技。国家博物馆研究员邵文良先生经过认真仔细地研究后认为：画面主人公所表演的是当时京师汴梁城马术中一种“倒立”的项目。这个项目的姿势当时有极为严格的规定，它必须以“两手握蹬、以肩着鞍桥、双脚直立”[2]。我们审视画面上所表现的动作，制瓷匠师抓住最为惊险的瞬间，人物的动态

图一四　宋磁州窑白地黑花小儿相扑纹枕

图一五　宋磁州窑白地黑花马戏纹枕

图一六　宋磁州窑白地黑花熊戏纹枕

都是按规定的程式进行，表演者完成了应有的操作，动作规范，与上述的要求完全相符。画杂技能如此出奇立异，在宋代的风俗画中堪称一件优秀的小品。此外，还有熊戏纹枕（图一六）等，在此不一一列举，由此再次显示磁州窑的制瓷匠师对社会生活的观察非常广泛、生活基础也相当深厚。

与纸本的绘画相比，磁州窑瓷枕上的这类风俗画，它们虽不像张择端的《清明上河图》那样对京师汴梁城的热闹场面予以全面的记录，但也从不同的视角再现了宋代市民生活的一些侧面，一定程度上反映了市民阶层的欣赏品味、表现了他们的思想感情和审美情趣。正是这类不被士大夫、文人画家所重视的质朴而写实的小品，却传达了宋代市民阶层对日常生活的莫大兴趣，虽然这些日用的民间艺术品缺乏文人高雅的书卷气，但在我国古代美术史、绘画史上具有一定的地位。有宋一代卷轴画中描绘风俗题材的作品，虽有一定数量流传至今，但这些民窑瓷枕上的优秀风俗画小品，还是值得研究绘画史的学者、专家们予以高度重视和关注。

三

综观上述瓷枕上的釉下彩绘，其笔墨形式乃以单一的线条结构来刻画所表现的对象，即采用白描的画法。关于白描，著名的美术史家王伯敏先生概括为：

是一种需要高度简洁又要效果明快的表现手法。它依靠曲直、粗细、轻重、刚柔而富有韵律变化的线条，达到对复杂的形状和特征的概括[3]。

白描在北宋的卷轴画上开一代人物画的新风格。纸本是如此，磁州窑瓷枕上的釉下彩瓷，同样既没有墨色浓淡与虚实的效果来描绘事物，也不施丹青，纯用墨笔单线勾勒物象。钓鱼纹枕上的主人公，制瓷匠师乃以洗练、简劲的线条，勾出人物轮廓，用线可谓紧扣结构，只是在必要时，诸如儿童的头发和一旁的小鱼，略以彩色平涂，以弥补线条表现力的不足、力求更富真实性。这种表现手法给磁州窑上兴起的风俗画以积极的影响。在此必须指出：磁州窑瓷枕上采用的“白描”画法，绝不是受李公麟和同时代纸本的影响，绝非模仿卷轴画的表现技法。无论是装饰手法和彩绘的笔墨形式，磁州窑都是继承唐代长沙窑开创的途径，乃从制瓷工艺本身所固有的传统中吸取营养、为己所用。著名的唐代长沙窑釉下褐彩童子持莲花纹执壶（图一七）和1983年出自湖南长沙铜官窑址中的唐长沙窑釉下褐彩七贤人物纹罐（图一八），它们上面所绘的人物皆以白描的手段来完成，单纯的线条独立地描绘出对象的形体结构和神情动态。长沙窑的釉下彩绘对磁州窑有十分显著的影响，这两件作品就有着无可怀疑的

图一七　唐长沙窑釉下褐彩童子持莲花纹执壶

图一八　唐长沙窑七贤人物纹罐

继承性。

构图作为形式可见的重要因素，包括表现所描绘对象的组织结构和经营位置。而本文上面所提到的那些瓷枕，在构图上也都呈现出它们不同于画院作品的艺术特色。画院画家的作品往往注意描写全景，大多作全景式的构图。而磁州窑瓷枕上的彩绘，不拘于特定时空的限制，都没有烦琐的景物陪衬和附加物，大胆取舍，可谓构图简洁、精练。但这些作品并非没有进行认真的构思、缺乏意境，它们营造的境界，制瓷匠师在画中所倾注的表情、传达的格调，都具有非常浓郁的世俗气息。钓鱼纹枕除了与人物活动有紧密的关系，画面没有耗费笔墨去描绘背景的具体位置，构图空灵，环境空旷而寂静，制瓷匠师只是通过人物的表情、动势以及微风的吹拂让观者感受到主人公所处的独特环境。虽然画中只一个人物，但是运用了画人物特写的画法，在构图上也十分注意章法。我国传统的国画，画一个人时，讲究“宁偏勿中”。所谓“中”就是画一个人太居中，显得不够活泼，瓷枕中主人公的位置，符合构图的规律。此外，上述瓷枕都不像纸本《秋庭戏婴图》那样所谓整体气势雄伟宏大。画院画家的作品，往往细碎求多，构图繁实，以致给人有“迫促”之感。而磁州窑的瓷枕全省略了背景，这样制瓷匠师在处理距离和空间关系上能取得表现上的更大自由，似此自然留白的构图，是非常成功的。瓷枕上不画背景，以白衬黑，体现出中国传统绘画“计白当黑”、“以虚代实”的民族艺术特点，这种巧妙的构图，也符合南齐谢赫“六法论”中关于经营位置的论述。

注释：

[1]（唐）李肇：《国史补》卷下。

[2] 邵文良编著：《中国古代体育文物图集》，人民体育出版社，1986 年。

[3] 王伯敏著：《中国绘画史》，上海人民美术出版社，1982 年。

磁州窑系婴戏图枕及卧童形象枕研究

天津博物馆　刘　渤

内容提要：通过对磁州窑系婴戏图枕及卧童形象枕的研究，揭示宋、金、元、明、清时期孩子们在大自然中活动、游戏的内容和场面。他们有的骑竹马、有的蹴鞠、有的玩鸟、有的耍马戏、有的钓鱼、有的放风筝、有的戏鸭、有的玩木偶，真是玩得不亦乐乎。在卧女枕面上绘牡丹花，而牡丹寓意“富贵”，寄托了大人们对孩子的希望。还有许多童子手持莲叶形象，如戏鸭枕、枕坛小憩枕、宋三彩听琴图枕所绘童子，还有的把卧童枕枕面做成莲叶的，这是宋、金时期中原地区民间流行的一种生活习俗——“磨喝乐”的真实写照。另外，这些婴戏图和儿童形象也向我们展示了古时儿童的发型、服饰。所以，磁州窑和磁州窑系的婴戏图和童子塑像是研究古代儿童生活、游戏、发型和服饰的重要实物资料。

关键词：磁州窑系　婴戏图枕　卧童枕　童子持莲

Abstract: Through the Department of children at play map Cizhou pillow and pillow lying on the image of children, reveals the Song, Jin, Yuan, Ming and Qing Dynasties kids nature activities, games, content and scenes. Some of them riding, some kick ball, played some birds, some playing circus, some fishing, some kite-flying, and some play duck, puppet play, and so on. Female pillow lying on the surface of the painting peony flower, the peony symbolizes “prosperity” , and placed great hope for the people of the children. There are many young boys holding lotus image, like a play duck pillow, pillow, pillow rest altar, three-color Cheonggeum Song Chart pillow dwarfed boy, there' s the lying boy pillow covers made of lotus leaves, which is the Song and Jin Chung Yuan Christian Folk customs popular form of life - “Mo He Le” true portrayal. In addition, these children' s images of children at play map and show us the ancient children' s hair, clothes. Therefore, the Department of Cizhou and Cizhou boy statues of children at play map and study the ancient lives of children, games, hair and clothing of the important physical information.

Key words: Cizhou Department, Figure pillow of children at play, Pillow lying child, young boys holding lotus

磁州窑系是我国北方最大的一个民窑体系，北朝开始烧制青瓷，隋唐时烧造青瓷、白瓷和黑瓷，北宋初年烧制磁州窑典型品种白地黑花瓷，经过北宋中晚期至金初的发展，到金代中晚期达到鼎盛，迄元代开始衰落，明清时还有少量品种生产，但影响深远。

磁州窑以河北省邯郸市的观台窑和彭城窑为中心窑场。以烧制白地黑花、白地酱彩为代表，还烧制白地黑花褐彩，白釉珍珠地划花，白地刻花、剔花、划花和印花等品种，兼烧低温绿釉陶器和三彩器。

磁州窑婴戏图案及儿童造型是当时生产的一个大类，以陶瓷枕上所见最多。

儿童，人见人爱，人见之就会引起美好的童年回忆。儿童是人类生命的延续，在他（她）们身上，人们寄托着对未来的希望和对幸福生活的憧憬。所以，从古至今婴戏图都深受广大人民的喜爱。儿童题材的绘画作品在我国有着悠久的历史。它萌芽于战国，成长于魏晋，成熟于唐，盛行于宋……有着两千多年的发展过程，在中国传统绘画中占有较重要的地位[1]。

所谓儿童题材绘画，主要是指以表现儿童生活为主要内容的绘画。此类作品在中国古代画史中常被称为“婴戏”、“婴儿”、“孩儿”、“娃娃”等。1949年后，有人叫“儿童画”，但是古今关于“儿童”的概念有所不同。古时未成年人（男子未冠，20岁以下；女子未笈，15岁以下）都可称“儿童”，年龄范围较大。而今天“儿童”一般是指12岁以下的孩子，年龄范围较小[2]。本文中“婴戏图”、“孩儿图”、“童子图”也包括十五六岁的青少年。需要说明的是本文“婴戏图”、“孩儿图”、“童子图”等都是反映少年儿童生活内容的陶瓷画，而不是儿童创作的陶瓷画。

制瓷工匠们在陶瓷枕上绘画婴戏图或雕塑卧童枕时，就真实地反映了当时的社会习俗和风貌，众多的儿童生活题材绘画和形象，也是中国古代风俗作品的一个重要组成部分。磁州窑及磁州窑系的河北、河南、山西一些窑口均烧制有童子执荷叶枕和卧童枕。而大量的婴戏图题材是绘画在枕面上，如：故宫博物院收藏的童子玩鸟枕、蹴鞠枕、骑竹马枕、耍马戏枕、打马球枕[3]；河北省邢台市出土的童子垂钓枕、蹴鞠枕[4]；河北省磁州文保所征集的童子放风筝枕[5]，戏鸭枕[6]；河南省鹤壁集博物馆征集的童子采莲枕[7]；香港杨永德先生藏的童子枕坛小憩枕[8]；天津博物馆（原天津市历史博物馆）收藏的孩儿扛荷赶鸭枕[9]、蹴鞠枕；旅顺博物馆藏的童子欲书枕[10]；美国芝加哥富地博物馆收藏的婴孩扛莲花枕[11]；河南省博物院藏的娃娃玩乐枕等。

故宫博物院藏宋白地黑花马戏图八方枕（图一），画一个短衣窄袖的少年，倒立在奔驰的马背上，表演着绝技，使人看了后会联想到宋代民间的集市，宛如置身于万众欢腾的热闹场中。还有宋白地黑花童子骑竹马图椭圆枕（图二），画面上一童子，头梳两个小抓髻，身穿花布衫，右手扬鞭，左手提着竹马头，神情意态，栩栩如生。另一件宋白地褐彩童子玩鸟图椭圆枕（图三），枕面呈椭圆形，画有两个童子，一个童子上穿小花衣，下穿小花裤，脚穿小布鞋，双臂和双手张开，左脚抬起，头上站着一只小鸟，面露惊恐之色。对面一个童子，身系花肚兜，光腚赤足，脚腕上还戴着脚镯，

图一　宋白地黑花马戏图八方枕（故宫博物院藏）

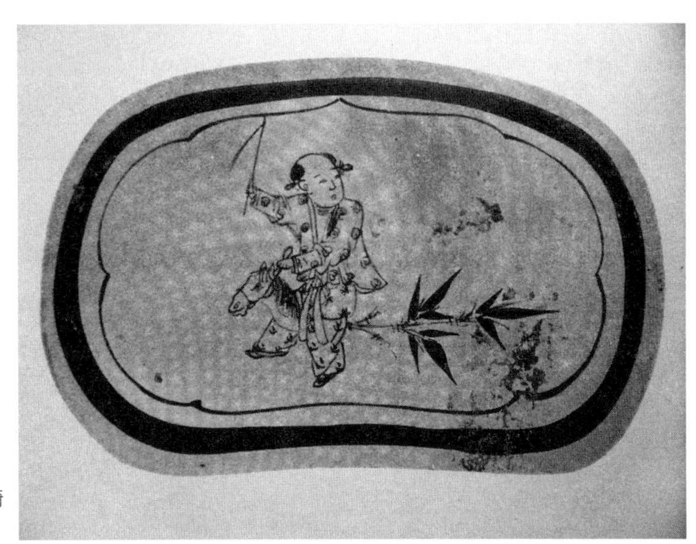

图二　宋白地黑花童子骑竹马图椭圆枕（故宫博物院藏）

图三　宋白地褐彩童子玩鸟图椭圆枕（故宫博物院藏）

双目紧盯对面小伙伴头上的小鸟，左手张开，右手上举半握，欢天喜地，呈欲抓小鸟状。只有寥寥几笔，一幅童子野外玩鸟图就跃然枕面。还有河北省邯郸市的民间也收藏一件金白地黑花童子玩鸟图如意形枕（图四），一个童子站在画面当中，上身穿小花衣，腰系肚兜，下身穿小花裤，双手张开上举，头上的小鸟作展翅欲飞状，画面没有多余的背景，只是把人与鸟巧妙地结合起来，具有着强烈的生活气息和艺术感染力。

故宫博物院藏宋白地黑花蹴鞠图椭圆枕（图五），画一个少女身穿花袍，双手后背，左脚站立，右脚抬腿踢球，球已踢到半空高的情景。画中人物生动多姿，完全是从观察实际生活中得来的。蹴鞠，蹴即踢，鞠是一种皮革制品。蹴鞠可以说是中国古代的足球运动和游戏。

1954 年河北省邢台市出土金白釉黑彩童子蹴鞠图八方枕（图六），高 10.7 厘米，长 29.8 厘米，宽 18.5 厘米。枕面绘一童子，身穿长袖花布衣，左胳膊垂下，右胳膊抬起，身体微躬，左脚站在地上，右脚抬起踢球，与故宫博物院藏蹴鞠图椭圆形枕有

图四　金白地黑花童子玩鸟图如意形枕（民间藏）

图五　宋白地黑花蹴鞠图椭圆枕（故宫博物院藏）

图六　金白釉黑彩童子蹴鞠图八方枕（河北省博物馆藏）

图七　宋白釉黑彩童子蹴鞠图八方枕（河南博物院藏）

图八　金白釉黑彩童子蹴鞠图如意形枕（天津博物馆藏）

异曲同工之处。河南博物院也展出一件宋白釉黑彩童子蹴鞠图八方枕（图七），与河北省出土的几乎一样，应是同一时期产品。天津博物馆也收藏一件金白釉黑彩童子蹴鞠图如意形枕（图八），童子头两侧梳两个小抓髻，眼看前方半空中的球，身穿小花袍，腰系深色围裙，双手下垂，双长袖后摆，左足着地，右足抬起正在踢球。四个蹴鞠枕造型各异，构图相近。特别是所踢之球，均有块状缝合纹，为我们提供了宋代足球的形象资料。晚唐之前是外层皮子，内充毛的实心球。晚唐时出现了充气的皮球，有诗为证："八片夹皮砌作毬，火中燀了水中揉，一包闲气如常在，惹踢招拳卒未休。"充气足球的出现，是中国古代足球运动的一大进步[12]。

1954年河北省邢台市曹演庄出土金白釉黑彩童子垂钓图椭圆枕（图九），高11.8厘米，长29厘米，宽22.1厘米。一童子身穿宽松的衣裤，站在起伏不平的河岸边，坡上还有几丛小草，一手下垂，一手平举鱼竿，鱼线自然垂入水面下，三尾小鱼在争抢鱼饵，笔画简练，生动形象。三道简短的波线，就代表了水面，空白的背景代表了无边无际的河流，画面突出了垂钓童子、水面和小鱼。

中国磁州窑博物馆藏金白地褐彩童子放风筝图八方枕（图一〇），高11厘米，长18厘米，宽11厘米。枕呈八方形，枕面有宽细两道八方框，框内白地褐彩绘一童子手持线轮在奔跑，一条线牵着一个方框的双尾风筝在飞翔，可能是速度慢了，或是受画面影响，风筝的双尾有些下垂。

广州西汉南越王墓博物馆藏宋磁州窑白地褐彩持荷娃娃枕坛小憩图椭圆枕（图一一），高9.6厘米，长22.8厘米，宽17.1厘米。椭圆形枕，前低后高。枕面有白地褐彩如意形双线框，框内绘一童子盘坐在地，双目紧闭，眉呈八字，倚酒坛而眠，身旁还有一长茎荷叶。枕侧壁褐彩绘卷草纹，枕底钤印"张家造"款。

图九　金白釉黑彩童子垂钓图椭圆枕（河北省博物馆藏）

图一〇　金白地褐彩童子放风筝图八方枕（中国磁州窑博物馆藏）

图一一　宋磁州窑白地褐彩持荷娃娃枕坛小憩图椭圆枕（西汉南越王墓博物馆藏）

图一二　元白地黑花童子戏鸭图长方枕（中国磁州窑博物馆藏）

中国磁州窑博物馆收藏一件元白地黑花童子戏鸭图长方枕（图一二），高 15.2 厘米，长 29 厘米，宽 16.7 厘米。枕面菱形开光内绘一童子，内穿肚兜，上穿敞胸花布衫，下穿裤子。黑色头发在头上分为两绺，左手握住肩扛荷叶的梗，梗呈曲线形，荷叶面自然下垂，一只鸭子跟在其后在行走，童子侧身回头看鸭子，鸭子向前望童子，似童子在领着鸭子游玩。

天津博物馆藏金白釉黑彩童子扛荷赶鸭图椭圆形枕（图一三），前高 7.2 厘米，后高 9.5 厘米，长 24.3 厘米，宽 18.1 厘米。椭圆形枕体，前低后高，中间微凹，枕面出沿。枕面椭圆形开光内绘一身穿小肚兜，下穿小花裤，肩扛长茎荷叶的童子，前面有一只鸭子在行走。寥寥数笔就把孩童扛荷赶鸭的场景表现出来，具有浓郁的生活气息，为我们研究宋金时期儿童的生活习俗提供了宝贵的实物资料。此枕除底部外，通体施白釉，胎呈灰褐色，枕周壁绘纤细的卷草纹，枕后侧中部有一直径 0.7 厘米的通气孔，枕底捺印竖式阳文“张家造”款，这也是典型的磁州窑产品。

上述两件童子戏鸭枕可谓异曲同工，一个是领着鸭子走，一个是赶着鸭子走。从不同的角度表现了童子在大自然中戏鸭的场面。

旅顺博物馆藏的宋磁州窑白釉褐彩童子欲书椭圆枕，高 7.5~11 厘米，长 29.4 厘米，宽 22.8 厘米。枕呈椭圆形，枕面中间稍凹，略倾斜，胎质灰白，细腻，枕后侧有一气孔。枕面有一粗一细双线边框，中间绘一儿童，一手执笔，一手摊纸，凝想欲书，脚下有几丛小草，画面简练，童趣充盈，枕周壁绘有卷叶纹。

河南省安阳市博物馆收藏一件宋磁州窑白地黑花童子扑扇图枕（图一四），在枕

图一三　金白釉黑彩童子扛荷赶鸭图椭圆形枕（天津博物馆藏）

图一四　宋白釉黑彩童子扑扇图枕（安阳市博物馆藏）

图一五　宋苏汉臣设色《童子扑蝶图》册页（天津博物馆藏）

中央画一童子身穿花袍，正在行走，右手执一长圆形团扇作扑打状，似乎是在扑蝶。这在天津博物馆藏宋苏汉臣绘《童子扑蝶图》（图一五）和美国华盛顿弗利尔博物馆藏宋李公麟绘《货郎图》上可得到印证。

故宫博物院延禧宫展出一件宋白地黑花童子打球图椭圆枕标本（图一六）枕面，一个童子身穿小花裤，颈带项圈，盘腿坐在地上，右手举起一个短杆，眼盯前面地上一个小球作击打状，旁边寥寥几笔绘出小草和野花，生机盎然。

除了枕面绘画儿童形象的，还有卧童形象的枕。

陕西省黄陵县出土金“大定十六年”青釉黑花女孩形枕（图一七）。枕底墨书“大光（定）十六年五月”[13]。枕高 20 厘米，长 46 厘米，宽 12 厘米。枕为一女孩屈膝左侧卧状，其腰身圆平微下凹，做成舒适的枕面。枕体白地黑花，黄布衫上绘折枝黑白花纹，枕面绘折枝牡丹花。

香港中文大学藏有一女孩枕，长 35 厘米；广州西汉南越王墓博物馆藏一件金白地黑褐彩花卉纹卧女枕，高 17.4 厘米，长 41 厘米，宽 16.4 厘米。枕为一伏卧的女孩，身穿黄色花布衫，背部白地上绘一折枝花卉。山西闻喜县博物馆也收藏一件金白地黑褐彩束花纹卧女枕，高 12 厘米，长 33 厘米，宽 14 厘米。

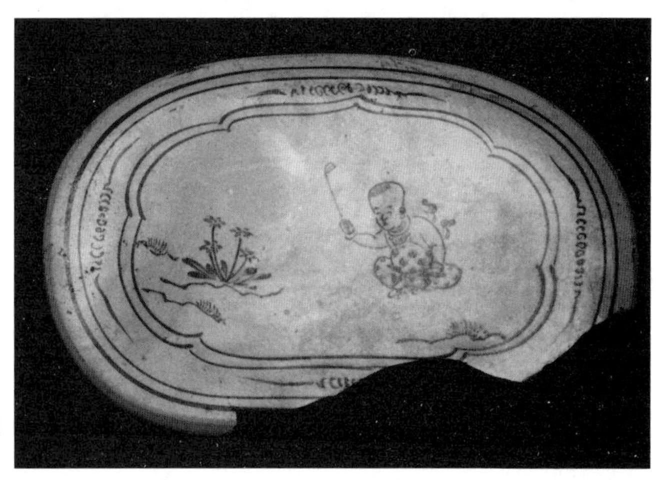

图一六　宋白釉黑彩童子打球图椭圆枕标本（故宫博物院藏）

图一七　金“大定十六年”青釉黑花女孩形枕（陕西历史博物馆藏）

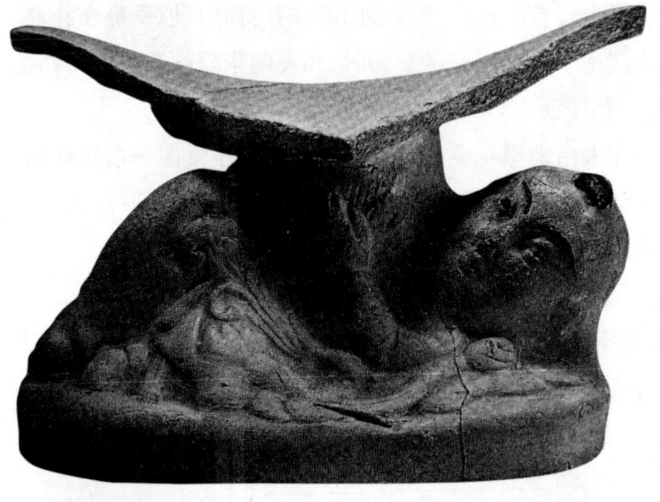

图一八　金素胎卧童枕（中国磁州窑博物馆藏）

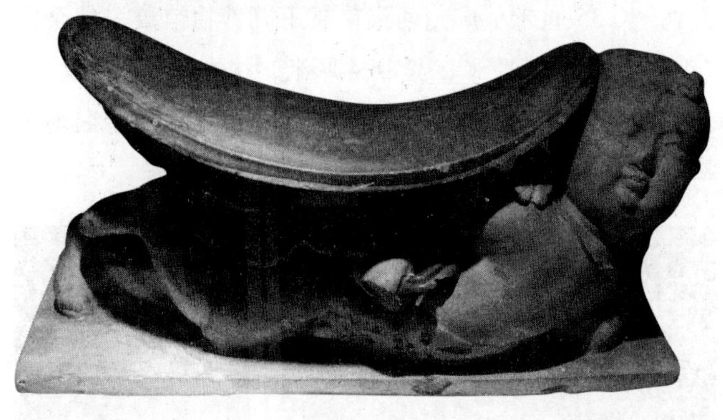

图一九　宋三彩荷叶童子枕（河南博物院藏）

上述几件卧女瓷枕，装饰手法一样，造型极为相似，应该都是山西长治窑的产品。

观台磁州窑址还出土有金素胎卧童枕（图一八），在一椭圆形台上，一童子侧卧，手抱花束，用手和膝托顶荷叶形枕面。河南省上蔡县城关出土一件宋三彩荷叶童子枕（图一九），童子侧卧，左手着地，右手紧紧抓住一个弯曲的荷叶梗，椭圆形的绿彩荷叶巧作为枕面，身穿的肚兜上三彩绘有花卉和莲蓬纹。此种造型的枕还见于同时期定窑生产的白釉枕。

汝州市汝瓷博物馆藏宋三彩莲生贵子长方枕，高10.3厘米，长34厘米，宽14.3厘米。枕呈长方体，中间微凹，枕周围和边框施绿釉，枕面施黄釉划花侧卧男童，前后各有一只盛开的莲花。寓有“连生贵子”之意，设计巧妙，图案清新[14]。

河南博物院藏宋三彩听琴图长方枕（图二〇），高14~16厘米，长63厘米，宽23~25厘米。1978年在济源勋掌窑出土，四面刻有莲花纹，枕面菱形开光内为主题纹饰听琴图，而四角圆形开光内各绘有一幅婴戏图，四个顽童均头挽小髻，胸挂红肚兜，腰围绿裙，肤色娇嫩洁白，逗人喜爱。左上角一个童子肩扛钓竿，立于池边准备钓鱼；左下角一个童子坐在地上，左手撑地，举右手操纵傀儡，旁置一“鬼推磨”玩具，右上角一个童子站立，右下角一个童子坐地，皆肩扛莲叶。整个画面生动活泼，色彩艳丽。

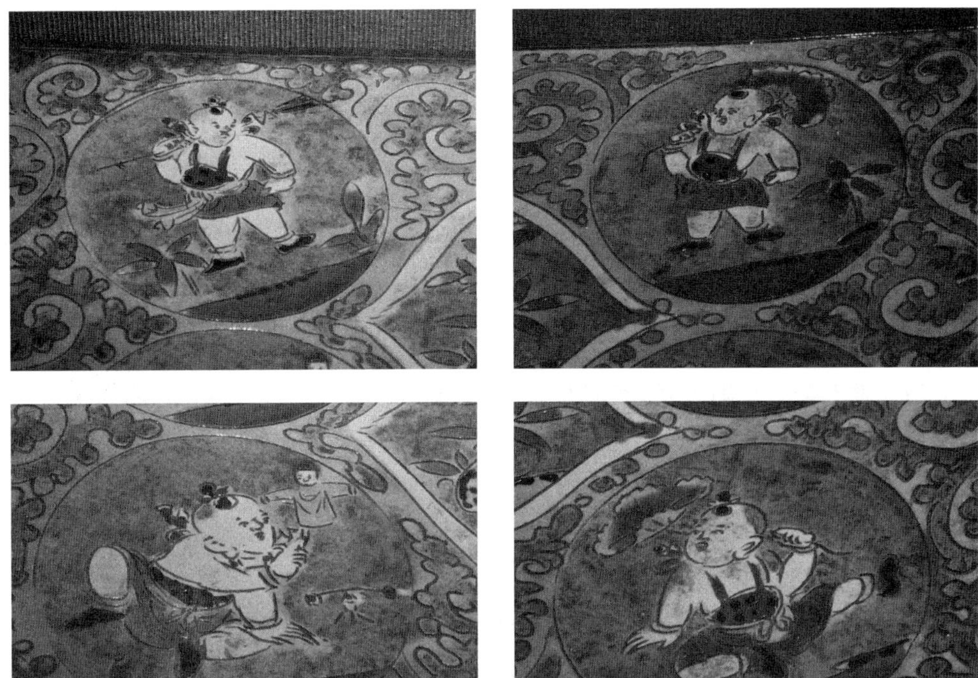

图二〇　宋三彩听琴图长方枕（河南博物院藏）

此枕有两个童子执荷叶，而前面所述童子戏鸭枕、童子赶鸭枕、童子枕坛小憩枕也均为童子执荷叶。这是宋金时期中原地区民间流行的一种生活习俗，即每逢七夕或其他节日，儿童们都要临水折莲花荷叶，用来将自己装扮成一种叫“摩睺罗”或“磨喝乐”的小儿偶像。宋人笔记中也多有记载，如孟元老《东京梦华录·七夕》、吴自牧《梦粱录·七夕》、泗水潜夫《武林旧事·乞巧》等，同时期也流行莲孩玉[15]，可作为持荷童子瓷枕的佐证。

河南博物院藏宋三彩儿童玩乐图长方枕（图二一），高 12 厘米，长 48.5 厘米，宽 19.5 厘米，也是河南济源勋掌窑出土。枕面上三开光，左右为花卉，中间是童子玩傀儡图。画面上有三个童子，左边一个童子坐在地上，左手提锣，右手持槌击锣；中间一童子在吹横笛，左脚抬起，似一边演奏一边舞蹈；右边一童子身子前探，右手握一杖，杖上有三根丝线悬一傀儡老翁在玩耍。虽不是正式表演，但也反映了宋代有“悬丝傀儡”这个事实。这种“悬丝傀儡”也叫“提线木偶”，目前在我国福建的泉州地区和台湾得到继承和发扬，其精湛的表演很受中外人士欢迎。

到了明代以后磁州窑系的一些窑厂仍然继续烧造婴戏图瓷枕和卧童枕。

河南的禹州窑场明代也烧制白地黑花褐彩瓷器，广东省博物馆收藏一件明禹州窑白地黑花褐彩孩儿枕，明显承袭宋金时期孩儿枕的形制[16]。

清代磁州窑继续烧造白釉孩儿枕，邯郸市博物馆展出一件清白釉黑彩孩儿枕（图二二），枕体塑成童子跪卧状，头往前看，通体施白釉，头部的总角（古代儿童将头发分作左右两半，在头顶各扎成一个结，形如两个羊角，故称“总角”）、眼睛、眉毛等部位涂黑彩。双手交叉合抱于胸前，胳膊肘撑地，双腿膝盖跪地，双脚翘起。童子的背部比较平坦，巧妙地做成枕面。法国吉美博物馆也收藏一件青白釉童子枕（图二三），造型相似，只是头向右侧看，通体施白釉，没有黑彩。但是儿童神态、头上总角和肚兜花纹都雕塑得较为清晰，说明磁州窑童子形象的枕一直延续到清代。

这些婴戏图瓷枕构成了一幅幅宋、金、元、明、清时期儿童风俗的画卷，画面用笔简练，生动传神，笔墨采用中国的水墨画法，把儿童游戏、玩乐的场面表现出来。

图二一　宋三彩儿童玩乐图长方枕（河南博物院藏）

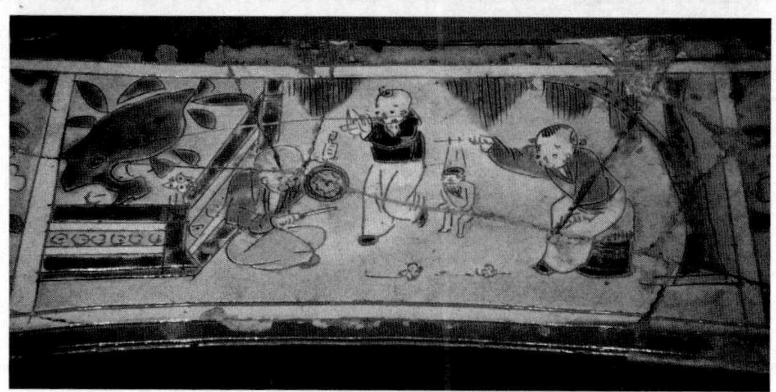

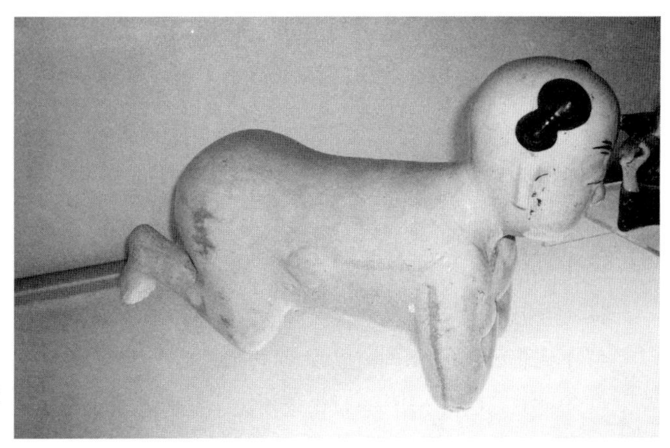

图二二　清白釉黑彩童子枕（邯郸博物馆藏）

图二三　清白釉童子枕（法国巴黎吉美国立艺术博物馆藏）

他们有的骑竹马、有的蹴鞠、有的玩鸟、有的耍马戏、有的钓鱼、有的放风筝、有的戏鸭、有的玩木偶，真是玩得不亦乐乎。还展示了古时儿童的发型、服饰。发型或垂髫、或总角；服饰有小花衣、小花裤、小花袍和小肚兜、项圈、脚镯等。这些瓷枕对研究宋、金、元、明、清时期我国北方地区的儿童生活习俗，发型和服饰提供了极为珍贵的实物资料。

注释：

[1][2] 畏冬：《中国古代儿童题材绘画》，紫禁城出版社，1988 年。

[3] 陈万里：《陶枕》，朝花美术出版社，1954 年。

[4] 河北省博物馆、文物管理处：《河北省出土文物选集》图 376、图 377，文物出版社，1980 年。

[5] 张子英：《河北磁县新征集的白地黑花瓷枕》，《文物》1991 年第 6 期。

[6] 张子英：《浅议磁州窑“张家”造枕》图一〇，《中原文物》1994 年第 1 期。

[7] 刘荷英：《河南鹤壁集宋代瓷枕》，《考古》1988 年第 9 期。

[8] 杨永德、张瑞贞：《杨永德伉俪捐赠藏枕》图 88。

[9] 刘渤：《天津青年报》1996 年 5 月 17 日第 4 版。

[10] 王宇等：《旅顺博物馆藏唐宋瓷枕》，《辽海文物学刊》1989 年第 2 期。

[11] [日] 蓑丰：《论磁州窑长方形绘画瓷枕》，《中国古陶瓷研究》第五辑，紫禁城出版社，1999 年。

[12] 孔祥星：《蹴鞠纹镜》，《中华文物鉴赏》第 100 ～ 101 页，江苏教育出版社，1990 年。

[13] 杨元生：《黄陵发现金代瓷枕》，《文博》1986 年第 1 期。

[14] 赵青云：《河南陶瓷史》，紫禁城出版社，1993 年。

[15] 陈江：《莲孩玉——试论宋代执莲童子题材玉雕的起源和定名》，《东南文化》2000 年第 7 期。

[16] 郭学雷：《明代磁州窑瓷器》第 77 页，文物出版社，2005 年。

磁州窑“滏源王家造”枕

河北省邯郸市文物局　王　兴

内容提要：元代磁州窑彭城镇的“王家造”窑场，生产出精美的白地黑花长方形枕，枕面以道家故事、元杂剧及诗文为表现内容，枕的后立面墨书单联“滏源王家造”，或加上“鸿川枕用功”组成双联，本文收集了书有此款的瓷枕十余方进行评述。

关键词：元代　磁州窑　滏源王家造枕

Abstract: In the Yuan Dynasty, the Cizhou Ware “Made by the Wang Family” kiln factory at Pengcheng produced exquisite black-on-white square pillows, decorated with images of Taoist tales and Yuan zaju, as well as poems. On the backs were written the single line, “Made by the Wang Family of Fuyuan,” while some added “acclaimed Yanchuan pillows” to form a parallel couplet. This paper collects over ten porcelain pillows with such inscriptions and comments upon them.

Key words: Yuan Dynasty, Cizhou Ware, “Fuyuan Wang Jia Zao” pillows

元代末期磁州窑的窑场进行了一次大的迁移活动。这一时期漳河洪水频发，使漳河两岸以观台窑为中心的窑场毁于水患中，迫使窑工们不得不移至距此不远的磁州彭城镇。这里西依太行，地势较高，不易发生水患，具有烧造瓷器所需要的煤和大青土；还是滏阳河的发源地，便于运输和取水。自宋代起这里就陆续建起了烧造瓷器的窑场，观台窑停烧后，大量窑工涌入彭城镇，周边的窑场不断向其集中，使彭城窑的规模迅速扩大，逐渐取代了观台窑的中心地位，成为冀南豫北地区制瓷业的龙头，并在滏阳河流域创造出了磁州窑的又一个鼎盛时期。

在观台窑时期，瓷枕上的窑戳是以模印为主，大多是在瓷枕的底面模印“张家造”、“李家造”等，只有少数瓷枕将窑号墨书在枕的后立面，如“古相张家造、艾山枕用功”、“漳滨逸人制”等。到了彭城镇时期，以模印为主的窑戳已不再使用，而较多采用墨书的方法。“王家造”制枕作坊继承了墨书的方法，将窑号直接书写在枕的后立面，便于购买者能直接看到厂家的标记。

“王家造”是位于滏阳河源头一家以制枕为主的窑场，也是彭城窑中具有竞争实力的窑场，为了彰显这种实力，扩大窑场的影响，在烧造的瓷枕后立面以单联的形式在右侧书写“滏源王家造”，或以对联的形式在两侧书写“滏源王家造，鸿川枕用功”。题款左右各划两条直线形成方框，框内上下各有花、叶笼罩，花叶上简下繁，笔法为行书风格。“滏源”是指滏阳河的源头，据明朝《磁州志》记载：“彭城镇在滏源里，今为烧造之所”，“彭城滏源里居民善陶缸之属，舟车络绎，售于他郡。”彭城镇古称滏源里，为磁州五镇之首，既是陶瓷烧造基地，也是商品贸易的集散地。“鸿川”根据观台窑有“艾山枕用功”来推测，因艾山为观台窑附近的山名，而“鸿川”也应是“王家造”窑场附近的水沟名，只是由于年代久远或自然条件的变化而无从识别。

2000 年在彭城窑遗址出土了“滏源王家造”铭款瓷枕及残片，枕底墨写有“至正八年 (1348 年) 五月初五日”铭款。枕面的绘画内容也与元代生活有关，说明元代是“王家造”瓷枕的兴盛期。

“王家造”是彭城窑制枕业的代表，具有元代瓷枕装饰的典型特征，凡书有“王家造”的瓷枕皆为白地黑花长方形，以人物画和诗文为装饰内容，釉色光亮，是难得的枕中精品。

1．“滏源王家造，鸿川枕用功”枕（图一）

1965 年磁县岳城水库大坝工地出土，枕长 29.4 厘米，宽 17.2 厘米，高 14 厘米，前低后高，两端微翘，中间微凹。枕的前立面菱形开光内绘折枝牡丹，后立面开光内绘缠枝牡丹，两侧有题铭：“滏源王家造，鸿川枕用功。”枕面的菱形开光外填绘花卉，开光内绘主题图案。一位道士身穿长衫，头戴巾帽，站在亭外，临溪而立，空中两朵祥云托着一轮弯月。道士的帽带随风飘起，他双手拱于胸前，眼望四野，神态自若。

图一　元磁州窑道士观水图枕

2.“滏源王家造，鸿川枕用功”枕（图二）

前后立面开光内皆为缠枝牡丹，部分叶子叠压在开光线上，后立面两侧有题铭：“滏源王家造，鸿川枕用功。”枕面的菱形开光外填绘花卉，开光内绘主题图案与河北省文研所藏枕相似。绘有一位道士临溪而立，身后是一株垂柳，空中飘浮着一朵祥云，道士双手拱于胸前，眼望着溪水中游动的水禽。

图二　元磁州窑道士观水禽图枕

3.“滏源王家造，鸿川枕用功”枕（图三）

前后立面开光内皆为缠枝牡丹，后立面两侧有题铭：“滏源王家造，鸿川枕用功。”枕面的菱形开光外填绘花卉，开光内绘有踏龟渡水图。清代游戏主人编撰的《笑林广记》是一部古代民间笑话总集，其中《龟渡》篇讲述了一个故事：有一位士人想过河，但河上没有渡船，忽见一只大龟游来，士人说：“乌龟哥，烦你渡我过去，我吟诗谢你。”大龟说：“你先吟诗，然后渡你过河。”士人说：“我先吟前两句，渡过河后再吟后两句，如何？”大龟同意后，士人吟道：“身穿九宫八卦，四海龙王也怕。”大龟听后很高兴，随即驮士人过了河。到了河对岸后，士人又接着吟道：“我本衣冠中人，不与乌龟答话。”这幅枕画表现的就是士人踏龟渡水的故事。士人双脚踏在龟背上，空中飘浮着三朵祥云，衣衫随风飘起。

图三　元磁州窑踏龟渡水图枕

4.“滏源王家造”枕（图四）

通体为白地黑花装饰，枕的前立面为墨竹纹，后立面为牡丹纹，右侧墨书："滏源王家造。"枕面开光内绘有表现白朴的元杂剧《墙头马上》的图案。在一座树影婆娑的院落左侧有一个由太湖石和芭蕉叶组成的花坛，右侧的老院公头戴幞帽，正伏在桌子上打瞌睡。李千金头戴簪钗，身着襦裙、披帛，一双儿女正紧紧地偎依在她的身旁。她虽衣着华丽，但却掩饰不住内心的忧愁，正无奈地看着院中的春景。《墙头马上》共分为四折，画枕描绘的是第三折中的情景。它没有表现两人墙头马上的浪漫情节，而是选择了李千金到裴家后忍辱负重，隐情即将被撞破的情景，画面凄楚悲凉，更容易唤起人们的怜悯与同情。

图四　元磁州窑墙头马上图枕

5．“滏源王家造”枕（图五）

出土于磁县城北大营村，长 41 厘米，宽 17.5 厘米，高 14.5 厘米，前后立面绘折枝牡丹，两端绘荷花，后面右侧墨书“滏源王家造”五字，枕面开光内绘人物故事，描绘的是宋人话本《钱塘梦》中苏小小和司马才仲神奇的爱情故事。司马才仲一日掘土种花，不想掘出一副白骨，于是命人敛骨装匣安葬。当晚，司马才仲在冥冥之中，忽见一唇朱齿皓的二八佳人款款行至面前，向其道万福，深谢葬骨之恩。临行前启朱唇执檀板唱道：“妾本钱塘江上住。花落花开，不计流年度。燕子衔将春色去，纱窗几阵黄梅雨。”歌罢，飘然逝去。司马才仲赫然惊醒，回想梦境，感叹不已，遂续歌一阕：“斜插犀梳云半吐。檀板轻敲，唱彻《黄金缕》。歌罢彩云无觅处，梦回明月生南浦。”枕面“之”字墙后面绿树婆娑，太湖石和芭蕉叶将院落分为两部分，右侧司马才仲头戴幞帽，正伏在案几上打瞌睡，案几旁立有一根长柄烛台，左侧苏小小脚踩祥云，翩翩而至，手执檀板在浅吟低唱。司马才仲为北宋时期文人，曾在苏东坡的举荐下，于秦观幕为官。苏小小是南朝齐梁时期钱塘的名妓，貌绝青楼，才华出众，红颜薄命，被葬于西泠之畔。画面反映了人鬼之间凄美委婉的爱情故事。

图五　元磁州窑钱塘梦图枕

6．“滏源王家造“枕（图六）

枕的前立面菱形开光内绘墨竹纹，后立面开光内绘大小两株折枝牡丹，右侧竖行墨书：“滏源王家造。”枕面的菱形开光外填绘花卉，开光内绘主题图案。画面中央有一个太湖石和芭蕉组成的花坛，左侧有三位人物，男女主人在前，童仆在后，夫妻二人在案桌前捧香祈祷。枕面的右侧有一位手持仙杖的道人，上有双凤飞翔，下有神龟、绵羊相伴。

图六　元磁州窑捧香祈祷图枕

7．“滏源王家造”诗文枕（图七）

此枕为元代烧造，1995年磁县东艾口出土，前高10.5厘米，后高14厘米，长42厘米，宽17厘米。前立面绘折枝花，后立面绘牡丹，右侧竖式墨书“滏源王家造”。枕面开光内墨书一首词曲：“渔得鱼，渔兴兰，得鱼满笼收轮竿。樵得樵，樵心喜，得樵盈担斤斧已。樵夫渔夫两悠悠，相见溪边山岸头。绿杨影里说闲话，闲话相投不知罢。渔忘鱼，樵忘樵，绿杨影里空惆蹰，画工画得渔樵似，难画渔樵腹中事。话终所以是如何，请君识问苏东坡。”

图七　元磁州窑渔得鱼诗文枕

8．“滏源王家造，鸿川枕用功”诗文枕（图八）

1959年磁县岳城水库工地出土，前高11厘米，后高13.5厘米，长43.4厘米，宽17.3厘米。枕的前后立面开光内皆为缠枝牡丹，枕后侧面各书一行文字，左侧为“滏源王家造”，右侧为“鸿川枕用功”。枕面的菱形开光外填绘花卉，开光内书有“草书歌”，残失近十字，以楷体文11行，满行11字：“磨墨磨墨，饮酒饮酒，展三幅绢，舒一只手。浩浩风云笔下生，飒飒龙蛇腕前走，好似赵飞燕盘舞曲未终，似周将军提定蛟龙首。一笔来，一笔去，通臂猿猴使拈柱，黑虎巴山揭拒石，鸟蛇倒挂枯招树。或时真（嗔）或时喜，半盆□水助神鬼，钟馗拖定裂缴□，□路拔出大虫尾。□写来四□□□□。二十八条龙出水。”末行另有三字“草书歌”。诗文气势宏大，一泻千里，与唐代李白的“草书歌行”有异曲同工之妙。

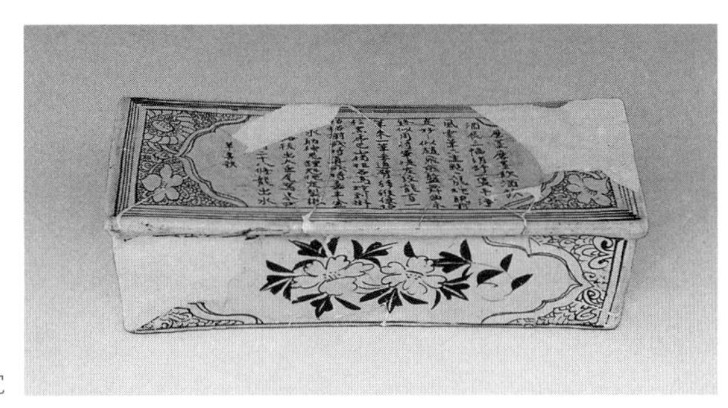

图八　元磁州窑草书歌诗文枕

9．“滏源王家造”枕（图九）

前立面绘墨竹纹，后立面绘折枝牡丹，右侧竖式墨书“滏源王家造”。枕面开光内绘主题图案：两侧是石质的栅栏，左侧的栅栏内有一个小孩在玩耍，院中央的小桌上有一人在躺着睡觉。

图九　元磁州窑人物纹枕（美国夏威夷火奴鲁鲁艺术研究院藏）

10．“滏源王家造”瓷枕（图一〇）

前立面为折枝花纹，背立面为牡丹花纹，两端为荷花纹。枕面开光内居中绘有三棵松树，树的右边一仆从牵马侍立，左边一位武将站在屋前向童仆打听事情，一位书生正临窗读书。该枕主题鲜明，布局严整，纹饰细腻。

另外英国苏格兰博物馆收藏一件“滏源王家造”枕，画面为学子远行纹样。美国

图一〇　元磁州窑人物纹枕（美国西雅图美术馆藏）

费城艺术馆收藏一件“滏源王家造”枕，画面为狮子滚绣球纹饰。

从枕面的画技来看，“滏源王家造”的绘画水平，参差不齐，其中描绘庭院人物及元杂剧表演场景的，画风细腻，技法高超，体现了文人画的特点，而表现道家题材和渡水的作品，画面简洁，但画技略逊一筹，应是出自民间画师之手。

磁州窑白地褐彩、白地剔花技术在邻国的运用

上海解放日报集团申江导报　程　庸

内容提要：宋代名窑磁州窑不仅在国内影响巨大，而且由于其造型丰富、题材广阔、价格较低等因素而广泛向海外输出。磁州窑白地褐彩、白地剔花技术及此类产品传输到朝鲜、日本、越南、泰国、伊朗、伊拉克、埃及以及土耳其等国，并对当地的制瓷技术产生了积极的影响。

关键词：磁州窑　白地褐彩　白地剔花　海外输出

Abstract: The famous Song-era Cizhou Ware not only exerted large domestic influence, but due to its richness of construction, broad themes, and relatively cheap pricing, it was also widely exported overseas. Cizhou Ware and similar products displaying techniques of brown-on-white glaze and white-ground incising spread to Korea, Japan, Vietnam, Thailand, Iran, Iraq, Egypt, as well as Turkey, and furthermore exerted a vigorous influence on each area’s porcelain technique.

Key words: Cizhou Ware, brown-on-white glaze, white-ground incising, overseas export

宋代名窑磁州窑瓷器不仅在国内影响巨大，还出口到世界许多国家，这正不断被出土文物所证明。近些年，磁州窑产品向周围邻国输出及影响他国同类产品生产的话题逐渐被学界关注，在此就笔者掌握的一些图片做简单比较，分析他国生产的产品与磁州窑的关系。

磁州窑产品在海外具有影响，是因为其本身具备向外输出的条件，这些条件如造型丰富，题材广阔，产品价格较低等。磁州窑原先深受长沙窑影响，但它独有的装饰技巧和浪漫的艺术风格又施惠于其他民窑，如河南修武当阳峪窑、鹤壁集窑、禹县扒村窑、登封窑，山西介休窑，江西吉州窑等，从而形成了磁州窑系。磁州窑的兴盛发展主要集中在宋、金时期，这时的窑场以磁县西南的观台为中心。以观台为烧造中心的磁州窑到了元代已经衰弱，之后从观台转移到磁州的彭城，元、明时期的磁州彭城窑重又复兴，产品众多。之后，磁州窑原有的白地黑花装饰逐渐被青花所取代。元、明、清时期的产品总体质量不如宋、金时期[1]。

磁州窑向海外输出，刺激周边国家的瓷业生产，主要在亚洲一带，这些国家生产

了不少类似磁州窑的产品，而且品种较为丰富。

一 磁州窑白地褐彩、白地剔花技术在朝鲜的运用

朝鲜半岛高丽青瓷的形成，吸纳了中国诸多窑口产品的元素，如越窑青瓷、汝窑青瓷，在宋元时期则主要接受了北方青瓷、北方白瓷和其他品种的装饰技法。之后，高丽青瓷蜕变成粉青沙器，中国磁州窑的装饰手法给予了启发，粉青沙器镶嵌、粉青沙器印花等装饰技法是中国化妆土装饰工艺在青瓷上的发扬光大，粉青沙器印花、粉青沙器剥地雕花和粉青沙器粉妆纹等装饰技法，是对中国北方磁州窑系表现手段的直接借鉴。

一个粉青沙器剥地雕花碗（图一），剥地雕刻成牡丹花图案，色泽淡雅。工艺类似磁州窑中的白地剔花碗（图二），相比较，磁州窑这一件碗带葵口，图案剔刻较深。两图对比可看出两者之间的承袭关系，图案也惊人的相似。

再看另两图比较，一件是朝鲜粉青沙器剥地雕花罐，一件是磁州窑白地剔褐彩梅瓶（图三），这两件作品造型虽然不同，上下莲瓣纹、中心缠枝牡丹花纹却基本类似，

图一 15世纪朝鲜粉青沙器剥地雕花碗（纽约佳士得2010年3月拍品）

图二 宋磁州窑白地剔花碗

图三 宋磁州窑白地剔褐彩梅瓶（磁州窑博物馆藏）

只是前者工艺上较为粗糙，后者比较规整清晰。可见朝鲜半岛粉青沙器剥地雕花就是磁州窑的白地剔花工艺的借用。

朝鲜半岛另一类重要品种彩绘粉青沙器铁画，也吸收了磁州窑系的彩绘装饰技法，特别是白底黑彩褐彩工艺，这种技法，主要特点是在青瓷上以铁颜料绘画，再施釉烧成，又被称作“绘高丽”，这种“绘高丽”技法即等同于磁州窑中的白地褐彩装饰[2]。梅瓶造型分别是各自的重要器型，从图四、图五对比可看出，同样的梅瓶造型，同样的白地褐彩，图案又相似：上下莲瓣纹，中心图案为缠枝莲，只不过“绘高丽”梅瓶少了三道分割线，使画面更加疏朗。但这两者工艺截然不同，“绘高丽”梅瓶图案是绘画所致，而磁州窑梅瓶图案是剔刻而成，且此工艺十分规整、图案十分精美。

图六、图七是“绘高丽”白釉铁画龙纹罐，这类产品十分常见，在韩国国家博物馆大量收藏，在首尔的“琉璃厂”洞仁寺古玩市场也常能见到，与磁州窑白釉褐彩龙纹罐（图八），造型、画意也基本雷同，而磁州窑白釉褐彩龙纹罐图案装饰更完整一些，坡肩饰花卉，构图简洁，腹部饰龙纹，麟纹画得较为精细，上下图案用双线分割。

图四　12世纪朝鲜“绘高丽”梅瓶（美国纽约大都会博物馆藏）

图五　宋磁州窑白地褐彩梅瓶（香港佳士得2004年秋季拍品）

图六　17世纪朝鲜“绘高丽”白釉铁画龙纹罐（美国费城博物藏）

图七　17世纪朝鲜“绘高丽”白釉铁画龙纹罐（韩国国家博物馆藏）

图八　元磁州窑白地褐彩龙纹罐（磁州窑博物馆藏）

二　磁州窑白地褐彩、白地剔花技术在日本的运用

磁州窑产品在日本的传播状况，从日本陶瓷专家佐藤雅彦的一句话可见一斑，他说：

> 在中国陶瓷中，磁州窑陶瓷也许是日本人最喜爱的。这是由于它充满着一种珍罕的古拙气息。

不过历史上，宋朝磁州窑如何与日本陶瓷交流的，尚不明朗。这儿只能从一些颇类似磁州窑装饰工艺的作品来做简要分析。

德高纳高拍卖行曾拍卖一件明治时代的红褐彩花卉罐（图九），短颈翻口鼓腹，主体图案为花卉，图案精细，叶瓣、花瓣都画得中规中矩，色彩对比鲜明。此器在器型、纹饰上，都类似邯郸博物馆的一件磁州窑藏品（图一〇）。虽然日本作品模仿磁州窑风格，但画工要好，艺术感更强一些。阿姆斯特丹佳士得拍卖行曾拍卖的一件日本19世纪生产的白釉褐彩花卉矮罐[3]，气息十分类似磁州窑产品。德高纳高拍卖行2008年拍卖的一件日本明治时期生产的白釉褐彩瓶（图一一），纹饰寥寥几笔，颇具神韵，简练的装饰风格逼肖磁州窑产品。

图九　日本明治时代花卉罐（德国纳高2009年5月拍品）

图一〇　明白地褐红彩罐（邯郸博物馆藏）

图一一　日本明治时代白釉褐彩瓶（德国纳高 2008 年 11 月拍品）

三　磁州窑白地褐彩、白地剔花技术在越南的运用

李朝统治下的越南，在公元 9 ～ 11 世纪大量输入中国越窑系青瓷、龙泉系青瓷，以及福建、广东诸窑生产的白瓷，湖南长沙窑等产品，李朝逐渐开始独立制作本土陶瓷。之后出现了重要的淡黄釉彩花纹瓷，一部分素地，表面饰以很深轮廓的刻纹；另一部分，褐釉当中的纹样加以变化，花纹以唐草纹居多。施纹方法，是北宋时期磁州窑系所使用的剔纹技法的简化。这可能是北宋末年的动荡，江西吉州窑、广东西村窑向南方转移，磁州窑系的陶工也有向越南迁移的，传授了这种技法[4]。

越南 13 世纪李朝曾生产了一件白釉剔黑喇叭（图一二），其施白釉再剔黑出图案的剔刻工艺完全等同于磁州窑相类技术。李朝的这件喇叭器，白釉色度较亮，黑釉肥润，剔刻图案也工整有序，颇得磁州窑的精髓。另一件白釉褐彩剔刻鸟纹直壁罐（图一三），也具有磁州窑风格，从金朝白地黑花直壁罐（图一四）器型上可看出，两者有相类之处，而装饰技法可能从磁州窑褐彩鱼藻纹盆（图一五）上获得启发，弯弯的鸟形，对生的树叶等都较类似。

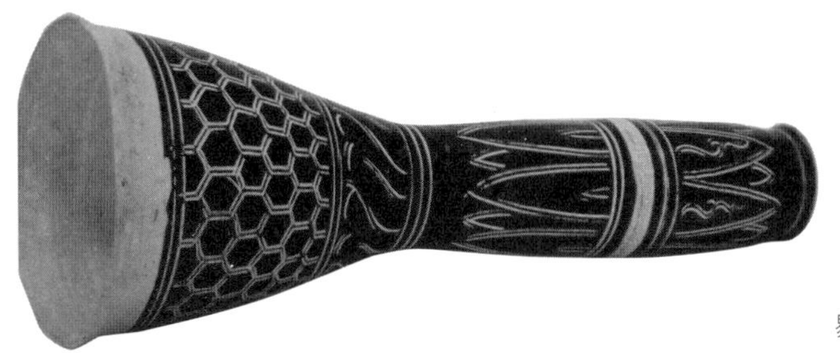

图一二　13世纪越南李朝白釉剔黑喇叭（巴黎佳士得2003年11月拍品）

图一三　13世纪越南李朝白釉褐彩剔刻鸟纹直壁罐（巴黎佳士得2003年11月拍品）

图一四　金磁州窑白地黑花直壁罐（磁县博物馆藏）

图一五　明磁州窑白地褐彩鱼藻纹盆标本

四 磁州窑白地褐彩、白地剔花技术在泰国的运用

约在1300年，磁州窑产品带动了泰国类似产品的生产，暹罗北方素可泰国王蓝摩堪亨到北京进谒元朝皇帝，回返途中来到磁州窑，带走许多中国陶工去素可泰，创办了有名的宋加洛窑，之后，泰人烧制出的白瓷、彩瓷都酷似中国瓷器。

一件褐彩雕刻盒（图一六），盒上雕刻缠枝莲图案，再施以褐彩，色泽淡雅，器型规整。与磁州窑褐彩盒（图一七）相比，图案、造型有类似之处，制作技术却不同，泰国产品雕刻加彩，而磁州窑粉盒则是白釉褐彩。据专家考证，军持器型来自阿拉伯，唐朝时被引进，从此成了中国陶瓷中的特有品种。虽然不知泰国的军持造型是否从中国引入（图一八），但白地褐彩装饰技术来自磁州窑无疑。有两件瓷器（图一九），一件是娃娃形香炉，宋朝时期，曾有多种窑口生产这类产品；另一件是褐彩鸭罐，这类产品在越南瓷器中也能见到。盖盒（图二〇）的形式也是唐宋时期常见的式样。

图一六　14世纪泰国褐彩雕刻盒

图一七　宋磁州窑褐彩盒

图一八　14 世纪泰国白釉褐彩军持

图一九　14 世纪泰国娃娃形香炉和褐彩鸭罐（美国费城博物馆藏）

图二〇　14 世纪泰国盖盒（美国费城博物馆藏）

以上所列举产品的器型可能带有自身特点，但装饰技术来自磁州窑。西方专家罗伯特在研究后认为，泰国瓷器引进了中国瓷器的技术后，质量明显提高，名声鹊起[5]。泰国素可泰窑、宋加洛窑当时和安南窑齐名，这两个窑口生产的釉陶、青瓷、白地黑瓷、青花瓷都模仿中国陶瓷[6]。

五 磁州窑白地褐彩、白地剔花技术在伊斯兰地区的运用

磁州窑产品也出口到伊朗、伊拉克、埃及、土耳其等地，对当地的产品可能产生影响，从伊斯兰 12 ～ 13 世纪生产的陶瓷就可看出这一点，只是缺乏直接加以证实的资料。这个时期，伊斯兰世界生产了不少白地褐彩、白釉刻花、绿地刻花等产品，能够推测是对定窑、磁州窑等产品技术的借鉴。西方学者莱恩在对 12 世纪的伊斯兰这些产品研究时说：

> 这些装饰细节能让我们联想起从中国进口的宋代瓷器，是它们最早启发了近东（指伊斯兰世界）瓷器的釉下刻画装饰技法[7]。

这时期，传到阿拉伯地区的有越窑、龙泉窑、定窑等产品，伊斯兰的一部分产品与越窑、龙泉窑产品相似，而伊斯兰的白地褐彩、白釉刻花、绿釉刻花产品却类似宋

图二一　12 ～ 13 埃及白釉褐彩花卉罐

图二二　12～13 世纪埃及绿釉刻花罐

朝北方的定窑、磁州窑等产品。

埃及生产的一件白釉褐彩花卉罐（图二一），颈部饰斜纹，腹部饰开窗花鸟纹，类似中国图案。颈部与腹部用两条拦水线分割，这种上下两条线的装饰在磁州窑产品中常见。而埃及生产的绿釉刻花罐（图二二），釉水装饰十分类似宋朝瓷器，从颈部到腹部饰四层雕刻装饰，皆是两条线条分割，雕刻技术类似磁州窑、定窑等产品的剔刻风格。伊斯兰陶瓷擅于借鉴中国陶瓷技术，但他们往往不是直接模仿，而是常常为己所用，形成自己的风格。莱恩在研究后断言："从中国传来的刻花和印花装饰很快成为伊斯兰风格。"[8] 至于伊斯兰刻花陶瓷究竟借鉴了宋朝哪些窑口的技术，还有待进一步研究。

注释：

[1]《中国磁州窑典籍》第 20 页，中国文史出版社，2006 年。

[2] [日] 三上次男:《越南陶瓷与陶瓷贸易》,《中国古陶瓷研究》第十四辑，紫禁城出版社，2008 年。

[3] 佳士得阿姆斯特丹 2005 年 9 月拍卖会。

[4] 刘毅：《朝鲜时期的粉青沙器初探》,《中国古陶瓷研究》第十四辑，紫禁城出

版社，2008 年。

[5] 陈鹏鹏：《十二至十五世纪泉州陶瓷贸易》，《十二至十五世纪中国外销瓷与海外贸易国际研讨会论文集》，中华书局，2005 年。

[6]《中国磁州窑典籍》第 36 页，中国文史出版社，2006 年 8 月。

[7][8] *EARLY ISLAMIC POTTERY*, p23,by ARTHUR LANE,FABER AND RABER, 24 Russell Square,London.

论宋元磁州窑瓷画艺术及其流变

杭州历史博物馆　沈芯屿

内容提要：宋代是中国绘画发展的高峰期，金元磁州窑瓷画中的山水画同样是中国画的一部分。本文试图从宋元磁州窑瓷画中民俗风情、国画意韵的角度出发以杭州南宋太庙遗址、南宋恭圣仁烈皇后宅遗址出土的磁州窑瓷器残件为例，阐释磁州窑瓷器绘画艺术的意义和流变。

关键词：磁州窑　瓷画艺术　流变

Abstract: Song Danasty is the peak season of Chinese Painting and the landscape painting of the painting on porcelain of the Jin- and Yuan-era Cizhou Ware is also a part of Chinese Painting.This paper take the broken piece of porcelain from the Southern Song-era Tai Miao site in Hangzhou and the Southern Song-era Gong-sheng-ren empress' house site for example to explain the significance and change of Cizhou Ware's painting on porcelain,in terms of the customs and the implication of Chinese Painting in the painting on porcelain of Song- and Yuan-era Cizhou Ware.

Key words: Cizhou Ware, art of painting on porcelain, change

磁州窑是北方地区一个著名的瓷窑，以烧制白地黑花等彩瓷而闻名遐迩。人们一般认为，在装饰艺术上，磁州窑作为民窑，其艺术成就就是白地黑花，纹样生动表现了北方地区民俗风情。并没有把磁州窑瓷画放到中国绘画发展的背景中去研究，这是不够全面的。我们知道，黄河流域的先民，在史前就已经开始了陶器上的绘画。我们甚至可以说，中国的绘画始于陶器。当然，在经历了数千年的历史发展，相同的绘画艺术，似乎并没有在瓷器上得到有序的绵延。这是因为，在瓷器上绘画，纹饰是一种装饰，而不是主体。

在六朝时期，浙江的瓯窑、越窑等，开始了釉下彩绘图案形式的装饰。唐代的长沙窑，有釉下彩绘的人物、花鸟等图画。从绘画艺术上来说，只是一种图案式的装饰。而南宋至元代磁州窑瓷器上的绘画，不仅有写实的也有写意的，有反映民间喜闻乐见的花卉、婴戏、花鸟等纹饰，还出现了人物山水。如果说，在中国绘画史上，宋元山水画被称之为具有划时代的意义，那么，磁州窑的瓷器绘画中的山水画同样具有深远的意义。它的出现，对元代景德镇窑的青花瓷画，产生了极为深远的影响。

笔者以磁州窑白地黑花瓷为主，从磁州窑瓷器绘画艺术的源流、磁州窑瓷画中的民俗风情和国画意韵、磁州窑瓷画的流变三个方面对磁州窑瓷器的绘画艺术进行分析研究。旨在探讨磁州窑瓷画的意义和流变。

一 磁州窑瓷器绘画艺术的文化源流

磁州窑位于河北省磁县观台镇和彭城镇一带。这里曾经是华北地区早期新石器时代“磁山文化”的发祥地。我们不知道磁州窑是否属于磁山文化发展的同一脉络，但是，聪慧的先民创造的远古文明，为磁州人的生存与发展奠定了基础。也许是受到南方青瓷的影响，北齐时期，这里开始烧制青瓷。五代至北宋早期，由青瓷逐渐转向白瓷。采用化妆土修饰瓷胎，烧制成功了白瓷和黑瓷。

也许，是因为这白与黑的成功；也许是黄河流域先民的睿智遗传启迪了磁州人。不久，他们就开始用黑彩在白色的瓷器上绘画。画出了民俗风情，画出了千年流传的故事。北宋中期至金代早期，磁州窑进入了良好的发展期，也是它的高峰期。以至于形成了一个北方地区最大的彩瓷窑系。其造型优美，工艺精湛。在纹饰上采用白地黑花，对比鲜明的装饰手法。就此，其产品形成了自己独特的风格，而受到大众的喜爱。我们也许无从考证，磁州窑为什么会从此时开始使用黑白的色彩和画笔来装饰瓷器。可是看到它，我们可以联想到，黄河流域的史前遗迹中出土的绚烂多姿的彩陶。磁州窑地处黄河流域，其生活习俗和审美情趣，应该是有绵延的。这种绵延的形式，不一定是文字的记载或语言的叙述，而是曾经有过的其他形式。磁州窑白地黑花瓷器的出现，其绘画的装饰风格，就是远古黄河流域先民彩陶艺术文化的绵延。我们今天在阅读这些瓷画的时候，同样可以感受到他们用软笔在瓷器上绘画，是史前彩陶画线条的延伸。磁州窑彩绘的创作风格与彩陶上的绘画用笔，是那么的相似。

磁州窑瓷器的纹饰题材非常丰富，已经发现的有：童子牧鸭、童子垂钓、童子蹴鞠、人物故事、蜻蜓点水、虎纹、戏马、西天取经、牡丹花卉、莲花和诗文等。归纳起来主要为婴戏、山水人物、动物、花卉、花鸟、词曲文六类。有一个特点值得我们关注，那就是，这些纹饰表现最多的是在瓷枕上。而瓷枕，最早出现在北方，南方比较少见。从出土的情况来看，越窑五代时期有这种器型，多为狮、虎等兽形，枕面有刻花牡丹等花卉纹。应该存有古人辟邪的民俗心理。北方的瓷枕应该与北方地区的人群，喜欢用瓷枕的习俗有关。北方陕西等地，至今仍然保留着这种睡瓷枕习惯。人，有两种时候被称之为睡。一种是劳作一天后，夜晚的休息，一种是长眠，就是死去后的长睡。因此，北方的瓷枕既是日用器又是明器。人在睡眠的时候会做梦。在瓷枕上画美好吉祥的图画，预示着使用者进入美好的梦乡。而对于亡者来说，就是一种祈福。由此，宋元磁州窑瓷器上白地黑花瓷画，是史前先民睿智而浪漫艺术灵感的延续，也是宋元时代北方民间风土人情的写照。

二 磁州窑瓷画中的民俗风情和国画意韵

磁州窑瓷器主要从瓷器绘画艺术和内容题材上，体现国画意韵和黄河流域的民俗风情。然而，笔者认为宋元磁州窑瓷器装饰艺术的一个很大的成就是山水画在瓷器上的出现（图一）。宋代，是我国绘画艺术发展的高峰期，在宋徽宗、宋高宗时期，宫廷画院云集了一批优秀的画家。流传至今的大多数宋代绘画，多是画在绢上的。这些在瓷器上绘画的人，很可能是流落民间的画家。他们有一定的绘画功底，在瓷胎上作画，再现了宋代中国绘画艺术的意韵。把白色的瓷胎作底，以黑彩作色。就这样在色差对比强烈的情形下,那笔触和画面得到完美的再现。由此说明,磁州窑山水画的出现，具有划时代的意义。它不仅仅是瓷画，同时也是宋元中国画。它的出现，对元青花瓷画产生了直接而深远的影响。

除山水画之外，磁州窑瓷画题材非常丰富，有花鸟、花卉、诗文、人物、动物等。这里先谈谈花卉纹。磁州窑的花卉纹多见于梅瓶、镜盒、瓷枕等器物上。有牡丹纹、莲花纹、卷草纹、仰莲纹等。其纹饰粗犷，笔触硬朗，给人以挺拔感的同时，缺少一种柔韧和细腻的美感。2001 年河北沧州崔尔庄朱家运粮河出土的一件宋代白地黑花矮梅瓶。腹壁绘花卉纹，用笔硬朗，给人一种犀利之感[1]。1987 年河北磁县观台窑址出土的一件金代白底黑花折枝牡丹纹梅瓶。色彩浓重，纹饰繁密，线条同样粗犷硬朗[2]。

图一　元磁州窑白地黑花山水人物图枕

另一件也是磁县观台窑址出土的白地黑花缠枝牡丹纹梅瓶，线条比前面一件纤细而柔软一些，布局较满[3]。1996 年，邯郸市军分区家属院一个金代墓葬出土的一件折枝牡丹纹瓷枕的绘画手法，与前面两件梅瓶的风格是一致的。值得一提的是 1974 年在河南镇平出土的一件北宋花卉纹梅瓶，自上而下有五层不同的纹饰。这种装饰手法和风格，与元青花是那么的相似。进一步证实了元青花在装饰上是受到了磁州窑影响的。磁州窑瓷器上的花卉纹，色彩对比鲜明，用笔粗犷、率性、有力。充分显示了北方民族爽朗的性情。

民俗风情，主要从婴戏图、花卉纹和花鸟、鱼纹等来体现。婴戏题材，是磁州窑最具典型的人物画。它不仅具有多子多福的民俗寓意，同时还表现了人类追求童心天真纯真的心理。1954 年河北邢台市曹演庄墓葬出土的一件北宋瓷枕。枕面上绘一童子弓身立于岸边，手臂向前平持，手中握一鱼竿，竿头有一线下垂。水中有几条小鱼围着垂钩嬉戏。画面布局疏朗，线条简洁流畅。表现了当时孩童的生活乐趣[4]（图二）。1964 年河北邢台市出土的童子蹴鞠八角枕。枕面画一个头梳双丫辫的女童，上着 V 字形左衽交领长窄袖花衣，束腰带，下着宽腿裤。躬身，屈腿，双臂自然摆动，左脚着地，右脚掂球，颇具动感[6]。以上的两幅童子图，用笔简练，寥寥数笔，勾勒出儿童天真活泼的童趣。笔触随意流畅，而不失严谨。

花卉画中的牡丹，象征着富贵花开。这类图案在磁州窑中是很常见的。瓷枕上有，梅瓶上也有。广东省博物馆收藏的一件折枝牡丹花瓷枕，以黑地白花的形式再现了磁州窑的风格。纹饰疏朗，线条流畅，构图别致。左侧下方的留白，形成了独特的视觉效果[7]。1974 年河南镇平出土的一件白地黑花牡丹花梅瓶，共有 5 个层次，肩部至上腹部绘缠枝莲纹，下部绘牡丹纹和仰莲纹，花纹之间以弦纹带间隔。造型挺拔秀美，纹饰华丽生动[8]。

鱼纹亦是民间常见的装饰纹样，广东省博物馆收藏的一件鱼纹枕。枕面边缘有黑彩花形开光，开光内绘一条游鱼和飘动的水草。纹饰疏朗，线条简洁而富有动感[8]。

金元时期，磁州窑的山水人物画，仿佛达到了一个成熟的境界。1977 年磁县出土的一件金代人物枕。长方形，枕面四角分别绘白地黑花菊花、荷花、牡丹等花卉纹，

图二　宋金磁州窑白地黑花童子垂钓图枕

纹饰细密。中间有一椭圆形开光，开光内绘庭院，庭院中有柏树，香案。有君臣坐落于香案的两侧，臣手捧笏板面向君主，作禀告状。人物与庭院，柏树，围墙以及花卉之间的布局，是那样的合理。我们谁也不知道人物交流的内容，但是，我们从一个开光的画面中，看到了一个故事[10]。1978年邯郸地区出土的一件白地黑花的山水人物图瓷枕。两端四角绘花卉纹，中间饰弧形锦地开光。开光中绘一人物，右臂携琴，有一鹤在前，行走在山间，人物前后有树。人物没有官帽，也没有着官服。表现的是宋代赵抃去四川做官，只带一琴一鹤。行装的简便，寓意为官清廉[10]。1973年河北磁县南来村西港墓葬出土的一件金代瓷枕。长方形，四角两端绘石榴、牡丹、莲花花卉纹。中间有弧形锦地开光，开光内绘相如题桥图。远处山峦叠嶂，云雾缭绕。近处绘树木，桥梁，马车，有一人执笔，捧砚后生侍立于侧。画面气势恢弘，人物与自然山水间的比例得体[11]。

更加值得注意的是1969年河北磁县上潘汪村出土的一件元代山水人物长方枕，枕面上所绘的山水人物，与西游记中的唐僧西天取经的画面非常相似。画面中有三个人物，一人骑在马上，其他二人一前一后，行走在山间。有人认为，很可能就是早期西游记的图形[12]。而广东省博物馆收藏的一件元代磁州窑唐僧取经图枕（图三），画面中的四个人物是非常明确的。孙悟空手执金箍棒走在最前，后面是猪八戒肩扛耙子，唐僧骑在马上，手握缰绳，沙僧举幡紧跟唐僧之后。他们以人们熟悉的姿势，行走在崎岖的山路上[13]。这就说明这个故事，是当时民间非常流行的。也许正是这两件元代瓷枕，说明了西游记的话本小说，早在元代或之前就已经有了雏形。它是《西游记》小说的起源的鲜明例证。

1962年河北磁县冶子村出土的一件瓷枕[14]，枕面边缘绘如意形开光，开光内两侧下端绘山林，中间有河流。左侧山石上立一人物，拱手，仰面观月。表现了文人士大夫孤芳自赏的心理。枕面上端的大块留白，使画面显得空旷。这种中国画特有的写

图三　元磁州窑唐僧取经图枕

意手法，使画面具有了诗的意境。

李泽厚先生说："如果说，雕塑艺术在六朝和唐代达到了它的高峰；那么，绘画艺术的高峰则在宋元。这里讲的绘画，主要指山水画。中国山水画的成就超过了其他许多艺术部类，它与相隔数千年的青铜器交相辉映，同为世界艺术史上罕见的美的珍宝。"[15]中国的山水画，常常和人物是联系在一起的。我们今天谈的正是宋元时期磁州窑瓷画上的山水画。因为有了山水和人物画，磁州窑丰富的文化内涵，远远超出了作为瓷器的一般装饰。把一个民族的文化的精髓，融入了瓷器绘画艺术，使瓷器绘画有了新的意境。磁州窑瓷器上的山水画，同样也是中国山水画不可或缺的一部分。

三 磁州窑瓷器及其瓷画的流传

磁州窑瓷器的流传，主要有两种形式。一种是器物从本土来到异地；另一种就是工艺的流传。这里我们先谈器物的流传。磁州窑瓷器，因为受到民众的喜爱，而得到了广泛的流传。今天，在很多地方都有磁州窑瓷器出土。它的足迹遍布了河北、河南、山东、山西、陕西、内蒙、广东、广西、江西、浙江等地，充分显示了它特有的艺术魅力。这里就谈谈杭州已经发掘的两处南宋皇城遗址[16]中出土的磁州窑白地黑花瓷器。1995年5月至1997年，杭州市文物考古所先后对南宋太庙遗址进行了两次发掘。太庙东围墙遗迹的第三层(元代层)出土的器物有不明器型的白地黑花龙纹残件、器盖[17]。虽然都是残件，但是仍然可以从黑彩绘画上读到一些信息。肩部残件，胎体较粗，呈灰黄色，施化妆土。内壁施黑釉，外壁施乳白色釉，绘黑彩云纹。不明器物的底部残件，假圈足，胎体较粗，呈灰色，有化妆土，施米黄色釉，绘黑彩四爪龙纹。

在南宋太庙第二层地层中出土的磁州窑白地黑花瓷器标本。器型有碗、罐、瓶、盆[18]。其中一件绿釉黑彩剔花瓶，撇口，高颈，圆肩，腹部略鼓。胎体略松，呈棕黄色，施化妆土。瓶身饰黑彩花卉纹，施绿釉二次烧成。直口罐和龙纹大罐，胎质较细，呈浅灰色，施化妆土，乳白色釉，绘黑彩花卉纹、龙纹。碗，敞口，弧腹下敛，圈足外撇，有鸡心底。内底书有黑彩"元"字款。太庙遗址的第三层为元代层，第二层为明清层。但是这些出土的器物，除了一件鸡心底碗，大多烧造时间早于地层年代，首先，就绿釉釉下黑彩瓶的上部，据当地考古人员证实，这类装饰金代以后基本消失。其次，从考古发掘情况看，第四层南宋层没有出现磁州窑的产品。说明第二层、第三层出土的器物不是直接从产地带过来的，有可能是通过第三个地方转运过来的。根据这些依据，我们推测这些器物大多时间应该在金代。

南宋恭圣仁烈皇后遗址的水池中，出土了磁州窑瓷盘、不明器物的底部等。水池位于皇后宅庭院的中部，除了磁州窑瓷器以外，池中出土的瓷器有南宋官窑青瓷、汝窑青瓷、高丽青瓷和大量的定窑白瓷等。充分显示了该建筑主人的高贵的身份。这些瓷器与南宋构件，南宋官窑瓷器，定、汝、高丽窑瓷器一同出土，说明当时南宋朝廷也有使用磁州窑瓷器。

从两个遗址出土磁州窑瓷器看出：

第一，除绿釉黑彩剔花瓶的陈设瓷外，大多为大件的存储器和制作较粗的日用器物，我们不能肯定这些器物的使用者。有可能是宫廷使用，也可能是宫中佣人使用。

第二，浙江没有发现烧制白地黑花瓷器的窑址，这些器物应该都是从北方带过来的。这就是磁州窑瓷器流传的一个典型的例证。

第三，恭圣仁烈皇后宅遗址出土的磁州窑瓷器残件，因为同时出土的定窑、高丽等器物多为金和南宋时期，所以，这几件磁州窑残件也可能是金代的。太庙遗址的第三层出土的残件，从器型上看金到元代都有可能。

因为有了磁州窑独特的装饰工艺，人们把白地黑花的瓷器称之为磁州窑系。这就是瓷窑装饰工艺的又一种流传。受到磁州窑白地黑花的装饰风格影响，在北宋、金、南宋和元代，全国有一些瓷窑先后烧制白地黑花瓷器。最典型的有河南扒村窑、江西的吉州窑等。但是，扒村窑白地黑花瓷画中以花卉、婴戏题材为主，没有出现山水画。而吉州窑是对磁州窑装饰工艺有传承和发展的一个瓷窑。它的装饰题材极为丰富，有花卉、花鸟、几何、海水纹等，更具有装饰感。虽然是继承了磁州窑的白地黑花装饰风格，但是在色彩上偏赭褐色，在绘画用笔上更加婉转柔和，纹饰细腻精致而耐人寻味。这是吉州窑在引进北方磁州窑装饰工艺后，融入了南方制瓷工匠的绘画技艺和江南人灵秀、婉约的典型例证。吉州窑瓷画中精美的人物、荷花、牡丹、菊花、大雁、诗文等纹饰，对南方特别是江西瓷窑的彩绘瓷器，特别是元青花的发展，产生了直接而深远的影响。虽然，在吉州窑瓷画中，我们没有发现山水画。但是，从元青花的山水人物瓷画中，我们看到了磁州窑瓷器山水画的绵延，这或许就是磁州窑制瓷工艺流传的意义吧。

注释：

[1] 首都博物馆编：《首都博物馆藏瓷选》第 64 页，文物出版社，1997 年。

[2][3][4][5][6] 张柏主编:《中国出土瓷器全集》第 126 页、第 173 页、第 122 页、第 123 页，科学出版社，2008 年。

[7][9] 广东省博物馆编：《广东省博物馆藏瓷器选》，文物出版社，1992 年。

[8] 国家文物局编：《中国文物精华大辞典 · 陶瓷卷》第 301 页，1995 年。

[10][11][12][13][15] 张柏主编：《中国出土瓷器全集 · 河北》，文物出版社，2008 年。

[14] 广东省博物馆编：《广东省博物馆藏陶瓷选》图 95，文物出版社，1992 年。

[16] 李泽厚：《美的历程》第 163 页，文物出版社，1989 年。

[17][18] 杭州市文物考古所：《临安城遗址考古发掘报告 · 南宋太庙遗址》，文物出版社 2007 年。

鸿禧美术馆藏磁州窑瓷器

鸿禧美术馆　舒佩琦

内容提要：磁州窑为宋金时期北方民窑的代表，由于其广大的生产领域，造就了不同地区各具特色，其活泼的装饰技法最能体现各个地域特有的民俗风情。鸿禧馆藏的磁州窑瓷器除了包含不同的器物品类之外，在装饰技法上应用了许多磁州窑系产品最典型的彩绘、刻、划、剔等技法，如彩绘瓶罐类，各式不同造型的精美瓷枕，色彩鲜明艳丽的人物塑像等。

关键词：鸿禧美术馆　磁州窑　装饰技法　器型

Abstract: In the Song and Jin dynasties Cizhou ceramics were the quintessential "people's wares" of Northern China. The wares were decorated with great skill and the result is very lively. They were made in a rich variety over a large area to suit local tastes, so the wares of different kilns have their own special characteristics. The Chang Foundation has a representative range of Cizhou wares of various forms. Techniques of decoration include underglaze and overglaze painting, body carving and slip carving. Types and individual examples are listed below.

Key words: Chang Foundation, Cizhou Ware, decorative techniques, vessel shapes

磁州窑为宋金时期北方民窑的代表，由于其广大的生产领域，造就了不同地区各具特色，其活泼的装饰技法，最能体现各个地域特有的民俗风情。值此盛会，谨依各类装饰技法，介绍几件馆藏的磁州窑瓷器，敬请方家指正。

一　白地黑花

白地黑花为在器表上先涂一层白色化妆土，以毛笔蘸黑彩绘花纹，然后罩上透明釉烧成的一种釉下彩装饰，是磁州窑最具特色也最典型的装饰艺术。

白地黑彩牡丹纹梅瓶（图一）。高 38.2 厘米，口径 3.2 厘米，腹径 18 厘米，底径 9.4 厘米。小杯形口，溜肩，器身修长下渐收，隐圈足，平底露浅黄褐色胎。器表涂白色化妆土不到底，腹部由底绘向上伸展的两组折枝牡丹，花叶随风摇曳，黑白对比既时

图一　宋金磁州窑白地黑彩牡丹纹梅瓶

图二　元磁州窑白地黑彩风景人物纹枕

图三　金绿地黑花牡丹纹长颈瓶

尚写意又不失典雅。瓶身绘牡丹，则取其平(瓶)安富贵(牡丹)之意，是最传统也是最常见的吉祥纹饰。

白地黑彩风景人物纹枕(图二)。高16.6厘米，长43.5厘米，宽18.6厘米。亚腰形枕，枕面倾斜出檐，菱形开光外四角各绘一朵枝叶缠绕的牡丹，内绘携琴访胜(高士拄杖前行，童子携琴在后与鹿相随)；前壁开光外绘忍冬，内绘江边待渡；后壁开光外绘忍冬，内绘云凤纹，凤尾部上方有一圆形出气孔；两侧开光外为朵花，内为上下对莲。平底露浅黄褐色胎，底“张家造”戳印款。整体制作工整，虽为民窑制品但画风严谨，笔法高妙，非一般画工可为。

绿地黑花牡丹纹长颈瓶（图三）。高25.5厘米。喇叭形口，卷沿，长颈，溜肩，鼓腹，下腹急收，倒喇叭形足，平底露胎。瓶身前后各以黑彩绘一折枝牡丹，施一层透明绿釉到底，下腹及圈足的一侧有一片绿釉受水土侵蚀的银斑。此瓶型在北宋墓壁砖雕及金墓壁画中已见，用于插花的陈设瓷[1]。

二 白地彩绘

器表涂白色化妆土后，先施透明釉，然后以特别配置的彩料在透明釉上绘纹饰，尤其是黑彩的配料与黑剔花的黑色化妆土极为相似，施于透明釉上附着力强，釉不会与化妆土交融，且花纹微凸起于釉上，易于掌控施彩的部位及线条，但缺点是其他如红、绿彩等则较易脱落。此类技法多用于人物或动物的塑像上，已见于河南安阳隋代张盛墓出的武士俑。

红黑彩虎形笔座（图四）。高12厘米，台长约10.1厘米，宽约6.2厘米。不同于矫健的飞龙常做为皇族的象征，勇猛的老虎却是庶民更喜采用的形象，诸如为男童着虎头鞋、帽；男子使用的虎子(夜壶)；晚上睡觉的虎形枕等。古人将虎的形貌广泛地

图四　磁州窑红黑彩虎形笔座

图五　磁州窑彩绘虎形纸镇

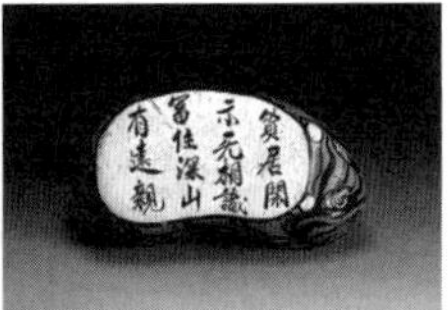

图六　金磁州窑彩绘虎形枕

应用在日常生活中，以祈求孩童健康成长，长大后有魄力，行事能虎虎生风。此件笔座，模制中空，虎蹲坐，立前足，张口露牙，以黑彩绘斑纹，红彩绘耳窝、鼻头、嘴及前胸。左后侧立一中空圆管，可插笔、烛或香，器底若稍加整理磨平也可兼作纸镇，为具有多功能用途的文房器具。

彩绘虎形纸镇两件（图五）。白虎高约 2.6 厘米，长约 8.7 厘米，宽约 3.4 厘米；黄虎高约 2.8 厘米，长约 8.7 厘米，宽约 3.6 厘米。两虎一黄一白，娇小的身形犹如虎枕迷你版，白虎额头上书一“王”字，凹底无气孔；黄虎平底头部下方一圆形小气孔，皆露黄褐色胎。此类作品或为玩具或可当书案上的纸镇。

彩绘虎形枕（图六）。高约 10.1 厘米，长约 35.4 厘米，宽约 18.7 厘米。枕是磁州窑产品中重要的品类，器型琳琅满目，不论是以人物、动物、植物等为造型及纹饰的瓷枕，都蕴涵了富贵吉祥、多子多福寿的寓意。虎形枕传世数量颇多，有着黄褐色虎身及黑色斑纹，多利用较平坦的虎背为枕面来彩绘主纹。本件枕面书写“贫居闹示（市）无相识，富住深山有远亲”的警世语，发人深省。

彩绘人物立俑（图七）。高 24 厘米，宽 8.6 厘米。人俑立于黑白相间的方台上，台内封底露胎呈灰黄色，男子顶戴绿幞头，幞头后脑勺处有一被绿釉覆盖的圆形出气孔，开襟翻领左衽短袍，窄袖之两臂及下摆前后各以红绿彩绘装饰纹样，腰系红宽带，内搭白窄管裤，双足着黑鞋，半圆眉眼，嘴上短髭，上身略侧前倾，左手举食指横置胸前，右手持扇按腰际。此俑除清晰的黑彩描绘轮廓外，惜红绿彩皆失，仅留隐约可见的残痕。

彩绘文官坐俑（图八）。高 32 厘米。文官端坐于圆凳上，五官端庄，凤眼，卷髭，

图七　金磁州窑彩绘人物立俑

图八　金磁州窑彩绘文官坐俑

细长髯，双手执笏于胸前（笏已佚），头戴卷梁通天冠，身着绿边大袖黄彩品字云纹红长袍，内衬白纱中单，领间白罗方心曲领，下为红描白纱裙，内垂小黄佩，并以白罗革带（见背面）系绿边黄地红圆花蔽膝，蔽膝外垂绿环佩，裙摆下露双岐翘头履踏于红黑彩方台，台内封底露胎呈灰黄色，中间有一小出气孔。本件作品用色鲜艳夺目，衣冠佩戴为宋代文吏朝服。

彩绘托宝胡坐俑（图九）。高 50.5 厘米，宽 28.5 厘米。坐俑为模制中空封底，底部露胎呈灰黄色，中间有一圆形出气孔。俑为胡人形貌坐于岩台上，头戴黑宽沿宝珠冠，冠为黄底顶饰红如意云头，两侧及冠前绿花间缀红珠，中间明珠一颗，耳后两侧结黄色冠带飘垂于肩上，立体且生动。身穿绿蔓草团花红袍，四片云肩为白地红圆花蔓草纹，以黄、绿彩镶边，背后一片仅以褐彩勾描如意纹。腰围绿地白牡丹“袍肚”，下方系红色镶黄、白宝石腰带。右手按胯于盘曲的大腿上，左手以白边绿方巾托宝物置于垂立的左腿上，足蹬红边绿花黄靴。胡俑浓眉大眼，高挺鼻梁，落腮胡，抿着的小嘴及卷翘的胡髭，加上斜视的眼神，正传达着现宝时内心的得意，搭配座前绿身白

图九 金磁州窑彩绘托宝胡坐俑

图一〇 金磁州窑白地绘划黑彩花蝶纹钵

腹黄尾的两犬，尤其颈系红带铃铛的大犬，张口眼视前方，似被逗弄的兴奋状，而后方小犬则尾随紧盯，还未弄清前方状况。此等超写实的工艺手法，凝聚了“胡人斗宝”时的氛围[2]，将之完整的呈现，堪称前人遗留的佳作。相类作品有河南省延津县沙河城地区出土的托宝珠胡坐俑[3]。

三 白地绘划黑花

与白地黑花技法基本相同，即在白色化妆土上以黑彩绘出如剪影般的纹样轮廓，再以利器或篦形工具刻划出花纹的细部，如花草的瓣叶茎脉或兽鸟鱼虫的肢爪、羽翼、鳞片等，最后罩透明釉烧成。

白地绘划黑彩花蝶纹钵（图一〇）。 高 18.3 厘米，口径 19.1 厘米。敛口，鼓腹，高圈足露胎。内施白釉，外施釉不到底，以黑彩绘两组折枝牡丹及双蝶，并再在黑彩上刻划花叶茎脉及蝶翅，线条简洁有力，增添三维效果。牡丹盛开，枝叶茂盛，双蝶采蜜，好一幅蝶恋花景象。

四 白地剔刻花填彩

白地剔刻花填彩为较少见的装饰技法，先在白色化妆土上刻划出纹样，然后在花纹以外的部分填彩，施透明釉烧成。此类技法效果上似黑地白花，但制作上较简单。

莲生贵子纹枕（图一一）。高 10.5 厘米，长 45 厘米，宽 18 厘米。四角截去成八方的亚腰形器身，平底露黄褐色胎及有流釉粘连。枕面前倾出檐，以三个区块分别刻划出中间的攀莲孩童，及两旁对称的忍冬，纹样以外的空地皆剔去化妆土后，再填入黑彩，突显枕面黑白分明的主题。出气孔开在枕背上方。

图一一　金磁州窑莲生贵子纹枕

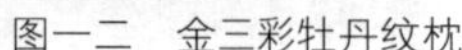

图一二　金三彩牡丹纹枕　　图一三　宋白地黑彩耄耋纹枕

三彩牡丹纹枕（图一二）。高 13.6 厘米，长 38.6 厘米，宽 28.4 厘米。豆形枕，枕面以并行线划出半椭圆白开光，中心一朵刻划填彩的白花绿叶牡丹，地纹为剔去空地的卷草，并施以黄褐彩，令主纹背景更加精致而有层次感。白框外周围一圈剔刻的八朵花卉，枕壁则为四朵连枝月季，都以数道并行线区隔，并罩透明绿釉，施釉不及底，露黄褐色胎，气孔开在枕背上方。

白地黑彩耄耋纹枕（图一三）。通高 18.6 厘米，枕面长约 30 厘米、宽约 29.4 厘米，台高约 9.5 厘米、长约 15 厘米、宽约 14.7 厘米。如意形枕，全器涂白化妆土，枕面主纹及框边先绘黑彩，再勾划出细部纹样。此件彩料漆黑润泽，与白地形成强烈对比，恍如剪影。而颈部系丝带的家猫与上方飞舞的蝴蝶，猫（耄）蝶（耋）谐音，寓意长寿。

五　白釉剔花

在白色化妆土上直接以工具刻划纹饰，再将纹饰以外的局部化妆土剔除，露出较深的胎体本色，与白色的化妆土产生对比，而突显出刻划的纹样。有些甚至剔去一部分的胎体，与器表产生明显的高低差距，更增加纹饰的立体感。

白釉剔花牡丹纹枕（图一四）。高约 13.3 厘米，长约 30.9 厘米，宽约 25.5 厘米。豆形枕，器表涂一层薄薄的白化妆土，平底露浅灰褐色胎。枕面微凹刻三朵盛开牡丹，枝叶茂密缱绻，纹样以外仅留的些许空地则剔去化妆土，罩透明釉烧成后，显露浅褐胎色，与白色主纹相辉映，全器散发着优雅纯朴之美。

白釉深剔花牡丹纹小罐（图一五）。口径 13.5 厘米，高 17.4 厘米。直口，口沿下方向内斜削出一道凸弦纹，筒形微鼓的瓶腹刻满大朵盛开的牡丹，上下各刻相对的弧垂幔纹，所有地纹皆深剔去化妆土及部分胎土，显露出较深的胎骨，矮圈足微外撇，圈足内底也工整涂上白化妆土。整体散发如金属器般立体錾雕的美感。

图一四　宋磁州窑白釉剔花牡丹纹枕

图一五　宋磁州窑白釉剔花牡丹纹小罐

图一六　宋磁州窑珍珠地刻花牡丹纹梅瓶

图一七　宋磁州窑珍珠地刻花婴戏纹枕

六 白釉珍珠地刻花

在白色化妆土上先刻划好主题纹饰后，将主纹以外的空地，以小形管状工具，戳印出许多显露较深胎色的小圈圈，作为衬托主纹的背景。

珍珠地刻花牡丹纹梅瓶（图一六）。高 26.4 厘米，口径 4.8 厘米，腹径 17.4 厘米，底径 6.7 厘米。小唇口，短颈，丰肩，腹部下渐敛，底微凹露胎，沾半圈化妆土。肩部刻划覆菊瓣纹，上腹部刻三朵连枝牡丹，中间一圈三行九颗珍珠纹间隔九片忍冬，下腹部仰菊瓣纹，主纹以外皆刻满珍珠地纹，整体造型优雅又有富贵平安吉（菊）祥之寓意。

珍珠地刻花婴戏纹枕（图一七）。高 13.1 厘米，长 24 厘米，宽 14.8 厘米，银锭形枕，枕面微凹，四壁微鼓，平底露浅黄褐色胎。枕面题材以李白《长干行》中“……妾发初覆额，折花门前剧，郎骑竹马来，绕床弄青梅……”为题材，刻划两小无猜嬉戏，一骑竹马追逐，一在前奔跑，有犬在旁凑热闹。小童形貌装扮，可与北宋末南宋初画家苏汉臣所绘婴戏图相参照，是研究宋代孩童服饰极佳的参考。枕四壁对称饰花卉，全器纹样背景皆镌刻珍珠地纹。

注释：

[1]《甘肃镇原县出土北宋浮雕画砖》,《考古与文物》1983 年 6 期;《焦作电厂金墓发掘简报》,《中原文物》1990 年 4 期。

[2]《旧小说·乙集四·唐》，上海商务印书馆出版，日本东京大学东洋文化研究所藏汉籍善

本；(宋）李昉等编：《太平广记·魏生》第3252~3253页，文史哲出版社，1987年。

[3] 望野编著：《精彩》图版34，第80页、第81页，文物出版社，2009年。

析北京艺术博物馆藏磁州窑风格的瓷器

北京艺术博物馆　杨俊艳

内容提要：本文在前人整理与研究的基础上，结合长期文物库房保管与信息数据库建立过程中对磁州窑风格瓷器的观察与思考，详细介绍、分析、归纳了北京艺术博物馆藏磁州窑风格瓷器的品种、造型、胎釉、烧造工艺和装饰艺术特色。同时，通过对全国各地窑址、墓葬等出土实物以及相关考古发掘材料的研究，对馆藏磁州窑风格瓷器的烧造窑口与年代提出了一些观点和见解。

关键词：磁州窑　装饰艺术　窑口　年代

Abstract: This paper builds on the work and research of previous scholars, synthesizing the observations of and reflection on Cizhou-Ware-style porcelain that have occurred throughout the long process of relic preservation and digital database construction, to give a detailed introduction, analysis, and summary of the typology, construction, bodies and glazes, firing techniques and characteristic decorative artistry of Cizhou-Ware-style porcelain in the Beijing Art Museum collection. At the same time, through research of materials unearthed from kilnsites and graves across the country, as well as consultation of related architectural excavation materials, it presents a few observations and opinions on the firing kilns and chronology of the collection’s Cizhou-Ware-style porcelain.

Key words: Cizhou Ware, decorative artistry, kilns, chronology

北京艺术博物馆收藏的具有磁州窑风格的瓷器，约计 140 件。它们造型丰富，品种多样，装饰艺术亦各具特色。但因缺乏系统研究，大多没有注明窑口。本文为叙述方便，统称之为磁州窑风格瓷器。

馆藏磁州窑风格瓷器，就釉色说，以白釉和白地黑花为主，酱釉次之，黑釉也占有一定的比例，绿釉、三彩、红绿彩等较为少见。从造型看，可分为两大类：一类为一般日常生活用品，主要是釉下施化妆土的碗、盘之类；另一类是经过艺术加工的瓶、枕、塑像等高级用品。装饰工艺方面，主要有剔花、刻花、划花、白地黑绘花、红绿彩绘等。现按品种分别介绍如下：

一 白釉瓷器

共计 56 件，约占总数的 40%，是馆藏磁州窑风格瓷器中数量最多的。这些瓷器造型繁多，涉及人们日常生活的方方面面，主要有碗、盘、钵、碟、盏、罐、盒、炉、瓶、渣斗、枕、高足杯、鬲、盂等。烧造年代始自宋、金、元、明，延续至清初，时间跨度很大，但属于明清时期的极少，而以宋、金、元三个时期的瓷器为主，并以宋代为最多。此种情况与磁州窑的兴起、繁荣、衰落的整体发展脉络是十分吻合的[1]。

装饰上大多光素无纹，乍看还以为是定窑产品，但经仔细观察后就会发现，其瓷胎较粗，釉色白中泛黄，釉下施有白色化妆土，与定窑白瓷有着明显区别。以馆藏的一件白釉瓜棱罐为例，高 9.6 厘米，口径 10.8 厘米，腹径 11.3 厘米，足径 6.7 厘米。尖唇，侈口，长直颈，球形腹，底足稍外撇。腹部平均分饰瓜棱，瓜棱较深，从而使腹部分瓣，具有独特的装饰效果。器身施白釉，釉色白中泛黄，略呈乳白色，釉面较为光润。施釉至下腹，露胎处可见胎色白中泛灰，细腻而坚致。此罐与河北省磁州观台窑址出土的白釉瓜棱罐 V 型 T5 ⑨ ：43（二前）的风格较为相似，其年代约在北宋中后期[2]。

馆藏磁州窑风格的白釉瓷器中，也有带刻、划花装饰的，其中以白釉地篦划花纹最具代表性。此种装饰工艺是在施过白色化妆土的瓷器上，先用尖状工具划出花卉图案，再在图案间隙部位用篦状工具划出复线。篦划花装饰线条流畅，图案简洁多变，不拘一格，极具北方民间瓷器的质朴美感。以馆藏的一件白釉篦划花卉纹碗为例（图一），此碗高 9.1 厘米，口径 23.2 厘米，足径 7.7 厘米。肿唇，大敞口，浅曲腹，矮圈足，挖足过肩。施釉近底，釉色白釉泛黄。浅黄胎，坚致。内底留有六颗条形支钉支烧痕，虽为美中不足之处，但却是鉴定、断代时的重要依据。碗内采用篦划花装饰，篦纹作地，划花莲纹线条清晰，简洁流畅。此碗与本馆所藏的一件在鹤壁窑窑址采集的篦划花纹碗底残片相似，同时也与河北省磁州观台窑址出土的白釉 XXIV 型 1 式碗的风格相类，

图一　金白釉划花纹碗

其生产年代约在金代[3]。

由上述内容可见，白釉瓷器在宋、金、元时期较为流行，应是北方中原地区民间普遍使用的实用品。北京由于地缘较近的关系也成为了当时该类产品的重要消费市场。正因如此，北京才会在1949年以后的历年城市建设与改造过程中，不断有此类瓷器大量出土。它们既有力地证明了当时北京作为瓷器贸易、集散中心的历史事实，还大大丰富、补充了具有磁州窑风格的白釉瓷器的研究资料与实物内容。

二 酱釉瓷器

共计32件，约占总数的23%，数量仅次于白地黑花瓷器。造型有碗、盘、盏、钵、高足杯、罐、壶、瓶等，其中以罐的数量为最多。胎质分粗、细，其中细胎质地洁白坚实，器体轻薄，釉面光亮。釉色以酱黄色为主，有的还发棕黄、紫褐等色，并伴有窑变现象。烧造年代集中于宋、元两个时期，明、清时期器物极少。宋代酱釉瓷器以酱釉八角枕为代表（图二），高12.8厘米，面径19×23.1厘米，底径15×18厘米。造型为八角形，上大下小，枕面出檐，中心下凹，平底，枕后墙中部留有一个圆形的出气孔。通体施酱釉，底露胎无釉。胎质较细，泛粉红色。釉面润泽，呈现出深浅不一的酱黄、酱褐等色，并伴有窑变现象。此枕虽然归为了具有磁州窑风格的瓷器，但面貌特征与陕西耀州窑此类瓷器更为接近，故其产地问题需待进一步的研究与确定。

另外，在馆藏品中也有酱釉与白釉同饰一器的做法，如外施酱釉，内施白釉，或者上为白釉，下为酱釉。馆藏的一件元代酱釉四系瓶即属此类（图三）。此四系瓶高25.2厘米，口径4.5厘米，腹径11.1厘米，底径7.8厘米。圆唇，直颈，溜肩，长圆腹，腹体略呈橄榄形，浅宽隐圈足。颈肩部等距贴塑四个条状系。瓶身上部施白釉，釉色白中泛黄，下部施酱釉，釉色较深。白与酱二色搭配，庄重和谐，美观大方。此器因

图二 宋酱釉八角枕

图三 元酱釉四系瓶

制作较为粗糙，故推测应是山西或陕西等地窑场生产的。

馆藏的这些酱釉瓷器大多光素无纹，只是个别的带有剔、刻花装饰。此类瓷器以一件酱釉剔刻牡丹花卉纹大罐为代表（图四）。罐高 36.9 厘米，口径 15.5 厘米，腹径 36.6 厘米，底径 18.2 厘米。造型为小口平沿，短直颈，溜肩，鼓腹丰满，下腹内敛，浅宽隐圈足。胎体厚重，胎质较粗糙。通体施酱褐色釉，釉质较粗，釉面密布棕眼与泡疤。腹部分上、下两层剔刻缠枝牡丹花纹。因注重实际功用，仅于腹部一面剔刻出花纹，背面则光素无纹，充分体现了当时民窑注重成本节约的生产本质。这件大罐制作较为粗率，显然不是河北磁州中心窑场的产品，而与山西雁北地区生产的瓷器风格较为相似，可能为此地制作。虽然酱釉剔、刻花与白釉剔刻花工艺相似，只是基础色釉不同，但此件是直接将纹饰以外地纹部分的酱釉釉面剔掉，直接露出灰白色胎地，故而形成了浅浮雕式的装饰效果。类似装饰技法粗犷豪放，在山西地区十分流行，并直接影响了西夏的灵武窑[4]。因此，此罐应是山西窑场或者是西夏时期灵武窑的制品。

说起酱釉瓷器，人们往往首先想到的就是定窑，实际上其生产地域十分广泛。宋代商品经济发达，生产以实用和市场需求为导向，不同窑场之间相互交流、相互影响，却又面貌、风格独具，出现了百花齐放的瓷业格局。而研究上，往往将具有某种风格的瓷器一并列入某个窑系，“定窑系”与“磁州窑系”即是典型之例。其中关于“磁州窑系”这一研究的分类概念，最早出现在我国第一部陶瓷通史——《中国陶瓷史》上[5]，它将北方地区生产磁州窑风格瓷器的众多窑口，统统归为“磁州窑系”，这不仅不利于对古代陶瓷的深入研究，还影响了人们对某些民间优秀瓷窑的正确认知与科学

图四　元酱釉剔刻牡丹花卉纹罐

保护。20 世纪 50 年代，我国著名古陶瓷专家陈万里先生实地调查当阳峪窑址后，就曾指出：

> 在黄河以北的宋瓷除了曲阳之定、临汝之汝以外，没有一处能与当阳峪相媲美。磁州的冶子窑以及安阳的观台窑（在漳河两岸）终逊当阳一筹。而一切文献所列举的磁州窑或是磁州窑类型的瓷器，毫无疑问的有一部分是属于当阳峪，也就是说，磁州窑的荣誉，应该有一部分归于当阳峪窑[6]。

笔者曾去当阳峪窑址考察，也是深深体会到当阳峪窑仿制定窑风格的酱釉瓷器，除了胎土原料有别于定窑，其制作工艺之精湛、釉层之细腻，竟与定窑产品难分伯仲。因此，回过头来重新分析馆藏磁州窑风格的酱釉瓷器，便觉得有些作品当属于至今还未被人们所认识、却被掩盖于定窑、磁州窑等名窑之下的那些曾经十分出类拔萃的民间瓷窑。但到底属于谁？却因学识有限，不得而知。

三 黑釉瓷器

共计 12 件，约占总数的 8.5%。造型有碗、盘、罐、壶、瓶五类，器类较为单一。烧造时间集中在宋、辽、金、元四个时期，并以金元时期的产品为主。从质地上可分为两种，一种是精细的高档黑瓷，特点是胎薄，坚致细腻，釉色如漆，一眼看去，犹如宋代曲阳烧造的最精美的黑定。另一种是黑釉粗瓷，虽然此类瓷器的胎体较粗，但黑釉细腻，光泽度极佳。有的黑釉还带窑变，形成兔毫、油滴、玳瑁斑等；有的则装饰以酱彩；还有的饰以凸线纹。此类瓷器古朴中现灵秀，粗犷中见雅致，给单调的黑釉赋予了丰富的内涵与无限的生命力，馆藏的黑釉双耳罐（图五）即是其中有代表性的作品。此罐高 11.3 厘米，口径 11.5 厘米，腹径 14 厘米，底径 7.5 厘米。大口，短粗直颈，片状小双耳，鼓腹，矮圈足。黄灰胎，细而坚致。施半釉，釉色不匀。口沿部位呈芝麻酱色，略带丝状兔毫纹理，腹部则为黑釉，釉色匀润，色黑如漆。此罐与河北省磁州观台窑址出土的黑釉双耳罐 X 型 2 式 Y8 火②：143(四后)的风格较为相似，故推测其年代约在元代[7]。

黑釉瓷器普遍烧造于中原地区黄河南北各地，金元时期，众多的北方瓷窑都能烧制黑釉瓷器，因各窑口的产品外观特征近似，故很难对窑口进行准确区分。从正式考古发掘材料看，黑釉瓷器是磁州窑较具代表性、生产数量较多的一个品种，因地缘较近的关系，北京就出土了许多具有磁州窑风格的黑釉瓷器，毛家湾出土的元代磁州窑类型瓷器，大体来自河北、河南和山西等地窑场，也不排除其中有北京磁家务窑产品的可能[8]。从馆藏黑釉瓷器来看，有些制品的产地风格十分模糊，实难准确判断其窑口，故暂以北方磁州窑风格瓷器笼统归类，同时期待专家给予关注并进行深入研究。

图五　元黑釉双耳罐

四 白地黑花瓷器

共计35件，约占总数的25%，数量仅次于白釉瓷器，是馆藏磁州窑风格瓷器中数量较多的一个品种。造型较为丰富，有碗、盘、罐、瓶、枕、灯及塑像等。瓷器的烧造年代，自宋、金、元、明、清，直至民国，时间跨度非常大，但属于民国时期的器物极少，宋、金、元、明四个时期的瓷器占绝大多数，并以宋元瓷器为最多。从色彩上观察，明显可分为白地黑花（图六）与白地褐花（图七）两类。图案以花卉纹为主，个别绘有动物或书写文字。白地黑花瓷器是磁州窑最具特色的装饰品种，虽然瓷质较为粗糙，胎色较深，但聪明的窑工们用白色化妆土弥补了这些缺陷，并将中国传统笔墨绘画的技法移植到了瓷器的装饰上，黑白色彩对比强烈，鲜明动人。题材多为当时人们喜闻乐见的花鸟草虫及生活小景，画面简练，极富浓郁的北方民俗韵味。因这类产品广受市场青睐与好评，故渐渐形成了南北各地窑场竞相模仿的局面，影响所及，河南禹州扒村窑、修武当阳峪窑、山东淄博窑、山西介休窑等，直至南方地区的江西吉州窑等，均大量烧造白地黑花瓷器。

馆藏白地黑花瓷器即产自于北方中原地区的各个窑场。如一件金代白地黑花花卉纹腰圆形枕（图八），高13.2厘米，面径23.3×19.7厘米，底径17.7×15.7厘米。面前低后高，中腰下凹，两端上翘，周边出檐，边墙竖直，平底。灰白色胎，胎体坚致。枕体中空，前壁底部留有一出气孔。通体施白釉，釉色泛黄，半木光，底部无釉露胎。枕面边缘以一组双线划出四瓣海棠花形开光，开光内绘画黑彩折枝牡丹花纹，牡丹枝叶舒展，花瓣绽放，画面简洁，线条流畅。风格接近山西窑场生产的此类产品。再如馆藏的另一件宋代白地黑花花卉纹器底残片（图九），直径27.2厘米，厚1.5厘米。此

图六　金元白地黑花花卉纹碗

图七　元白地褐花罐

图八　金白地黑花花卉纹腰圆形枕

图九　宋白地黑花花卉纹器底标本

残器后被人打磨加工而成圆形瓷板。器底中心满绘摇曳的花枝、盛开的花朵与婆娑的花叶，笔法娴熟，墨色酣畅，花纹洒脱自然。其风格与河南禹州扒村窑址出土的瓷片风格相似。再如磁州窑白地黑花散草纹四系瓶（图一〇），高 58.2 厘米，口径 8.9 厘米，腹围 96.5 厘米，底径 14.9 厘米。卷边圆唇，束颈，溜肩，长圆腹略呈橄榄形，下腹内收，圈足。颈部装饰四叶形系，上刻有筋脉。胎质较粗，坚硬，胎色白中泛黄。瓶里及外壁上腹皆施白釉，釉色白中泛黄，半木光，带开片，釉下施有白色化妆土。颈部绘散草纹数丛，肩部绘黑彩三道弦纹两组，腹部绘散草纹和云纹，绘画极其草率。腹下部施黑釉及底。此件四系瓶的造型、纹饰与绘画风格与河南省鹤壁市鹤煤博物馆收藏的一件元代云龙纹四系大瓶风格相同，其年代应定为元代，产地亦应为鹤壁集窑[9]。

另外，馆藏还有一件白地黑花花卉纹炉（图一一），高 12.3 厘米，口径 5.3 厘米，底径 7.2 厘米。造型为圆唇，直口，宽平沿下斜，直腹呈圆柱状，束腰，喇叭形台式高足，足底外卷。沿与腹部施白釉，釉色白中泛灰，半木光，炉内施釉仅及口下，炉外施釉至腹部，足部不施釉。白地黑花装饰，沿面及腹部绘草叶纹。图案绘画流利洒脱，具有极强的艺术感染力。此器与现藏于河北省文物研究所的一件白地黑花炉无论造型、纹饰，还是绘画风格等均极其相似。河北省文物研究所的这件白地黑花炉于 1961 年在河北省磁县观台窑址出土，故馆藏的这件也可能是河北磁州观台窑烧造的[10]。

从上述馆藏白地黑花瓷器来看，虽然这一品种是整个磁州窑系各大窑场的特色产品，但仍以河北省磁县磁州窑中心窑场观台窑的产品制作最为精致，绘画也最为精美。

图一〇　元白地黑花散草纹四系瓶

图一一　宋金白地黑花炉

五 绿釉、三彩、红绿彩瓷器

共 5 件，约占总数的 3.5%。其中绿釉瓷器 2 件，一件为绿釉罐，另一件为绿釉腰圆形枕；三彩瓷器 2 件，一件为三彩狮形枕，另一件为三彩水波纹枕；红绿彩瓷器 1 件，为童子像。从目前已知的资料看：磁州窑是最早烧造绿釉、三彩与红绿彩瓷器的窑场之一。观台窑既大量烧制低温铅釉三彩陶器，也烧纯绿釉陶器。也许白釉釉上红绿彩瓷器是宋瓷装饰中比较珍贵的品种，故而在窑址中出土的数量并不多[11]。

馆藏的两件绿釉瓷器，均为宋代，属于低温色釉品种，胎质呈砖红色。虽然保存品相较差，釉面剥损较为严重，但仍能从幸存下来的斑驳绿釉中，看到其当年的风彩。此类制品多是将刻、剔、划等多种工艺综合运用到同一件器物上。釉色非常艳丽，制作也十分精细。馆藏的两件三彩瓷器，亦均属宋代制品，它们虽然胎质较为粗糙，呈砖红色，但施彩艳丽，制作精细，纹饰洒脱，与绿釉瓷器一样都是当时窑场烧制的较为稀少的品种。

红绿彩从烧造工艺上讲，是在已烧成的白瓷上，以红、绿、黄等色料描绘纹饰，再经低温二次烘烤而成。虽然从目前已知的资料看，磁州窑是最早烧造红绿彩瓷器的窑场之一，但该窑址出土的红绿彩瓷并不多。近几年来，河南当阳峪、获嘉县、博爱县、沁阳市、新乡市，安徽省泗县，山西长治，山东淄博等地也出土了一些红绿彩的残瓷碎片，说明红绿彩瓷器的烧造地域还是十分广泛的。从目前公开发表的资料看，红绿彩瓷器以人物、动物、盘、碗等为主，造型多样，精美秀丽，尤其是红绿彩童子像深受人们的喜爱。馆藏的这件红绿彩童子像（图一二），高 17.5 厘米，底径 5.7 × 7 厘米。双手捧一猫咪立于下方上圆的鼓凳后面。头上留发，分前、左、右三片以红头绳扎成小髻。圆脸，黑彩绘眉眼，红彩画小口，神态安详。身穿交领窄袖长衣，遍施红彩，襟部饰绿色与黑色边。红彩由于脱彩呈淡红色，绿彩呈褐绿色，失光；黑彩为乌黑色。

图一二　金红绿彩童子像

底无釉露胎，留有两个圆形出气孔。从开脸、施彩与装饰风格上看，此童子像与现藏于河南省文物考古研究所（1974 年出土于河南省禹州市钧台窑址）的一件金代红绿彩童子像较为相似，产地应为河南附近的窑场[12]。

以往的窑址调查中，宋、金地层不分，因此白釉红绿彩旧称“宋加彩”。但此后的墓葬考古中，白釉红绿彩瓷器均出土于金墓，而不见于宋墓，故断定这种工艺出现于金代[13]。它的成熟，开创了在瓷器釉面上进行彩绘装饰的方法，并为明代嘉靖、万历红绿彩瓷器的繁荣昌盛奠定了技术与审美基础。

六 结语

总之，北京艺术博物馆藏磁州窑风格的瓷器，因来源复杂，不具备窑址或地层出土的科学依据，故只能依赖并参照相关窑址的考古发掘报告进行比较研究。以白地黑花瓷器为例，其中馆藏彭城窑的产品就是随着彭城窑窑址的发掘与研究不断深入而分离、排比出来的，尤其是明代、清代以及民国时期的一些具有磁州窑风格的瓷器能够顺利归属彭城窑，正是得益于此。因学识有限，定有不当之处，敬请方家指正。

注释：

[1] 王建中：《磁州窑瓷鉴定与鉴赏》第 29 页，江西美术出版社，2002 年。

[2] 北京大学考古学系、河北省文物研究所、邯郸地区文物保管所：《观台磁州窑址》第 134 页，图版二六，文物出版社，1997 年。

[3] 北京大学考古学系、河北省文物研究所、邯郸地区文物保管所：《观台磁州窑址》第 69 页，文物出版社，1997 年。

[4] 张柏主编：《中国出土瓷器全集》（山西）第 3 页，科学出版社，2008 年。

[5] 中国硅酸盐学会编：《中国陶瓷史》第 239 页，文物出版社，1982 年。

[6] 陈万里：《谈当阳峪窑》，《文物参考资料》1954 年第 4 期。

[7] 北京大学考古学系、河北省文物研究所、邯郸地区文物保管所：《观台磁州窑址》第 222 页，文物出版社，1997 年。

[8] 北京市文物研究所编著：《毛家湾明代瓷器坑考古发掘报告》第 317 页，科学出版社，2007 年。

[9] 陈会新主编：《磁州窑四系瓶》图 93，天津古籍出版社，2004 年。

[10] 张柏主编：《中国出土瓷器全集》（河北）图 136，科学出版社，2008 年。

[11] 中国硅酸盐学会编：《中国陶瓷史》第 245 页，文物出版社，1982 年。

[12] 张柏主编：《中国出土瓷器全集》（河南）图 197，科学出版社，2008 年。

[13] 冯先铭主编：《中国古陶瓷图典》第 219 页，文物出版社，1998 年。

河南林州馆藏磁州窑瓷枕及年代

河南林州市文物管理所　张增午　张振海

内容提要：磁州窑是我国北方著名的民间瓷窑，其产品造型优美、装饰丰富、风格独特。尤以瓷枕为其中的佼佼者。近年来，河南省林州市文物管理所出土和征集了一批宋金以来的磁州窑瓷枕，形状有银锭形、亚腰形、椭圆形、如意形、八角形和长方形，装饰以白地黑花为主，兼有素面、珍珠地，纹饰题材有人物故事、花鸟、虫草和诗词，这些瓷枕对研究瓷枕艺术提供了宝贵的实物资料。有关它们的年代问题，过去多推定为宋代，本文根据近年来的出土材料以及白地黑花绘画风格的比较研究，对其年代认定等问题进行了新的探索。

关键词：河南林州　磁州窑　瓷枕

Abstract: The beautifully constructed, richly decorated, and stylistically unique Cizhou Ware is a renowned Northern Chinese civilian ware. Of its manifold pieces designed for household use, porcelain pillows are an especially outstanding variety. In recent years, the Artifact Preservation Department of Linzhou City in Henan Province has uncovered and amassed a quantity of porcelain Cizhou Ware pillows from the Song and beyond. Shaped like a silver ingot, a pressed waist (yayao), an oval, a ruyi, an octagon, or a rectangle; decorated mainly with black-on-white designs over both simple and pearl-patterned grounds; and whose decorative themes include character tales, flowers-and-birds, insects-and-grasses, and poems, these samples have contributed invaluable material towards the study of porcelain pillows. As pertains to the question of their chronology, most previous hypotheses hold them to be from the Song Dynasty, but based on recently excavated materials and comparative analysis with black-on-white painting style, this paper undertakes a new investigation of questions surrounding the determination of their chronology.

Key words: Linzhou, Henan; Cizhou Ware; porcelain pillows

宋元时期是我国瓷业发展史上的繁荣时期，大小不等的窑场遍布南北。出现了越窑、耀州窑、龙泉窑、钧窑、定窑、景德镇窑等著名窑场。除官窑外，不少民窑产品在造型、釉色、装饰等方面都取得了很大的成就，具有浓郁的地方风格，“以质朴、实用的造型，潇洒、豪放、明快、生动的装饰著称”[1]的磁州窑，便是北方民间瓷窑的杰出代表。磁州窑因位于古磁州（今河北省磁县）境内而得名，窑址主要分布在太行山东麓的豫北冀南一带，冀南以邯郸市磁县观台窑址和峰峰彭城窑址为中心构成两大窑址群，漳河流域著名的窑址主要有观台窑、冶子村窑和东艾口村窑等，豫北主要窑址有鹤壁集窑、善应窑、辉县窑和当阳峪窑等。林州市位于河南省北部，与河北省磁县隔漳河相望，南与鹤壁市毗连，地理上的优越条件，为林州市文物管理所能够出土和收藏较多的磁州窑产品提供了重要条件。近年来，林州市文物管理所出土和征集到一批宋、金时代及民国时期磁州窑烧制的瓷枕，颇具特色。现就这批瓷枕的形制特色、纹饰题材、装饰艺术、白地黑花及年代问题谈点粗浅看法。

一 出土与征集

1．白釉亚腰形枕

2003年林州市区征集。高11厘米，面长21厘米，面宽10.5厘米。长方形，两端平直，四角有支钉痕，一端留气孔，四面内凹，呈亚腰状，通体施白釉。亚腰枕也称银锭形枕（图一）。

2．白釉珍珠地菊纹元宝形枕

1999年林州市区振林街城西幼儿园西侧宋墓出土。面长20.5厘米，中宽9厘米，两端宽、高均12厘米，腰部高、宽皆8.5厘米，底长19.5厘米。胎质灰白，施白色化妆土，除底部外均施白釉。枕面及两侧面略内凹，前后壁直立，两端向下斜收。枕面沿四周边饰一匝阴线框，内饰压印的一折枝菊花，花叶间以珍珠纹为地（图二）。

3．白釉珍珠地柿蒂纹椭圆形枕

1999年林州市区振林街城西幼儿园西侧宋墓出土。前侧面高6.5厘米，后面高9厘米，面长16.5厘米，中宽17.5厘米。胎色灰白较坚致，施化妆土，釉色白中闪黄，有密集的细冰裂纹。枕面略呈椭圆形，枕面前低后高中间与内侧面略凹。周壁直立。枕面模印花纹。由双线边框构成椭圆形开光，二线内施珍珠减地联珠纹，向内一匝阴弦纹中部以两组上弧双线界作三部分，中饰二柿蒂纹，上下以斜线饰兰叶纹。花叶间以珍珠纹为地（图三）。

4．白釉划花牡丹纹椭圆形枕

2001年林州市区百货公司出土。高12.4厘米，面长20厘米，宽18.5厘米。浅灰色胎，除底部外，满施白釉，微闪黄，隐现冰裂纹。枕面呈椭圆形。边饰二道阴线纹，内划花折枝牡丹纹，花叶间以蓖纹为地（图四）。

5．白釉“春”字椭圆形枕

1979年6月出土于林县河顺乡郎垒村的一个宋墓中。高12厘米，面长26.2厘米、中宽18.5厘米。淡灰色胎，除底部外，满施乳白釉，釉色莹润，隐现冰裂纹，底部无釉。

图一　北宋白釉亚腰形枕（河南林州市博物馆藏）

图二　北宋白釉珍珠地菊纹元宝形枕（河南林州市北宋墓出土）

图三　北宋白釉珍珠地柿蒂纹椭圆形枕（河南林州市北宋墓出土）

图四　北宋白釉划花牡丹纹椭圆形枕（河南林州市博物馆藏）

枕面呈椭圆形，枕面与内侧面略凹，上有墨书行楷九个字，读作“春日迟媚景，春风扇微和”（图五）。

6. 白釉赭褐彩“兰陵王”绘画长方形枕

1976年11月林县物资局在县城东南部盖房挖地基时出土。内侧墙高12.3厘米，外侧墙高16.7厘米，面长43.5厘米，中宽16.7厘米，两头宽13厘米。胎质淡灰色，施化妆土，白釉润泽。底部无釉，压印有竖双栏，上莲叶下荷花楷书“张家造”三字戳记。枕作长方形，枕面略凹，四周向外有出檐。除底部外，其他五面均有赭褐色彩绘。枕面四周绘有五条直线夹蓆纹的边框，余四面皆以单线或双线作边框，各面边框向内均以三条曲线构作如意头开光，开光外四角分别饰对称的卷草、花卉等图案。开光内绘主体画面。枕面为人物画，左边二人戴假面具，前一人头戴翘脚幞头，身穿团花蟒袍，两手前伸作大步奔舞状。后一人头戴插花幞头，身穿甲衣，手执钢鞭，大步奔舞追逐前者，当为《兰陵王入阵曲》舞乐图，右边饰三仕女，中间一仕女头戴花冠，抚琴拨弄，左一仕女捧盒肃立，右立一执团扇仕女，为弹琴图。人物画周围辅以花草、蕉叶、松树、太湖石、栅栏等园林景色。两端如意头开光内饰莲荷图案；外侧墙绘一翱翔云间的凤鸟；内侧墙绘一伏虎，开光外的四角都饰对称的卷草、花朵等图案（图六）。

7. 白釉黑彩婴戏蟋蟀纹如意形枕

1984年冬在林县东岗乡大井村出土。内侧高9.7厘米，外侧高13.4厘米，面长26.3厘米，宽23. 1厘米。胎质灰白，施白化妆土，釉呈乳白色，底部平整无釉，压印有竖双栏、上莲叶下荷花楷书“张家造”三字戳记。枕面呈如意形，周边出檐，前低后高，两端翘起，后立壁有一气孔。周壁直立绘二方连续卷草纹。顶面以墨线五条夹短线勾出如意纹边框，开光内绘男女二婴斗蟋蟀图，男婴头梳小髻，身穿花衫，作蹲坐姿，一腿跪姿，一腿稍伸，左手按膝，右手举于肩部。女婴头梳三个小髻，身着花衣，盘坐地上，右手扶膝，左手弯于腹前。二婴中间地面饰两只似蟋蟀的小虫。画面左边绘有栅栏、太湖石及花草。二童身后饰矮墙，墙右上侧微露一小木屋似的长方形建筑物（图七）。

8. 白釉鹭鸶荷莲纹椭圆形枕

1984年冬在林县东岗乡大井村出土。内侧高7.2厘米，外侧高10厘米，面长24.3厘米，宽20厘米。胎质灰白，施白化妆土，釉呈乳白色，底部平整，有压印楷书“张家造”三字。枕面呈椭圆形，周边出檐，前低后高，两端翘起，后立壁有一气孔。周壁直立绘二方连续卷草纹。顶面以五条墨线勾出如意纹边框，开光内绘有鹭鸶戏荷花。画面左边荷莲出于一簇水草丛中，一花开放，一花含苞待放。莲下水波涟漪。右方岸边垂柳下立一白鹭，两腿一直一曲。颈部稍弯，嘴啄前伸，注目水中（图八）。

9. 白釉黑彩“老翁”诗八角形枕

1986年6月征集于林县城关乡龙头山村。内侧高7.4厘米、外侧高9.8厘米，面长29.3厘米，宽21.3厘米。胎质灰白，为常见的“大青土”瓷土料。施白化妆土，釉呈乳白色，底部平整，枕面呈长方八角形，周边出檐，前低后高，两端微翘，后立壁有一气孔。周壁直立，绘卷草纹，线条流畅。枕面依瓷枕形状绘一粗一细两道黑线边框，线条略向内弧，为一段一段的连接线，并非一笔所成的封闭线。中间书行楷五言诗一首："皤然一老翁，凡百事皆慵，旧物不尽记，故人难得逢。""老翁"二字，分别写于诗

图五　北宋白釉"春"字椭圆形枕（河南林州市北宋墓出土）

图六　宋金白釉赭褐彩"兰陵王"长方形枕（河南林州市金墓出土）

图七　宋金白釉黑彩婴戏蟋蟀纹如意形枕（河南林州市博物馆藏）

图八　北宋白釉鹭鸶荷莲纹椭圆形枕（河南林州市博物馆藏）

的左右两侧。（图九）

10．绿釉陶如意形虎头枕

1956年春出土于林县临淇乡阳和村。内侧高7.3厘米、外侧高14.7厘米，面长30.3厘米，宽27.5厘米。棕红胎，外施绿釉，除枕面外，大部分釉已剥落。枕面呈荷叶形，两边向上翘起，下为一虎头，为模制。无下唇，二目圆瞪，鼻大而突出，两腮鼓起，前门牙呈锯齿形，两獠牙外露，呲牙咧嘴，鼓目突睛。据原报道出土该枕的墓内还有一方写有“宋故侯君之墓”，惜未报道详细年月及墓志内容（图一〇）。

11．青花仕女画马鞍形枕

高16.6厘米，长36.2厘米，宽14.5厘米。白胎，白地青花纹饰。枕腰微束，呈马鞍状。两端饰两组几何形回字纹，枕侧一面饰菊花绶带鸟，象征长寿。左上行书题字“菊有秋香”。另一面中绘一复缸形的窑炉状物，背景饰松树。枕面开光内绘一仕女，

图九　金白釉黑彩“老翁”诗八角形枕（河南林州市博物馆藏）

图一〇　北宋绿釉如意形虎头枕（河南林州市北宋墓出土）

图一一　民国青花仕女马鞍形枕
（河南林州市博物馆藏）

右肩负长杆，背负一花蓝，斜倚在梅花枝上。左上书行草“妙景窗下春”。两端各饰一丛竹。松竹梅为传统的岁寒三友图（图一一）。

二 造型与装饰

这批瓷枕形状各异，有银锭形（亚腰形）、元宝形、长方形、椭圆形、八角形、如意形、兽头形、马鞍形等。银锭形、元宝形（见图一、图二），看起来秀美典雅，简洁大方；这种枕的造型表明人们对金钱财富的向往，对富足生活的祈望。

椭圆形枕，又称腰圆形枕，是宋金时代常见的造型，也有称豆形枕的。一般枕前侧中间内收，后侧面外凸，整体成肾形。椭圆形枕形制纷繁，充分体现了古代人们对圆形形态美的追求，“圆”代表圆圆满满，椭圆形枕就成了人们追求完美的心理寄托。

如意形枕（见图七、图一〇），似祥云状，又叫云形枕，寓意如意吉祥。

八角形枕也是宋元常见的形式。唐杜佑《通典》卷一五论述方丘之沿革：

周制，大司乐云：“夏日至礼地于泽中方丘”，其丘在国之北，就阴位。礼神之玉以黄琮、琮，象地。

八角形作为“礼地黄琮”的表征在唐代尤为明显，连武则天也把国字改为“圀”[2]，寓意八方之意。八角形象直接来源是经幢至瘗埋佛僧舍利的地宫和墓塔至民间丧葬墓室，是经由民间堪舆思想，在佛教的融合过程中重新诠释后的再创造[3]，八角形枕也应是宋元陶瓷工匠在这种“象天地”思想影响下再创造的结果。

兽形枕始见于唐《朝野佥载》：

逆韦之妹，冯太和之妻，号七姨，见豹头枕以辟邪，白泽枕以去魅，作伏熊枕以为宜男。

兰陵王枕的前侧墙也绘一卧虎。古人以伏虎为荣，以枕“虎”示威。相传汉将“李广兄弟射宜人之北，见卧虎焉，射之，一矢即毙，断其头为枕，示服猛也”（晋《拾遗录》）。可见一斑。自然真虎难得，以物形虎，“枕”之，“镇”之，即以“示威”，取名吉利，又可作艺术装饰，历代因之。狮、虎被人们作为力量和勇猛的象征，常被古人认为有镇宅、辟邪、永保平安之意，是人们的“保护神”，宋金时代流行以狮、虎形或纹饰为枕，表达人们逢凶化吉的心理寄托和对自然界力量敬畏崇拜的思想。至金代更为普遍流行，这与它的民族特性和文化有关。金人生活在大漠关外，大部分位于森林广布的东北地区，他们以狩猎游牧为主，性格粗犷强悍，狩猎中常与凶猛的虎博斗，亦以能伏虎为荣。以虎皮装饰的实用物品，象征金人的威武雄壮。金兵南下灭北宋与汉文化融合，吸取了汉文化的精华，并意识到在气候炎热的中原内地，以陶瓷为枕较为舒适凉快，加上中原地区虎较少见，就产生了陶瓷虎枕并逐渐流行，可见虎在金人生活中的重要意义，所以虎形枕是女真文化与汉文化结合的产物。

林州馆藏的瓷枕有乳白釉、白釉划花、白釉印花、白釉黑彩、白釉赭彩和白釉褐彩等多种。装饰各异，技法纷呈，略分为划花、印花、蓖地、彩绘和文字装饰等类。内容丰富，多取材于生活，有花卉、虫草、山水人物，也有诗词典故等。

花木虫草是宋元时期陶瓷器经常使用的装饰纹样。林州几件绘画瓷枕上花草纹饰种类多样，富于变化，缠枝不堆砌，独放不呆板，其题材和内容有植物类的花卉、草木、枝叶，多寓意吉祥美好的牡丹、荷莲、菊花、柿蒂、松竹梅、卷草、蕉叶等。牡丹象征幸福美满，富贵昌盛。莲纹的出现与佛教有关，佛教传入中国，以莲花作为标志，代表净土，象征纯洁，寓意吉祥。 在民间，人们咏莲出污泥而不染，含有神圣的意义。莲纹在磁州窑陶瓷装饰中被广泛地使用，更大意义在于取其吉祥的含义。莲与鱼和儿童纹样装饰取谐音“连年有余”、“连生贵子”。这里两件瓷枕饰莲荷纹样，造型以一盛开的莲花辅助一舒展的荷叶，圆形构图丰满充实，生动活泼。鹭鸶荷莲纹枕采用全景式花鸟画法，将荷莲安排在中间而左右发散生长，荷下水波涟漪，意在水下游鱼戏莲，鹭鸶亭亭玉立在柳下岸边，嘴啄前伸，注目水中，随时准备捕捉水中露出的鱼儿。这种构图可称之为中心式构图[4]。凤鸟是被人当作吉祥幸福的象征和爱情的比喻，磁州窑匠艺们极力赋予它一个秀美的形象。菊花不畏严寒，被看成是花木中的隐逸者，古人以为菊花能轻身益气，令人长寿，赞它是“风劲斋逾远，霜寒色更新”，故常喻为君子，将菊花纹样赋予多种含义[5]。柿蒂纹又称簇四毬纹、古轮钱纹，象征财富、富足，也是人们企盼财富，生活富有、美满的象征。兰陵王瓷枕面上的古松，姿如蟠龙盘柱，蜿蜒曲枝，虎势雄姿，松竹梅比喻清廉高洁的品格。连绵不断的卷草又称忍冬纹，常饰于枕侧面作辅助纹饰，象征生生不息，世代绵延，表示人们对幸福美好生活的憧憬，对事业和功名永继的向往。芭蕉是长青植物，叶形宽大舒展，具有象征青春美好的寓意。山水人物装饰主要流行于金元时期，这与当时戏曲杂剧流行密切有关，山水人物装饰主题突出，内容丰富多彩，有中国传统的民间故事、历史传说、戏曲杂剧以及民俗题材方面的内容，反映当时的文化潮流和多彩的社会风貌，是了解中国古代民俗文化的宝贵资料，山水为主题或背景则反映磁州窑工匠们对祖国大好河山的赞美，也体现了金元时期文人钟情山水归隐遁世的心态。金代兰陵王绘画瓷枕，描摹了北齐兰陵王高长恭与周师大战金墉城下的历史故事，且与弹琴仕女组成了一幅生动美妙的演出画面，人物周围辅以栅栏、太湖石、松树、芭蕉、花草等园林风情。幽静的景色，清疏的琴声，引人进入无限遐思之中。有关该枕的年代问题在后面专为述之。

婴戏纹题材在磁州窑瓷枕上也大量流行，多从细节反映儿童丰富多彩的生活画面，画面自然活泼，笔法简练，寥寥几笔，神情意态栩栩如生，有着浓厚的生活气息。也有“宜男”、“莲（连）生贵子”、“多子多孙”的寓意。婴孩是生活安详、富裕、富有生命活力的象征，其生活情趣是人们最为熟悉的生活画面，最能代表当时社会的稳定和繁荣。瓷枕上婴戏纹的广为流传，表达了人们盼望安居乐业之情，也反映了传宗接代的思想观念。

几件瓷枕上的人物花草绘画技法多以白描为主，应是受当时李公麟、武元宗白描影响。白描给人以明快之感，用线柔和，线条流畅，刻画生动，深得民间的喜爱和欣赏[6]。动物中的虎纹也以白描绘得生动有趣，形态威猛，画面简洁，线条分明。

宋代瓷枕上开始出现文字装饰，多为单字或一个词，少数为两句诗，金代以后大量流行长篇诗词曲赋。内容有记叙枕的用途，表达吉祥意愿，抒发内心情感，感怀人生世事，吟咏自然风景。瓷枕上的文字装饰一方面取材于当时流行的诗、词、曲、赋、格言、警句和民间俚语，另一方面又体现了当时的民间书法艺术。这些民间艺术生动活泼，从各个角度反映了人们的现实生活，表达了市民阶层的思想和心理，受到广大平民的喜爱和欢迎。“春”字枕以两句诗赞美了人们头枕清凉瓷枕，尤如扇子带来微风，尽管时到夏日，让人感到季节依旧尤若停留在清爽的春季。“老翁”诗枕述说的是老年人体衰力微、健忘孤独，抒发了岁月不留人的无奈情感，提醒人们关爱老年人。

三 窑口与年代

1. 窑口

林州市与河北省磁县隔漳河相望，近邻邯郸峰峰市彭城。古代南北商贸往来频繁，民国《重修林县志》云：“县用瓷器多来自彭城。”从林州市发现隋墓出土的青瓷、白瓷风格看，多有来自河北省磁县贾壁村窑和临水窑的产品[7]。特殊的历史与地理环境，为林州遗存古代磁州窑产品提供了优越的条件。从瓷窑遗址调查和发掘资料看[8]，观台瓷窑遗址范围大，产品多样，装饰丰富多彩。有白釉、白釉黑花、白釉剔花、白地酱花、黑釉、褐釉点彩、酱釉、绿彩、绿地黑花、珍珠地及三彩等，尤以白釉、黑釉为多，白釉划花次之，珍珠地较少。瓷枕标本有元宝珍珠地、亚腰形、椭圆形和八角形等[9]。林州市馆藏1~5号瓷枕的器型、釉色、装饰技法特征与观台镇窑口产品相一致，应属观台瓷窑遗存。其中白釉划花牡丹纹椭圆形枕的蓖地划花，是观台窑第三期文化层内最流行的装饰[10]。东艾口瓷窑遗址是一处专门烧制瓷枕的窑口，发现的瓷枕标本有如意头形、椭圆形、八角形，纹饰花样繁多，题材有人物、花竹、鹭鸶、水波纹及诗词等，椭圆形枕的立面多绘卷草纹。八角形枕立面除绘卷草纹外，枕面多先绘出粗黑线边，向内作主题装饰，在窑址调查材料中，有大量的“张家造”印戳瓷枕碎片，有的枕边还粘有匣钵，表明这里是一处专门烧制瓷枕的作坊遗址，为解决瓷枕窑口问题提供了重要的实物标本。林州出土的三件有“张家造”印戳的瓷枕与八角形瓷枕都应是东艾口窑场产品。绿釉陶虎头枕出土于宋墓，年代明确，陶胎呈棕红色，局部有脱釉，显系低温釉瓷器，可能是专门制作明器用的缘故，这件虎头枕造型符合1987 年发掘观台窑址第三期文化中的相关产品特色，时代为北宋晚期[11]。

有关古代磁州窑的研究，历来受到学术界的重视，既有鸿篇巨著，又有微观细论，相对比较深入。而近代磁州窑的情况，由于缺少文献记载和考古资料，分析研究工作还比较薄弱。近年来，河北省相关学者作了不少研究工作，不仅撰文论述，而且在展馆展示，还在大型图录中收录，为学界揭开了这一时段磁州窑制作工艺的别样风彩[12]。这一时段磁州窑已经发展到以峰峰彭城窑为中心。制作的瓷枕已由白地黑花为特色，进而演变以青花为主要品种。窑址和征集到的瓷枕多有长方半圆形枕，也称马鞍形枕，与林州征集到的青花仕女枕风格一样。

2. 年代

有关陶瓷枕年代的认定，前贤和当代学者多有精辟论述。随着考古工作的不断推进，也为进一步探索各类陶瓷枕的时代提供了丰厚的材料。

瓷枕最早见于隋代，唐代大量流行，宋元发展到鼎盛时期。长度与它的时代也有着重要的关系，随着时代的变迁，枕身也逐渐加长，隋唐枕一般在 10 厘米左右，宋枕约在 20 ～ 30 厘米上下，元枕有的达 40 厘米以上[13]。林州亚腰长方枕延续了唐代瓷枕的造型，1956 年河北省磁县岳城水库出土一件瓷枕与此件相同[14]，又据 1987 年观台窑发掘及有关考古资料，北宋前期、中期，流行元宝形、叶形、亚腰形和长方形枕[15],结合相关材料推断该枕应为宋代制品。出土 2 号、3 号瓷枕的墓葬虽然没有纪年，但其墓葬的砖雕仿木结构，模制孝行雕砖的风格、布局，与山西省长治市五马村发现的宋元丰四年（1081 年）马预修墓葬形制如出一辙。故两件瓷枕的年代也应是宋元丰年间（1078 ～ 1085 年）[16]。

宋代中、前期（神宗以前）瓷枕面周边未发现有出檐的[17]，据观台窑址宋代层出土标本形制和装饰特点而看[18]，椭圆形划花牡丹纹和“春”字二枕具备了这个时期瓷枕的特点。

磁州窑是以黑白反差强烈的白地黑花装饰为特征。林州三件白地黑花绘画与“老翁”诗瓷枕过去已鉴定为宋代[19]，但根据考古新材料表明，它们的年代也需要重新审视。而辨别白地黑花的出现与发展变化也是确立瓷枕年代的重要依据之一。河南方城发现的崇宁三年（1104 年）范致祥墓出土白地黑花碗一件，外壁饰简单的草叶纹和宽带纹，具有不成熟的初创意味[20]。2002 ～ 2003 年，林州市姚村镇坟头村发现北宋刘朝宗家族墓 5 座，在抢救性清理的 4 座墓中，出土了一批磁州窑的白釉、酱釉、兔毫釉及鹧鸪斑釉瓷，唯在葬于绍圣三年（1096 年）的其母淮安郡李氏墓中，出土一件白釉酱彩梅花点直领罐。其余墓葬入葬年代为：刘朝宗是政和二年（1112 年），长子刘逢原与三子刘逢辰均是宣和七年（1125 年）[21]。林州市区文明街发现的金代皇统三年（1143 年）赵处墓，出土一件白地黑花缠枝牡丹纹罐，5 件青釉褐彩盘。盘口部施一周酱釉，盘心以酱彩饰叶、白彩点朵绘一束花叶纹。罐、盘的装饰风格虽仍有初创色彩，但比宋末已很成熟，具备向繁荣阶段过度的意味[22]。辉县百泉金代崇庆元年（1212 年）墓，出土一件白地黑花连续卷叶纹钵，纹饰已是磁州窑最熟练而流行的白地黑花纹饰[23]。林州、辉县地处磁州窑瓷器的流通销售中心，这种情况表明北宋晚期的白地黑花装饰还处于不成熟的初级阶段，而金代皇统以后的白地黑花装饰，已逐渐走向繁荣时期。另外出土金代白地黑花瓷器墓葬的还有：陕西省黄陵县出土一件有墨书“大光（定）十六年”（1176 年）人形枕[24]，河南遂平出土一件有“安家枕”印戳的人形枕，同时出土最晚钱币为“政和通宝”，推定枕为金代制品[25]。江西省瑞昌南宋宝祐五年（1257 年）墓出土一对梅瓶，是金代后期河南禹县扒村窑白地黑花全盛时期的产品[26]。河南焦作老万庄 M1 中出土二件钵，根据 M2、M3 地券和题记，推测为金末到蒙古时期[27]。窑址发掘方面，鹤壁集窑 1963 年第四段（1978 年发掘为第一期）属宋末金初，开始出现白地黑花环纹、折枝草叶纹。第五段（1978 年为第二期）为金代后期，出土了较多较成熟的白地黑花瓷[28]。山东淄博磁村窑第五期为金代，开始发现白地黑花瓷器[29]。淄博坡地窑第一期为金前期有零星白地黑花产品，第二期为金后期到元代，流行白地黑花装饰，草书文字和散草纹尤其流行[30]。磁县观台窑三次考古发掘中，第一次第三层为金代层，出土一些白地黑花瓷器，报道有一件折枝草叶纹矮梅瓶。第六层出土一件黑剔花罐，为北宋晚期[31]。第二次发掘出土一件金代白地黑花瓷器[32]。第三次发掘属于北宋徽宗朝到金海陵王以前（1101 ～ 1149 年）的二期后段，出土了数量很少的宽带纹和折枝草叶纹器物。属金代后期的第三期出土了白地黑花巅峰阶段的最精彩产品。第四期白地黑花器物数量大增，但装饰草率、单调，呈现衰败景象[33]。由考古材料和纪年文物看，“白地黑花装饰的产生都不早于北宋末期，估计在徽宗朝以后……风格显得呆板、单调”。真正成熟期在海陵王以后，这时候形成了潇洒、豪放、生动、流畅的风格，为今天留下了许多不朽的艺术品。元代虽然仍有精彩人物故事和长篇词曲的制品，但大多数变得草率、单调，呈现衰落景象[34]。由以上墓葬、窑址出土材料分析对比来看，林州三件绘画瓷枕装饰繁缛，制作精细，有显著的金代后期风格。

再从纪年瓷枕看，宋代有甘肃省博物馆藏明道元年（1032 年）枕[35]。在《陶枕》书内著录一方“至和三年（1056 年）张家造”枕[36]。大英博物馆藏“至和三年张家造”珍珠地划花文字枕[37]。金代的有上海博物馆藏大定二年（1162 年）水鸟纹卧虎枕[38]，山西博物馆藏大定二年牡丹纹卧虎枕[39]，观台二街村采集的一件大定二年鸟纹椭圆形枕[40]。河北省博物馆藏大定十六年（1176年）芦雁纹卧虎枕[41]，美国费城美术馆藏大定十八年（1178年）对弈纹豆形枕[42]。林州“兰陵王”绘画枕与甘肃博物馆藏明道元年枕风格相近，特别是虎的画法简直是出于一人手笔或一个蓝本，过去多有专家鉴定为北宋，随着考古材料的不断涌现，结合有关学者的研究，有必要重新认定它的年代。北宋长方形瓷枕一般比较扁平，枕四边为圆边，不出檐，边墙斜收瓷片标本多发现在相当于蒙古时期和元代的第四期地层的观台窑址。如意头开光手法在北宋中前期尚未见到，枕上开光大约出现在金代后期，如意形开光可能更晚。风竹纹流行于元代。宋代题款有“藏款”、“边款”两类。而明道元年枕的题款形式具有元明风格。题款中“巧月”专指七月，明道改元是天圣十年十一月，因此明道元年无七月，故瓷枕纪年有误。“张家造”窑戳要晚到北宋末期，尤以金代为多，横版窑戳早于上荷叶下莲花窑戳，后者应在金后期[43]，而且边墙斜收调查中以元代为多[44]。综合以上材料可知甘肃明道元年瓷枕的年代已到了金代后期。又林州“兰陵王”绘画瓷枕中的弹琴仕女上穿左衽襦服，《金史· 舆服志》下载：“妇女服襜裙，多以黑紫，上编绣全枝花，周身六襞积。上衣谓之团衫，用黑紫或皂及绀，直领，左衽，掖缝，两傍复为双襞积，前拂地，后曳地尺余。带色用红黄，前双垂至下齐。年老者以皂纱笼髻如巾状，散缀玉钿于上，谓之玉逍遥。此皆辽服也，金也袭之。许嫁之女则服绰子，制如妇人服，以红或银褐明金为之，对襟彩领，前齐拂地，后曳五寸许。”是北方女真人所流行的服饰，因此该瓷枕年代已是金代晚期。另两件绘画及“老翁”瓷枕也是金代作品。民国磁州窑瓷枕已多有报道[45]，因此，青花仕女画枕也应是彭城窑民国年间创作的典型代表。

注释：

[1][15][17][33][34][37][40][42][43][44] 秦大树：《磁州窑白地黑花装饰的产生与发展》，《文物》1994年第10期。

[2] 董理：《关于武则天金剑的几个问题》，《华夏考古》2001年第2期。

[3][6] 易睛：《试析河南北宋砖雕壁画墓八角形墓室形制来源及其象征意义》，《中原文物》2008年第1期。

[4] 孔六庆：《中国陶瓷艺术绘画史》第84页，东南大学出版社，2000年。

[5] 王建中：《磁州窑瓷鉴定与欣赏》，江西美术出版社，2002年。

[7] 张增午、付晓东：《河南林州出土隋瓷研究》，《中国古陶瓷研究》第九辑，紫禁城出版社，2003年。

[8] 李辉柄：《磁州窑窑址调查》，《文物》1964年第8期；河北省文化局文物工作队：《观台窑窑址发掘报告》，《文物》1959年第6期；北京大学考古系等：《河北省磁县观台磁州窑窑址发掘简报》，《文物》1990年第4期。

[9] 张子英：《磁州窑观台窑址出土的瓷枕》，《华夏考古》1995 年第 1 期；朱爱琴、宗毅：《安阳市博物馆馆藏磁州窑枕刍议》，《安阳历史考古论集》，大象出版社，2005 年。

[10][11] 秦大树：《简论观台窑的兴衰史》，《文物春秋》1997 年增刊。

[12] 郝良真：《近代磁州窑初探》，《追溯与探索》，科学出版社，2007 年；邯郸市博物馆：《赵都风韵》，科学出版社，2007 年。

[13] 侯晓波：《略论宋元磁州窑瓷枕》，《东南文化》1988 年第 1 期。

[14] 邯郸市文物研究所：《邯郸文物精华》文物出版社，2005 年。

[16] 王进仙等：《山西长治市五马村宋墓》，《考古》1994 年第 9 期。

[18] 张子英：《磁州窑观台地出土的瓷枕》，《华夏考古》1995 年第 1 期。

[19] 周到：《繁荣的北宋杂剧、瓷枕上的杂剧"兰陵王"》、《戏曲艺术》1981 年第 1 期。

[20] 南阳地区文物队等：《河南方城金汤寨北宋范致祥墓》，《文物》1988 年第 11 期。

[21] 张增午等：《河南林州市北宋墓葬出土陶瓷器考略》，《中国古陶瓷研究》第八辑，紫禁城出版社，2002 年。

[22] 张增午：《河南林县金墓清理简报》，《华夏考古》1978 年第 2 期。

[23] 新乡地区文管会：《河南辉县百泉金墓发掘简报》，《考古》1987 年第 10 期。

[24] 杨元生：《黄陵县发现一件金代瓷枕》，《文物》1988 年第 1 期。

[25] 李芳芝等:《遂平出土宋代卧童枕及铜镜》，《中原文物》1985 年第 1 期。

[26] 刘礼纯：《江西瑞昌宋墓出土磁州窑系瓷瓶》，《文物》1987 年第 8 期。

[27] 河南省博物馆等：《河南焦作金墓发掘简报》，《文物》1979 年第 8 期。

[28] 河南省文化局文物工作队：《河南省鹤壁集瓷窑遗址发掘简报》，《文物》1964 年第 8 期；鹤壁市博物馆：《河南省鹤壁集瓷窑遗址 1978 年发掘简报》，《中国古代窑址调查发掘报告集》，文物出版社，1984 年。

[29] 山东淄博陶瓷史编写组：《山东淄博市淄川区磁村古窑址试掘简报》，《文物》1978 年第 6 期。

[30] 淄博市博物馆：《山东淄博坡地窑址的调查与试掘》，《中国古代窑址调查发掘报告集》，文物出版社，1984 年。

[31] 河北省博物馆等编：《河北省出土文物选集》，文物出版社，1980 年。

[32][36] 陈万里：《陶枕》，朝花美术出版社，1954 年。

[35][38] 中国硅酸盐学会主编：《中国陶瓷史》，文物出版社，1982 年。

[39]《中国美术全集·陶瓷（中）》，上海人民美术出版社，1988 年。

[41] 李秀珍等：《河北博物馆藏古代陶瓷枕概述》，《文物春秋》1992 年第 1 期。

[45] 王建中：《磁州窑瓷鉴定与欣赏》，江西美术出版社，2002 年；郝良真：《近代磁州窑初探》，《追溯与探索》，科学出版社，2007 年；邯郸市博物馆：《赵都风韵》，科学出版社，2007 年。

镇江出土磁州窑系瓷器研究

镇江博物馆　刘丽文　刘敏

内容提要：镇江在宋代已是长江下游的商品中转港口，与南北各窑都有着密切的关系，形成纵横交错的商业网络。本文通过镇江地区宋元墓葬及城市遗址中出土的磁州窑系产品，及其相互之间的影响等问题进行研究。

关键词：镇江　宋元　磁州窑系　相互影响

Abstract: The city of Zhenjiang was already an important Song Dynasty harbor for commercial transactions in the lower reaches of the Changjiang River. It had a close relationship with all kilns to the south and north, forming a crisscrossed commercial network. This paper studies Cizhou Ware Series products unearthed from Song and Yuan graves in the Zhenjiang area and sites within the city, as well as the interaction and influence between them.

Keywords: Zhenjiang, Song and Yuan Dynasties, Cizhou Ware Series products, mutual influence

磁州窑系是我国北方最大的民窑体系，以烧白釉瓷，黑釉瓷，白地黑、褐彩绘瓷为主。中心窑场以河北省邯郸市的观台镇为中心，形成了一个庞大的磁州窑体系，主要分布在河南鹤壁集窑、修武当阳峪窑、禹县扒村窑、登封曲河窑，山西介休窑、霍县窑，山东淄博窑，江西吉安吉州窑，福建泉州和四川广元等。

宋代，镇江已是长江下游著名的商品中转港口，运输主要靠长江水道、运河水道及海上水道三路。长江水道以连接江西、安徽各窑为主线；运河水道南接浙江省越窑，北接河北省定窑、磁州窑，陕西省耀州窑和河南省各窑等，越窑产品经江南运河可直达镇江，北方诸窑主要利用江北运河抵达镇江。海上水道主要是浙江省龙泉窑和福建省建窑经海路运输，再北上入长江抵镇江[1]。历年来在镇江宋元墓葬、城市考古发掘中出土了大量南北各窑的瓷器，本文拟对镇江出土的磁州窑系瓷器作一系列研究。

一　镇江出土磁州窑系瓷器主要产品特征

本文将镇江出土的磁州窑系瓷器分为磁州窑瓷器、登封曲河窑瓷器、吉州窑瓷器，现在对一些主要产品加以叙述：

1．磁州窑瓷器

磁州窑位于河北省磁县，因地属磁州而得名，是北方宋、金时期烧瓷品种最为丰富的一个窑场。白地釉下黑彩，是磁州窑烧制最多的品种，也最具特色。此外还有白地酱花、白釉绿彩、白釉划花、剔花、红绿彩和珍珠地划花等。白地釉下黑彩的工艺过程是在成型的坯上先敷一层洁白的化妆土，然后用细黑料绘画纹样，再在上面施一层薄而透明的玻璃釉入窑烧成，黑白两色形成强烈的对比。白釉黑彩的取材比较广泛，多取材于自然界中的植物、动物和人物故事，生动亲切，情趣浓郁。布局上以传统的中国画写意手法结合图案变化特点，画面既简洁又生动，如凤鸟纹罐上的纹饰，线条流畅，用笔简练，突出神情描绘，生动传神，具有很强的感染力。同时还借鉴金银器、漆器和织绣工艺来丰富自身的装饰，这对磁州窑的彩绘有一定程度的影响。磁州窑还大量题写诗文做器物的装饰，这种装饰风格最初始于唐代长沙窑，在磁州窑得到进一步的发展。

红绿彩瓷器是继宋代磁州窑白地黑绘瓷器之后，金元时期磁州窑系产品中较具代表性的品种之一，是对宋代磁州窑系白地黑彩的继承和发展，并以绚丽多彩的特点在中国古代陶瓷史中占有重要的位置。红绿彩瓷器的颜色有红、绿、黄、黑等色，由于多为红、绿两色，故称之为红绿彩瓷器。红绿彩瓷器是在已经烧好的化妆土白瓷上，用色料在釉上彩绘后入窑二次烘烧而成的瓷器。在观台窑址金代文化层出土有 14 片红绿彩瓷残片，另在临水窑窑址出土有红绿彩瓷器及残片，其残片与临水金泰和二年崔仙奴墓出土的红绿彩俑相同，色彩鲜艳，釉色光亮[2]。镇江在城市遗址考古中，也出土有为数不少的红绿彩瓷残片，装饰方法与色彩与临水窑红绿彩瓷相似，可能为临水窑产品。

1963 年镇江地区出土了一件金元时期磁州窑白釉黑彩四系瓷罐（图一）。高 34.6 厘米，口径 6.8 厘米，足径 11.9 厘米。圆唇，小口，直颈，溜肩，鼓腹，圈足，肩设对称的四个扁平系。器腹以弦纹间隔成三部分，肩部绘草叶纹，上腹部绘凤鸟纹，下腹部施黑釉。胎土较疏松，淘炼不细，颗粒粗，胎色灰白，胎质坚硬，胎的表面施化妆土，全器施釉，器腹上部施白釉黑彩，下腹部施黑釉。白釉为白中泛黄的奶白色，釉层较薄，没有肥润感及垂釉现象，釉面光泽感不强，有细碎片纹。另外在城市考古中也出土了一些磁州窑白釉黑彩残片。

1995 年镇江市斜桥街中房开发工地出土了一件白地红绿彩双凤纹瓷盘（图二）。高 1.8 厘米，口径 20.4 厘米，底径 16.5 厘米。敞口，浅腹内坦，平底微内凹。口沿一周为黄彩，内底边缘以红绿彩双线勾绘边框，底部以红绿彩绘首尾相向的双凤、牡丹

图一　金元时期磁州窑白釉黑彩四系罐

花纹。胎白泛黄色，较粗，全器施釉。另外在此工地中也出土了一些红绿彩瓷残片，其中一件残碗，在腹与底交界处用红彩双线勾绘一周，碗底中心用红彩书写诗文两句：“春人饮春酒，春后打春□。”

1996年镇江市水陆寺巷工地出土了一件白釉红绿彩诗句碗残片（图三）。直口，深腹，小圈足。胎土较细腻，施白釉，口沿一周施黄釉，内底红彩勾边，中心为红彩草书五言诗句，一句为“爱月夜眠迟”，另一句残缺，只有一“起”字。1997年镇江市中山路标准件厂工地也出土了白釉红绿彩诗句瓷盘的残件(图四)。敞口,浅腹,平底。内底边缘用红彩勾双线一周，双线内填绿彩，双线内为红彩双线弧形开光，内填黄彩，开光内侧又为红线方形开光，再向内填以绿彩，盘底心用红彩书写诗句，现存有“来清浅”、“归见”和“云”字。胎白泛黄色，较粗，全器施釉。在此工地出土的红绿彩瓷残片还有一些，一般在器底心书写诗句，如在一件残器上用红彩草书“冷逼故人沽”。

2. 登封窑瓷器

登封位于河南省登封曲河，创烧于唐，盛烧于北宋，是河南省唐宋时期一处规模较大的制瓷窑场。烧瓷品种丰富，以白釉为主，有白釉绿彩、白釉刻花、白釉剔花、白釉珍地划花及白地画黑花等。珍珠地划花品种，受密县窑影响，产量在同类瓷器中

图二　金磁州窑白地红绿彩双凤纹瓷盘

图三　金磁州窑白釉红绿彩诗句碗标本

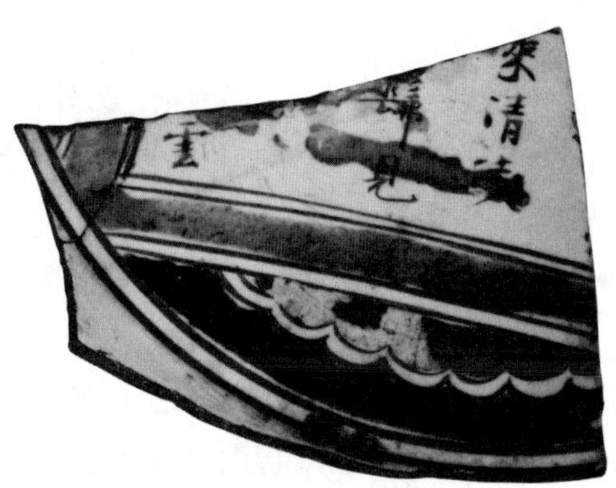

图四　金白釉红绿彩诗句盘标本

居首位。登封曲河窑的装饰主要以珍珠地划花及白釉刻线纹为特征，珍珠地划花制作工序为：先在器物的胎上施一层白色化妆土，在上刻划出各种花纹图案，在花纹上填赭色彩，用圈形工具沾有赭色彩在花纹空隙中间或花纹以外的底子上压印小圆圈，最后施透明釉入窑烧成，此工序复杂，形成较独特的艺术效果，应系当时的高档商品 [3] 。

丹阳县大泊公社北宋熙宁十年墓出土有 2 件北宋登封窑白釉珍珠地划花纹瓷梅瓶（图五）。圆唇，小口，短颈，溜肩，器身修长，下腹渐收，暗圈足。整器以珍珠纹为地，一件纹饰分三组，肩饰缠枝花卉，腹部饰四叶花图案纹，足部饰莲瓣纹，肩、腹均以双线纹分隔；另一件梅瓶（图六）。高 39.8 厘米，口径 6.6 厘米，底径 9.3 厘米。腹部饰缠枝牡丹，近底部刻莲瓣纹。胎灰白色，粗糙疏松，全器施釉，釉层剥落。

3. 吉州窑瓷器

镇江出土的吉州窑瓷器种类繁多，纹饰丰富多彩。按釉色分为黑釉、青白釉、乳白釉、釉下彩绘、绿釉，装饰上采用剔花、印花、剪纸贴花、彩绘、刻花、划花、捏塑和堆塑等技法，使瓷器的实用性与装饰性紧密的结合起来。其中白釉釉下黑彩，受磁州窑影响，其方法是直接在胎坯上彩绘，然后施薄釉，胎呈米黄色，胎质疏松，胎土较粗糙，主要器物有碗、瓶、枕、玩具等。釉下彩绘装饰，具有浓郁的乡土气息，取材于自然界中的植物、动物和民间常见的图案。如市五条街小学南宋地层中出土的一件白地釉下彩绘卷草纹长颈瓶（图七），口沿下为一道弦纹，整器为卷草纹，近足处为二道弦纹，足上绘回纹。底足无釉，足心为一彩绘“戊”字，画面明快，纹饰纤细；市饲料公司出土的南宋吉州窑白地褐彩凤穿牡丹纹瓷枕（图八）。长 22.5 厘米，宽 8~10 厘米。长方束腰形，两端正方。枕之六面，两面绘凤纹，两面绘缠枝菊花，两端各绘一朵菊花。胎米黄色，疏松，全器施釉。市南门火车站出土的南宋吉州窑白地褐彩小瓷罐（图九）。高 5.7 厘米，口径 6.5 厘米，底径 4.3 厘米。敛口，平沿，鼓腹，圈足。颈与腹下部绘弦纹，腹部开光，内绘卷草纹。胎米黄色，较疏松，全器施釉，底部无釉。

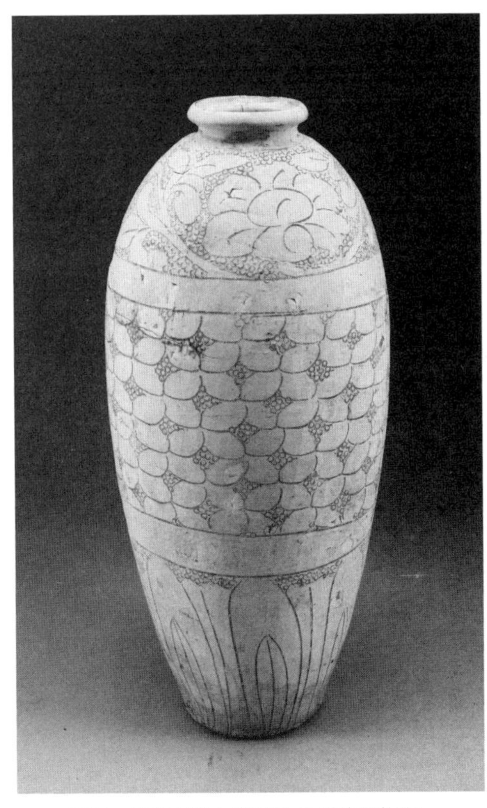
图五　宋登封窑白釉珍珠地划花纹梅瓶

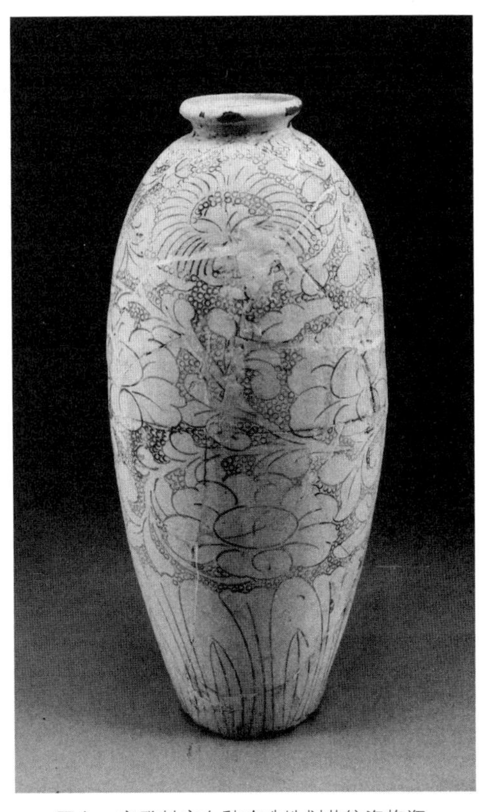
图六　宋登封窑白釉珍珠地划花纹瓷梅瓶

图七 南宋吉州窑白地釉下彩绘卷草纹长颈瓶

图八 南宋吉州窑白地褐彩凤穿牡丹纹瓷枕

另在丹徒县农机学院出土的元代吉州窑白地褐彩划花纹瓷罐（图一〇）。高 22.5 厘米，口径 15.8 厘米，底径 10.1 厘米。直颈，溜肩，肩下内收，暗圈足，全器绘缠枝花卉纹，颈、肩及近底部各绘二周弦纹。吉州窑从磁州窑的釉下彩装饰技法中获取灵感，充分利用釉下彩的装饰，纹饰多样，品种繁多。

另一品种白釉剔花是磁州窑首创的装饰方法，吉州窑将此法用于乳白釉器上。如市跑马山基建工地南宋墓出土的吉州窑乳白釉刻花梅月纹瓷罐（图一一）。高 6.6 厘米，口径 7.5 厘米，底径 6.2 厘米。直口，短颈，扁圆腹，假圈足。腹部剔刻梅月纹。胎米黄色，疏松，全器施釉，施釉不到底。乳白釉剔梅月纹粉盒（图一二），子口，假圈足，有盖，盖面剔梅月纹，花枝、花叶用刀剔出，刀法简练，线条流畅，盒内残留有粉。

图九　南宋吉州窑白地褐彩小瓷罐

图一〇　元吉州窑白地褐彩划花纹瓷罐

图一一　南宋吉州窑乳白釉刻花梅月纹瓷罐

图一二　南宋吉州窑乳白釉剔梅月纹粉盒

二　镇江出土磁州窑系产品之间的相互影响

宋代是中国陶瓷业发展的高峰，瓷窑遍布大江南北，百花齐放。宋代是一个商品经济十分发达的时代，出于竞争的需要，民窑之间往往相互影响。两窑产品的相似性，表明当时的窑业生产继承传统、借鉴他人、吸收外来，不仅对金银器、漆器、织锦以及其他窑艺术借鉴、吸收，还不断加以改造、完善，在借鉴中创新，在创新中发展。如磁州窑白地黑花是继承湖南长沙窑的釉下彩绘技法而发展起来的，它又影响到吉州窑。吉州窑从磁州窑的釉下彩装饰技术中获取灵感，充分利用釉下彩的装饰，绘画技法也借鉴于磁州窑，如折枝纹、牡丹、缠枝莲、卷草纹、开光等，两窑所烧瓷枕，形制、纹饰相近，枕面开光，开光纹饰的边饰为粗、细弦纹二道，内绘花卉图案。但吉州窑又有自身的特色，二窑之间的区别是磁州窑先在胎壁上涂白粉，后加彩，吉州窑是直接在胎坯上彩绘，后施薄釉，其底色与纹饰色彩的对比没有磁州窑强烈，即白釉泛黄，黑花发褐。另外，白釉剔花是磁州窑首创的装饰方法，是利用化妆土与胎色间的差别，剔去主体花纹外的化妆土，以达到烘托主题的作用，吉州窑将此法用于乳白釉器上，使装饰别具特色。

珍珠地划花装饰最早创制于河南密县窑，密县窑珍珠地划花装饰于晚唐时创烧，是仿唐代金银器錾花工艺特征而形成的，此后各窑仿烧，北宋时传到河北、山西两省，而登封窑产量最多。

三　结语

宋代是我国瓷业发展史上的一个繁荣时期，南北各窑纷纷兴起，相互促进。磁州窑作为一个民间窑场，为了促销自己的产品，除生产具有特色的产品外，还向其他窑学习借鉴其成熟的工艺，如红绿彩瓷器的烧制既来源于唐三彩，又借鉴辽、金地区瓷器装饰。磁州窑也正是以黑剔花填彩、白地黑花、白地黑彩绘划花、黑釉酱彩、红绿彩等创新之品形成自己的风格，并被其他窑场仿效，而形成巨大民窑体系的，它在中国陶瓷史上占有重要地位。

注释：

[1] 刘建国：《古城三部曲》第 284 页、第 285 页，江苏古籍出版社，1995 年。

[2] 马忠理：《磁州窑考古发掘及分期概述》，《中国古陶瓷研究》第十一辑，紫禁城出版社，2005 年。

[3] 赵青云：《河南陶瓷史》第 104~105 页，紫禁城出版社，1993 年。

浅析宁波出土的磁州窑（系）制品

宁波市文物保护管理所 林浩

内容提要：宁波（明州）港在唐代已是中国四大名港之一，并成为陶瓷之路的启发港。从老城区发掘出土的标本证明，磁州窑（系）制品也曾顺着这条海上陶瓷之路输往世界各地。本文通过对各遗址出土的磁州窑(系)标本的描述,总结宁波磁州窑(系)制品的特色，并探索磁州窑制品在宁波港出现的定位是日用瓷和贸易瓷。

关键词：宁波　磁州窑（系）　特色　定位

Abstract: By the Tang Dynasty, Ningbo (Mingzhou) already ranked among China's top four port cities, and became the starting port for the "Ceramic Road." Specimens excavated from the old town prove that Cizhou Ware (Series) goods once traveled the seaborne "Ceramic Road" to be exported to all corners of the world. This paper uses descriptions of Cizhou Ware samples unearthed from various sites to summarize the characteristics of Cizhou Ware (Series) goods in Ningbo, as well as explore the idea that Cizhou Ware in Ningbo emerged in the roles of household and trade porcelain.

Keywords: Ningbo,Cizhou Ware (series), characteristics, roles

宁波老城区在近十多年开展的城市考古中，有计划、有目的地配合城市改造发掘了唐宋子城遗址、罗城遗址、海运码头遗址、居住遗址等，出土了一批北方磁州窑（系）的瓷器，数量相对越窑等略少，且少见完整器。本文试着从这一批残存的遗存中总结出宁波的磁州窑（系）制品的一些特点，并简单探索该瓷种与宁波港的关系。

一 典型器物描述

明州（宁波）港在宋元时代已成为我国主要的“三司”之一[1]，因此交通贸易十分繁荣，从北宋开始，特别是到了北宋晚期，全国著名的景德镇窑青白瓷[2]、浙江龙泉窑青瓷[3]，及耀州窑瓷器[4]、定窑白瓷[5]、吉州窑黑釉瓷和磁州窑（系）制品都接踵来至宁波，另有福建省的众多窑口也聚集于明州（庆元）港集散，在东门港区海运码头、城区遗址、衙署、市舶司、造船场等遗址中均出土了上述各窑口的制品就是最好的证明。现择城区遗址中出土的磁州窑（系）典型标本，略加介绍。

1. 天封塔地宫出土物

天封塔地宫于 1982 年 6 月发掘时出土了 2 件白釉褐彩小梅瓶（图一）。标本的高 8~10 厘米，口径为 1.9~2.0 厘米，底径 3.3~3.4 厘米。小口，溜肩，长瘦腹，圈足内凹，腹底分界不明显。胎体细腻呈灰黄色，施白釉，一件滴釉，一件施釉不到底。胎上施一层薄薄的白色化妆土，肩、腹部各绘釉下彩白釉褐彩花卉三朵[6]。

与此器共存的一批铭文器，如石涵，铭文为“绍兴十四年……”银制器物上也刻有“绍兴十四年”（1144 年）间接说明了该梅瓶的年代。

2. 东门口码头遗址

东门口码头遗址经历了 1978 年 6 月与 1979 年 4 月二次发掘，在宋元层中，出土的磁州窑（系）残器较多，大多为罐、盆类。在元代层中磁州窑（系）的可辨器型有二类：

碗类。直口、弧腹。器内半身施发亮的黑釉，并有聚釉现象。器外绘上下二组黑色泛红黄的草花纹。

罐类。均为残件，标本在肩部用粗线纹分隔，分别绘赭色花叶，水草，由于所绘花叶色泽浓淡不一，显得更为真实。

出土的器物均胎体粗劣，施化妆土，胎色一种为深灰色，另一种为米黄色。气孔率很大，杂质多[7]。

3. 公园路宋子城遗址

公园路唐宋子城遗址，宋代文化层中出土的磁州窑（系）残片，主要器型以缸、罐、瓮、盘为主。以 T113 宋代文化层残片为例（图二）。

缸类。平唇折沿，施乳白色釉，口径 40 厘米以上。胎灰黄色，疏松，吸水率高，

图一　宋金白釉褐彩梅瓶

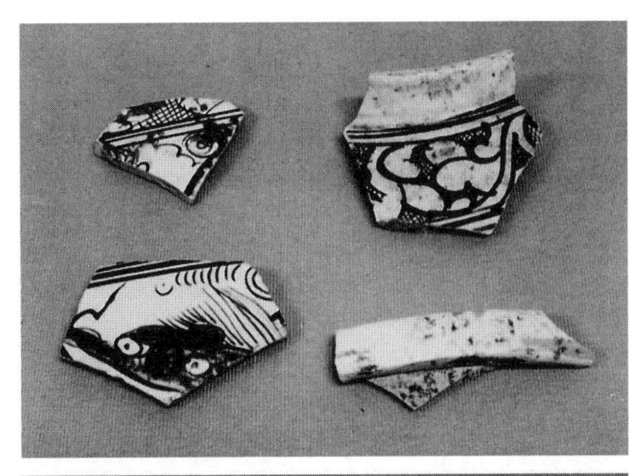

图二　宋器物标本

气孔肉眼都能看到（见图二右上）。

罐类。从腹、肩残片看，器型相当大。可分为二类。一类罐胎体疏松，上施化妆土，在肩部以粗壮的四道弦纹环一周，其弦纹之下有褐色彩绘龙，笔调随意流畅，粗放豪爽。内壁有轮修宽弦纹，亦施白釉（见图二左下）。另一类，釉下褐彩绘，肩部以三道弦纹分隔，上为鱼草纹，下为卷云纹，从残片中遗留的纹饰推断应为龙纹组合。胎粗，施化妆土，内壁施白釉，釉面厚润（见图二左上）。

瓮类。从残片弧度看，器型特大，似为大瓮。腹壁白釉黑褐彩绘，黑白对比明显。胎体疏松，烧成温度较高，器内有旋纹，施黑色釉（见图二右下）。

大盘类。仅剩盘底，施釉不到底，内壁施白釉，在腹部中下部施二道宽带式褐彩纹[8]。

4．东渡路古城遗址

东渡路古城遗址，宋代文化层中出土磁州窑白地褐彩盆、盘以及罐等残片。南宋第二期城墙底部出土了一批磁州窑（系）的制品。主要是实用器的罐残片等特别多[9]。

5．和义路码头遗址

和义路码头遗址，在码头内外出土的磁州窑制品的典型器物有：

宋枕类。珍珠地划花枕。标本 10×9 厘米。胎体灰，较致密，戳印珍珠地，疏密有序，褐彩较均匀，线条粗细得当（图三）。也有胎体疏松的（图四）。

宋盆类。白地褐花深腹盆。标本 7.5×6.5 厘米。胎体灰白，化妆土明显，绘画的花卉，线条表现自由豪放，褐色深浅变化随意，盆口沿外翻，化妆土与釉均较丰厚（图五）。

图三　宋珍珠地划花枕标本

图四　宋珍珠地枕标本

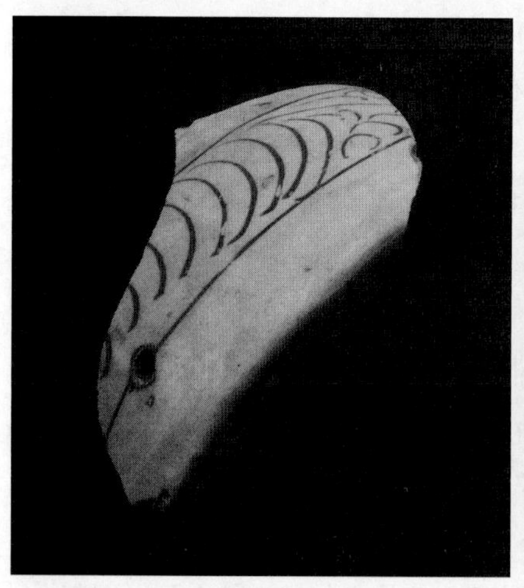

图五　宋白地褐花深腹盆标本

金罐类。白地黑褐彩罐。标本20.1×8.3厘米。胎体灰黄，器内轮制印痕明显。施白釉，密布黑褐彩的花草，口沿下条纹自由分隔。口沿为后接，交接清楚（图六）。

元盆类。白地褐彩鱼纹盆。标本14.5×8.9厘米。胎体灰白，底部丰厚，胎气孔大有杂质。外底无釉，底为玉璧大底。器内施白釉，化妆土明显，釉面冰裂。褐彩绘硕大鱼纹，纹样随意（图七）。

6. 东门口天一广场遗址

遗址出土了一批磁州窑制品，典型器物为：

宋金罐类。白地黑花剔划罐。标本（采集）12.3×7.9厘米。胎体灰黄，器内拉坯痕迹明显且仅在罐上部施黑釉，器外白釉与化妆土结合好，釉上用黑釉绘花卉，剔划的线条流利奔放，器内有旋纹，施黑色釉（图八）。

金元瓶类。孔雀蓝黑花瓶。标本10.1×4厘米。胎体深黄，器外化妆土上施孔雀蓝釉，釉层厚，釉面开片冰裂，其上绘黑色花卉与鱼纹，器内轮制痕迹明显，不施釉（图九）。

金元钵类。绿釉钵。标本6×10.5厘米。胎体黄且疏松，气孔大。施绿釉，釉下化妆土明显，釉层不匀，有杂质，露胎剥落。口沿敛，圆腹，下腹无釉（图一〇）。

元盘类。白地铁锈花盘。标本4.1×2.5厘米。胎体灰色，但胎质尚细，浅腹盘外底不施釉，制作拉坯粗糙。白釉与化妆土结合好，铁锈写意画十分漂亮，惜残片太小

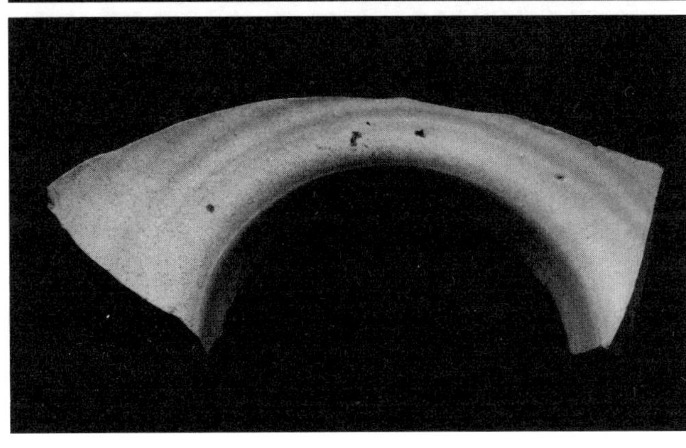

图六　金白地黑褐彩罐标本

图七　元鱼纹盆标本

图八　宋金白地黑花剔划罐标本

图九　金元孔雀蓝花瓶标本

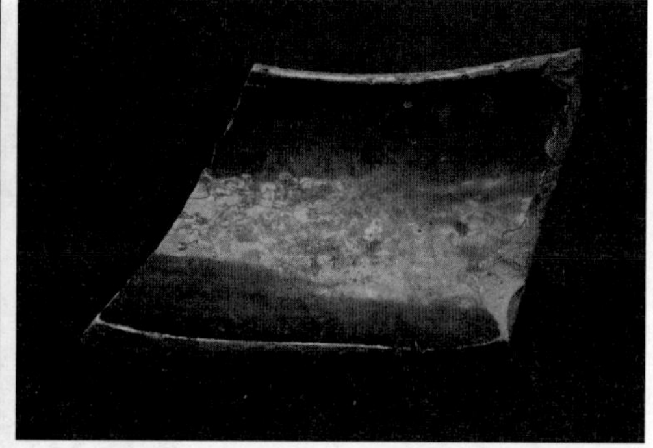

图一〇　金元绿釉钵标本

看不出画面的主题（图一一）。

7. 药行街（灵桥沙泥）遗址

遗址出土了一批磁州窑制品，典型器物为：

北宋盆类。绿釉深腹盆。标本 8×11 厘米。口径硕大，胎体灰黄，较均匀。化妆土与釉结合好，内外均施绿釉，惜釉面不均匀，有流釉现象（图一二）。

宋罐类。绿釉罐。标本 8.2×10 厘米。胎体灰黄，气孔较粗，圈足部分露胎，为内凹底。上釉至外底，分界明显。施绿釉，釉面丰厚，器内外釉较均匀。釉层厚且与化妆土结合好（图一三）。

宋金罐类。白地黑花剔划罐。标本 8.2×6.5 厘米。胎体深灰，质坚硬，说明火候较高，

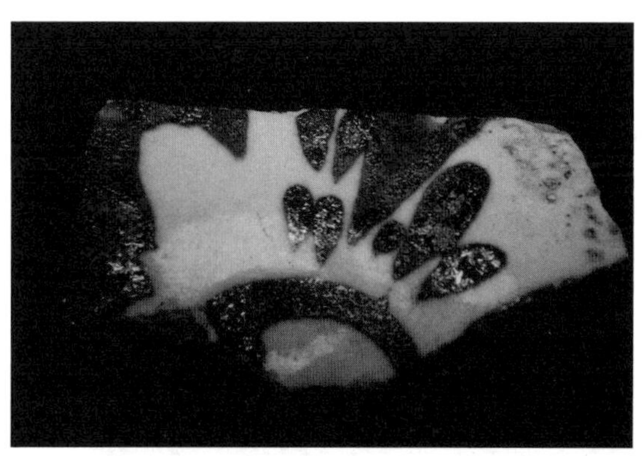

图一一　元铁锈花盘标本

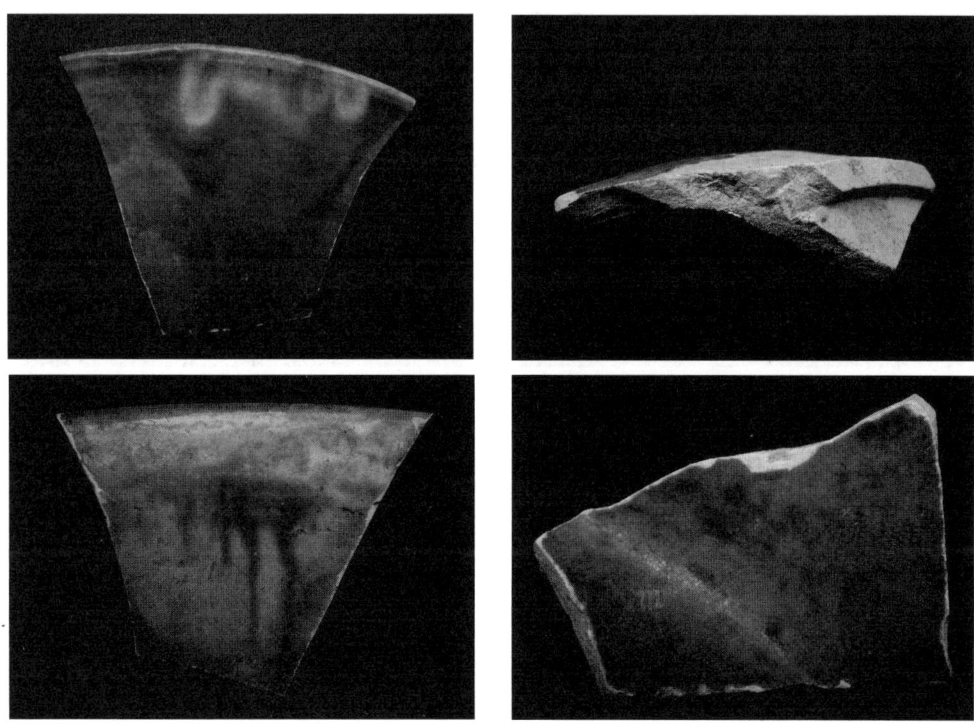

图一二　北宋绿釉深腹盆标本

图一三　宋绿釉罐标本

器外以白釉为地，黑彩绘制各种花草，并以条纹相间隔，器内施黑釉，拉坯时轮制痕迹明显（图一四）。

元盘类。孔雀蓝印纹盘。标本 4.9 × 4.5 厘米。胎体浅黄，较疏松，化妆土与坯体结合好，故釉面虽已剥落，但化妆土仍在。全器模印，纹样深浅凹凸明显，上施孔雀蓝釉，由于釉面剥落，露出了化妆土与胚体。盘外似波浪形，因为聚釉比较明显，可能只上半釉，口沿上的釉均有流聚现象（图一五）。

元盘。孔雀蓝印纹盘。标本 5.4 × 4.4 厘米。这件器物与上件一致，但内壁纹样不一样，剥釉（图一六）。

元瓶类。白地黑花瓶。标本残高 4.6 厘米。胎体灰黄，质较疏松，所上化妆土与胚体结合较好。瓶通体绘黑褐彩（图一七）。

图一四　宋金白地黑花剔划罐标本

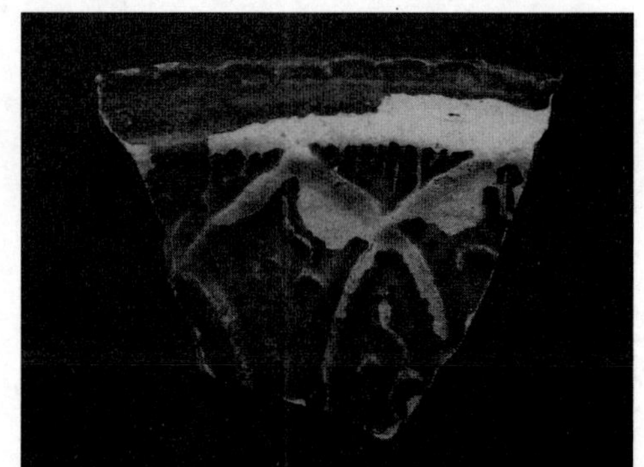

图一五　元孔雀蓝盘标本

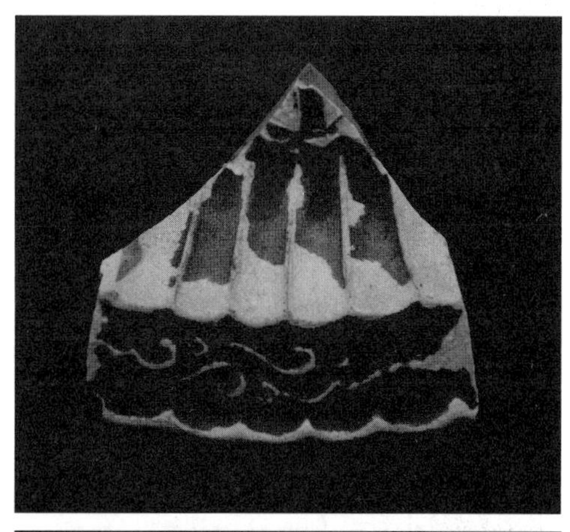

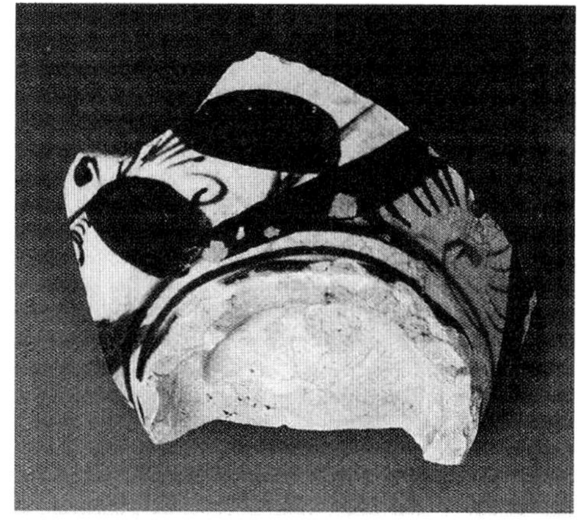

图一七　元白地黑花瓶标本

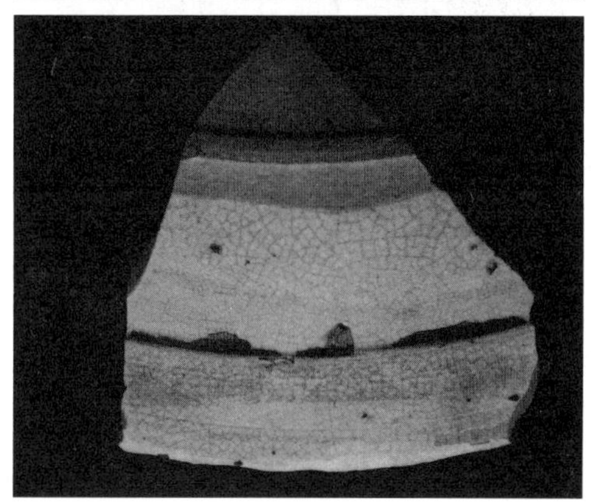

图一六　元孔雀蓝盘标本

二 总体特色分析

1. 器物造型

宁波老城区出土的磁州窑（系）瓷器，从造型看，主要有日常用的碗、盘、盆、钵等；存放物品的器类有缸、瓮、罐等；瓷枕，作为床上用品器物，形式多样，也是磁州窑（系）生产制品中最具优势，也最有名气的制品，宁波出土的珍珠地牡丹纹枕，是属中小型长方形枕，造型规整、工艺讲究；瓶类，磁州窑（系）造型品种很多，并且特征明显。宁波出土的孔雀蓝黑花鱼瓶，制作讲究；绍兴十四年前制作的一对小梅瓶应为当时磁州窑（系）中的典型精品。

上述各类器物造型，突出的一点是“粗陶细作”，讲究造型，制品小到碗、盘，大到缸、罐，它们的成型制作与越窑制品一样，比例匀称，线条交接光润，变化和谐，风格大气有神韵。

2. 胎体釉汁

磁州窑（系）遗存，由于胎体的粗杂，是以“粗陶细作”而闻名于世。从宁波出土的器物来看，胎色有黄、浅黄、深黄、灰黄、米黄、灰、灰白、深灰等。几乎所有标本的胎体都上了一层厚厚的白色化妆土，就像胎体表面上了一道白色“釉”，填补了胎体粗劣的本来面目，但胎体疏松的情况在相当一部分器物中还是存在的。

在磁州窑（系）制品中，满釉的制品不少，但绝大多数制品底部、下腹部露胎，即施釉不到底，内壁则不施釉或只施半釉。而罐、瓮等容器最常见的有外壁施釉，内施黑汁釉。这种黑色釉汁的净洁度不像白釉和色彩釉那样高要求，可用下脚料充当，成本不高，使器物的吸水率大大降低，又能起到保护器壁的作用，使器物的胎体更为坚固。

宁波出土制品中的白釉、绿釉、孔雀蓝釉等的釉汁一般都比较丰润。白釉制品釉汁较均匀且胎釉结合好，而低温釉的釉子呈色不均，如盆、洗和钵上的绿釉似有流釉、聚釉现象，低温颜色釉装饰的孔雀蓝印花盆的胎釉结合不好，釉面剥落现象严重。

3．器物装饰

宁波出土的磁州窑（系）的制品，虽然大多为残件（片），但是通过一个器物的画面，反映了装饰题材的丰富多彩；通过各种釉上或釉下的彩绘，使多样化的图案更加引人入胜。

在宁波出土的宋代器物中，器物以白色釉为底外，所使用的主要有黑、褐、绿等诸色彩，常常用于绘制画面和线条装饰。例如梅瓶上用褐色彩绘花卉，罐肩、腹中用黑褐彩绘制龙纹、鱼纹、水草纹等。在枕头上以褐彩珍珠纹作装饰都颇有特色。

元代器物中，不仅继承了宋代的装饰艺术和工艺风格，在各类器物中有了很大的发展。例如：金元时代的孔雀蓝色釉装饰，在瓶上用黑彩绘制鱼纹。元代白地黑花瓶和元代白地褐彩鱼纹盆，都有相当的装饰特色，而且在遗址中出土的数量上也特别多。引人注目的是在遗址中出土的元代制品白地铁锈花盘，这类器物上用铁锈彩绘作装饰画面，确实别有风味；那种用孔雀蓝釉的印花盆，更别具一格，使人喜爱。上述元代的几种装饰，不仅反映了当时民间喜闻乐见的装饰题材和各种釉色，而且也说明这类受到人民大众喜爱的磁州窑（系）器物，供应需求很大的日用品市场，甚至在国内港口城市流通和外运。

从装饰上看，宁波出土物中，主要有如下几种：

（1）以釉色取胜

如盆、钵等器物通体内外施绿釉，绿釉有深浅之分，以增加器物釉面丰厚的美感。孔雀蓝釉，有的也称“翠蓝釉”或称“孔雀绿”，这类釉色的制品，大多为金元时代出现且以釉色取胜的一类，孔雀蓝鱼纹瓶就是一例。

（2）炫目的纹样显示主题

如小型的瓷枕在白色釉的上面，采用褐色的珍珠地纹，戳印排列出有规律的纹样，不但炫目，而且别具一格。又如白地黑褐彩绘的鱼纹大盘的鱼纹特别大而显目，而黑褐彩绘的龙纹在画面中也更为生动。

（3）“铁锈”富有绣感

在宁波出土的铁锈花残片，看纹样似牡丹花，残片虽小，但胎釉结合良好，斑花料绘制的纹饰在白釉地上似是丝绸上的绣纹，装饰效果非常奇特。铁锈花装饰在磁州窑（系）中还有深沉含蓄的黑釉地铁锈花，但这种黑白对比强烈的装饰更反映了磁州窑（系）的特点。宁波出土的坛、罐、盘一类制品，很大一部分采用了白地黑褐彩绘这种装饰。

磁州窑典型的两种装饰工艺在宁波各类遗址中都可能找到标本：一种是在化妆土的胎体上，运用中国水墨画的技法，以毛笔饱蘸含有高铁的颜料，自由绘画，然后再上釉。由于使用颜料的厚薄、浓淡以及烧造气氛等诸多影响，实际上呈现的有白地赭花、白地酱花、白地黑褐花等色调；另一种则是在化妆土的胎体上白釉后，在釉上再施黑褐等彩绘与各种图案，这种是属于釉上彩的一种。

三 磁州窑制品在宁波港出现的定位

磁州窑（系）是我北方著名的民窑，也是民窑中很有个性的代表，主要生产供应需求量很大的日用瓷市场。在宁波地域所有古墓发掘中，从未有陪葬的磁州窑（系）的器物出土，而只是出现在城市居住遗址及海运码头遗址等，说明了民窑体系的磁州窑（系）制品在宁波是作为日用瓷和贸易瓷的定位出现的。

宁波出土的磁州窑器物，年代最早的为北宋早期，大多为北宋中晚期到南宋和元代。从典型标本出土层位看，宋元时代为最丰富，鉴于宁波自唐就已成为陶瓷之路的启发港，笔者认为北方磁州窑（系）制品，从宋代开始，也已通过明州港口集散。

1. 世界各地出土物，就是历史的见证

磁州窑（系）制品有着浓厚的民间生活气息，不但深受国内人民的欢迎，而且也受到世界人民的喜爱。1976 年，在朝鲜新安打捞的海底沉船中，90% 为中国古陶瓷，其中就有磁州窑的白地赭彩花卉纹罐、白地黑花龙纹罐、黑釉双耳罐。在日本九州福冈修地铁时出土约十万片中国陶瓷，其中就有磁州窑瓷片。在非洲埃及的福斯塔特古遗址中亦出土过磁州窑的划花瓷片[10]。

2. 宁波是“陶瓷之路”的启发港

在东亚文化圈中，当时的宁波（明州）是日本遣唐史来华的港岸之一，朝鲜半岛的新罗派往大唐的使者大廉等，就是从明州港入唐的，唐代东南亚、阿拉伯、波斯商人亦需通过明州港入唐[11]。到了两宋时代，东亚文化圈的兴盛，明州港便成为汉文化输出的主要口岸[12]，在通商贸易方面，著名的越窑青瓷，从中唐开始及至晚唐率先开拓了海上陶瓷之路，近则东亚各国，远则非洲埃及古都福斯塔特[13]，在东亚、东北亚、东南亚出土的最大宗且年代最久远的就是越窑制品，可以说越窑制品是陶瓷之路的开拓者，以后的五代、两宋、元等大量我国陶瓷的运销海外，都是沿着唐代开拓的海道一代一代地传下去，宁波无疑是陶瓷之路的启发港，而磁州窑（系）制品作为一种广

泛使用的生活日用品，一种新型商品出现于世界，并成为宋元王朝对外贸易的重要商品，也是沿着这条海上陶瓷之路输出的，而且其施用白色化妆土和红绿彩的工艺甚至影响了越南北方和日本的彩绘艺术[14]。

注释：

[1] 朝廷在明州（庆元）设置市舶司，北宋时为杭州、明州、广州三地市舶司，南宋广州、明州（庆元）与泉州为三司，元代广州、泉州、庆元为三司。

[2] 林士民：《从明州港（今宁波）出土文物看景德镇宋元时期的陶瓷贸易》，《景德镇陶瓷》1993 年 4 月期。

[3][7] 林士民：《宁波东门口码头遗址发掘报告》，《浙江省文物考古研究所学刊》（创刊号），文物出版社，1981 年。

[4] 李军：《北宋耀州窑青瓷外销日本之研究》，《中国耀州窑国际学术讨论会文集》，三秦出版社，2005 年。

[5] 林浩：《宁波出土白瓷的研究》，《中国古陶瓷研究》第十五辑，紫禁城出版社，2009 年。

[6] 林士民：《浙江宁波天封塔地宫殿发掘报告》，《文物》1991 年第 6 期。

[8] 林士民：《浙江宁波市唐宋子城遗址》，《考古》2002 年第 3 期；《Chinese Archaeology Volume》2003。

[9] 林士民：《再现昔日文明——东方大港宁波考古研究》，上海三联书店出版社，2005 年。

[10] 王建中：《磁州窑瓷鉴定与鉴赏》，江西美术出版社，2002 年。

[11] 林士民：《明州港与朝鲜半岛“海上茶路”之研究》，《茶韵》，中国文化出版社，2009 年。

[12] 林士民等：《万里丝路——宁波与海上丝绸之路》，宁波出版社，2002 年。

[13] 林士民：《试论明州港历代青瓷的外销》，《海交史研究》1983 年第 5 期。

[14] 王建中：《磁州窑瓷鉴定与鉴赏》，江西美术出版社。

修武当阳峪窑考古发掘与初步研究

河南省文物考古研究所　赵志文

内容提要：2003 年 11 月至 2004 年 6 月，由河南省文物考古研究所主持，对当阳峪瓷窑遗址进行了第一次较大规模的科学发掘。此次发掘，共揭露面积 1 000 余平方米，清理作坊、过滤池、辘轳坑、窑炉、水井、灰坑、灶等各类遗迹百余处，出土了一大批珍贵文物，获得重要考古新发现。这次发掘的地层堆积大致可以分为三个阶段，即宋代、金代和元代。细白瓷、三彩和酱釉瓷主要出土于宋代堆积层，金代和元代堆积以粗白瓷和白地黑花瓷为主，钧瓷主要出土于元代堆积层。此次发掘清理出的作坊和窑炉等重要遗迹以及出土的种类丰富的瓷器标本，特别是酱釉瓷器的大量出土，对于我们重新认识当阳峪窑在中国陶瓷史上地位，提供了重要的实物资料。

关键词：当阳峪窑　考古发掘　研究

Abstract: From November of 2003 to June of 2004, the Hunan Cultural Relic and Archaelogical Research Institute spearheaded the first large-scale scientific excavation of the ruins of the Dangyangyu Kiln. This excavation altogether spanned over 1000 square meters and collected over 100 artifacts of all types – workshops, filtrate pools, pulley-pits, kilns, wells, ash-pits, stoves, etc. – unearthing a large collection of valuable relics, and revealing important archaeological insights. The excavated strata can be broadly divided into three stages: Song, Jin, and Yuan. Fine white porcelain, tricolor ware, and reddish-brown glaze ware were mainly unearthed in the Song stratum, while the Jin and Yuan strata chiefly revealed rough white and black-on-white porcelain, with Jun Ware being mainly excavated in the Yuan stratum. The wealth of various porcelain specimens excavated during this excavation, especially the large quantity of reddish-brown glaze ware, as well as the remains of workshops and kilns have provided important material for our renewed understanding of the Dangyangyu Kiln’s place in Chinese ceramic history.

Key words: Dangyangyu Kiln, archaeological investigation, research

当阳峪窑是我国宋代北方一处重要的瓷业生产场地。在名窑林立的宋代，当阳峪窑可谓是独树一帜、最具特色的窑场之一，以其风格变化多端，造型与装饰品种丰富多彩，做工精细而闻名于世。

当阳峪瓷窑遗址位于河南省修武县城西北25公里的西村乡当阳峪村，北与北洼村、东交口、西交口村为邻，东、南、西三面与焦作市接壤，南距焦作市区约4公里。地理坐标为东经113° 15′、北纬35° 19′。遗址东西长约2 000米，南北宽约1 000米。这里地处太行山南麓，属北温带大陆性季风气候。土壤为红黏土质，浅山铁、铜、锰、煤、瓷土等矿物储量丰富。其中煤层距地表深40～80米，厚约5米。瓷土在地表，易于开采。瓮涧河经村南流向西南，在修武县境内注入大沙河，属卫河水系。丰富的矿产资源，便利的交通条件，良好的地理环境，为当阳峪窑业的兴盛发展，创造了有利的条件。

关于当阳峪窑，史籍鲜有记载。《大明一统志》、《大清一统志》云："怀庆府土产磁，河内、修武二县出，有窑。"顺治十五年《怀庆府志》云："瓷，河内(今焦作市沁阳、博爱两县)、修武俱有。"《乾隆府厅州县图志》一书亦有类似记录，它无详述。以上记载，均未有详指当阳峪者。目前，所能见到的最早的记录是北宋元符三年至崇宁四年(1100～1105年)当地所立之《怀州修武县当阳峪村土山德应侯百灵庙记》之碑文："时惟当阳工巧，世利兹器，埏埴者百余家，资养者万余口。"记录了当阳峪窑制瓷的传承关系、烧造工艺、技术交流等窑业盛况，而且烧制规模已达到窑头百余家，据当地传说有360家员外，从事专业烧造的工匠达万余人。由此可见，至少在北宋中后期，当阳峪已是"世利兹器"，工精匠巧了。

但是，长期以来，当阳峪窑并不为世人所知。20世纪30年代，在河北一带收购古物的商人不断地把当阳峪瓷片运到北京，遂使其由昔日的默默无闻，变为世人皆知，当阳峪从此名声大震。英国人司瓦洛（Svalow,R．w）与瑞典人卡尔贝克（Kalbeck,O）在1933年先后前往该窑址进行调查，雇佣当地农民多次挖掘并收购大量当阳峪窑瓷器，由此引发长时间的乱掘乱挖，使当阳峪窑址遭受大面积的严重破坏。

1949年以来，省、市（地）、县文物部门多次对当阳峪窑址进行调查，20世纪50～60年代，我国著名学者陈万里、冯先铭、叶喆民等先生，曾先后亲赴当阳峪窑址进行实地调查，并撰文高度评价当阳峪窑。1963年6月20日，河南省人民委员会将当阳峪窑址公布为第一批重点文物保护单位。

由于窑址地处山区，常年的雨水冲刷，使遗址地表形成许多自然沟崖。20世纪70～80年代，大规模的农田建设和居民区的扩大，无限制的取土等，使当阳峪窑址的环境受到了前所未有的威胁。经报请国家文物局批准，由河南省文物考古研究所主持，于2003年11月至2004年6月，对当阳峪瓷窑遗址进行了第一次较大规模的科学发掘。此次发掘，共揭露面积1 000余平方米，清理作坊、过滤池、辘轳坑、窑炉、水井、沟、灰坑、窑穴、灶等各类遗迹百余处，出土了一大批珍贵文物，获得重要考古新发现。

2004年5月22日，由中国古陶瓷学会主办，河南省文物考古研究所承办，在当阳峪瓷窑遗址考古发掘现场召开了“修武县当阳峪瓷窑遗址考古新发现中外专家研讨会”，与会的中外专家60余人在考察参观考古发掘现场和出土文物后，对发掘工作给予了高度评价，并一致认为，该窑址生产规模宏大，制瓷工艺精湛，在中国陶瓷史上占有重要的地位，让人们开始重新认识当阳峪窑在中国陶瓷史上的地位。

2006年5月25日，当阳峪瓷窑遗址被国务院公布为第六批全国重点文物保护单位。

由于长期的自然侵蚀和人类活动，遗址地表沟壑与道路交错，部分被居民建筑占压，给发掘工作带来了一定的难度。经过对遗址的实地调查和部分钻探，为了便于工作，依自然地势将遗址划分为三个发掘区，即Ⅰ区、Ⅱ区、Ⅲ区。

Ⅰ区。位于遗址的东部，南临翁涧河（当地俗称石河，又称死人河），西临自然沟，其北部大部分被当阳峪村民建筑占压，此次在该区西南部发掘面积200平方米。清理遗迹主要是灰坑，此外有水井1眼、窖穴1个。大量精美的细白瓷器、酱釉瓷器和黑釉瓷器等，就是出自该发掘区。

Ⅱ区。位于遗址西南，其南临翁涧河，东、北临自然沟，西边被早年取土破坏，遗址上面有两户院落和一个养猪场。在断壁处可以看到残窑和窑具的堆积，破坏比较严重。此次发掘面积约700平方米。在该区清理出一些重要的遗迹，如窑洞式作坊、窑炉、灶、灰坑以及与作坊有关的配套设施等。

Ⅲ区。位于遗址的西北部，大部分被民居所压，南部被早年农田建设所毁。此次在废弃的民居区发掘面积125平方米。遗迹和遗物均少于Ⅰ区和Ⅱ区。

这次考古发掘，揭露了较为集中的制瓷作坊区和不同形制的窑炉等遗迹。作坊和窑炉等遗迹主要集中在Ⅱ区东部。清理的5孔窑洞式作坊，方向都是坐西向东，窑洞顶部俱已坍塌。其中，以第五孔窑洞保存较好，现存长13.8米，宽5米，残高1.7米。窑洞入口处有踏步，洞室前半部有釉料缸和瓮以及调解窑室温度和湿度的小灶。窑洞地面残留一层釉料，西边地面上有两个柱洞，南壁对应处有上下四行壁洞。从发掘情况来看，此处应是凉坯的地方。晾坯架的具体做法是，先在窑洞后部的地面上挖两个柱洞，在窑壁上对应处掏出左右两排上下四行的壁洞，然后将木柱固定在柱洞和壁洞里形成木架，最后在木架上铺木板，形成凉坯架。做好的器物坯体放在凉坯架上凉干。为了控制窑洞内的温度和湿度，在窑洞的适当位置挖上一定数量的小灶，保证做好的器物坯体在凉干的过程中不易干裂或变形。

在第一孔窑洞的同样位置也发现有同样的凉坯设施，并在地面上发现有做好的器物坯体，可惜残破太甚，器型难以辨识。

第二孔窑洞保存也比较好，现存长20.5米，宽4米，残高1.4米。窑洞的中西部有两个盛泥池，池内尚残留有做器物的泥料，池的附近有辘轳坑。窑洞东边近洞口处分布有盛釉料的缸和瓮以及小灶。

在这些窑洞的东部，一般都有数量不等的小灶，少的两三个，多的十几个，有的小灶还相互打破关系，说明这些窑洞式建筑的作坊，大多使用的时间都比较长，有的被多次利用。根据这些窑洞中现存的遗迹，我们可以粗略窥测出当时瓷器制作的生产流程和分工布局，即拉坯成形、晾干瓷坯、施釉绘画等，都有固定的场所。

此次发掘共清理窑炉 7 座，全部位于Ⅱ区，可以分为两类，一类是馒头形，5 座，残毁程度不一。1 号窑和 2 号窑位于第 1 孔窑洞式作坊的南部，并且打破该窑洞，均坐西向东。1 号窑直接坐落在 2 号上，仅存火膛残部。2 号窑由窑前工作面、送料口、火膛、窑室、烟囱和护墙组成。窑前工作面为砖铺地面。火膛呈半月形，火膛内遗留大量的煤渣、窑具和红烧土等。火膛右边有出入口，是进出产品和清理火膛煤渣的地方。窑室平面呈横长方形，窑床上遗留有一层白色石英颗粒。烟囱 2 个，呈半圆形，靠近抽烟孔处残留有 4 个匣钵痕，间距 0.06 ～ 0.10 米。窑壁外用大块卵石和废窑具砌建成护墙，起到保温和保护窑体的作用。

5 号窑位于Ⅱ区西南部，窑室和烟囱大部分被毁。该窑坐南向北，火膛内有较深的落灰坑，坑北壁用废弃的匣钵砌成。坑内用匣钵砌出落灰柱，推测柱上放置炉条构成火膛部分。清理时，坑内堆积有大量的煤渣。落灰坑的右侧是送料口，可惜被后期破坏。窑室和烟囱的西半部残缺，但从平面布局可以看出窑室也为横长方形，烟囱呈半圆形。在靠近抽烟孔处残留有 4 个匣钵痕。

另一类为方形，仅发现 2 座，位于第 5 孔窑洞式作坊的东边，坐西向东。6 号窑炉保存较好，由窑前工作面、窑门、火膛、窑室、烟囱和护墙组成。火膛中保存有部分用耐火材料做成的圆形炉条，底部残留有煤灰渣。窑床面上有一屋白色石英颗粒。烟道处置 3 个匣钵柱。

7 号窑破坏较甚，南边被 H30 打破，东边是断崖，仅保存有部分的火膛、窑室和烟囱。值得注意的是，在 7 号窑床面上粘连有小支烧和三彩片，推测该窑是烧三彩等低温制品。

在清理的 70 余个灰坑中，以 H4、H5、H7、H21 最为重要。H4 主要出土白釉碗，H7 出土大量的白釉折腹盘，器型厚大，直径达 30 厘米。H5 为袋状窖穴，口径 1.06 米，底径 3.86 米，深 5 米，出土器物除了大批的白釉瓷器外，还有不少的酱釉碗、钵、盘等，并有部分的细白瓷器出土。H21 出土器物以白釉瓷器为主，也有少量的细白瓷器出土，酱釉瓷器主要是唾盂、折腹盘等。

此次发掘获得了一大批瓷器和窑具等遗物。出土的瓷器品种有白釉、酱釉、黑釉、钧釉和绞胎瓷器以及低温釉、三彩器等。其中以白釉瓷器为大宗，是当阳峪窑的主要产品。白釉瓷器按胎质可分为三种：第一种为粗胎，胎质较粗松，可以称为粗胎白瓷；第二种为细白胎，胎质细白坚致，可以称为细白瓷（图一）；第三种介于第一种和第二种之间，可以称为细胎白瓷。酱釉和黑釉器物也占有一定的比例，这类器物的胎质也可分为粗、细两种，细胎都和细白瓷的胎质一样，并且器体轻薄，造型精美。

绞胎瓷器，虽然出土很少，但弥足珍贵，不同胎泥配合，以特殊工艺手法，绞成美丽的花纹，如云片、鸟羽、木纹，器型图案新颖，纹理对称，变化万千，是继唐代绞胎工艺之后，又有创新，具有超凡的艺术价值（图二）。特别值得一提的是，酱釉瓷器，

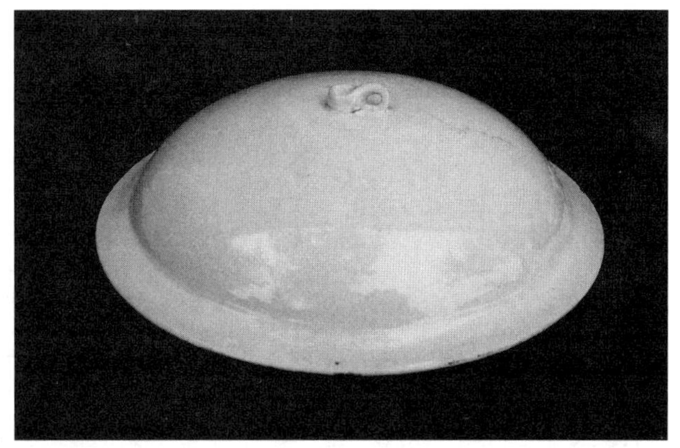
图一　宋当阳峪窑白釉器盖

图二　宋当阳峪窑绞胎碗标本

胎质细白且坚硬，器体轻薄，釉面光亮，与定窑同类器极为相似，堪称当时制瓷精品之一（图三、图四、图五、图六、图七）。

当阳峪瓷窑遗址出土的器物，就质地来说，有极坚硬的灰胎，也有较为松粗的砂胎和缸瓦胎，白胎有粗胎和细胎之分。就釉色说，以白釉为主，酱釉次之，黑釉、褐釉、三彩釉、绿釉、绞胎等较为少见。在装饰工艺方面，有剔花、刻花、划花等。此前，人们认为当阳峪窑以剔花、刻花和填彩著称，绞胎瓷更是别具一格。白地绘黑花、白地刻划黑花，或赭地剔划白花纹饰的精品及残片，曾长期被列入磁州窑。1933 年，瑞典人卡尔贝克和英国人司瓦洛（Svalow，R．w）曾先后到当阳峪瓷窑遗址调查，卡尔贝克在他的报告（《Notes on the wares form the chiao Tso Potteries，1934 Karlbeck，0.》）内列举有绞胎、白地绘黑花、白地划黑花、白地划花等定窑作风的白瓷。但是，对于当阳峪窑是否生产酱釉瓷器，世人从来没有提到过，即使有所发现，也多归之为“紫定”，而不认为是当阳峪窑的产品。这次发掘，不仅出土了上述产品，如白地剔花枕（图八）、绞胎碗等，还出土了一些新的产品，特别是酱釉瓷器的大量出土，一改以往当阳峪窑没有所谓的“紫定”的看法，说明当阳峪窑至少在宋代晚期已经成功仿制定窑同类器物。而其工艺之精湛，产品之精美，在当时同类窑场中应该说也是出类拔萃的。1951 年陈万里先生曾亲往修武当阳峪窑址考察，并发表了《调查平原、河北二省古代窑址报告》

图三　宋当阳峪窑酱釉器盖

图四　宋当阳峪窑酱釉盘标本

图五　宋当阳峪窑酱釉碗标本

图六　宋当阳峪窑酱釉钵标本

图七　宋当阳峪窑酱釉尊标本

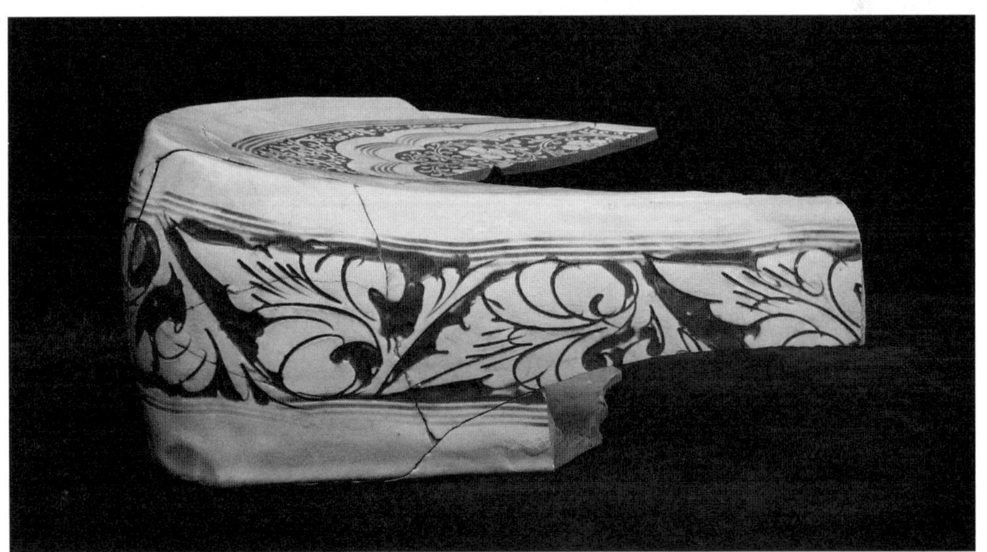

图八　宋当阳峪窑白釉剔花枕标本

与《谈当阳峪窑》[1]二文，指出：

当阳峪窑的作品，向来是不为人们所重视，因之如此一个重要的窑场，是被忽略了。我以为在黄河以北的宋瓷，除了曲阳之定，临汝之汝外，没有一处能与当阳峪媲美。磁州的冶子窑以及安阳的观台（在漳河两岸）终逊当阳一筹，而一些文献所列举的磁州窑或是磁州系的瓷器，毫无疑问的有一部分属于当阳峪，也就是说磁州窑的荣誉，应该有一部分属于当阳峪。

当阳峪窑是宋代北方地区一处重要的民间制瓷生产场地，规模可观，工艺精湛，产品丰富，种类齐全。鼎盛时期为北宋熙宁元年（1068 年）到宣和四年（1125 年）的 54 年间。1933 年到过当阳峪的卡尔贝克曾记述说："当时尚能看到窑址有四百余座之多。"现存当阳峪村的北宋崇宁四年（1105 年）《德应候百灵翁之庙记》碑文内，仍有"时惟当阳工巧，世利兹器，埏植者百余家。资养者万余户……"的记载，足以想见当年瓷器生产的盛况。

这次发掘的地层堆积大致可以分为三个阶段，即宋代、金代和元代堆积。细白瓷、三彩和酱釉瓷主要出土于宋代堆积层，金代和元代堆积以粗白瓷和白地黑花瓷为主，钧瓷主要出土于元代堆积层。此次发掘清理出的作坊和窑炉等重要遗迹以及出土的种类丰富的瓷器标本，特别是酱釉器的大量出土，对于我们重新认识当阳峪窑在中国陶瓷史上地位，提供了重要的实物资料。

当阳峪瓷窑遗址多年来出土的缸、罐、钵、枕等多种形制的代表性器物，曾被故宫博物院、上海博物馆、广州南越王墓博物馆、河南博物院以及英国不列颠博物馆等中外著名博物院（馆）珍藏。该遗址被载入《中国大百科全书》和《中国名胜词典》。

注释：

[1]《文物参考资料》1954 年第 4 期。

磁州窑系之河南诸窑

河南工程学院　王少宇

内容提要：磁州窑是宋金元时期中国北方最重要的民间窑场，也是宋金元时期真正被民间大量选用产品的陶瓷窑系。河南省紧邻河北省，河南诸多民窑深受磁州窑影响，形成了数量庞大的河南地区磁州窑系民窑窑场，磁州窑系河南诸窑的出现与河南特殊的地理环境和人文环境有关。河南磁州窑系诸窑是在一个商品经营气氛浓厚、交流开放的环境里，通过相互不断的学习、跟进、借鉴而发展起来的。

关键词：磁州窑　河南地理环境　河南人文环境　磁州窑系河南诸窑

Abstract: The Cizhou ceramics kiln was the most important folk kiln of northern China in Song, Jin and Yuan dynasties, and it was also the ceramics kiln type that was selected and used greatly by the folks. Henan Province is close to Hebei Province. A lot of Henan folk ceramics kilns were so deeply affected by the Cizhou ceramics kiln that a large quantity of folk ceramics kiln of the Cizhou ceramics kiln type had gradually been formed in Henan area. The forming of Henan Cizhou ceramics kiln type was connected with the peculiar geographic conditions and the humanistic environment of Henan area. The Henan Cizhou ceramics kiln type had been developed in an environment of strong atmosphere of merchandising and through continuous learning and drawing lessons from each other.

Key words: The Cizhou ceramics kiln; Henan geographic conditions; Henan humanistic environment; The Henan all ceramics kilns of the Cizhou ceramics kiln type

一　磁州窑及其特点

磁州窑是宋金元时期中国北方最重要的民间窑场，它最重要的两个窑口在今天的河北磁县观台镇和邯郸彭城镇[1]，磁州窑继承了唐代北方民窑烧制白瓷、黑瓷、花瓷和三彩瓷的特色，并在此基础上有了很大的发展，成为产品品种多样、创造性和综合性强的窑场，其产品有白瓷、黑瓷、白釉划花、白釉剔花、白釉绿斑、白釉釉下黑彩、白釉釉下黑褐彩和红绿彩等十多个品种。其中白釉釉下黑彩，也称白釉黑花瓷，是磁州窑最具特色的产品。白釉黑花瓷的装饰手法是以磁州当地所产的斑花石为彩料，在成型坯体上敷一层化妆土，然后在泥坯干燥前用画笔急速绘制出各种不同的装饰纹样，再施釉烧成，烧成后的器物上就形成了黑白对比鲜明、装饰效果强烈的花纹。磁州窑的白釉黑花装饰是将中国传统绘画的笔墨技巧运用到瓷器的装饰上，在装饰风格上形成了一种近似水墨画的艺术效果[2]，被称为“瓷上水墨”。磁州窑的白釉黑花装饰像水墨画一样多以折枝花卉、鱼虫鸟兽、风俗小品以及人物故事为题材，唐宋诗词、民间谚语、人生感悟等文字内容也常以书法作品的形式装饰在器物上，这种装饰风格让雅俗共赏的宋元市井大众文化在陶瓷上找到了一种宣泄的方式，给简单的陶瓷器物赋予了一定的文化内涵，反映了宋金元时期特殊的社会背景，以及当时人们真实的生存状态和对生活的态度，在这里陶瓷器物成了一个媒介，承载着一定的文化传递功能，就像今天的网络一样，让那个时期的人找到了一个可以表达自我的空间和平台。

与许多官、民兼烧的窑口不同（如钧窑、定窑），磁州窑是专为民间烧造日用器皿的窑口，它始终保持着民窑的独特风格，其生产纯属商品经营性质，以市场为导向，消费者喜欢什么、需要什么，它就生产什么，产品有碗、盘、碟、盆、钵、壶、瓶（图一、图二）、坛、枕、灯、香炉、砚台、水柱和唾壶等多种类型，几乎囊括了当时人们日常生活中的所有

图一　宋金磁州窑白釉黑花划花牡丹纹梅瓶

图二　宋磁州窑白釉黑花牡丹纹梅瓶

器皿种类。为了满足大众对产品价廉物美的要求，磁州窑的生产尽量减少成本，产品选料不像官窑那样精细，不惜工本，所以胎质比较粗劣、酥松，胎色呈灰白或灰褐色。但为了让产品美观，磁州窑生产的白瓷大量使用化妆土，然后再施透明釉烧制，以此来掩饰胎体质地的缺陷，这种粗料细作的办法既可以使产品外观精致，又大大节省了成本。磁州窑的产品形制和装饰特点相比官窑虽显得粗率，但更切合实用，在宋金元时期深受消费者喜爱，销量很好，对宋金元时期整个北方地区的民窑产生了深刻的影响，在晋、冀、鲁、豫地区形成了一个有十多个产区、上千个窑场的庞大磁州窑体系，所以宋金元时期真正被民间大量选用的瓷器是磁州窑系的产品。

二 河南的地域性特点成就了河南诸多磁州窑系窑场

河南省紧邻河北省，河南民窑受磁州窑影响最大，磁州窑系的河南民窑数量众多，占整个磁州窑系窑口的一半以上，1951 年故宫博物院的冯先铭先生对磁州窑以及各地窑场作了调查，把具备磁州窑生产工艺特点的窑场作了统计，当时统计的窑场共有 17 个，而河南就占 11 个 [3]。从河南北部向南，生产磁州窑系产品的民窑场有十多个，这些窑场都是由数个民窑群组成，它们依次是安阳窑（西善庄窑、天禧镇窑）、鹤壁集窑（盘石头村窑、水泉村窑、龙王村窑）、辉县窑（沿村窑、宰坡窑）、焦作窑（店后窑、李封窑、龙洞乡窑）、博爱清化窑、修武当阳峪窑（由多个窑场组成）、新安窑（已发现的窑址有十余处）、密县窑（西关窑、窑沟窑）、宜阳窑（三里庙窑、锦屏山窑、红窑村窑）、登封窑（曲河窑、白沙窑）、临汝窑（已发现的窑址有十余处）、扒村窑（由多个窑场组成）、郏县窑（黑虎洞窑、黄道窑）、鲁山窑和内乡窑等，由于磁州窑风格的产品特别畅销，以上河南民窑当时都竞相生产这一类产品，因而形成了河南地区庞大的磁州窑民窑体系。河南磁州窑系诸窑除学习磁州窑白釉黑花装饰外，不少窑口的制瓷工匠在装饰手法上还进行了多样的创造，如在白釉上彩绘兼刻划，并吸收了姊妹艺术的特长，发展出剔花和珍珠地划花等多种装饰技艺，极大地丰富了磁州窑系的装饰手法。河南境内众多的磁州窑系窑口，是由河南地区特殊的地质环境造就的（图三）。从地形图上看，河南省的西北部到西南部分别是太行山、王屋山、黄土高原、秦岭余脉、伏牛山脉和桐柏山脉等，这些山脉和高原像一个张开的怀抱，把河南东部的黄淮冲积平原拥入怀中，黄淮平原及其河洛地区是早期中华文明的中心区，洛阳、开封、安阳、郑州四大古都分布其中。在京广铁路线以西的黄河南北两岸，太行山东麓、黄土高原东部边缘的山前丘陵地带，这里属于石炭二叠纪煤田或含煤向斜盆地边缘地带，在含煤层底部蕴藏有丰富的瓷土矿资源，于是在这些二叠纪石炭地层区便形成了大大小小的许多陶瓷窑场，而这些区域之外则很少有窑场出现。河南古代主要陶瓷窑场有 12 处之多（图四），其中有 8 处以上都曾经烧造磁州窑风格的作品（图五），属磁州窑系窑场。而磁州窑最重要的两个窑场也处在太行山东麓山前丘陵区，石炭二叠纪煤田或含煤向

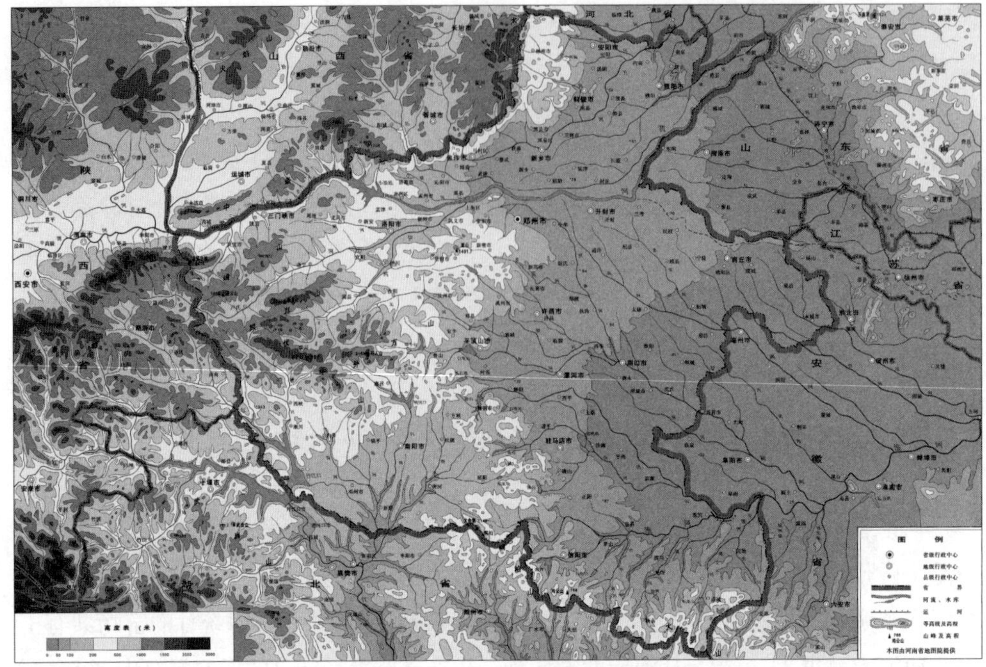

图三　河南省地形图

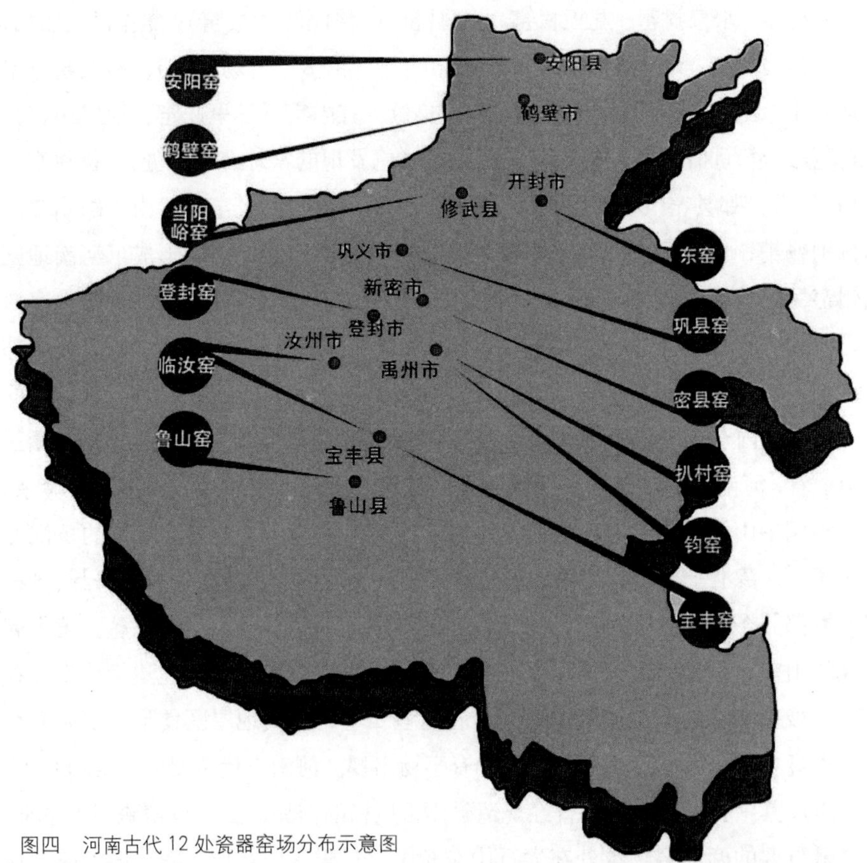

图四　河南古代 12 处瓷器窑场分布示意图

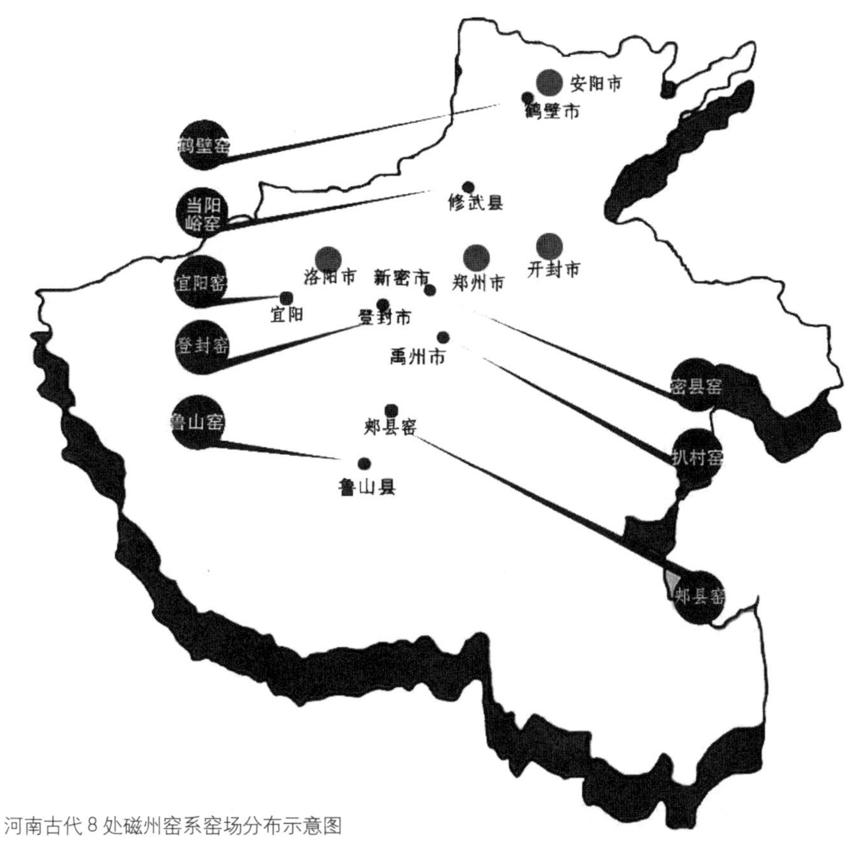

图五　河南古代 8 处磁州窑系窑场分布示意图

斜盆地边缘地带，与河南磁州窑系诸窑在同一个地理构造带上，地缘关系很近。

古代陶瓷窑口的出现和发展，由内因和外因两个重大因素决定，从外部因素上看，河南地区特殊的地质环境为众多窑口提供了烧制陶瓷的重要原材料——瓷土和煤炭。从社会和人文等内部因素上看，河南古代陶瓷窑口分布在安阳、洛阳、开封和郑州这中原地区四大古都的周边，在北宋以前，这里一直是中国经济与文化最发达的地区，也是中国人口的稠密区，北宋时中国人口大量增加，已经达到了 1 个亿，这为古代陶瓷产品提供了广阔的消费市场和有力的文化技术支撑。由于民间对瓷器的大量需求，北宋一朝出现了许多新窑场，而一些传统的窑场则在这一时期得到进一步兴盛。河南由于内外各种因素的共同作用，在北宋时期成了全国的制瓷中心，河南磁州窑系的民窑窑口也在这一时期大量出现，宋室南迁后，金元时期北方地区的制瓷工艺继承了北宋的传统，特别是磁州窑系，进入金代后在北宋的基础上又有了较大的发展。

三　磁州窑系河南诸窑

磁州窑所在的磁县和邯郸紧邻河南省界，对河南民窑影响很大，河南磁州窑系的民窑窑场数量众多，笔者从十多个窑场中选出 8 个比较有代表性窑场，对其进行列举和分析，总结出河南磁州窑系诸窑的一些特点。

1．鹤壁集窑

鹤壁集窑在河南北部的鹤壁市，窑址在鹤壁市的盘石头村、水泉村和龙王村等处，是一个陶瓷窑群。这些窑址都处在太行山东麓的山前丘陵地带，在地质构造上则处于鹤壁煤田的西侧，以及陈吕、沿村等井田之中[4]。鹤壁集窑创烧于唐代，早期以烧白釉、黄釉、黑釉器物为主，宋金元时期受到磁州窑的影响，烧制品种增加了白地黑花、白釉划花、白釉印花和红绿彩等磁州窑特点的产品，其中以白地黑花和褐黄釉划花最富代表性。鹤壁集窑离河北磁州窑只有几十公里的直线距离，它们的地质结构是由北向南一脉相承的，其瓷土矿床的存在条件与磁州窑相同，主要原料也是磁州窑用的大青土。由于相互之间的空间距离近以及相同的地质环境，鹤壁集窑制瓷工艺和装饰方法受到磁州窑的影响明显，作品风格比较近似，特别是它的白釉划花间蓖划纹大碗与磁州窑同类器物风格相同。鹤壁集窑的白地黑花器物有碗、盒、瓶、罐、缸和枕等，上面的黑彩乌黑光亮，黑白对比鲜明（图六、图七）。在窑址中褐黄釉划花的大盆标本遗存较多，推测当时的产量可能比较大，这些大盆的口径都在 40 厘米以上[5]。鹤壁集窑的纹饰以划花的莲花纹、鱼纹、鹅纹、兔纹和婴戏纹等为主。

2．修武当阳峪窑

图六　金鹤壁集窑白釉黑花婴戏纹枕

图七　金鹤壁集窑白釉黑花器标本

修武当阳峪窑在河南修武的当阳峪，它是由许多民窑场组成的一个窑群，位于太行山南麓、黄河北岸的山前丘陵地带，在地质构造上属于太行山南侧焦作煤田的西北边缘，盛产瓷土[6]。当阳峪窑始烧于唐代，唐代的当阳峪窑绞胎产品很出色，后来又引进了耀州窑系的青瓷工艺，北宋时期受磁州窑影响，北宋后期当阳峪窑制瓷业达到高峰，烧制了大量的磁州窑系产品，金代当阳峪窑继续繁荣，元代中期后逐渐衰落，当阳峪窑是宋金元时期北方规模较大的磁州窑系河南民间窑场，在磁州窑系中成就显著。当阳峪窑距离磁州窑很近，只有 100 公里左右的距离，在受磁州窑影响的同时，它博采众长形成了自己的风格。当阳峪窑剔划花、红绿彩和绞胎装饰工艺非常出色，绞胎工艺是当阳峪窑的特色产品，其绞胎的纹理对称、整齐、有序，像羽毛一样。当阳峪窑还是最早烧造红绿彩瓷的窑场之一，红绿彩瓷的残片在窑址中多有发现，工艺精美。当阳峪窑的剔划花工艺受耀州窑刻划花工艺影响，工艺出色，制作水平居于磁州窑系同类作品之上，最复杂的刻划花是一种用多种色釉的剔划法，先在胎上依次施黑釉、白釉、黄釉，最后施一层绿釉，然后用尖锐器物刻划花纹，剔出所需要的多种色彩。据史料记载，为了学到耀州窑青瓷工艺，当阳峪窑的窑工们曾经从千里之外的耀州窑请回窑神百灵翁供奉，与此同时也将耀州窑的刻剔工艺学到了手，并将刻、剔、划技术发展到了极高的水平。当阳峪窑的纹饰复杂、考究，无论是胎体上的剔划或是绘画均技法熟练，线条流畅，花纹简洁而挺拔（图八、图九）。主题纹饰有牡丹纹、莲花水藻纹、鱼纹、鸟兽纹以及辅助性的几何纹等。当阳峪窑的纹饰颜色以黑白、酱白两种搭配为主，对比强烈，酱地划花是在酱地上划出白色细线条花纹，图案别致，属于当阳峪窑的独特产品[7]。

图八　宋当阳峪剔花水注

图九　宋当阳峪剔花水注

总之，当阳峪窑是河南磁州窑系诸窑中风格变化较多、造型与装饰品种丰富、做工特别精细的一个窑场。

3．密县窑

密县窑包括西关窑、窑沟窑两个主要窑场，窑址位于黄河以南的嵩山东麓，地质构造上处于荥密大斜背南翼，新密煤田东部的王庄井田和东风井田之间，盛产瓷土。密县窑始烧于唐，是唐代生产白瓷的大窑场，从唐代到五代，密县窑以生产白釉瓷为主，同时兼烧黑釉、黄釉和青釉瓷。唐代金银器工艺发达，密县窑对中国陶瓷装饰工艺的最大贡献是仿唐代金银器錾花工艺，创制出珍珠地划花陶瓷装饰工艺，这种工艺是密县窑的典型特点，也是密县窑对中国陶瓷装饰的一大贡献。到宋代由于受磁州窑的影响，密县窑开始烧制釉下白地黑花瓷器，但珍珠地划花装饰仍继续保留了下来，密县西关窑烧此品种最早，窑址出土有珍珠地鹌鹑纹瓷枕，这丰富了磁州窑系的装饰风格，并对周边窑口产生了一定的影响，目前发现河南登封、禹州扒村、鲁山、宜阳和新安等窑都曾经烧制珍珠地划花作品。

腰圆形珍珠地鹦鹉纹瓷枕是密县窑的代表作品，枕面以排列细密整齐的珍珠纹为地，中心刻划了一只展翅飞翔的鹦鹉，鹦鹉形象栩栩如生。枕壁辅以白色的卷草纹，线条细腻流畅（图一〇）。西关窑出土的珍珠地鹌鹑纹瓷枕与它的风格类似（图一一）。

图一〇　宋密县窑腰圆形珍珠地鹦鹉纹枕

图一一　宋密县窑珍珠地鹌鹑纹枕

图一二　宋登封窑剔花执壶

4．登封窑

登封有不少磁州窑系窑场，最重要的两个是曲河窑和白沙窑，它们是晚唐至元代的窑场，位于黄河以南的嵩山南麓，地质构造上处于箕山斜北翼，新密煤田的西邻，登封煤田的中段，盛产瓷土。登封曲河窑和白沙窑始烧于晚唐，北宋时期烧造最盛，元代逐渐衰落。其中白沙窑是由多个窑场所组成的窑群，位于登封白沙水库北岸的宣化镇，包括宣化镇所辖的王村、前庄、土门、磨脐、朱洞和玉翠等古窑群，有学者把它们概括地称为白沙窑。北宋时期的登封窑产品种类丰富，釉色多样，以白釉为主，品种有白釉、白釉绿彩、白釉划花、白釉剔花（图一二）、白釉珍珠地划花和白地黑花等，产品具有典型的磁州窑风格，此外还有黑釉、青釉印花和三彩等玩具。登封曲河窑的白釉珍珠地划花最具代表性，这种装饰方法受密县窑的影响，产量在同类装饰的瓷器中居首位[8]。器物以瓶、罐、洗、碗、枕为主，其中瓶、枕较多。登封窑的腰圆形珍珠地鹿纹枕（图一三）和珍珠地凤凰纹枕（图一四），与密县窑的腰圆形枕风格很相似，制作也很精美，可见受密县窑影响之大。如图十二所示登封窑的剔花执壶制作精美，与当阳峪窑的剔花执壶技法和风格相似，可见登封窑的这一类产品受当阳峪窑影响很大。

虽然珍珠地划花技法是从密县窑汲取的，但登封窑仍在此基础上烧制出了自己的代表性产品，如珍珠地双虎纹橄榄瓶就是登封窑的独创产品，是其他窑场所没有的，现藏于故宫博物院，整个瓶形像一个橄榄，俗称橄榄瓶。瓶身上刻划了两只猛虎搏斗的场面，老虎威武雄健，虎纹以外空白处仍以珍珠地装饰（图一五）。

5．禹州扒村窑

河南禹州扒村窑位于黄河以南的嵩山东麓，禹州煤田的东北翼扒村矿区的南部，盛产瓷土，生产陶瓷的原料坩子土几乎随处可见，有非常便利的产瓷条件。早在1938年河南禹州扒村窑就被古董商人们发现，并雇人在当地方圆15公里的范围内进行挖掘，1950年正式被国家文物部门发掘。扒村窑是河南磁州窑系诸窑中非常出色的一个

图一三　宋登封窑腰圆形珍珠地鹿纹枕

图一四　宋登封窑珍珠地凤凰纹枕

图一五　宋登封窑珍珠地双虎纹橄榄瓶

窑场，它始烧于唐代，兴盛于宋元，明清以后直到中华人民共和国成立，它都一直在生产，几乎没有断烧过。扒村窑烧制的产品种类很多，有钧瓷、青瓷、三彩、白地黑花、黄底黑花、白釉划花、黑釉、黄釉和红绿彩等，磁州窑系的瓷器只是它产品的一部分。扒村窑的白地釉下黑彩与磁州窑大体属于同一类型，但由于原料和制瓷工艺方面的差异，导致它们的风格稍有所不同，如扒村窑擅长烧制白地黑花器（图一六），但它的白地雪白，人称“白如雪”，黑花色彩漆黑，人称“黑如漆”，而不像其他窑场黑花呈一种深褐色，当地人甚至称这种黑花瓷为“墨瓷”。在装饰题材上，磁州窑的白釉黑花装饰以牡丹纹为主，而扒村窑则以莲花纹、水藻纹、鱼纹居多，纹饰笔墨粗放简练，任意几笔，似与不似，颇具韵味[9]。扒村窑的白地黑花器产量大，精品多，对周围的登封王村窑、密县窑、郏县黄道窑、禹县城关窑、鲁山段店窑等都有影响，段店窑、密县窑沟窑也烧制有很多白釉黑花精品，这些窑的白釉黑花风格与扒村窑相近，纹饰、器型也基本相同。扒村窑的大器物很普遍，白地黑花折沿大盆是扒村窑最有名的产品（图一七），在扒村窑遗址中散布有许多折沿大盆残器，可见这种产品在当时的产量很大，因为白地黑花折沿大盆既可以当洗脸盆，又可以当厨房的洗菜洗碗盆和面盆，用途多样，需求量比较大。故宫博物院收藏有一件扒村窑出土的白地黑花花卉纹折沿大盆，整个大盆共绘

图一六　金扒村窑白釉黑花瓶

图一七　金扒村窑白地黑花折沿大盆

图一八　金扒村窑白地黑花折沿大盆

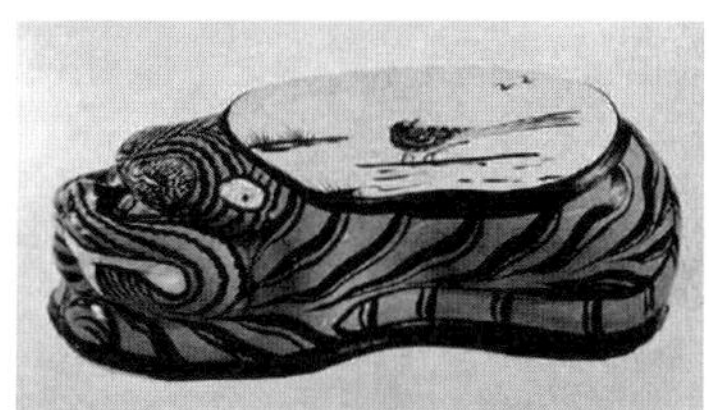
图一九 金扒村窑黄底黑花虎形枕

制有五组黑彩纹饰，折沿上画花朵，缠枝叶纹像松针一样，这是扒村窑常用的笔法；盆内壁是肥硕的莲花瓣，盆内心是三组纹饰，主题纹饰是三朵盛开的莲花，中心点缀一朵团花[10]。这些纹饰既有写意的特点，又有图案效果，是扒村窑的精品（图一八）。

在扒村窑遗址中有一定数量的黄底黑花虎形枕残器，这种黄底黑花虎形枕是磁州窑系的代表性产品，被许多磁州窑系的窑场生产，说明这种瓷枕在当时很受欢迎，许多窑场都竞相生产（图一九）。

6. 宜阳窑

宜阳窑是一个窑群，窑址分布在宜阳县三里庙、锦屏山和红窑村等处，地理位置处在黄河以南的豫西浅山丘陵地带，在地质构造上则处于熊耳山东麓的石炭二叠纪煤矿带上。宜阳窑始烧于北宋，宋金时期最为兴盛，金以后逐渐衰落。宜阳窑最先以烧制青釉瓷为主，属于耀州窑系的青瓷窑场，但由于磁州窑系的陶瓷产品在当时广受欢迎，市场需求量大，所以宜阳窑在烧制青瓷的同时，兼烧磁州窑系的白釉瓷、白地黑花瓷、珍珠地划花瓷以及三彩陶器等[11]，因此它也属于磁州窑系窑场。宜阳窑的青瓷与耀州窑同属一个系列，白地黑花和珍珠地划花与登封窑接近。

7. 郏县窑

郏县窑包括黑虎洞窑、黄道窑、石湾河窑三处遗址，地处黄河以南的外方山嵩山余脉东麓，石炭二叠纪平顶山煤矿带上，是豫西山区向豫东平原的过渡地带。郏县窑始烧于唐代，元代逐渐结束，唐代郏县窑烧造黑釉斑点花瓷和黄釉瓷，元代烧造磁州

图二〇　宋金鲁山段店窑白釉黑花盖罐

图二一　金鲁山段店窑白釉黑花折沿大盆

窑风格的白地黑花瓷，由于和禹州相邻，郏县窑烧造的白地黑花产品受禹州扒村窑影响，其白地黑花四系瓶与禹州扒村窑的产品类似，瓶子上半部施白釉，用褐彩书“春夏秋冬”4字，下半部施褐釉[12]。

8．鲁山段店窑

鲁山段店窑位于黄河以南的伏牛山与外方山东麓，地层属秦岭地层区豫西小区的石炭二叠纪煤矿带上，盛产煤和瓷土。鲁山段店窑始烧于唐代，唐代鲁山段店窑的花瓷很有名，宋、金时窑场扩大，元代逐渐衰落。鲁山段店窑产品品种丰富，有炉、罐（图二〇）、碗、钵和枕等，装饰方法多样，有白釉褐彩、白釉划花、珍珠地划花等，装饰纹饰有圆点纹、圆圈纹、花卉纹等，其中圆点纹排列方式有横向形、花朵形和三角形等[13]。在白釉上划出成组的直线纹和曲线纹形成装饰底纹是鲁山段店窑的特色，黑釉和酱釉装饰口沿的白釉碗和红绿彩碗也是鲁山段店窑的特色产品。鲁山段店窑距离禹州比较近，烧造的白釉黑花折沿大盆明显受扒村窑影响（图二一），其造型与扒村窑的折沿大盆几乎一样，装饰纹样选用鱼藻纹、莲花纹，整个大盆的黑彩纹饰分三组绘制，而扒村窑折沿大盆的黑彩纹饰分五组绘制，可见扒村窑对其影响之大。

四　河南磁州窑系诸窑特点总结

“尝一脔肉，而知一鼎之调”，从以上对河南的磁州窑系8个主要窑场的举例分析中可以发现，河南磁州窑系窑场数量众多，各地窑场几乎都是由多个窑场组成的窑场群，所以河南磁州窑系窑场的数量特别庞大。这些窑场在受磁州窑影响之前，就已经有比较成熟的制瓷技术了，不少窑场都有自己的拿手产品，也深受消费者喜欢，如当阳峪窑的绞胎瓷、密县窑的白瓷、鲁山段店窑的花瓷，当磁州窑产品在市场上受欢迎时，它们又争相学习跟进生产，等于在以前产品的基础上增加了新的畅销产品，拓宽了窑场的产品种类和销量，同时还极大地丰富了磁州窑系产品的装饰手法。如修武当阳峪窑剔花工艺汲取了耀州窑的刻划花工艺，制作非常精美，在磁州窑系的同类产品中居于前列。从唐代传承下来的密县窑珍珠地划花装饰工艺，在宋元时期被发展成了磁州窑系产品的一大特色，对周边的登封窑、宜阳窑、禹州扒村窑、鲁山段店窑产生了一定的影响。禹州扒村窑由于地处制瓷发达地区禹州，这里有众多的官窑和民窑，在这样一个大环境中，扒村窑的制瓷条件和制瓷技术都相当优越，扒村窑由于自身条件的优势，虽然受磁州窑系产品的影响，但始终表现出是一种强势的发展姿态，形成了自己独特的风格，它的产品种类丰富，制作精美，装饰题材丰富齐全，是河南磁州窑系诸窑中实力非常强的一个窑场，即使在整个磁州窑系中，扒村窑都具有很重要的地位。禹州扒村窑对它南边的两个窑——郏县窑、鲁山窑影响很大，这两个窑的不少产品都类似禹州扒村窑。

总结磁州窑系的河南诸窑情况，可以把它们大致归纳为三类：

第一类是离磁州窑中心窑地缘近的黄河以北的窑场，这些窑场与磁州窑有相同的地质环境，瓷土矿床赋存的条件与磁州窑相同，主要原料也是“大青土”，其制瓷工艺和装饰方法很容易受到磁州窑的影响，是以生产磁州窑风格产品为主的骨干瓷场，如鹤壁集窑、修武当阳峪窑等窑场。鹤壁集窑由于距离近的原因受磁州窑影响最大，其白釉划花间蓖划纹大碗与磁州窑同类器物风格相同；而修武当阳峪窑除了受磁州窑影响外，还受陕西耀州窑刻花工艺技术的影响，它的剔花类产品尤为出色。

第二类是离磁州窑中心窑距离远的黄河以南的窑场，由于距离远一些，磁州窑技法的传播在这里有逐渐减弱的趋势，其中既有经济、地理方面的原因，也有地质方面的原因，从瓷土矿床赋存的条件看，黄河南北大体相同，但黄河以南以含铝量较高的硬质黏土为主，适合烧制青瓷器，许多窑场都烧造过青瓷或白瓷，有较早的制瓷历史和较强的制瓷技术，在接受磁州窑影响后，它们结合自身的条件发展丰富了磁州窑系产品装饰，并对周围窑口形成辐射，如密县窑和禹州扒村窑，密县窑的珍珠地划花产品和禹州扒村窑的白釉黑花产品是磁州窑系的代表性产品，这两个窑场都对周边的其他窑场产生了一定的影响。

第三类窑场也是离磁州窑中心窑距离远的黄河以南的窑场，这些窑场自身也有一定制瓷历史和技术，但它们对磁州窑产品风格的学习和借鉴，主要参照了距离它们更近的窑口，如登封窑、宜阳窑、郏县窑、鲁山窑受密县窑和禹州扒村窑影响较大。第三类窑口虽然借鉴了附近窑口的产品特色，但它们也烧制有自己的精品和代表性产品，如登封白沙窑的白釉划花产品，以及登封西关窑的珍珠地划花瓷枕都是非常精美的磁州窑系产品，登封窑的珍珠地双虎纹橄榄瓶是登封窑的代表性产品，在中国陶瓷史上具有一定的地位。

河南的磁州窑系诸窑就是在这样一个商品经营的气氛中，在交流开放的环境里，通过相互不断的学习、跟进、借鉴而发展起来的。

从对以上 8 个河南磁州窑系窑场的举例分析中还可以看出，河南的 8 个主要磁州窑系窑场，大多始烧于唐代，兴盛于宋金元时期，元以后开始衰落。这里有几点原因：

第一，从唐到元，中原地区一直是中国的经济和文化中心，人口稠密，对陶瓷的需求量大。特别在北宋时期，河南是全国的政治、经济、文化中心，使得宋代瓷业在河南尤其兴盛，尽管北宋与汉唐相比是国力比较弱的时代，但却是文化非常兴盛的时代，许多文人学者的文化艺术才华在瓷器上得以表现，让陶瓷的文化艺术品位得以提升。

第二，从唐代开始，南北经济发展达到了一个平衡，宋以后，南方经济开始第一次超过了北方，中国的经济中心逐渐南移到长江流域，宋室南迁后，北方人口大量南迁，客观上促使了这种趋势的进一步增强，北宋建立起的以河南为制瓷生产中心的模式也开始发生了变化，南方的浙江越窑和江西景德镇窑开始成为中国的制瓷中心。

第三，元以后，江西景德镇的青花瓷成为了我国陶瓷的重要品种，磁州窑的白釉黑花瓷，以及其他种类的磁州窑系产品逐渐衰落，明清时期，许多原先的磁州窑口，也开始烧造青花瓷，以满足社会的需要。磁州窑从它的出现到兴盛，到最后的衰落，是一个自然发展的历史过程，它代表了从唐到元这段时期，中国民窑瓷器的风貌，这种风貌是中国本土文化基因发展出来的，元以后的青花瓷，受到不少外来文化的影响，特别是伊斯兰文化的影响，但青花瓷能在元代达到那样一个高水准，与磁州窑时期培养起来的精湛的陶瓷装饰技艺和艺术视野是分不开的。

注释：

[1] 马未都：《马未都说收藏· 陶瓷篇上》第 88 页，中华书局，2008 年。

[2] 李辉柄主编：《中国陶瓷鉴赏图录》第 169 页，上海辞书出版社，2006 年。

[3][4][6] 郭守福主编：《磁州窑文化》，新华出版社，2008 年；冯先铭主编《中国古陶瓷图录》第 291 页，文物出版社，2006 年。

[5][7][8][10][11][12][13] 冯先铭主编：《中国古陶瓷图录》，文物出版社，2006 年。

[9] 李辉柄主编：《中国陶瓷鉴赏图录》第 218 页，上海辞书出版社，2006 年。

河南新密窑沟窑白地黑花瓷初探

郑州电力高等专科学校　李慧明
河南省文物考古研究所　郭木森　赵宏

内容提要：河南地处中原腹地，窑址众多，在中国陶瓷发展史上占据着重要的地位。早在商代就有了原始青瓷，北魏迁都洛阳后，在吸收南方制瓷经验的基础上，巩义白河窑开创了白釉瓷的先河，唐代中期以后白釉灰彩、白釉褐彩、白釉黑彩、白釉绿彩、白釉蓝彩以及青花装饰瓷器的出现，为宋代白地黑花瓷器的创烧奠定了基础。河南方城崇宁三年（1104 年）范致祥墓出土的一件白地黑花瓷碗，从另一个侧面证明了河南白地黑花装饰瓷器的创烧时间不晚于河北磁州窑。

关键词：窑沟窑　白地黑花瓷　工艺　产生原因　年代

Abstract: The kiln sites dotting the hinterland of the Henan Central Plains occupy an important place in the history of the development of Chinese ceramics. We find primitive porcelain as early as the Shang Dynasty, and after the Northern Wei moved the capital to Luoyang, building on the assimilation of southern pottery-making experience, the Baihe kiln at Gongyi served as the forerunner of white-glazed porcelain. After the mid-Tang, the appearance of gray paint on white glaze, brown paint on white glaze, black paint on white glaze, green paint on white glaze, blue paint on white glaze, and blue-and-white decorated porcelain laid the foundation for Song black-on-white porcelain. One black-on-white porcelain bowl unearthed from the third year of Chongning (1104) Fanzhixing tombs in Fangcheng, Henan, proves from a lateral perspective that Henan black-on-white porcelain was not fired later than Hebei’s Cizhou Ware.

Key words: Yaogou Kiln, black-on-white porcelain, craftsmanship, causes of production, chronology

窑沟窑位于新密市东南 18 公里的窑沟村周围。东起窑沟，西至大路沟，北达庙岭，南至黑石坡，总面积约 2 平方公里，是我国北方一处较大型的民间窑场之一。1961 年河南省文化局文物工作队（文物考古研究所前身）安金槐先生等首次对该窑址做过调查。其后，省、市文物部门又多次调查过该窑址。调查结果表明，该窑址始烧于宋代，盛烧于金，停烧于元代，烧造历史长达 200 多年。窑址出土遗物丰富，主要有白釉、黑釉、白地黑花、珍珠地划花瓷和陶制品宋三彩等。器型有碗、盘、碟、壶、瓶和鸡、猴、狗、马、骆驼等小型工艺品。尤其是白地黑花器皿，品种之丰富，装饰之优美，在北方地区是少见的。本文试就我们近年来对新密窑沟窑出土的白地黑花瓷及相关问题作一初步探讨。

一 河南地区相关窑址的分布

说到白地黑花瓷，人们马上就会联想到磁州窑系，似乎这些白地黑花瓷器的烧造工艺都与磁州窑有关。从目前白地黑花瓷器窑场的分布情况看，烧造白地黑花瓷器的区域主要集中在河北西南、山西东南和河南中北部一带，其中河南最多。据不完全统计，河南烧制白地黑花瓷器的主要窑场有：黄河以北的鹤壁集窑、焦作王封窑、修武当阳峪窑和辉县沿村及沿村附近几处窑址等；黄河以南的郏县黄道窑、禹州扒村窑、登封曲河窑、新密窑沟窑、宝丰清凉寺窑、鲁山段店窑、新安窑和宜阳二里庙窑等。其中窑沟窑就是河南地区烧制白地黑花瓷器的重要窑场之一，器物造型追求实用、朴素大方，器型有碗、盘、罐、瓶、灯、枕、盏、盏托、执壶、水注、渣斗、五足炉、筒形器等，同时还烧制有人物俑、动物俑和各种玩具工艺品等。富于浓厚的乡土气息。其装饰特点具有强烈的黑白反差，用毛笔在瓷器上作画，表现出自由、奔放的画风，充分体现了中国水墨画的技法；胎体较为厚重粗糙，釉下施化妆土，给人以粗中有细的感觉，是窑沟窑装饰造型的特色。

二 窑沟窑白地黑花瓷的实物标本

1. 梅瓶

高 48.7 厘米，口径 4.9 厘米，底径 13.2 厘米。小口，沿面外斜，圆唇，矮颈，鼓肩，瘦长腹，隐圈足，足面较宽。满釉，底面不施釉，局部敷有化妆土，泥灰色胎。白地黑花，白地略泛黄。通体图案可分为五层，层与层之间分别饰凹弦纹两周填彩，第一层和第五层分别对应焦叶纹，第二层缠枝菊花纹，第三层是主题部分，由花草、树木、人物、山水组成，第四层简单变形缠枝叶纹（图一）。

2. 梅瓶

高 42.1 厘米，口径 4.5 厘米，底径 11.1 厘米。由盖和瓶两部分组成。盖面微鼓，束腰，芒口，倒置作杯状。盖顶中部有一“酒”字，在酒字上方有一极小“寿“字，两个字合读“寿酒”。盖顶沿的斜面上对称四束草叶纹，腹壁上划叶草纹。器内无釉，胎为泥黄色。瓶体较小，白地黑花，白地泛黄。由于温度过高，黑色图案部位已烧焦，色彩略发污，白地上显多处黄或酱黄色斑块。器表双线同心圆纹四组，将瓶体上下划分五层。第一层、第五层蕉叶纹，第二层、第四层缠枝叶草纹，第三层四组缠枝牡丹花卉。

图一　金窑沟窑白地黑花梅瓶

图二　宋金窑沟窑白地黑花梅瓶

釉下施一层较厚化妆土，灰胎（图二）。

3. 吐噜瓶

高 22.7 厘米，口径 4.5 厘米，底径 18.2 厘米。小口，圆唇，折沿外斜，梯形口变高，矮束颈，鼓肩，腹略弧作筒状，隐圈足。胎体浅灰色。器表白地黑花，主体图案分两层。肩部绘简洁明快草叶纹，腹部绘缠枝菊花图案一周，近底接同心圆上线划一周草叶纹（图三）。

4. 罐

高 16.7 厘米，口径 13 厘米，底径 15 厘米。缺盖。子母口，直腹，隐圈足。器内敷一层较厚化妆土，无釉，通体饰凹弦纹。器表白地黑花，用条带纹将图案分为上下两层，每层三束枝叶纹等分。泥黄胎。足底面施透明釉露胎，显数周同心圆纹，局部有化妆土（图四）。

5. 瓶

高 22.3 厘米，口径 9.2 厘米，底径 7.7 厘米。喇叭口，细高颈，鼓肩，弧腹，隐圈足。下腹近底凸棱一周，凸棱以下及底施透明釉。白地黑花，白釉亮洁、莹润。器

图三　宋金窑沟窑白地黑花吐噜瓶

图四　宋金窑沟窑白地黑花罐

图五　金窑沟窑白地黑花瓶

图六　宋金窑沟窑白地黑花盖碗

身纹饰分四层，第一层、第三层绘简洁叶草纹，第二层网格纹，第四层是图案的主题部分，绘缠枝叶纹（图五）。

6. 盖碗

高 13.1 厘米，口径 13.7 厘米，底径 6 厘米。由盖和碗两部分组成。盖子口内敛，鼓面，无钮。盖顶中部绘一束叶草纹，盖顶壁饰两周同心圆纹，沿面抹黑作边饰。碗直口，筒形腹下收，圈足。器内施白釉，底面上有三个支烧痕。腹中部绘三组叶草纹，每组两束，上下同心圆抹黑作边饰。通体釉下敷一层化妆土。泥黄胎，胎质坚密（图六）。

7. 执壶

高 41.5 厘米，口径 13.5 厘米，底径 13.7 厘米。器型硕大，造型端庄。喇叭形口，高束颈，鼓肩，瘦长腹，隐圈足外撇。肩和下腹近底分别饰两周凹弦纹，腹与圈足交接处显凸棱一周。白地黑花，满釉，釉面有细密开片纹，通体釉下敷一层化妆土。器表装饰分颈、肩、腹三个部分，主题部分在腹部，以缠枝牡丹纹装饰为主。胎体呈浅灰色（图七）。

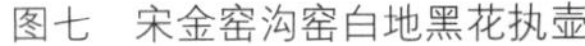

图七　宋金窑沟窑白地黑花执壶

图八　金窑沟窑白地黑花执壶

8. 执壶

高 22 厘米，口径 7.7 厘米，底径 7.5 厘米。喇叭形小口，细高颈，弧肩，瓜棱腹，隐圈足较小。肩至腹部有一曲形鋬手，对称一侧有一曲形长流。器表白地黑花，颈部双重菱形纹，内填花卉图案，肩部绘钱纹，腹部七组缠枝芍药纹图案，其间用三条竖线等分相隔，着地处双重仰莲托腹，流和鋬手的外侧分别绘缠枝芍药纹。通体釉下敷一层化妆土，圈足露胎处呈浅灰色（图八）。

9. 枕

前高 9.4 厘米，后高 12.2 厘米，长 24 厘米，宽 16.5 厘米。八边形，前低后高，枕面内凹。枕壁凸脊一周，后壁有一个透气孔，底面施一层透明釉露胎。枕中部饰两朵花卉，缠枝叶纹交于其间，枕面右上方划一蝴蝶，头向枕中；曲线纹填白呈八角形作框，三周八角形凹弦纹填白作边饰；枕壁中部一周枝叶纹，上下分别抹黑一周作边框。釉下敷一层化妆土。浅灰胎，胎质坚密（图九）。

10. 枕

前残高 8.6 厘米，后残高 10 厘米，复原长 27.3 厘米，宽 16 厘米。如意头形，折边，整体与枕面随形。前低后高，枕面内曲，后壁中上部有一透气孔。白地黑花，白地泛黄。枕面主题图案人物和马施黑彩，左侧树干中间填黄彩，柳叶为酱褐色，黑褐色曲线作边框，枕壁上划缠枝叶纹。灰胎（图一〇）。

图九　宋金窑沟窑白地黑花枕

图一〇　宋窑沟窑白地黑花枕

图一一　金窑沟窑白地黑花枕标本

11. 枕

残高 4.6 厘米，残长 15 厘米，残宽 15 厘米。枕面下端中部一鸟笼，鸟笼两侧两个儿童对坐，分别手执一小鸟，形象逼真，栩栩如生；枕面上端残存有垂柳，枕壁上有缠枝叶纹。浅灰胎，胎质致密（图一一）。

图一二　金窑沟窑白地黑花枕

12. 枕

残高 1.4 ～ 1.6 厘米，复原长 24 厘米，宽 16.3 厘米。八边形，前低后高，枕面内凹。枕面中部行楷“春前有雨花开早，秋后无霜叶落迟”诗句，方形褐色线条作框；右侧缠枝叶纹，左侧残缺，整体八角形，褐彩作边饰。浅灰胎（图一二）。

三　窑沟窑白地黑花瓷的装饰与工艺特征

白地黑花，是以贫铁矿为主的彩料绘在瓷器釉下的一种装饰，标准的呈色应是白地黑花。由于贫铁矿料含铁量和配料成分的微量元素差异，以及窑炉温度和气氛的不同，使入窑后烧成的成品器呈色不同。常见的以白地黑花为主，白地赭色花纹、白地黄色花纹、白地酱黄色花纹、白地灰黑色花纹较少。这些不同色彩，有的可能是窑工们刻意要求的，有的则可能与窑炉温度和气氛有关。从现有的标本看，所谓不同的花纹色彩装饰，从窑址中看到的残次品与流入市场上的成品器比例相当。窑沟窑出土一件花口瓶，主题为黑彩花卉，而且黑得明亮滋润，肩部的两周同心圆为酱黄色，表明这种色彩与窑炉温度、气氛无关。另一件梅瓶，通体白地黑花，因所在窑炉的位置温度过高，黑色图案部位已烧焦，色彩仅略微发污，白地上有多处黄或酱黄色斑块，从中可以看出黑彩比白地耐烧。值得注意的是一件枕的成品器，烧成的温度恰到好处。枕面主题图案人物和马是黑彩，枕面的左侧树干中间加黄彩，柳叶是酱褐色。因此，我们认为白地黄色、白地赭色、白地酱黄色等是人为有意识要求的，有的则可能是配方上微量元素的差异所致，但也不完全否定个别的色彩与窑炉温度、气氛有关。窑沟窑白地黑花的装饰内容有植物类、花卉类、人物类、动物类、庭院类、山水类、书法类，还有雕塑、捏塑出各种动物形象等。窑沟窑白地黑花装饰无论是简还是繁，都有造型秀丽、图案清新和潇洒自如的艺术风格，是中国传统的水墨画与陶瓷工艺相结合的产物。装饰内容反映出中国古代民风、民俗，情趣盎然，为普通百姓喜闻乐见，很受市场的欢迎。

窑沟窑白地黑花瓷的制作过程大致上可分为选料、配料、成型、晾干、素烧、施化妆土、划花、施釉、二次烧成九道工序。由于窑沟窑的产品胎质多呈浅灰和灰白色，烧制的白地黑花瓷器，在绘画前施一层较厚白色化妆土以增加白地的亮度，并采用图案结构的法则，把一件普普通通的民间瓷器打扮得出神入化。

四　白地黑花瓷产生的原因及年代

白地黑花的绘画艺术是中国传统水墨画技艺运用在瓷器上的典型代表之一。这种艺术的形成不是偶然的，是一个划时代的产物。河南地处中原腹地，在中国陶瓷发展史上占据着重要的地位。早在偃师商城、郑州商城、郑州小双桥、安阳殷墟、商丘等地就出土了不少原始青瓷。北魏迁都洛阳后，进一步推进汉化，学习汉人的先进技术。在吸收南方制瓷经验的基础上，距都城最近的巩义白河窑开创了烧制白釉瓷的先河[1]。安阳隋开皇四年（594 年）张盛墓出土的两件侍吏俑和两件白釉黑彩镇墓兽，为以后白釉彩瓷的产生奠定了基础[2]。到了唐代，黄河以南的巩义黄冶窑、郏县黄道窑、登封曲河窑和黄河以北的鹤壁集窑、善应天喜镇窑等，先后以白釉彩陶制品和白釉彩瓷迅速发展起来。器型有碗、盘、杯、罐、壶、瓶、灯等，常见的有白釉灰彩、白釉褐彩、白釉黑彩、白釉绿彩、白釉蓝彩等。装饰手法有圆点组成梅花纹、线条组成菊花纹、线条四出纹、几何纹、莲叶纹、勾连纹等。品种之多、窑址分布之广，为全国之首。尤其是登封的朱垌窑表现得最为突出[3]。唐代晚期巩义黄冶窑、白河窑在白釉蓝彩的基础上成功地烧制出釉下彩——青花瓷，令人耳目一新。这一时期的彩瓷有两种，一种是釉上彩，坯胎做好后晾干，施化妆土入窑素烧，然后在釉上用毛笔勾画出所需要的图案，最后再入窑烧成。另一种是釉下彩，同样是上好化妆土入窑素烧，直接在化妆土上作画，然后再上一层透明釉入窑烧成。从整体上看，无论是白釉彩瓷还是白釉青花瓷，无论是釉上彩还是釉下彩，都是采用不同的釉药而形成的反差效果[4]。河南唐代白釉彩瓷到白釉青花瓷取得的成就，对我国中原腹地白地黑花的起源、发展以及窑系的形成等方面的研究具有非常重要的意义。

宋代是我国绘画艺术全面发展的成熟时期，窑沟窑的瓷绘艺术就是将中国传统的水墨画巧妙运用在瓷器装饰上。这一时期窑场环设，商贾云集，人们对瓷器的选择优胜劣汰，形成一种强烈的竞争局面。商人势力空前活跃，他们把瓷器从偏远的作坊运到城镇和水路、陆路的交通要塞，使产销关系畅通起来。近年来为配合基本建设工程，在郑州市东、西大街，许昌市，延津沙门[5]，叶县文集[6]等地，发现了一批以瓷器为主流的宋金时期遗址。出土的大量瓷器中，除了白釉、青釉、钧釉、珍珠地、白釉刻划花瓷器和三彩陶制品外，白地黑花瓷器也占一定比例。这些都充分地反映了瓷器在人们生活中的重要性，同时也反映瓷器作坊在当时的繁荣盛况。制瓷作坊为了在市场上占据一席之地，尽量生产最优秀的产品。窑沟窑白地黑花瓷器在这一点上表现非常突出，为了招引顾客，许多作品上有作坊或作坊主的记号、姓氏等，如“范小三笔”、“范三笔”、“范小三”、“范家烧”、“范家造”等，这正是窑沟窑范家在瓷器上采用绘画艺术而倍受人们欢迎的标志。出土的一件素烧水注器盖上刻有“贞元四□”字样，说明窑沟窑烧造白地黑花瓷器的时间不晚于金海陵王贞元年间。此外，在郑州市东、西大街出土两件墨书纪年瓷器。一件是小口吐噜瓶，墨书在瓶的底面，“大定四年□十一月十八日□赵□”；另一件是花口瓶，墨书在圈足内侧一周“大定廿五……□……”（大定四年最后的一个字和大定廿五年中间的一个字，尽管书体有所差异，但从其结构看，应为同一个字。虽然这两个字先后相差20余年，但应当是同一所指，尚待释读）。这类墨书写在器物上的现象，多见于城镇居民区和手工业作坊遗址内，以碗、盘生活类器为主，内容皆姓氏，如张、王、李、赵等，这种情况显然是使用者主人的记号，瓶类器尤其是大型器极少有墨书姓氏的，这种墨书纪年的器物，可能与供奉、祭奠有关。

河南位于中原腹地，天时地利人和，自魏晋形成瓷器体系以来，就以粗犷、雄伟、质朴为其特点。唐代是河南陶瓷手工业的大发展时期，著名的巩义黄冶窑、鲁山段店窑、荥阳翟沟窑、新密西关窑、登封曲河窑、鹤壁集窑和修武当阳峪窑等，就是在这一时期相继产生的。到了宋代河南陶瓷手工业达到巅峰，五大名窑中汝、钧、官的出现，促进了民用瓷的强烈竞争局面。窑沟窑白地黑花瓷就是在这种局面下产生的，它不仅继承前人制瓷技术，而且很善于把北方各类民间艺术的技艺和内容吸收进来，融化到自己的作品中，最终成为河南陶瓷艺术中的一支奇葩。

关于白地黑花的产生年代，目前学术界主要有两种说法。一是依据收藏在甘肃省博物馆的一件“明道元年”瓷枕，认为白地黑花装饰瓷器产生于北宋早期，并将大部分成熟的白地黑花瓷器归入北宋时期[7]。从现有河南、河北、山西的考古材料看，把成熟白地黑花瓷器归到北宋时期值得进一步研究。二是河北学者认为白地黑花创烧于北宋晚期，到宋末金初最为兴盛[8]。就目前河北、河南出土的成熟期白地黑花瓷器，都是在金海陵王前后，这已被现有的考古纪年瓷器所证实。从磁州窑三次考古发掘的材料看，也没有北宋以前的纪年资料。河南方城崇宁三年（1104年）范致祥墓出土的一件白地黑花瓷碗，器表上下分别饰条带纹一周，中部饰简单的草叶纹[9]，具有明显的初创意味。因此笔者认为，甘肃省博物馆收藏的一件“明道元年……”瓷枕，可能是后仿的；白地黑花瓷器的创烧时间不会早于宋徽宗时期。方城位于河南的南部，与生产白地黑花瓷器的中心区域鲁山、禹州、宝丰、新密等窑场较近，这件白地黑花瓷碗产于河南的某个窑口是顺理成章的。磁州窑和整个磁州窑系白地黑花装饰的产生都不早于北宋晚期，估计应在宋徽宗以后[10]。从现有的考古材料看，河南白地黑花装饰瓷器的创烧不晚于河北磁州窑。至于窑系问题已约定俗成，不必计较。

注释：

[1] 赵志文、刘兰华：《河南巩义白河窑址发现北魏青瓷、白瓷和唐青花瓷器》，《中国文物报》2008年2月16日第二版。

[2] 考古研究所安阳发掘队：《安阳隋张盛墓发掘记》，《考古》1959年第10期。

[3] 陈景顺、李景扬：《唐代朱垌窑、苌庄窑彩瓷标本探析》，《中国古陶瓷研究》第十五辑，紫禁城出版社，2009年。

[4] 郭木森、赵宏：《河南巩义黄冶窑唐青花瓷初步研究》，《中国古陶瓷研究》第十三辑，紫禁城出版社，2007年。

[5] 刘海旺等：《河南延津沙门古黄河渡口遗址》，《中国重要考古发现》，文物出版社，2007年。

[6] 王龙正、王利彬：《南水北调中线工程叶县文集遗址》，《中国重要考古发现》，文物出版社，2007年。

[7] 中国硅酸盐研究学会：《中国陶瓷史》第六章第一节，文物出版社，1982年。

[8] 河北省博物馆等编：《河北省出土文物选集》，文物出版社，1980年。

[9] 南阳地区文物队等：《河南方城金汤寨北宋范致祥墓》，《文物》1988年第11期。

[10] 秦大树：《磁州窑白地黑花装饰的产生与发展》，《文物》1994年第10期。

宋代登封前庄窑白地划花装饰工艺

河南教育国际交流学院　李景扬

内容提要：前庄窑位于河南登封东南部的宣化镇，是宣化镇窑群中具有代表性的遗址。根据目前采集的标本，前庄窑的烧造从隋唐一直到宋、金、元时期，唐宋时期鼎盛，其中最具特色的器型是唐代的花釉瓷和宋代的白地划花器。本文分析了前庄窑宋代白地划花产品的器型、工艺和纹饰特征，列举出若干特殊的纹饰以及与白地划花相配合的其他装饰技法，并指出，前庄窑的工匠创烧了白地划花釉下加彩新品种，把划花装饰工艺推向了新高峰。

关键词：宋代　前庄窑　白地划花　釉下彩划花

Abstract: The Qianzhuang Kiln is located in Xuanhuazhen, in southeast Dengfeng, Henan Province. It is the most representative member of Xuanhuazhen’s many kiln sites. Based on currently collected specimens, Qianzhuang Kiln fired ware from the Sui and Tang all the way to the Song, Jin, and Yuan periods. The kiln’s most prosperous period occurred in the Tang and Song, of which its most distinctive forms are Tang speckle-glazed porcelain and Song white-ground carved ware. This paper analyses the characteristic forms, craftsmanship, and patterns (wenshi) of the Qianzhuang Kiln’s Song-era white-ground carved wares, and lists some exceptional cracked-patterns as well as other decorative techniques that harmonize with white-ground carving. It also points out that the artisans of the Qianzhuang Kiln first fired a new type of added-color white ground underglaze carved ware, propelling the craft of decorative carving to new heights.

Key words: Song Dynasty, Qianzhuang Kiln, carving on white ground, underglaze carving

一　前庄窑的基本概况

前庄窑位于河南登封市东南部的宣化镇，在宣化古窑群的中部。早在 1992 年，许昌师专的安廷瑞先生调查发现了该古窑址，并认为这就是传说中的“神前窑”，包括前庄、朱垌、磨脐、东玉翠、西玉翠、窑湾等窑址。

宣化镇南侧和禹州接壤，1952 年修建的白沙水库横跨登封、禹州二市，水库大坝在禹州境内，并以禹州的白沙村命名，其 20 多平方公里的蓄水面依势上延，淹没了宣化镇的部分地域，包括西玉翠和窑湾等窑址。水库的东南侧是禹州市的苌庄窑和扒村窑，向南是神垕窑。

位于宣化镇西南 1.5 公里处的前庄窑是宣化镇窑群中具有代表性的遗址。根据目前采集到的标本看，前庄窑的烧造从隋唐一直到宋、金、元时期，唐宋时期鼎盛。标本表明：前庄窑产品种类极为丰富，有隋代的黄釉、青釉，唐代的黑釉、白釉、花釉、黄釉褐彩、白釉褐彩、白釉绿彩，宋代的白地划花、刻花、剔花、三彩等，现在所知的器型有碗、盘、碟、钵、壶、盂、盒、罐、枕、瓶、炉和盏托等，其中最具特色的是唐代的花釉瓷和宋代的白地划花器。

限于标本资料和篇幅，本文只讨论前庄窑宋代的白地划花产品。

二 前庄窑宋代白地划花器物的基本特征

前庄窑宋代白地划花器标本以圆器居多，其中碗、盘为大宗。另有洗、钵、枕、器盖、高足炉、熏炉等。本文主要讨论碗盘类器物。

标本的外露胎色为浅黄色、土黄色、灰黄色，敲开残片，其断面多为浅灰色和灰黄色，胎体中有许多大小不等的黑点，表明含有较多的杂质。因此器物多通体施白色化妆土，包括足墙内外和足底，这是识别前庄窑器物的依据之一。外部施釉不到底，不论器物大小，一般施釉到离圈足 0.5~1.5 厘米处。多数器物釉面明亮光洁，胎釉结合较好。半数以上的标本釉面呈不规则开片，有稀疏的冰裂纹和细密的网格纹。碗、盘类器物的圈足比较宽厚，足底平坦，较大器物的圈足稍有外撇。器型越大，圈足的足墙也越宽厚。这种有宽厚圈足的盘和后世的盘底形式有很大的差别。

从标本可看到器物一般为垫烧和叠烧。

碗类有弧腹碗、斜腹碗、折腹碗，一般较浅，圈足较大，没见到深腹碗。盘类为折腰或弧腹圈足盘，未发现平底盘。

器物的口沿为小唇口或圆直口。器物外部白釉没有工艺，器内从口沿向下 0.5~1 厘米处有一道弦纹线，弦纹以下运用划花工艺，划出各种图案纹饰，一般器内底部为图案主区，四周腹壁为辅区。

三 前庄窑白地划花工艺的一般特征

众所周知，划花工艺是线条的艺术。前庄窑的白地划花工艺运用直线、曲线、弧线、环线组成了各具特色的线条图案，把划花艺术发挥到了极致。如直线组成了排线、丛线，弧线组成了连弧纹、叠加弧纹；曲线组成了水波纹、流云纹；环线组成了各种旋线纹，如螺旋纹、旋涡纹、卷须纹等。

1．器内腹壁上的一般工艺特征

器内从口沿向下 0.5~1 厘米处划一周弦纹，弦纹以下用各种划花工艺装饰。第一层次一般运用叠加弧纹、连弧纹组成图案，第二层次用放射状排线或扇形排线，或用旋纹组成连环旋纹、螺旋纹等图案，再下面是各种线条纹饰交替使用或交叉使用，一直到器底的转折处。只有一小部分是用这种混合图案一直装饰到器心而不分主辅区，大多数的器心是另设图案的主题图案区。无论是何种形式，腹壁和器心的图案均巧妙地融合在一起，过渡自然，浑然天成。如：弧腹折腰碗（图一）。高 5.2 厘米，足径约 9.5 厘米。小唇口，直圈足，上弦纹以下先以叠加弧纹和旋纹划出图案，下面用排线纹和弧线纹、旋纹组成图案。斜腹碗（图二）。高 8 厘米，足径约 7 厘米。直口，直圈足。上弦纹以下首先用叠加弧纹划出图案，其次用旋纹和排线纹组成图案，再次用排线组成丛花纹，用连弧纹划出花纹外圈。斜腹斗笠碗（图三）。高 8.5 厘米，

图一　宋登封前庄窑白地划花碗标本

图二　宋登封前庄窑白地划花碗标本

图三　宋登封前庄窑白地划花碗标本

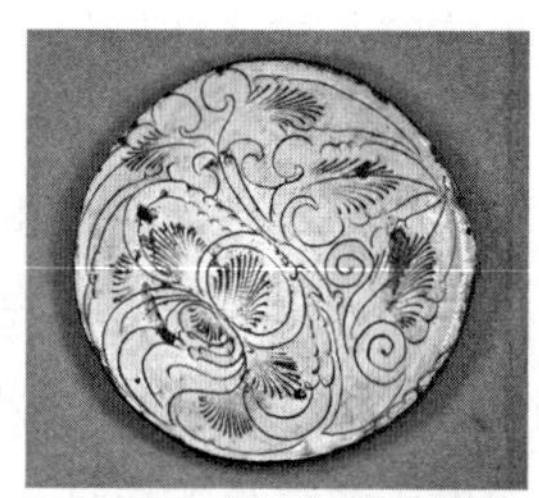
图四　宋登封前庄窑白地划花器标本

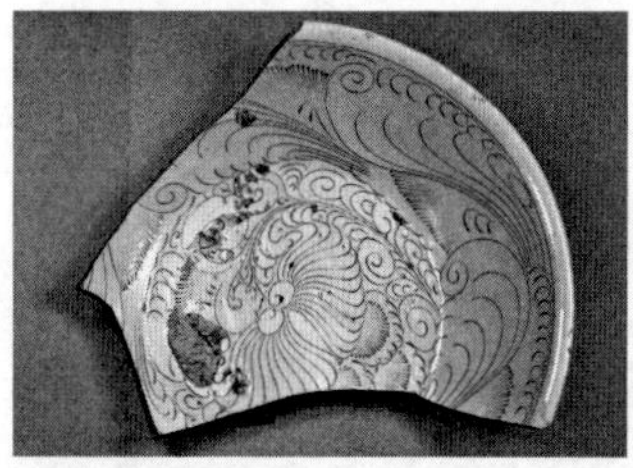
图五　宋登封前庄窑白地划花碗标本

图六　宋登封前庄窑白地划花器标本

足径约 7.2 厘米。小圈足。上弦纹以下先用连续弧纹和旋纹组成图案，下面用排线纹和旋纹组成图案。

2. 器内底的一般纹饰特征

器底主区的纹饰一般是花卉纹，有牡丹、菊花和各种团花等，以菊花纹最多。菊花图案有繁有简，花姿多样，多数变形夸张。繁者花型较大，花瓣稠密，有的花瓣间有其他纹饰以突出效果。简者状若轮状团花，明清青花瓷中的月华纹即本于此。如器底（图四）。残径 14.5 厘米，足径 10.2 厘米。直圈足。底面右侧用圆弧纹和排线纹组成牡丹花朵，中间枝干的右侧有两片肥硕的叶片，枝顶向左右伸出两片尖状嫩叶。折腰碗（图五）。高 5.7 厘米，足径 10.5 厘米。小唇口，直圈足。底部周边用直线纹和旋纹组成花枝蔓，枝顶呈现出一朵盛开的菊花，线条流畅潇洒。器底（图六）。足径 10.6 厘米。直圈足，用大小弧线纹划出一团菊花，形象夸张。器底(图七)。足径 7.8 厘米。划一小圆为花心，花心周边用简单的弧曲纹勾划出一轮菊纹，疏朗简明。

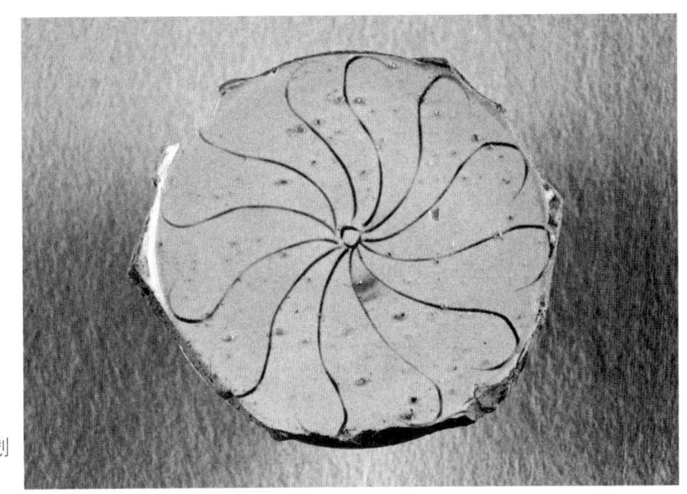

图七　宋登封前庄窑白地划花器标本

四 前庄窑白地划花器的特殊纹饰

1. 腹壁上的特殊纹饰

腹壁上的特殊纹饰是指除用排线纹、弧纹、旋纹等常用装饰纹饰外，出现的其他纹饰，如花茎纹、朵花纹等，有的是器底心主图的常用图案出现在腹壁上，如鱼纹等。如：折腰碗（图八）。小唇口，直圈足。腹壁右侧可见一朵葵花，叠加弧纹划出周边花瓣，葵心用点纹组成。斜腹碗（图九）。壁上呈现出一只硕大的鱼尾。四周用弧线划出流水纹，用排线划出腹鳍，长弧线划出尾鳍，连弧纹划出鱼鳞。弧腹碗（图一〇）。小唇口。图中一鲤鱼跃然而出，连弧纹划出鱼鳞，排线纹划出胸、腹、脊鳍，周边用曲线表现流水纹。

2. 器内底的特殊纹饰

前庄窑白地划花器内底的划花图案，内容丰富，题材相当广泛，有着浓厚的生活情趣和艺术意境。它不同于腹壁上大多数抽象的图案，器心多划有写实性的图案，除了前面叙述过的各种花卉图案外，可见到的有鱼纹、人物纹、动物纹、禽鸟纹、龙凤纹、蜂蝶纹、植物纹、几何图案等纹饰。

(1) 鱼纹

鱼纹是中国陶瓷装饰永恒的主题纹饰之一，从远古时代河南阎村彩陶鹳鱼石斧图到元青花的鱼藻图，历经数千年，陶瓷纹饰中无不充斥着各种各样的鱼纹装饰。如：折腹碗底（图一一）。足径 9.5 厘米。圈足完整。图中显出一条鱼身，用排线划出脊鳍和腹鳍，周边用叠加弧纹划出水涡纹。大圈足洗底（图一二）。足径约 17.5 厘米。圈足宽厚。器心下侧露出一段 9.5 厘米的鱼身，用排线纹划出脊鳍、腹鳍，用多层曲线纹划出水波纹。碗底（图一三）。圈足全失，遗有缺痕。器底划两条瘦长鱼，用点划纹或小弧纹划出鱼鳞，用排线纹划出鱼鳍，四周用曲线勾划出水纹。

图八　宋登封前庄窑白地划花碗标本

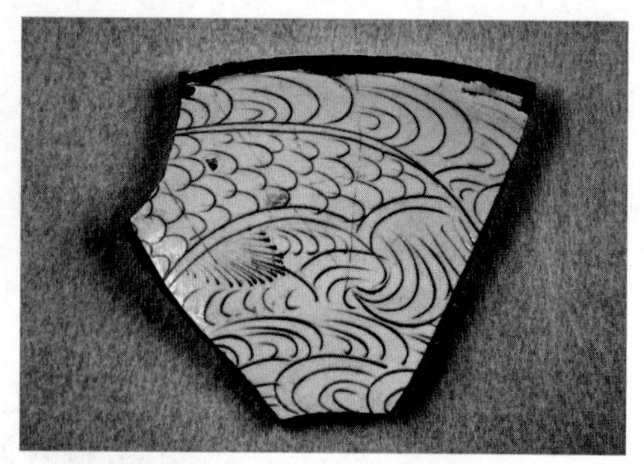
图九　宋登封前庄窑白地划花碗标本

图一〇　宋登封前庄窑白地划花碗标本

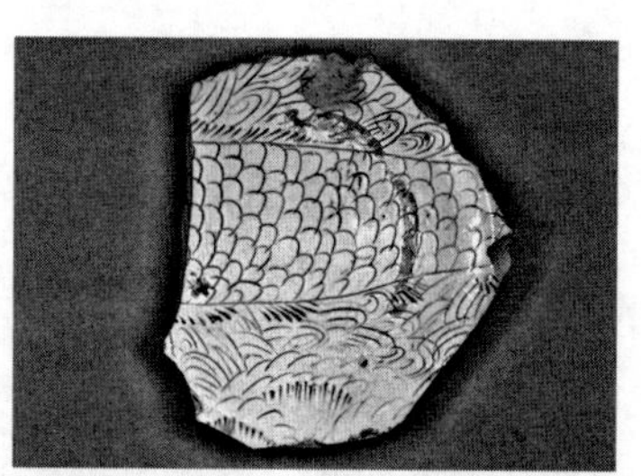
图一一　宋登封前庄窑白地划花碗标本

图一二　宋登封前庄窑白地划花洗标本

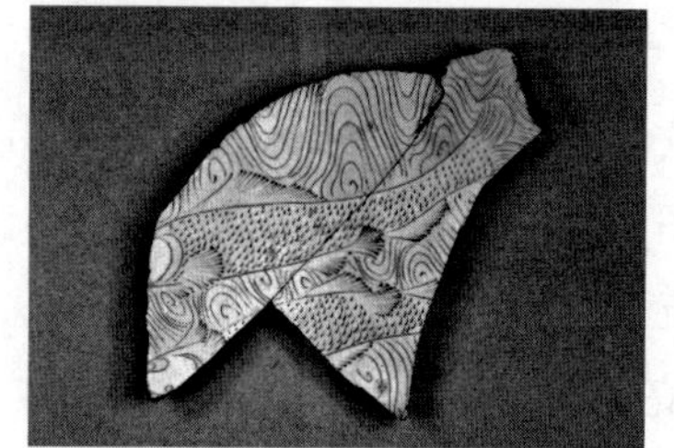
图一三　宋登封前庄窑白地划花碗标本

（2）人物纹

前庄窑白地划花中的人物图案众多，现知的有儿童、官员、市井人物（如乐手、师爷等）、神话人物（魁星）等。如：器底（图一四）。直圈足。标本只有一女童的半个面部，露出右侧螺髻，发髻上系有束巾，眉间点痣，面目祥和清秀，右臂伸出。斜腹碗（图一五）。高 6.6 厘米，足径 8 厘米。小唇口，直圈足。器内划一人物，头戴软巾幞头，身穿花纹绣衣，外束腰带，双手捧腹，面目髯须俱全，应为官宦士绅。折腰碗（图一六）。高 5.4 厘米，足径 10.2 厘米。小唇口，直圈足。上弦纹以下辅区为常用的叠加弧线纹和排线纹，器底心划一穿兜肚束腰巾的童子，虽缺失面部，但其活泼姿态跃然而出。身体周边用直线纹和折线纹划出多处草丛，意在草地上玩耍。

（3）动物纹

有动物纹饰的器底通常以动物图案占据中心，周边辅以草丛纹，已知的动物有马、犬、兔等。如：唇口折腰碗片（图一七）。高5厘米，口径24厘米，足径10.6厘米。直圈足。器心有一卧地动物，因头部不完整，从尾部看，应视为犬。其上部用卷曲纹表示树丛，下部用排线纹表示草丛。器底残片（图一八）。足径9.5厘米。直圈足。器心划有一卧兔，神态安闲的卧在草丛中，四周用排线及弧线划出草丛。

（4）禽鸟纹

有禽鸟的纹饰通常在其周边用线条勾划出写实性的植物纹或草丛纹。如：器底残片（图一九）。足径10厘米。直圈足。底心划有一只扭头张望的鸟，鸟身用大小不同的叠加弧纹表示不同部位的羽毛，栩栩如生。因其上划有芦苇状的茎叶纹，应为水鸟。直口折腰碗（图二〇）。高5厘米，口径27.7厘米，足径11.5厘米。圈足微撇。底部划有一锦鸡的腹部和双爪，腹翅之间用小珍珠地和点划纹来表示其羽毛的华丽。双爪之间用长短直线表示草丛，左爪前面划一茎叶草纹。

（5）龙凤纹

前庄窑白地划花器中的龙凤纹虽不多见，但现有的个个生动传神，传说中的龙或凤没有实物可循，但从这里可以看到宋代其艺术形象已基本定型了。如：唇口折腰碗腹壁片（图二一）。划有一龙首，龙牙前突，龙眼圆睁，四爪从下部露出，形象狰狞。

图一四　宋登封前庄窑白地划花器标本

图一五　宋登封前庄窑白地划花碗标本

图一六　宋登封前庄窑白地划花碗标本

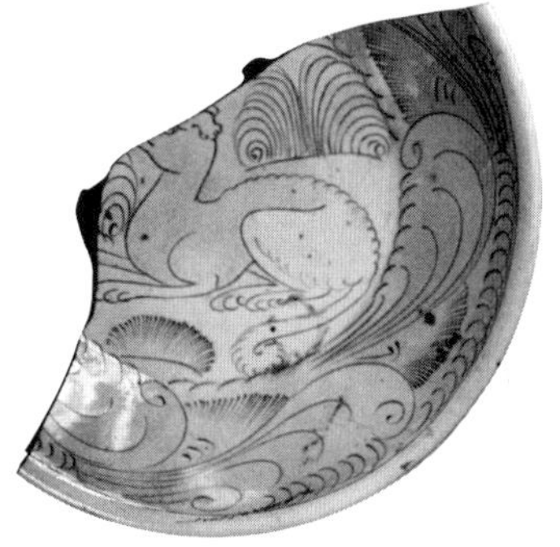
图一七　宋登封前庄窑白地划花碗标本

图一八　宋登封前庄窑白地划花器标本

图一九　宋登封前庄窑白地划花器标本

图二〇　宋登封前庄窑白地划花碗标本

图二一　宋登封前庄窑白地划花碗标本

四周用小弧线构成团形云气纹，其龙身图案应占据器底和周壁的大部分。

（6）蜂蝶纹

前庄窑白地划花昆虫纹饰以蜂蝶纹为主。如：两残片中各有一个椭圆形开光区，区内绘有蜂蝶图案，廖廖八笔，蜂蝶翻飞（图二二）。

（7）植物纹

一般器底心的植物纹多为花茎、芦苇、树丛、草丛和藤蔓纹。如：器底（图二三）。直圈足。一支互生叶片的茎干一直向上，下部用排线和弧线表示地面草丛。器底（图二四）。直圈足。下方用一长弧线表示地面，地面上用排线纹划出丛草，三两枝芦苇伸出，芦花在上面摇曳。

（8）几何图案

器底的几何图案多为菱形四边形图案或用四个莲瓣组成的十字状图案，图案内外辅以其他纹饰。如：器底（图二五）。足径 9.5 厘米。直圈足完整。正中为双勾菱形图案，中间用排线加以装饰，四周均用弧线划出朵花轮廓，其内用排线和曲线表示四方相同的朵花。小唇口碗（图二六）。高 5.8 厘米，口径约 23 厘米，足径 9.5 厘米。直圈足。底中心用连弧纹围成菱形开光区，区内有四个尖状花瓣伸向四角，花瓣间用叠加弧纹装饰。

图二二　宋登封前庄窑白地划花器标本

图二三　宋登封前庄窑白地划花器标本

图二四　宋登封前庄窑白地划花器标本

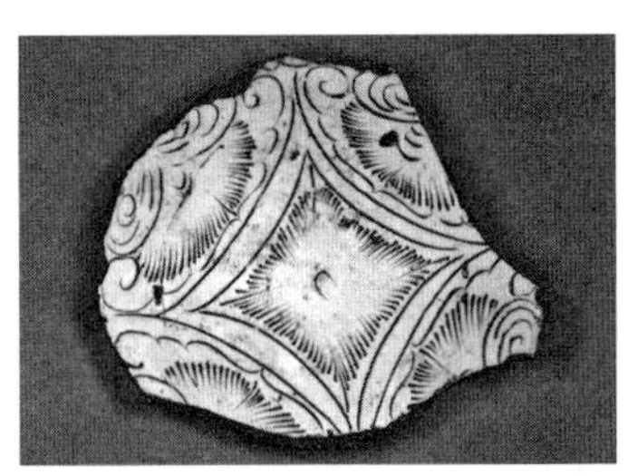

图二五　宋登封前庄窑白地划花器标本

图二六　宋登封前庄窑白地划花碗标本

五 前庄窑白地划花和其他装饰技法的配合运用

1. 部分运用珍珠地纹饰

前庄窑不但生产白地划花产品，也生产珍珠地划花产品，通常珍珠地纹饰是主题纹饰以外的辅助纹饰，但为了突出装饰效果，前庄窑另辟蹊径，把珍珠地纹饰用在主题纹饰局部需要的地方，成为主题纹饰的一部分。在图一六中，戏童的兜肚上就巧妙地运用了珍珠地纹饰，既表现了兜肚的美丽，又衬托了孩童的天真可爱，起到了很好的艺术效果。在图二〇中，在锦鸡的胸腹部位局部使用了珍珠地，表露了锦鸡华丽的羽毛。

图二七　宋登封前庄窑白地划花碗标本

图二八　宋登封前庄窑白地划花点彩枕标本

2. 运用圆点纹增加艺术表现力

折腹碗底（图二七）。足径 10 厘米。直圈足。内底正中有一朵盛开的花卉，在花瓣间局部使用了圆点纹装饰，增加了花瓣的层次感，使得花朵更有生气。

3. 运用点彩工艺

前庄窑把唐代以来的白釉点彩工艺运用到了白地划花器物上，成为白地划花点彩工艺，增强了装饰效果。如：枕面残片（图二八）。图中划一朵开放的牡丹花卉，在其两侧均点有绿彩渲染，格外生色。

六 前庄窑白地划花的创新工艺

前庄窑的工匠们极富创新精神，他们创烧了白地划花釉下加彩新品种，把划花装饰工艺推向了新高峰。

从目前采集到的标本看，这种瓷器品种是在器物外部和口沿保持白釉的情况下，使器内的白地划花纹饰在不同区域呈现不同色彩的新工艺。可分为两个品种，一是纹饰呈灰、白二色，二是纹饰呈红、白、灰三种色彩。

从 4 块釉下彩划花标本（图二九）可以看出，在划花纹饰的不同区域，呈现不同的釉色，分别有两种或三种不同的色彩。釉下彩洗（图三〇）。高 4.9 厘米。足径约 8.4 厘米。圈足微撇。器内上弦纹以下釉色呈灰、白两种色彩。斜腹斗笠碗（图三一）。器内图案釉色呈灰、白两种色彩。斜腹碗（图三二）。上弦纹以下纹饰呈红、白、灰三种色彩。器底（图三三）。直圈足。内底心为团菊纹，纹饰呈红、白、灰三种色彩。器底（图三四）。足径 9.5 厘米。直圈足。内底心划一枝盛开的牡丹，不同部位呈红、白、灰三种色彩。

从以上标本我们可以看出，有些色彩区域线不太准确，特别是红色颜料性能不稳定，常呈现浸润发散现象，甚至透过胎骨，反映到器外的白釉上来。由于红、灰两种颜料的漫漶，在胎中扩散，形成这种彩片标本胎色均呈现黑褐色或灰褐色，表明这些标本器物的生产技术还不十分成熟。这类标本极少，本人认为这些标本属于工匠们创新试烧的产品，即使如此，也难能可贵。

图二九　宋登封前庄窑白地划花釉下加彩器标本

图三〇　宋登封前庄窑白地划花釉下加彩洗标本

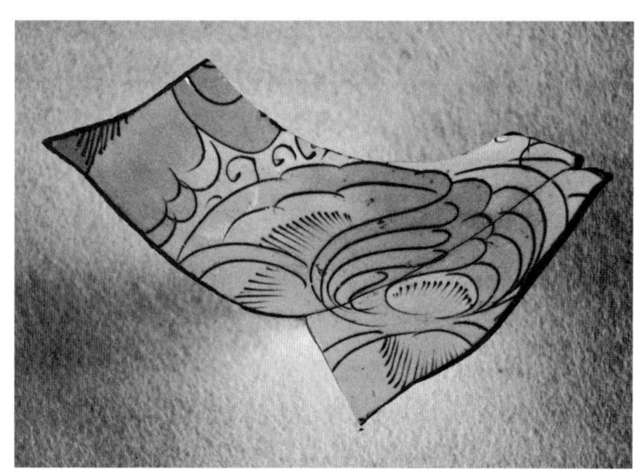

图三一　宋登封前庄窑白地划花釉下加彩碗标本

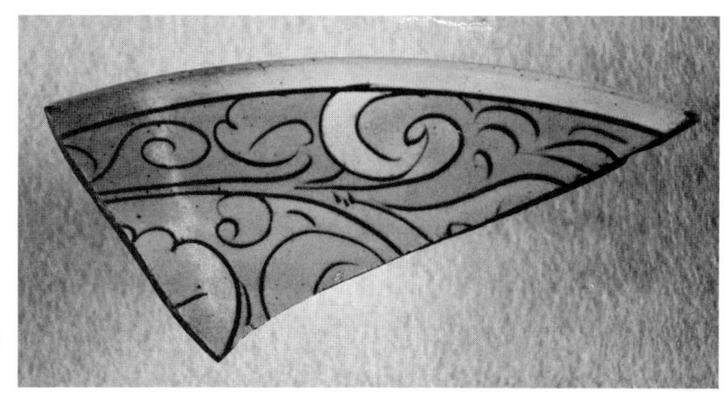

图三二　宋登封前庄窑白地划花釉下加彩碗标本

图三三　宋登封前庄窑白地划花釉下加彩器标本

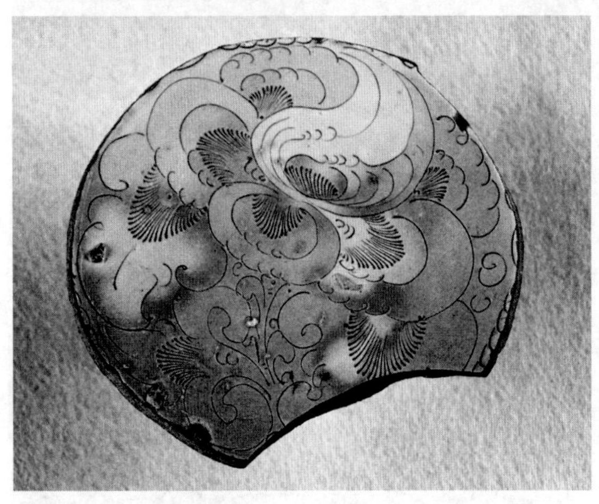

图三四　宋登封前庄窑白地划花釉下加彩器标本

七 结语

综上所述，综合标本的各种特征分析，前庄窑白地划花器物，应属于宋代早、中期的产品。前庄窑白地划花产品，脱俗出新，使人有一种清新之感，其成就是同时期或后期其他窑口同类产品不可企及的。前庄窑的白地划花工艺，是宋代磁州窑系装饰工艺中的一朵奇葩，应在宋代陶瓷史上和中国美术史上占有应有的历史地位。

宋金介休窑瓷器装饰

——以画、剔、划、戳、刻、印为中心

山西考古研究所　孟耀虎

内容提要：本文着重介绍宋、金时期挂有化妆土的所谓“磁州窑风格”的装饰瓷器，以画、剔、划、戳、刻、印为中心。介休窑目前发现窑场两处，两地所用原料接近，但配方上有所不同，也许还有烧成气氛等因素，导致两地产品在胎釉上呈现出不同特征。传统意义上的介休窑所在地洪山镇产品，黄白胎疏松，釉面玻璃光好。介休城内黄白胎相对紧密，在薄釉和露胎处常常呈现泛灰的色调。就目前资料显示，介休窑在金代晚期停烧。到明代中期或偏晚，介休窑再次烧造瓷器，一直延续至民国。本文所涉及标本，以金代为主，是否有北宋晚期之物，还需要进一步甄别。

关键词：宋金　介休窑　瓷器　装饰

Abstract: This article introduces in detail Song- and Jin-era slip-decorated porcelain in the so-called Cizhou Ware style, focusing on techniques of painting, cutting, carving, stamping, incising, and impressing. Two kiln sites have currently been discovered in Jiexiu; the raw materials used at both sites are approximately the same, but their respective formulas differ slightly, and perhaps because of differing firing atmospheres or other factors, the products from the two sites display non-identical body and glaze characteristics. Traditionally, the products of Hongshan Town at the Jiexiu kiln are held to have yellow or white bodies made of loose paste, with bright, glassy glaze. The yellow and white bodies produced within Jiexiu City are relatively dense, and areas of thin glaze or exposed body reveal a slight gray tint. Current materials reveal that the Jiexiu kilns ceased production in the late Jin Dynasty. During the mid-Ming or slightly later, they resumed porcelain production, which continued all the way to the Republican era. The specimens treated by this paper are mostly from the Jin Dynasty; whether or not some are works from the late Northern Song still requires further evaluation.

Key words: Song and Jin Dynasties, Jiexiu Kiln, porcelain, decoration

学界对介休窑的研究，一直以来没有太多的深入，这和山西的环境有极大的关系。就山西全境而言，有很多窑址，只有少部分经过调查，更多的已经毁坏或正在被毁坏。

笔者曾对山西窑场的陶瓷烧造有过一个粗略的区域划分[1]，主要指的宋金时期。但经过后来的考察，少部分需要修改（以前分区中的长治窑区所包括的襄垣窑，经实地考察，宋代不存在，烧造时间为明代），另外还需要增加一个区域——晋西北区。就目前的信息表明，山西窑场北部以浑源窑为中心（包括大同窑、怀仁窑等）；晋中以介休为中心（包括榆次窑、交城窑）；晋南有一个区域，具体的代表窑场还不可知，或在平阳一带；晋东南以长治窑为中心（包括晋城窑、阳城窑），该区域和磁州、当阳峪一带窑场风格接近，东部有和定窑系统相近的盂县窑和平定窑；晋西北兴县至保德一带有一个自成风格的烧造区域，虽然没有做具体调查，但大量流散文物来自这一区域可以作为旁证，浅灰胎、纹饰以及烧造工艺等方面特点明确。这应当就是宋金时期山西古代陶瓷烧造区域的基本面貌。

介休窑是山西两处烧造精细白瓷遗址之一，烧造水平较高，正是其高超的技艺，影响和造就了霍州窑（山西另一处窑址），使它在元代时独领风骚，烧造了大量的细白瓷。

关于宋金介休窑的系统介绍，只有白瓷部分[2]。黑釉器物的烧造水平也很高，釉面匀净，有漆黑者，有黑中泛紫者，以后再作介绍。也有仿耀州的青黄釉器物。本文着重介绍挂有化妆土的所谓“磁州窑风格”的装饰瓷器。因为笔者从来不曾使用磁州窑系这一词汇，所以在标题部分作了特别说明。

一 画花装饰类

画花器物种类繁多，器型应当包括了当时的全部。标本中多见盆、碗、盘、瓶、罐、钵、枕等器物。

1. 盆

①翻沿。内壁画连续变异草叶纹，构图繁密，花纹部分色彩浓淡不一，有大量气泡破裂。黄白胎。器外施釉不到底。釉面有细小开片，玻璃质感较强（图一）。

②盆底。画花蝶纹，花蝶用阴线勾划筋脉，纹饰呈赭褐色，釉水发黄（图二，上）；内壁画大片草叶，再勾划阴线筋脉，构图疏朗，黑彩泛紫，黄白胎，釉水玻璃质感强（图二，下）。此盆圈足的内墙和底部之间，粘连有一块可能为盘或碗的残片，是剔地留花的装饰手法，花纹在化妆土的衬托下成白色，剔除部分呈现淡淡黄色，清丽大方（图三）。

2. 碗

①敞口。内壁画草叶纹，疏朗，彩浓处呈赭色，淡处黄色（图四）。曾见斜直腹，内底涩圈，涩圈上涂化妆土的碗，内壁画细致的变异草叶纹。

②敞口，翻沿，斜腹微弧。器型略大。内画牡丹花叶，呈赭黄。外半釉。釉面有不规则细碎开片。黄白胎疏松（图五）。

图一　金介休窑白地褐花花草纹盆标本

图二　金介休窑白地褐花花卉纹盆标本

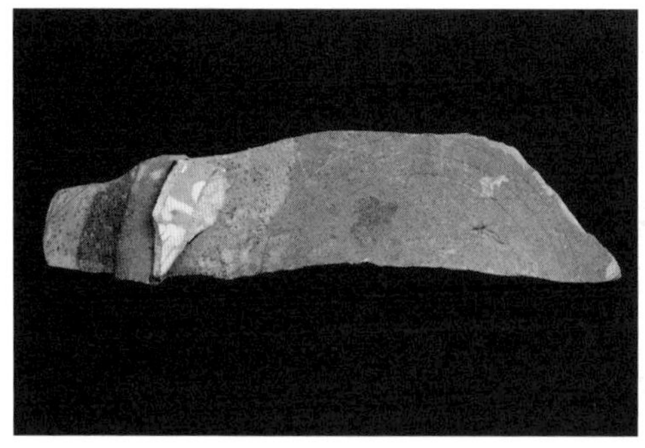
图三　金介休窑白釉剔花盆标本

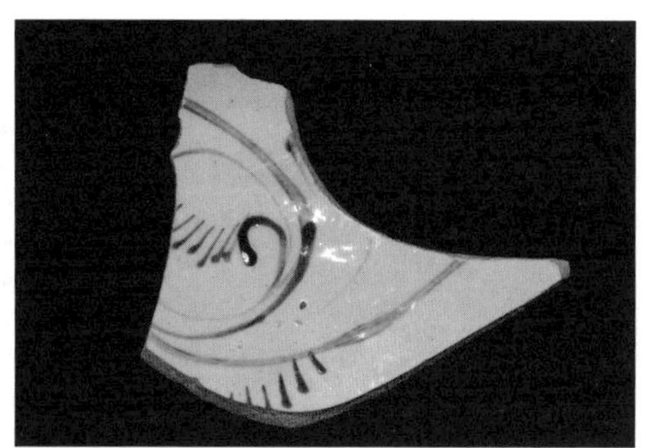
图四　金介休窑白地褐花花草纹碗标本

③斜腹微弧，小平底，宽圈足。器底画团花，呈赭褐色。釉面纯净，玻璃质感较强，聚釉处有开片。底部三支钉痕。黄白胎（图六）。

3. 盘

这类标本所见较多，器物内部图案多两组对称式、三组品字式。

①器型略大，所见盘底画花三组，呈品字排列，色彩黑褐；花纹可能延续到盘的腹部。盘底正中有一圆圈，涂以色釉，主题色调为茶叶末，色釉高出周围釉面，不明白用途所在。外半釉。黄白胎疏松（图七）。

②撇口，平底。内画对称草叶纹，褐色。底有三支钉痕。外半釉，釉面光亮，聚釉处有细碎开片。黄白胎疏松（图八，下）。也有三组草叶纹品字排列腹部的，底部补绘一组草叶纹（图八，上）。两件撇口盘的画花，在纹饰布局上都比较满，草叶的构图松散。

③撇口，弧底，折腹。绘对称组合草叶两组，呈赭褐色。图案构图繁密。底有三支钉痕，外半釉。圈足较宽，足背内斜（图九）。

④敞口，平底。口径 17 厘米。内腹底画对称草叶纹，呈赭色。底有不规则涩圈，涩圈部位不露胎，只抹去釉层，露出化妆土。这种不露胎的涩圈手法，在介休窑中常见。釉水泛黄，有细小开片。黄白胎（图一〇）。

⑤敞口，弧腹，凹底。内画褐色变异草叶纹，呈品字布局。内底三支钉痕。近口沿有一周聚釉，有不规则开片，可以看出采用了覆烧。釉水润泽。黄白胎（图一一）。

图五　金介休窑碗标本

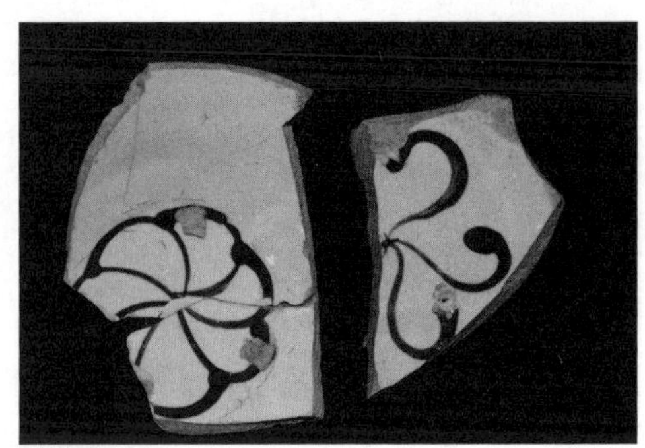
图六　金介休窑碗标本

图七　金介休窑盘标本

图八　金介休窑盘标本

图九　金介休窑盘标本

图一〇　金介休窑盘

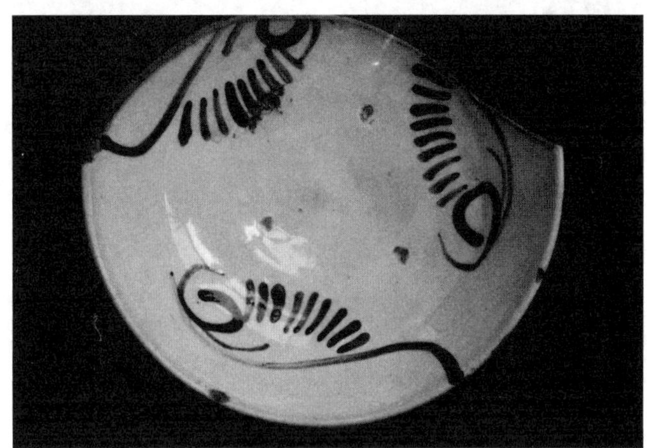
图一一　金介休窑盘标本

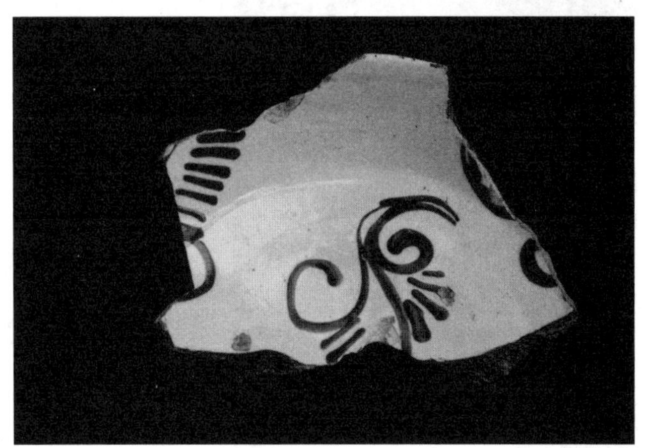
图一二　金介休窑盘标本

⑥敞口，折腹，弧底。腹部三组草叶纹，沿至底部，底部一枝草叶纹。花纹呈赭色。底有支钉痕。釉厚处有不规则开片。近口沿一周聚釉，口沿确认为覆烧（图一二）。介休窑这类碗盘类器物，几乎都具有这样的特征。

⑦敞口，折腹，平底。内部画牡丹花叶，花和叶有阴线勾划出的筋脉；花瓣的边

沿有阴刻边线，叶片则没有。宽圈足，足背内斜（图一三）。

⑧直口，浅腹，平底。盘心书一“香”字，有五支钉痕。外半釉。黄白胎，表面泛灰色。足背有五支钉痕，呈白色，是一种化妆土掺沙的粗锥状支钉痕迹（图一四）。也有写诗文的。这是介休城内窑场的产品[3]。介休城离以前知道的介休窑所在地洪山镇7.5公里。从目前掌握的资料看，两地在烧造工艺上有联系，而纹饰、构图又各有特点。

⑨直口，弧腹，平底。内底画折枝花叶，流畅飘逸。在构图和绘画手法上，高于洪山镇窑场。底有五支钉痕（图一五）。属于介休城窑场的产品。

图一三　金介休窑盘标本

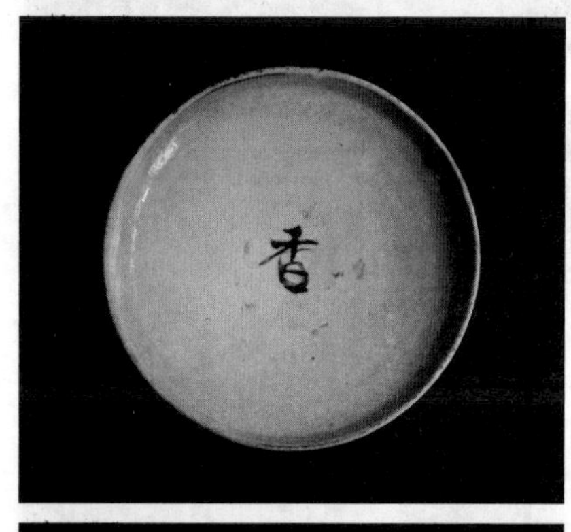

图一四　金介休窑盘

图一五　金介休窑盘

4. 瓶和罐

①大件器物腹部。画牡丹花叶，花纹呈柿黄色。内壁施釉呈茶叶末色。胎体厚达0.9厘米（图一六）。也有褐彩画花的大件器物标本。

②器物腹部。外面画草叶纹，呈柿黄色。内壁施釉呈柿黄色（图一七）。

③推测器型为罐类。器身满绘草叶纹，呈褐黄色。圈足外撇。底设漏孔。器内施釉呈茶叶末色（图一八）。

④罐。直口，鼓腹呈瓜楞形。肩部画如羽尾状的变异草叶纹，呈赭褐色。唇口无釉，

图一六　金介休窑器标本

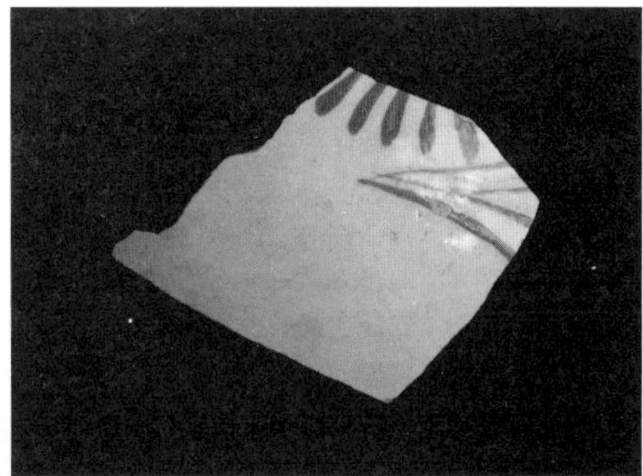

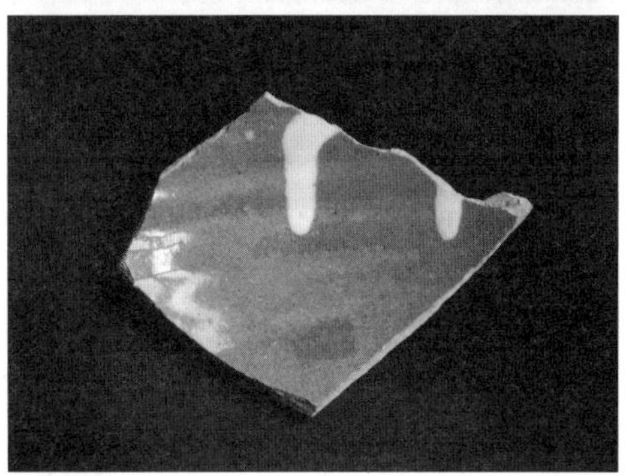

图一七　金介休窑器标本

图一八　金介休窑罐标本

可能带器盖。釉水细腻、泛黄，有细碎开片（图一九）。

⑤罐。卷唇，鼓腹。肩腹部画草莓状果实纹，有边线勾画，内用点彩填充。器内也挂化妆土，施釉。黄白胎（图二〇）。

⑥瓶。器物腹部，似梅瓶类器物。在胎体上直接画草叶纹，呈褐色。不施化妆土。釉水玻璃质感较强，有开片。胎体内有黑点析出。黄灰胎（图二一）。

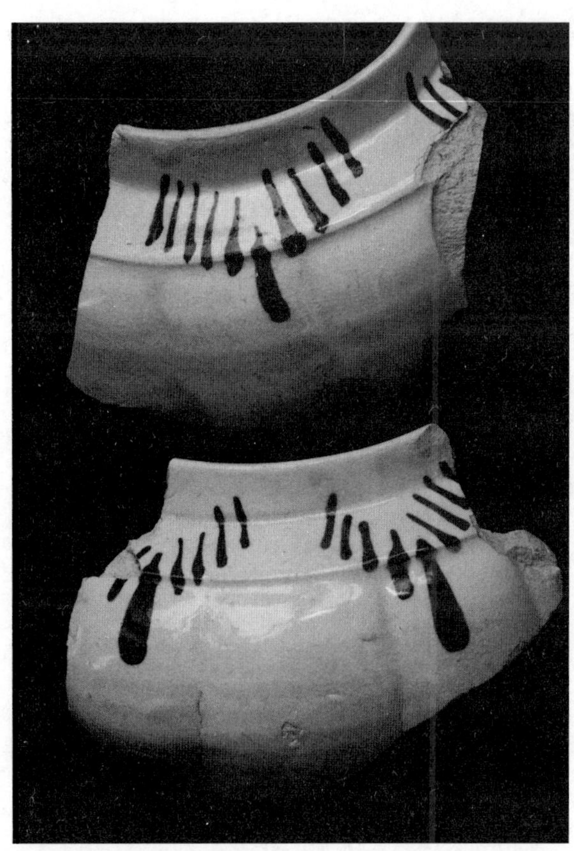

图一九　金介休窑罐标本

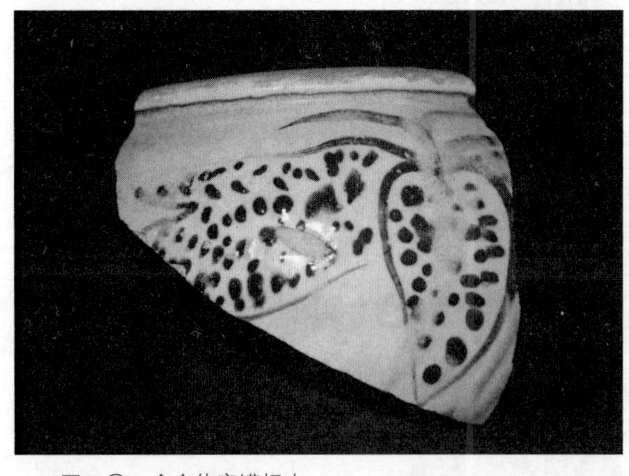

图二〇　金介休窑罐标本

图二一　金介休窑瓶标本

5. 钵

①圆唇口，腹微鼓。其外画草叶纹。器内都施釉，釉下或挂化妆土或不挂。这类钵在介休窑中常见（图二二）。

②子口，直腹，圈足外撇。腹部画草叶纹，呈赭褐色。器内挂化妆土，不施釉（图二三）。

③直腹。腹部画折枝草叶，有别于其他草叶的画法。器内素胎。灰胎（图二四）。

图二二　金介休窑钵标本

图二三　金介休窑钵标本

图二四　金介休窑钵标本

图二五　金介休窑器标本

图二六　金介休窑枕标本

6. 器盖

平顶覆钵形。顶部和斜面画草叶纹，呈柿黄色。盖内荡酱黑釉。黄白胎（图二五）。凸顶面、平折沿、带子口的一类盖也较多，盖面多画草叶纹。

7. 枕

画花枕在介休城内的窑场中大量生产。在洪山镇窑址中还没有发现标本遗物。黑画花多采取折枝手法，以折枝菊花为主要图案。有的则采用黑彩和赭黄彩一起使用的套彩手法，赭黄彩一般用于描绘花朵。图二六的枕则是采用了套彩手法装饰。这样装饰手法的器物也常见于粉盒。

二　剔花装饰类

剔花器物以枕为主，多以牡丹花叶为主题，有一种在牡丹叶上刻划诗文的剔花枕，别具一格。也有炉、罐类剔花器物。

1．枕

①剔花者以枕面为主，也有枕身剔花的。剔花主题都有阴刻边线轮廓。剔地部分因烧成气氛不同呈赭黄、褐、灰等多种颜色。釉水莹润，有玻璃质感，多数开片。这类枕头的枕面两侧，都抹去釉水，露出化妆土层，可能和烧造工艺有关，也是介休窑枕的一大特点。牡丹花叶的主题纹饰最为常见（图二七）。

②枕面花纹为古钱纹，中间填以小的梅花（图二八）。

2．炉

似炉外伸的沿面。剔花一面挂化妆土，施釉，背面素胎。表面剔刻小的三角状花朵或叶片（图二九）。有可能是其他器物的边缘。

图二七　金介休窑白釉剔花枕标本

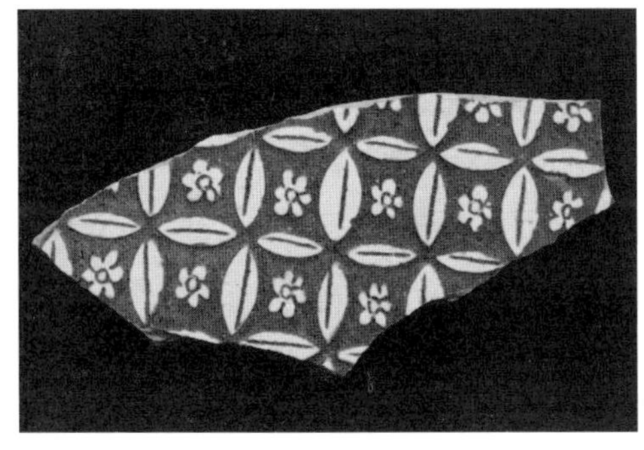

图二八　金介休窑白釉剔花枕标本

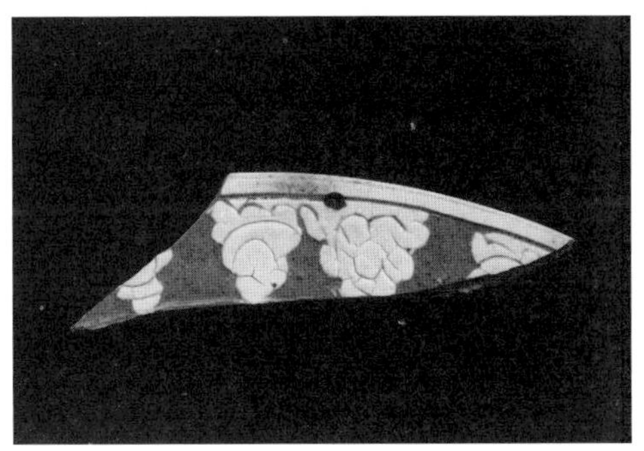

图二九　金介休窑白釉剔花器标本

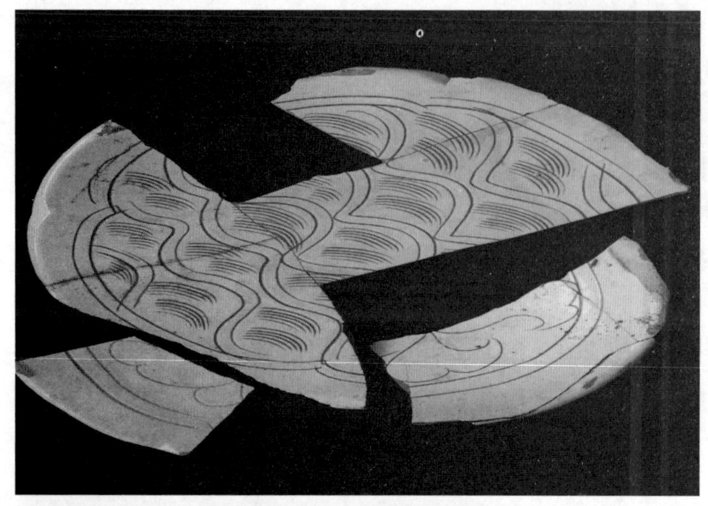

图三〇　金介休窑白地划花枕标本

图三一　金介休窑白地划花碗标本

三　划花类装饰

花纹以划刻阴线组成。枕面使用这类装饰手法的较多，也有碗类器物。不少划花类装饰和珍珠地装饰同时使用。

1. 枕

常见枕面水波纹装饰，也有勾划花叶纹的，有的水波纹之间再加勾划小鱼（图三〇）。

2. 碗

内壁勾划草叶纹，在花纹凹槽内再填赭色彩料。凹槽内的填彩似是被挤压而后填入，制作过程比较麻烦（图三一）。

四　珍珠地装饰

珍珠地的装饰手法不单独使用，一般和划花装饰一起使用，在描述上为了和单纯划花手法区分，这里单独列出。珍珠地的装饰手法在介休窑使用较多，制作水平也较高。

可以区分为两种，一种为单纯的珍珠地，一种是填彩的珍珠地。枕、盆、瓶、罐等器物常使用这一装饰手法。

1. 枕

一般以阴刻双边线为边栏，里面勾划草叶纹，草叶纹外面的留白处戳以珍珠为地（图三二）。

2. 瓶

依残片背面留下的拉坯凹痕和弧度分析，应为梅瓶。残片显示的是大的草叶纹为主题，空白处作珍珠地。珍珠地和草叶纹都填有褐色彩料。外面釉水细腻，有细碎开片。内面施薄的酱色釉（图三三）。

3. 罐

圆唇，鼓腹。一件标本肩部勾划双线覆莲瓣，莲瓣内填珍珠地；另一件肩部以下勾划草叶，留白处再填珍珠地。两件标本的花纹部分填有褐色彩料（图三四）。

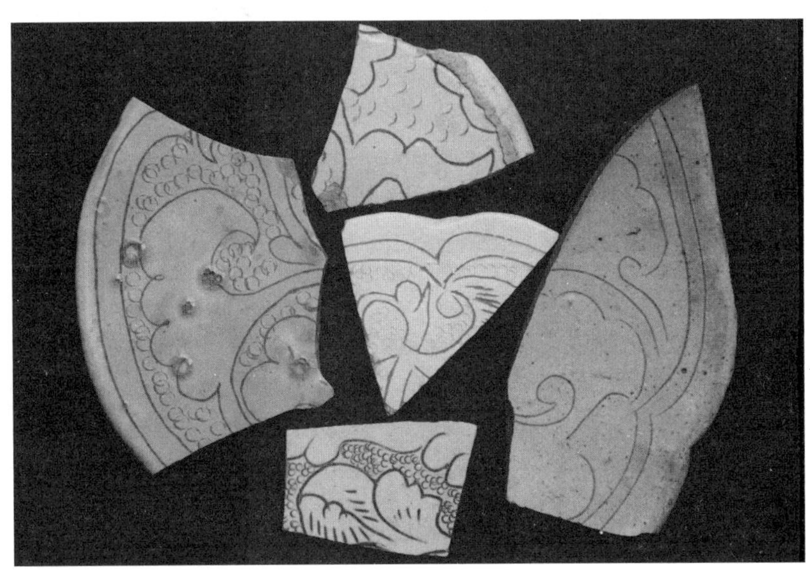

图三二　金介休窑珍珠地划花枕标本

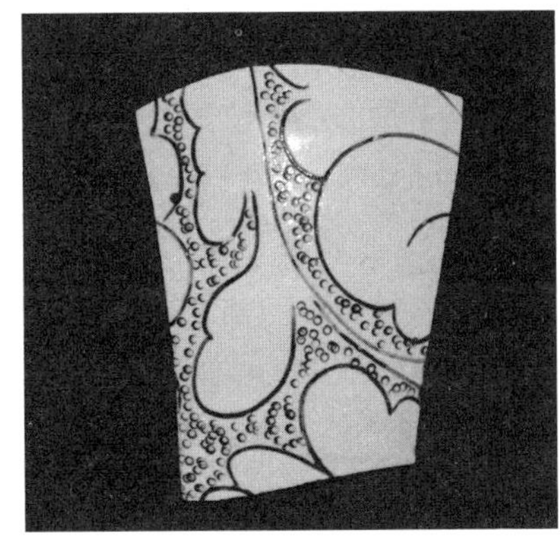

图三三　金介休窑珍珠地划花瓶标本

图三四　金介休窑珍珠地划花罐标本

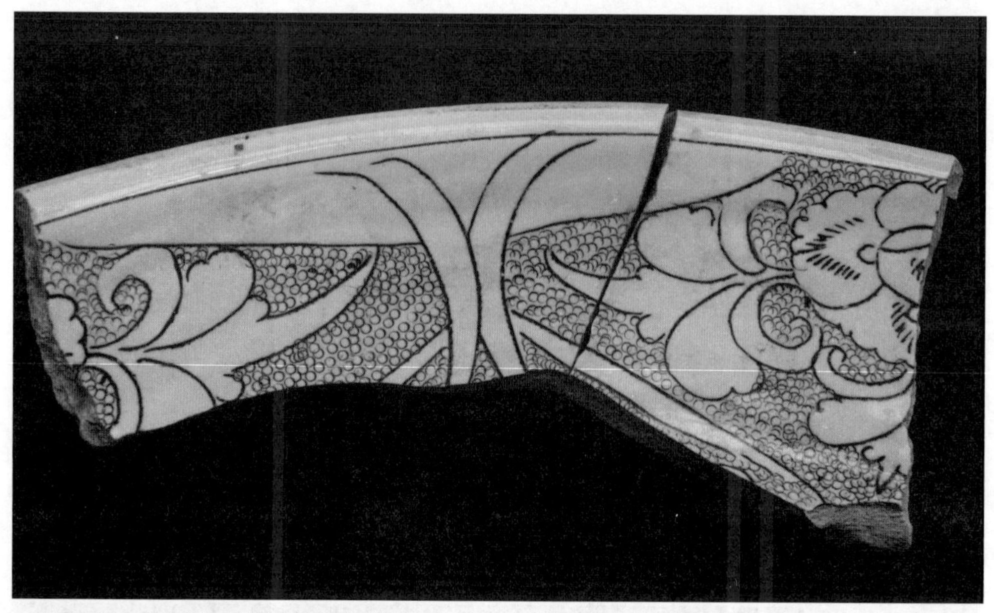

图三五　金介休窑珍珠地划花盆标本

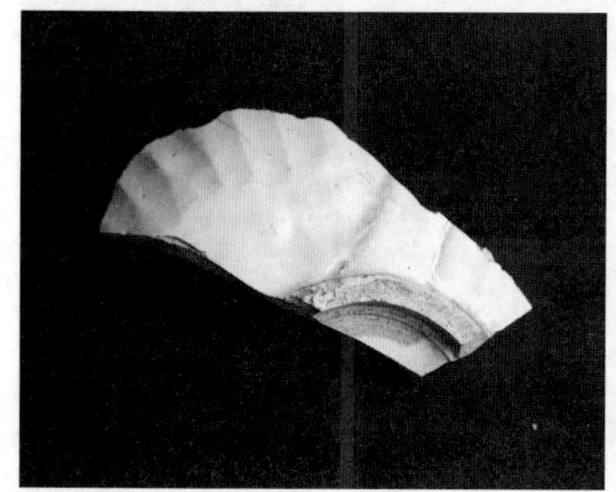

图三六　金介休窑刻花器标本

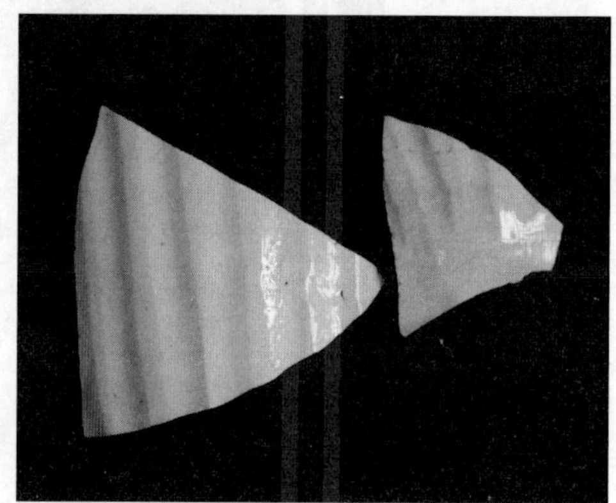

图三七　金介休窑刻花器标本

4. 盆

翻沿，圆唇口，口唇部挂釉，露出化妆土层。内壁腹底勾划牡丹，留白处填珍珠地装饰。纹饰部分都填有褐色彩料。白色的牡丹花叶衬以繁密的珍珠地，一疏一密，风格独具（图三五）。

五　刻纹类装饰

以刀刻出瘦长的菊花瓣，刻纹都在器物的外部。除菊纹外，没有其他题材。一般菊纹在近口沿处刻出花瓣头，呈锯齿状排列。洪山镇有碗类刻菊器物（图三六、图三七），介休城内的窑场则以直腹的钵常见。

六 印纹类装饰

化妆土下印花的器物，只有介休城的窑场生产，洪山镇没有见到。这种印花，河北的磁州窑也在生产。或有可能都是仿定窑的手法。花纹一般不甚清晰，有的甚至需要仔细辨认。

1. 盘

敞口，弧腹。内壁、底印缠枝菊花。底有五支钉痕。圈足背部也有支钉痕（图三八）。介休城内生产的瓷器，支钉没有定数，不似洪山镇的器物以三支钉为主流特征。

2. 碗

花口、敞口都有。器型大小不一。印花以缠枝菊花为主。内底都留有支钉痕，三个至七个不等，没有定式（图三九）。总体烧造水平没有洪山镇高，属于急于取利的“市利”产品。不过，迎合市场的一些画花类器物绘画水平是较高的，目前所见很多，足见当时的产量是很大的。

介休窑在2004年以前，并不存在复杂因素，学术界仅知道洪山镇的一处窑址。虽然外界对它没有系统而相对全面的认识，但毕竟大家都有一个模糊的概念。而自6年前介休城发现窑址后，介休窑的老概念就发生了改变。6年前的发现是在介休南街，后来介休市博物馆的同行见告，北街也有烧瓷窑址的发现，也就是说北街至南街一带都有窑场。现在介休市老城是明清以来的介休城，明清时期已经埋于今地表1米以下的窑址，便是金代介休城烧造陶瓷的一处窑场，窑址在地表1米以下至6米，堆积丰富。

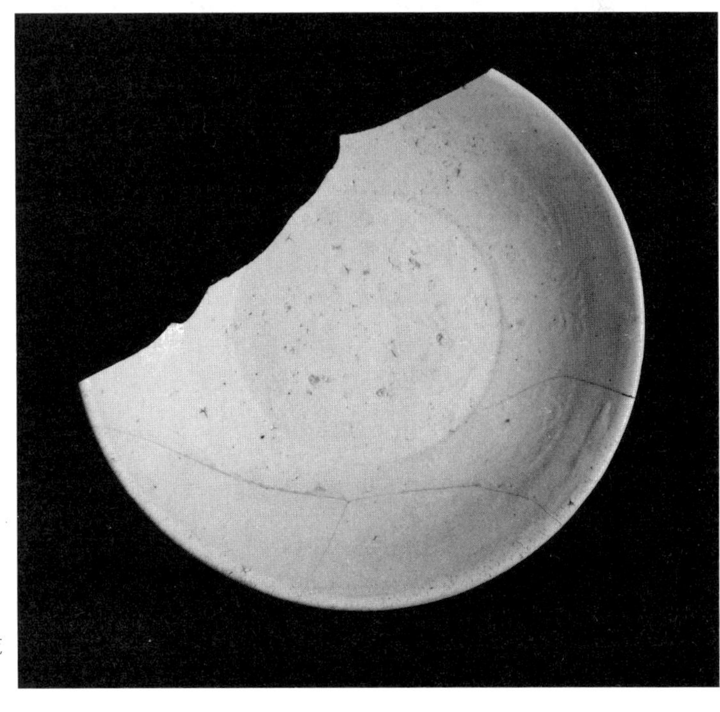

图三八　金介休窑印花盘标本

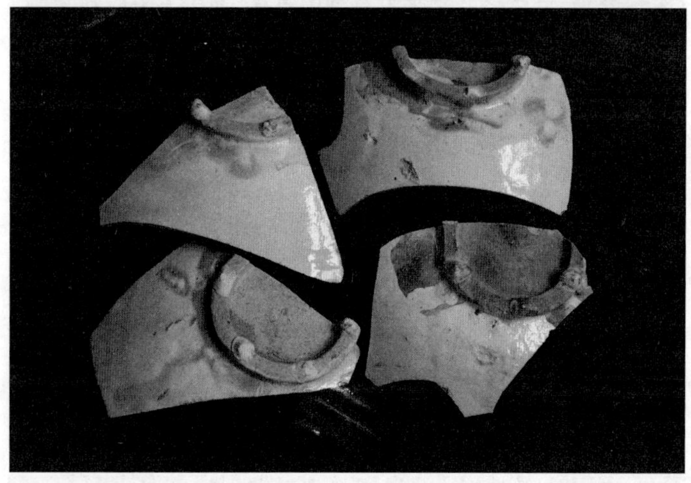

图三九　金介休窑印花碗标本

介休城金代窑址发现后，笔者曾做报道，但由于和洪山镇的风格不完全一致，当时界定为元代[4]，后来在对比大量流散文物后，发现时代不是元，而是金。介休城窑场生产的器物，传世很多，在国内外藏品中常见。洪山镇和介休城内的窑场在金代同时烧造，两地在烧造工艺方面的区别主要体现在支烧上。两地所用原料接近，但配方有所不同，也许还有烧成气氛等因素，导致两地产品在胎釉上出现不同特征。洪山镇产品黄白胎疏松，釉面玻璃光好。介休城内的产品黄白胎相对紧密，在薄釉和露胎处常常呈现泛灰的色调。

介休窑之年代，这里还要做简要说明。最早一本关于山西陶瓷的专集为日文版本，由日本美乃美和上海人民美术出版社出版[5]，里面列举的山西唐代窑址很多，错误也颇多，其中介休窑被列入唐代烧造的窑场。近年出版的叶喆民先生的《中国陶瓷史》中，也有“看来其上限还有可能提早至唐代”的想法[6]。其实，介休窑创烧时间当在北宋初年。洪山镇介休窑址旁的源神庙内有光绪十八年所立的《碗窑行公议条规碑记》，碑中有“惟磁器出产首属我洪山也，昉于何时，自唐朝末、宋代初开设碗窑久矣”一段记载，其中唐末的说法可能是推测，有溢美意义存在。介休窑从未采集到唐代遗物，窑址旁的源神庙《源神庙碑记》也只记载了北宋时期烧造的窑火之盛。介休窑和山西唐代烧瓷窑场的问题，笔者有专文谈到[7]，介休以及1982年版《中国陶瓷史》记载的唐代交城窑等窑，都是不确定的。交城窑在器型、胎釉以及支烧工艺上和介休窑完全一致，应当是受到介休窑的直接影响后才烧造陶瓷的窑场。交城之花瓷腰鼓，介休窑窑址也有发现，而介休烧造这类器物的时间应当在金代。花瓷腰鼓在广西、四川的南宋窑址中可以采集到大量标本，金代砖雕墓中也可以见到砖雕的腰鼓图。

就目前资料显示，介休窑在金代晚期停烧。停烧的原因很可能是和蒙古人入侵有关。多年来一直没有发现介休窑的元代遗物，这是一个客观的现象，正如唐代这里不烧瓷器所以也采集不到当地风格的瓷器标本一样。到明代中期或偏晚，介休窑再次烧造瓷器，虽然水平有限，但一直没有再间断，烧造一直至民国，期间的清代晚期至民国，作为当地民用瓷的生产窑口，介休窑的规模和产品质量都还是不错的。

宋金介休窑的产品比较丰富，用窑系的理论很难概括它的面貌。这里烧造的细白瓷，水平一流，白度要高于定窑主窑厂的同类产品，但胎骨和釉面没有定窑的致密，别具一格。近年发现有专业人员把介休金代刻菊纹的小盏用在辽瓷中研究，而一些如瓷塑类烧造工艺不明确的器物，人们也都笼统地认为是定窑，这种现象普遍存在。介休窑挂化妆土的一类器物画、剔、刻、划等装饰手法丰富，特点鲜明，器物存世量较大。挂化妆土的黑釉器物同样也能体现窑场器物制作的讲究。青黄釉器物以刻、印装饰为主，可能是仿耀州窑，但器型、工艺没有耀州窑的因素存在。鉴于介休窑这样丰富的产品，定窑系、磁州窑系、耀州窑系，哪个窑系能够把它包罗进来呢?

宋金介休窑遗物较多，在不少博物馆中都有收藏，在流散文物中也常常见到。而当地的介休博物馆藏品中仅有八件可以确认为介休窑早期产品，说明当地出土并不多。出土介休窑器物较多的反而在今天的汾阳市一带。汾阳为宋金时期汾州府所在地，在当时是一个政治和商业中心，这里大量出土介休窑瓷器是比较容易理解的。

本文所涉及标本，以金代为主，是否有北宋晚期之物，还需要进一步甄别。其中的柿黄彩画花一类，或有人看做北宋，笔者是不同意这种看法的。柿黄彩画花类器物在山西、内蒙、陕北等地有不少出土，但并非介休所产，从器型、图案、胎质等方面都可以确认为山西他处生产。

注释：

[1] 孟耀虎：《山西平阳古瓷窑调查》，《考古与文物》2005年3期。

[2] 孟耀虎：《介休窑白瓷品质》，《中国古代白瓷国际学术研讨会论文集》，上海古籍出版社，2005年。

[3] 介休城窑址的器物，将作特别注明，后面的几件也做同样处理。大部分未标明地点的，

则为介休洪山镇窑址标本。

[4] 孟耀虎：《介休市南街古瓷窑》，《文物世界》2004 年 6 期。

[5]《山西陶磁》，美乃美、上海人民美术出版社，1984 年。

[6] 叶喆民：《中国陶瓷史》，三联书店，2006 年。

[7] 孟耀虎：《山西地区宋金时期饼足类器物及其相关问题》，《山西省考古学会论文集》四，山西人民出版社，2006 年。

浅论西夏的磁州窑类型器

故宫博物院　黄卫文　蔡　毅

内容提要：20 世纪 80 年代以来，在窑址调查与考古发掘新资料的支持下，古陶瓷学界对西夏瓷的认识逐渐清晰。以宁夏灵武磁窑堡窑和甘肃武威塔儿湾窑为代表的西夏瓷器，在制作工艺、烧制品种和器物装饰上既与宋、金时期北方磁州窑类型器有许多相同或相似的特征，又具有自身的地域和民族特色，显然西夏制瓷业的发展直接或间接地受到了磁州窑制瓷的影响。

关键词：西夏瓷　灵武磁窑堡窑　武威塔儿湾窑　磁州窑类型

Abstract：Since 1980s, supported by the results of kiln investigations and new materials from archaeological excavations, the understandings of Western Xia Porcelain among the Chinese academic community of ancient ceramics studies are being more clearly. Many characters of production technologies, kinds of pottery firing, and porcelain decorating in Western Xia porcelain, which represented by Ciyaopu Kiln of Lingwu in Ningxia province and Taerwan Kiln of Wuwei in Gansu province, are the same as or similar to those in the Type of Cizhou Kiln of Song and Jin dynasties. Meanwhile, Western Xia porcelain has also its own regional features and national characteristics. It is considered that the adventure of Western Xia porcelain has been influenced by the production of Cizhou Kiln directly or indirectly.

Keywords: Western Xia Porcelain, Ciyaopu Kiln of Lingwu, Taerwan Kiln of Wuwei, Type of Cizhou Kiln

宋、辽、金时期，北方地区的瓷业生产十分繁荣，而地处西北，先后与宋、辽、金并立的西夏王朝，制瓷业亦很发达。以前由于文献记载的缺失和资料匮乏，人们对西夏制瓷面貌的认识曾比较模糊。20 世纪 80 年代以后，在一系列窑址调查与考古发掘新资料的支持下，古陶瓷研究者对西夏瓷的认识逐渐清晰。现有资料表明，西夏王朝的瓷业生产受到北方地区耀州窑、定窑、磁州窑制瓷的深刻影响，其产品在具有自身民族和地域特色同时，在制作工艺、烧制品种和器物装饰上更有着宋、金时磁州窑类型瓷器的许多特点，显然西夏瓷业发展与磁州窑应有密切的联系。本文依据现有窑址调查、传世及考古发现的材料，试对以宁夏灵武磁窑堡窑和甘肃武威塔儿湾窑为代表的西夏瓷中磁州窑类型产品的生产工艺、产品特征以及它们在北方磁州窑类型器中所独有的地域和民族特色等问题做一定的分析探讨。

一 宋、金时期的磁州窑类型器

在前代发展基础上，宋、金时期的北方瓷业生产更为繁荣。迄今文物工作者在今河北、河南、山西、山东、陕西、宁夏、内蒙古、北京等地区都发现了众多宋、金时期制瓷规模很大的古代窑场，这些窑场中“基础条件好的，烧造技术精良的，质量上乘的，具有特殊风格的有着丰富的原料和燃料资源，以及具有良好的商品交易环境的地区，逐渐被人们广泛接受，并且受到人们的称赞，被临近地区的瓷窑竞相模仿、学习”[1]。而磁州窑就是这样一处以自己特殊的产品风格与浓厚民间艺术气息装饰特色而吸引南、北各地窑场纷纷仿效的北方著名的民间瓷窑。

磁州窑窑址在今河北邯郸市磁县的观台镇、彭城镇一带和峰峰矿区，两地宋代均属磁州，故名。磁州窑制瓷约始自五代末北宋初期，并一直延续至今，历史长达1000多年。宋、金时期是磁州窑制瓷的鼎盛期，此时的磁州窑不仅生产的瓷器品种丰富，器型实用多样，而且在胎体施加白色化妆土的基础上，利用绘画、划花、刻花、剔花、印塑、彩釉等多种多样的装饰技法，来表现极具民间风俗、风情的装饰内容。磁州窑以其质朴、洒脱、奔放的民间艺术装饰风格，影响到了北方地区许多瓷窑的制瓷生产，各地瓷窑纷纷模仿它的产品风格，生产了众多与磁州窑制品具有相同或类似工艺特征与装饰风格，可称“磁州窑类型”的瓷器产品。如河南鹤壁集窑、修武当阳峪窑、禹县的扒村窑、登封曲河窑，山西介休窑、霍县窑，山东淄博窑，江西吉安吉州窑，福建泉州窑，四川广元窑等都烧造过磁州窑类型的产品。作为先后与宋、辽、金并立，雄踞西北的西夏王朝，其制瓷业发展也受到了磁州窑的深刻影响。迄今，文物考古工作者已发掘了西夏时期的三处古瓷窑址，即宁夏灵武磁窑堡窑[2]、回民巷窑[3]和甘肃武威塔儿湾窑[4]，这三处窑址的调查与发掘，为我们初步揭示了西夏王朝制瓷历史发展的真实面貌。其中磁窑堡窑和塔儿湾窑堪称是代表西夏王朝制瓷水平的两处重要窑址，它们的产品在工艺特征、釉色品种、器型种类、装饰技法、纹饰图案等方面都与宋、金北方窑场生产的磁州窑类型瓷器有着相同或近似的风格，但由于窑场所处地域、工艺技术水平、民族生活习俗的不同，它们生产的磁州窑类型产品与北方其他窑场生产的磁州窑类型器相比，具有自身地域和民族的特征。

二 西夏制瓷业发展的历史背景

西夏王朝（1038 ~ 1227年）是以党项羌人为主体，雄踞西北地区长达190年的一个地方割据政权。西夏自称“大夏”，因在赵宋王朝的西部，史称“西夏”。西夏都城为兴庆府（今宁夏银川市），其统治范围最大时包括今宁夏全境，甘肃的大部以及新疆、青海、内蒙古、陕西的部分地区，其疆域方圆数千里，东尽黄河，西至玉门，南界萧关（今宁夏同心南），北控大漠，幅员辽阔。兴起于西北游牧地区的党项羌人原本以牧业和狩猎为生，经济并不发达。此后西夏经过对宋王朝的多次战争，相继侵占了物产丰饶，农业比较发达的原属宋的灵州（今宁夏灵武市）、兴庆府、凉州（今甘肃武威）和瓜州（今甘肃安西）等地。党项羌人开始学习汉人的农业技术，发展农业生产，由于农、牧业的发展，社会生产力迅速提高，西夏的手工业生产和商业贸易也随之发展起来。西夏的冶炼、陶瓷、纺织、造纸、印刷、酿造、采盐制盐、金银木器制作等手工业生产都具有一定的规模和水平。总体上看，西夏王朝的经济是以半农半牧的生产方式为主，经济发展程度和规模与中原王朝相比仍显落后，国力相对弱小。历史上，西夏与宋、辽、金之间曾多次处于战争或对峙状态，其相对落后的经济显然不能支持长期的战争行动，因此西夏除了通过对外战争掠夺资源外，更依赖于与其他地区特别是北方中原地区的贸易往来补充财力和促进自身的经济发展。这一点突出表现在对宋朝“岁赐”与“和市”之上。史载：“既绝岁赐，复禁和市，羌中穷困，一绢之直，至十余千。既通和市，复许入贡，使者一至，赐予不赀，贩易而归，获利无算；传闻羌中得此厚利，父子兄弟始有生理。”[5]可见宋断绝与西夏的贸易往来，西夏境内便物价飞涨，穷困异常，反之才“始有生理”。这说明西夏的经济发展确实十分依赖于以宋王朝为代表的北方中原地区。

西夏王朝疆域内本身极度缺乏铜、铁等金属矿产，靠掠夺或贸易得来的金属资源十分有限，而有限的资源要用来制作武器或上层社会使用的金属器，人们日常的生活用具则要依赖木器或陶瓷器等。可见西夏社会生活对瓷器有着巨大的需求，这种需求有相当一部分是通过战争掠夺或贸易输入满足的，因此在和中原王朝的贸易中，瓷器占据了很大比重。但显而易见，瓷器作为一种生活必需品完全依赖外来输入几乎是不可能的，何况这种输入还经常受到断绝的威胁，因此在西夏王朝地域内也应该有烧制瓷器的窑场。而这些窑场处于何地？生产情况和产品特征是什么？以前由于文献记载的缺失和资料匮乏，研究者对西夏制瓷发展面貌的认识比较模糊，原西夏疆域内所发现的陶瓷制品，一般被定为宋、辽、金瓷器，或被视为元代产品，以至于1980年前后编写的《中国陶瓷史》中，并无西夏瓷的有关描述。

三　西夏瓷窑址调查与考古发现

从1949年后发现的材料来看，西夏地域内瓷窑生产的瓷器即“西夏瓷”也曾零星有所发现。如1956年内蒙古伊金霍洛旗敏盖乡曾发现两件黑釉剔刻花瓶，其特征与宋代中原地区瓷器有一定的差异，被认为“可能与西夏有关”[6]。1964年宁夏考古工作队在石嘴山市西夏“省嵬城”遗址发掘出土了玉壶春瓶、碗、罐、人头像等瓷器，其中人头像做秃发状，与党项羌人的习俗相同[7]。此后，在西夏时期的窖藏、墓葬和遗址中又陆续发现了一些资料，如宁夏西夏王陵区[8]、灵武崇兴乡窖藏[9]，甘肃武威西郊窖藏[10]和墓葬[11]，青海海东窖藏[12]，内蒙古伊金霍洛旗窖藏[13]、准格尔旗窖藏[14]，以及上海博物馆藏刻西夏文黑釉小口瓶[15]等。此外，在故宫博物院藏品中也收藏有数件西夏瓷，如宁夏博物馆拨交的灵武窑白釉碗，灵武窑窑址采集的青釉碗，传世的灵武窑黑釉剔花瓶、白地黑花猴鹿纹瓶、白地黑花折枝牡丹诗句纹瓶，以及与武威塔儿湾窑出土器相似的褐釉四系瓶等。上述考古发现或传世的瓷器，因为它们的制品特征既具有中原地区所产瓷器的特点但又有所不同而逐渐被研究者认为可能就是陶瓷史中消失了的“西夏瓷”，并由此开展了寻找西夏制瓷窑场遗址的工作。

1983 年，中国社会科学院考古研究所在内蒙古额济纳旗的居延汉代烽燧遗址考察时，得到不少西夏至元代的遗物。考古人员对出土的一些瓷器进行分析后认为，这些瓷器应非远途运输之物。他们联系到灵武崇兴乡窖藏出土的瓷器，推测灵武境内可能有瓷窑遗址存在[16]。此后，社科院考古所的马文宽先生，依据《嘉靖宁夏新志》中“瓷窑山，灵州东北 60 里，为陶冶之所”[17]的线索，在古灵州即今宁夏自治区灵武县县城以东 35 公里、距磁窑堡镇西北 4 公里处终于找到了瓷窑遗址[18]，并将其命名为灵武窑。1984 年至 1986 年，社科院考古所对该窑址进行了 3 次系统的发掘，共清理西夏窑炉 3 座、西夏瓷器作坊 8 座、元代瓷器作坊 1 座、清代窑炉 1 座，发掘面积约 700 平方米。出土瓷器、瓷具、窑具共 3 000 余件，同时发掘出大量墨书西夏文瓷片、墨书汉文西夏年款的瓷片和西夏钱币[19]。灵武磁窑堡窑址的发掘成果表明，灵武窑制瓷历经了西夏、元、清三个朝代，其中“西夏时期的产品种类繁多，以用途分类有生活器皿、文房器具、娱乐用品、雕塑艺术品、建筑材料、兵器等；以釉色分则有白釉、青釉、黑釉、褐釉、茶叶末釉和数量较少的紫釉，还有的一器施两种釉色，如外施黑釉、内施青釉的碗等；以装饰技法分有素釉、刻釉、剔刻釉、刻化妆土、剔刻化妆土、印花、点彩和雕塑等”[20]。灵武窑的调查发掘正式确认了“西夏瓷”的存在，并初步揭示了其产品特征和时代分期，使得文物工作者对西夏瓷的研究有了突破性的进展。

20 世纪 80 年代磁窑堡窑发掘之后，文物工作者又在灵武磁窑堡以北约 4 公里的回民巷、贺兰山东麓的缸瓮井、插旗口，甘肃武威塔儿湾及内蒙古伊金霍洛旗、准格尔旗等地发现了西夏时期的瓷窑遗址，并发掘了回民巷窑址[21]和塔儿湾窑址[22]。2006 年故宫博物院的冯小琦、蔡毅等在赴西北地区进行中国古代窑址调查工作时也曾调查了磁窑堡、回民巷、塔儿湾等三处窑址，并为故宫博物院采集到了重要的窑址标本（图一、图二、图三、图四、图五、图六）。

从考古发掘和故宫博物院窑址调查取得的材料来看，西夏王朝的制瓷业是在当时北方地区定窑、磁州窑、耀州窑制瓷的影响下，结合自身民族和地域的特色发展起来的，其中灵武回民巷窑的产品主要受耀州窑的影响，以生产青黄釉刻划花制品为主，而灵

图一　西夏磁窑堡窑白釉罐标本（故宫博物院藏）

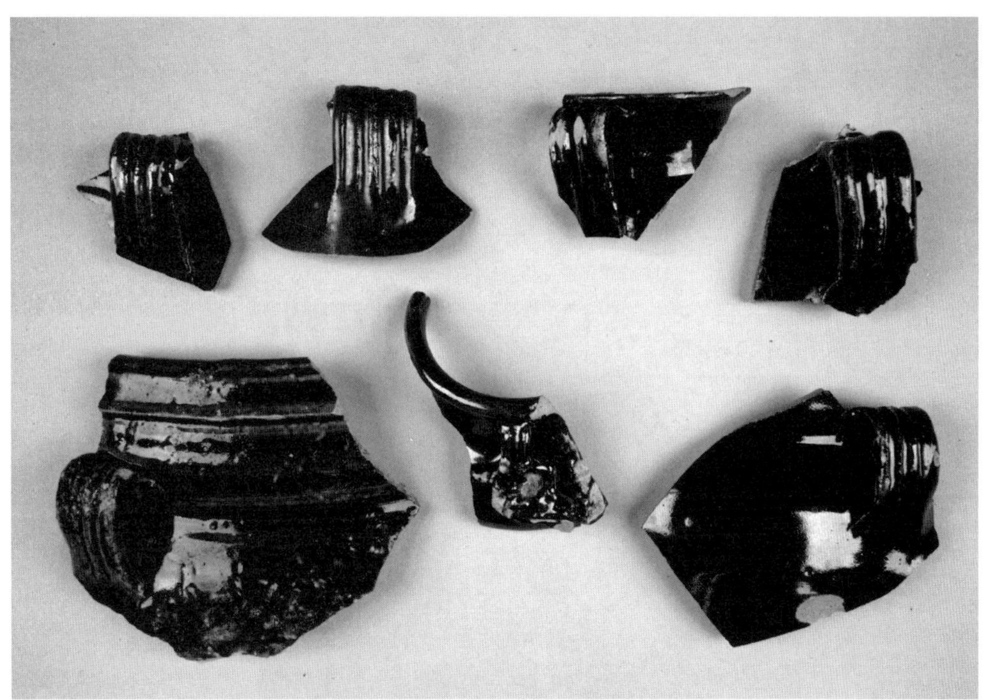

图二　西夏磁窑堡窑黑釉罐标本（故宫博物院藏）

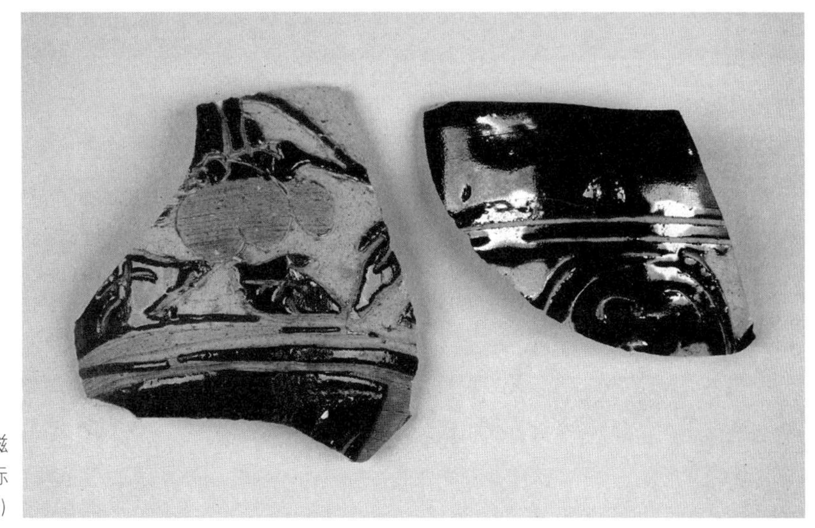

图三　西夏磁窑堡窑剔刻花罐标本（故宫博物院藏）

图四　西夏塔儿湾窑白釉黑花罐标本（故宫博物院藏）

图五　西夏塔儿湾窑白釉点彩碗标本（故宫博物院藏）

图六　西夏塔儿湾窑黑釉刻剔花罐标本（故宫博物院藏）

图七　西夏塔儿湾窑白釉碗（武威塔儿湾窑出土，甘肃省考古所藏）

武磁窑堡窑与武威塔儿湾窑生产的产品在制作工艺、釉色品种和装饰技法上都有着宋、金时磁州窑类型瓷器的产品特征，受北方磁州窑的影响十分明显。特别值得一提的是，故宫博物院的冯小琦、蔡毅等学者在调查西北地区窑址时发现，武威塔儿湾窑的产品不仅制作工艺比较精良，器型丰富，装饰多样，既有鲜明的磁州窑类型器特征，又有自身的地域、民族风格，流传的地域也很广阔，在甘肃、青海各级文物考古单位收藏的西夏遗址出土瓷器中常见有塔儿湾窑的产品。因此，可以说武威塔儿湾窑是继灵武磁窑堡窑之后，值得我们今后重点研究的又一处西夏瓷窑址。

甘肃省武威地区古称“凉州”，是古代丝绸之路上汉地通往西域的交通要冲，自汉唐以来一直是西北地区的重要政治、军事中心。塔儿湾窑位于“武威市城南 35 公里的古城乡上河村一组。这里地处杂木河上游，两岸依山。遗址分布在南岸的山坡和一片台地上，其中部分辟为农田，现已耕种。遗址东西长约 500 米，南北宽约 260 米，以西为草木茂盛的山区牧场，以东杂木河两岸是开阔的平原农田”。塔儿湾因窑址附近河湾处建有一座白塔而得名，因地处偏远和交通不便，目前居民仅有十多户人家，使得当地的历史文化遗存保存得较好。西夏时期，这里是党项羌人放牧、从事手工业生产和居住的地方。目前窑址附近仍有近代的制瓷窑场，据《武威县志》此地产“……石炭……煤……磁器；杂税……磁窑、煤炭税银二十两八钱”。早在 1982 年甘肃省考古研究所就在塔儿湾发现了新石器时代的遗址，并在考古清理遗址工作时发现了大批的西夏瓷器 。1992 年至 1993 年上半年，甘肃省考古所对塔儿湾西夏文化遗址进行了考古发掘，发现了西夏时期的房屋村落遗迹，并出土了大量西夏时期烧制的各种瓷器、瓷片标本、窑具和烧窑留下的灰层堆积物，但因当时在考古工作中未能找到窑炉，发掘者仅将该遗址视为我国迄今发现的保存最完整的西夏村落遗址。然而从发现众多釉色繁杂、装饰多样的瓷器、瓷片标本和大量匣钵、支垫窑具，以及烧窑留下的灰层堆积物等现象判断，塔儿湾无疑应是一处西夏时期制瓷规模很大的窑址。

塔儿湾窑的产品风格与灵武磁窑堡窑类似，风格粗犷，一般器型较大，器胎较厚，并施有化妆土，施釉外不到底，底足无釉。釉色品种以白釉、黑釉为主，兼有绿釉、黄釉、褐釉。器型有盘、碗（图七）、高足碗（图八）、钵、扁壶、罐、双耳瓶、四系瓶（图九）、六系瓶、花口瓶（图一〇）、玉壶春瓶、缸、瓮、瓷人（图一一）、瓷马等，装饰技法以刻花、剔刻花（图一二）、白地黑花（图一三）、点彩等为主，特别是白地黑花器发现较多，制作精良，画风质朴洒脱，为西北地区古代窑址中所罕见。纹饰常见缠枝牡丹、折枝牡丹、菊花、莲花、梅花点、牡丹飞禽（图一四）等。

图八　西夏塔儿湾窑白釉高足碗（武威塔儿湾窑出土，甘肃省考古所藏）

图九　西夏塔儿湾窑黑釉剔花四系瓶（武威塔儿湾窑出土，武威市博物馆藏）

图一〇　西夏塔儿湾窑黑釉花口瓶（武威塔儿湾窑出土，甘肃省考古所藏）

图一一　西夏塔儿湾窑白褐釉点彩人物像（武威塔儿湾窑出土，甘肃省考古所藏）

图一二　西夏塔儿湾窑绿釉剔花四系瓶（武威塔儿湾窑出土，甘肃省考古所藏）

图一三　西夏塔儿湾窑白地黑花缠枝牡丹纹罐（武威塔儿湾窑出土，武威市博物馆藏）

图一四　西夏塔儿湾窑白地黑花牡丹飞禽纹六系瓶（武威塔儿湾窑出土，武威市博物馆藏）

四　磁窑堡窑和塔儿湾窑西夏瓷的产品特征

灵武磁窑堡窑和武威塔儿湾窑的制瓷原料采用的都是各自当地产的青矸土，即“高岭石质泥岩”和“高岭石质泥夹矸”，这种瓷土是与煤层伴生的优质制瓷原料之一。器胎可分粗细两类，粗者为杂质较多的砂、缸胎，细的胎土淘练得比较精细，胎质较为细腻，但两者都给人胎质偏软的感觉。其胎色多呈浅黄或灰白色，为掩盖较差的胎色，胎体上一般都施有白色化妆土。

两窑西夏瓷的器物种类按用途可分为生活器皿、文房用具、娱乐用品、瓷塑及建筑材料等，常见器型有碗、盘、壶、瓶、罐、盆、灯、帐钩、砚、铃、牛头埙、棋子、板瓦、滴水、人像、骆驼、马、鸡、鸭等。其中有些器型，如扁壶、多系（二系、四系或六系）瓶、帐钩、纺轮、牛头埙等是适应党项羌人游牧生活的特殊器型。以扁壶为例，其壶式可分两种，较大者为三圈足扁壶（图一五），壶小口、短颈、扁圆腹，腹部两侧中央均有圆形圈足，底亦为圈足，可正或两面平放，腹侧上下分别置两耳或四耳。该壶有三个圈足的特殊器型为西夏瓷所独有，三面均可置放，支撑稳妥，腹侧有耳供穿带，将壶系带于马背，骑马出行时装水、酒，携带十分方便。另一种扁壶略小，器型与大型扁壶相似，但无圈足，腹侧置双耳，只为随身携带使用。此外，两个窑址

图一五　西夏磁窑堡窑黑釉剔花牡丹纹双耳三圈足扁壶（灵武磁窑堡窑出土，宁夏博物馆藏）

都发现很多宽系的二系、四系或六系瓶标本，器型也很有特点，如塔儿湾窑四系瓶（图一六）、六系瓶（图一七），盘口，束颈，溜肩，鼓腹，圈足或平底，肩腹处饰四系或六系，系部出棱，与北方其他窑场的带系瓶相比，系部明显较宽，系带更为结实牢靠，应为适应党项羌人游牧生活的需要而制成。而瓷帐钩、纺轮等则是西夏缺乏金属矿产，瓷器在社会生活中应用得更加广泛的表现。其他如两个窑址出土物中都发现了如秃发人物的瓷像（图一八），更是与党项羌人的生活习俗有关，史载西夏开国皇帝李元昊在其建国前就发布过“秃发令”，规定“如三日不从令，许众杀之”。

图一六　西夏塔儿湾窑褐釉四系瓶（武威塔儿湾窑出土，甘肃省考古所藏）

图一七　褐釉六系瓶（青海湟中下马申出土，青海省考古所藏）

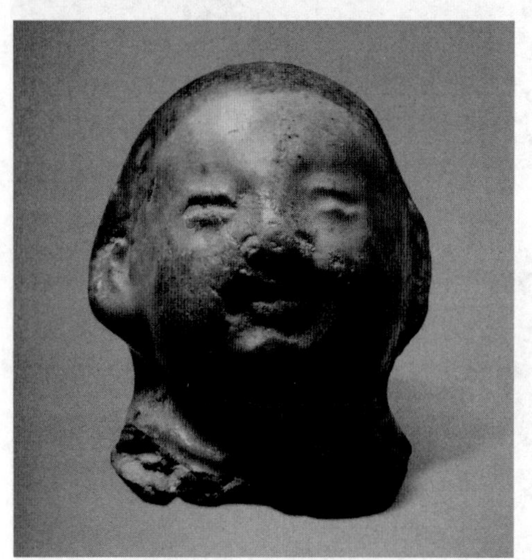

图一八　西夏磁窑堡窑白釉人头像（宁夏石嘴山市西夏省嵬城遗址出土，宁夏博物馆藏）

两个窑场烧制的品种以釉色分，主要以白釉、黑（褐）釉为主，也有少量青釉、茶叶末釉瓷器，多数外施釉不到底，有些器物里外釉色不同，底足一般无釉。其中白瓷质量普遍较高，精品亦多。器物装饰除一色釉器外，常用白地绘黑花（图一九）、剔刻花（图二〇）、印花、点彩和雕塑等装饰技法，其中绝大部分壶、瓶、罐、钵等都采用剔刻花结合开光的装饰技法。这种剔刻花技法从工艺上可细分为刻釉、剔刻釉、刻化妆土、剔刻化妆土四种，具体来说，刻釉是在施釉的坯体上以刻刀在釉上刻划出花纹，花纹处露出胎色；剔刻釉则是在釉面上刻出纹饰后，再剔掉纹饰之外的釉层露出胎体，剔掉胎体使纹饰突出的做法颇有浅浮雕的效果，装饰效果极强；刻化妆土和剔刻化妆土与刻、剔刻釉工艺过程相似，只是在未施釉而只施化妆土的胎体上剔、刻纹饰，再罩上透明釉烧成。它们的装饰效果都是利用胎色与釉色或白色化妆土的色差来突出纹饰，对比鲜明。此外，剔刻花技法还结合有多种形式的开光使用，常见菱形、长方形、圆形或扇面形的开光，其中菱形采用得最多（图二一）。

两窑产品的纹饰题材内容丰富，有植物纹、动物纹、婴戏纹及反映民间生活习俗的狩猎图（图二二）。植物花纹中以折枝、缠枝或串枝牡丹纹最多，亦有折枝、串枝莲花纹、梅花纹、菊花纹等。动物纹有飞禽、鱼、蜜蜂和鹿纹等。故宫博物院亦藏有

图一九　西夏塔儿湾窑白地黑花牡丹纹四系罐
（武威塔儿湾窑出土，甘肃省考古所藏）

图二〇　西夏磁窑堡窑黑釉剔刻花牡丹纹瓶
（灵武磁窑堡窑出土，宁夏博物馆藏）

图二一　西夏磁窑堡窑黑釉剔刻花开光折枝莲纹钵（灵武磁窑堡窑出土，宁夏博物馆藏）

图二二　西夏磁窑堡窑褐釉刻狩猎图纹大瓶（灵武磁窑堡窑出土，宁夏博物馆藏）

图二三　西夏白地褐花猴鹿纹瓶（故宫博物院藏）

西夏白地褐花猴鹿纹瓶（图二三），高 42.5 厘米，口径 7.8 厘米，底径 12.7 厘米。小口微外卷，短束颈，溜肩，肩以下渐敛至底，平底无釉。外壁上下施褐釉，腹部饰白釉褐花纹饰，一面绘猴鹿纹，另一面饰飞禽纹，飞禽的画法与塔儿湾窑出土白釉黑花牡丹飞禽纹瓶（见图一四）的纹饰画风颇为相似，很可能是塔儿湾窑的产品。此外，两个窑址出土器物标本中部分器物有墨书或划刻的文字、符号等，一般写在足内、肩部或腹下部，文字有汉文、西夏文、藏文等多种，是研究西夏文字的珍贵材料。

五　西夏瓷与北方磁州窑类型器的关系

宁夏灵武磁窑堡窑和甘肃武威塔儿湾窑的调查和发掘，为我们揭示了西夏瓷业发展的真实历史面貌。这两个代表西夏制瓷水平的窑场，它们烧制的产品在工艺特征、釉色品种、器型、装饰技法、纹饰图案等方面都与北方宋、金时期磁州窑类型器有着相同或相似的风格，但由于窑场所处地域、工艺技术水平、民族生活习俗的不同，其产品特征与北方其他窑场的磁州窑类型器相比既有时代的共性又有自身地域和民族的特点。

磁州窑的制瓷原料为当地多与煤层伴生的“大青土”，制胎时淘炼得不够精细，颗粒粗，杂质高，胎色呈灰白或灰褐色。为适应粗瓷细作的需要，磁州窑器多在胎面上施加了白色化妆土，以遮盖其胎体表面的凹凸不平，从而提高瓷器的外观质量和釉的白度及光亮度。磁窑堡窑和塔儿湾窑的西夏瓷产品与磁州窑一样，采用的也是当地与煤层伴生的瓷土，胎质较粗，胎色多为浅黄色或棕黄色，为掩盖较差的胎色也使用了北方磁州窑类型器施白色化妆土的方法。在装烧方法上，宋、金磁州窑装烧方法有多种，民间使用的大路瓷多采用支钉、支垫垫烧，精细器用匣钵装烧，碗、盘有的用支圈或支垫一匣多器仰烧；还有用顶碗覆烧法，即用支顶碗（盘）放在筒式匣钵最底部起支撑作用，其他器物一层层向下叠着覆烧，此法烧成的碗、盘可克服瓷器芒口的缺陷，但内底往往有一圈粘砂或无釉现象。西夏瓷的装烧方法亦与磁州窑类似，盘、碗等有支钉、支圈正烧和匣钵正烧或顶碗覆烧法（图二四），为了增加装窑量，有的在罐上再扣上一件器物覆烧，因此罐类器物肩部常见一圈涩胎（见图九、图一六）。

两个窑场西夏瓷的釉色品种虽无磁州窑丰富，但也以北方磁州窑类型最常见的白釉、黑釉、白地黑花等品种为主。而北方宋、金时磁州窑类型器中的许多器型，

图二四　西夏塔儿湾窑黑釉碗（武威塔儿湾窑出土，甘肃省考古所藏）

如花口瓶、玉壶春瓶、黑釉双耳罐等在两个窑场出土品中也能找到，只是器型略有差异。在装饰技法上，两个窑场都大量运用了剔刻花的工艺，塔儿湾窑还烧制了许多白地黑花的器物，而白地黑花和剔刻花正是北方磁州窑类型器最经典的装饰技法。与北方其他窑场的同类器相比，西夏剔刻花瓷露胎的面积往往较多，纹饰布局显得比较疏朗，露出的浅黄或棕黄色胎色与北方其他瓷窑的产品多浅白或灰白的胎色区别明显。

磁州窑的纹饰题材极为丰富多彩，内容多反映民间的风俗、风情。题材有花卉、飞禽、人物山水，其中花卉题材中以牡丹花为最多。西夏瓷中折枝牡丹纹样使用得亦多，其画法往往左右对称，花朵较大，左右两侧由花叶衬托，图案构思与磁州窑基本相同。

总的来说，宁夏灵武磁窑堡窑和甘肃武威塔儿湾窑的西夏瓷在诸多方面都带有北方磁州窑类型器的产品特征，这说明它们制瓷业的发展确实受到了宋、金时期北方生产磁州窑类型器相关窑场的影响，甚至可以说其制瓷工匠很可能就是来自这些窑场。以灵武磁窑堡窑考古发掘为例，发掘者把磁窑堡窑出土的瓷器分为五期。一期时代为西夏中期偏晚，即崇宗晚期及仁宗前期；二期时代为西夏晚期；三期为元代；四、五期更晚 。而一期地层即是该窑场的始烧期又是鼎盛期，品种丰富，延续时间长，文化堆积层厚，且产品特征具有鲜明的北方磁州窑类型器的特点。可见，刚开始建窑烧瓷就能以成熟的技术烧制诸多高质量的瓷器品种，在没有任何前期技术积累的情况下，应该是外来技术支持的结果。因此从该窑始烧年代（约相当于北方的金代初期）及制瓷技术水平分析，其制瓷伊始，就得到了北方烧制磁州窑类型器制瓷工匠们的技术帮助，磁窑堡窑的西夏瓷才得以烧制成功。

有关西夏制瓷的创烧发展是否是外来工匠作用的结果，史籍中并无明确的记载。如从当时的历史情形来推测，无非有三种情况，一为北方地区的制瓷工匠为谋生或躲避战乱而前往西夏地区，尤其是北宋末期，金兵多次南侵，北方地区许多窑场在战争中损毁，如河南扒村窑碑记中就提到战后众多窑场只“百存二三”。二是通过战争劫掠工匠，西夏在金天会二年（1124 年）曾短暂攻占了晋西北黄河地区一带，其撤退时很可能就掠走了晋北善烧黑釉剔花器窑场的工匠。这种通过战争劫掠经济发达地区财富和手工业工匠的行为，在我国古代游牧民族与中原王朝的战争历史中可谓屡见不鲜。三是向中原王朝索取工匠，如司马光在其所著《涑水记闻》曾记道，宋仁宗嘉祐七年（1062 年）西夏毅宗谅祚曾遣使向宋朝“乞国子监印书、释氏经一藏并译经僧及幞头、工人、伶官”等，宋朝只答应给予国子监印书及经书和幞头，派遣译僧、工人、伶官等要求则遭到了宋朝的拒绝，但西夏手工业制造对中原王朝匠人的需求仍可见一斑。其后，在西夏配合金朝灭掉北宋后，西夏与金曾和平相处达 80 余年，金朝派遣制瓷工匠等手工业工人前去西夏也是很有可能的。

六　结语

综上所述，现有窑址调查与考古资料表明，以宁夏灵武磁窑堡窑和甘肃武威塔儿湾窑为代表的西夏制瓷业，在其发展的初期就已出现了大量与宋、金时期北方磁州窑类型器有着相同或相似制作风格的产品。这证明西夏制瓷是在北方其他生产磁州窑类型器相关窑场的影响下发展起来的，西夏瓷显然受到了宋、金时期磁州窑的直接或间接的影响，西夏制瓷发展应与磁州窑有着密切的联系。与北方其他地区窑场生产的同类器相比，由于这两个窑场所处地域不同，特别是它们所产瓷器的使用对象有着自己的民族风俗和生活习惯，因此其磁州窑类型产品又具有自身的地域和民族特色。笔者认为依据考古学的器物类型学概念，经上述研究分析，我们似可把本文中涉及的磁窑堡窑和塔儿湾窑生产的西夏瓷品种称为“磁州窑西夏类型”器。

注释：

[1] 蔡毅：《宋金北方白瓷的比较学研究》，《中国古代白瓷国际学术研讨会论文集》，上海博物馆编，2005 年。

[2][27] 中国社会科学院考古研究所内蒙古工作队：《宁夏灵武县磁窑堡瓷窑址发掘简报》，《考古》1987 年 10 期。

[3][21] 孙昌盛、杜玉冰、余军、杨蕤：《宁夏灵武市回民巷西夏窑址的发掘》，《考古》2002 年 8 期。

[4][22][23] 黎大祥：《武威塔儿湾西夏遗址》，《武威文史资料》第六辑，2000 年。

[5]（清）吴广成编撰：《西夏书事》卷七，上海古籍出版社，2005 年。

[6] 内蒙古文物工作队：《内蒙古文物资料选辑》第 173 页，内蒙古人民出版社，1964 年。

[7] 宁夏自治区展览馆：《宁夏石嘴山市西夏城址的试掘》，《考古》1981 年 1 期。

[8] 宁夏回族自治区博物馆：《西夏八号陵发掘简报》，《文物》1978 年 8 期。

[9] 钟侃：《宁夏灵武县出土的西夏瓷器》，《文物》1986 年 1 期。

[10] 钟长发：《武威出土一批西夏瓷器》，《文物》1981 年 1 期。

[11] 宁笃学等：《甘肃武威西郊林场西夏墓清理》，《考古与文物》1980 年 3 期；宁笃学：《武威西郊发现西夏墓》，《考古与文物》1984 年 4 期。

[12] 许新国：《青海互助土族自治县发现宋代窖藏》，《文物资料丛刊》1983 年第 8 期。

[13] 高毅、王志平：《内蒙古伊金霍洛旗发现西夏窖藏文物》，《考古》1987 年 12 期。

[14] 伊克昭盟文物工作站：《准格尔旗发现西夏窖藏》，《文物》1987 年 8 期。

[15] 上海博物馆选编：《上海博物馆藏瓷选集》图六一，文物出版社，1979 年。

[16][20] 马文宽：《宁夏灵武窑》，紫禁城出版社，1988 年。

[17] 胡汝砺撰，管律重修：《嘉靖宁夏新志》，宁夏人民出版社，1982 年。

[18] 中国社会科学院考古研究所内蒙古工作队：《宁夏灵武县磁窑堡瓷窑址调查》，《考古》

1986 年 1 期。

[19] 中国社会科学院考古研究所内蒙古工作队：《宁夏灵武县磁窑堡瓷窑址发掘简报》，《考古》1987 年 10 期。

[24]（清）张玿美修，曾钧、魏奎光纂：《武威县志 · 物产》，清乾隆十四年刻本。

[25] 甘肃省文物考古研究所：《武威塔儿湾新石器时代遗址及五坝山墓葬发掘简报》，《考古与文物》2004 年 3 期。

[26] 李焘：《续资治通鉴长编》，中华书局，1985 年。

[28]（宋）司马光：《涑水记闻》卷九，解梁书院本。

雷州窑彩绘瓷器研究

广东省博物馆　黄静

内容提要：雷州地区烧制陶瓷的历史非常悠久。雷州窑是对雷州地区唐至清代窑址群的总称。宋元时期是雷州窑迅猛发展的时期，青釉釉下褐彩彩绘瓷器是其最具特色的品种。本文在对雷州窑彩绘瓷器简单介绍的基础上，试图对其艺术特色和文化内涵作粗浅的探讨。

关键词：雷州窑　青釉釉下彩绘瓷器

Abstract: Ceramics fired around Leizhou enjoy a very long history. Leizhou Ware is the general term for the group of kilnsites active around Leizhou from the Tang to Ming dynasties. The Song and Yuan were a period of sudden growth for Leizhou Ware, and celadon-glaze with underglaze brown painted porcelain is its most distinctive variety. Building on a basic introduction to painted Leizhou Ware porcelain, this paper attempts a superficial investigation of its artistic character and cultural implications.

Key words: Leizhou Ware, celadon-glazed underglaze brown painted porcelain

雷州半岛位于祖国大陆最南端、广东省的西南部，伸入南海北部湾和雷州湾间，南隔琼州海峡与海南岛相望，西北陆地与广西壮族自治区相连。秦统一岭南后，设桂林、南海、象郡三郡。雷州地区属象郡管辖，由此开始了归属中央政权管理的时代。西汉元鼎六年（公元前 111 年）十月设合浦郡，郡治在徐闻县，辖徐闻、高凉、合浦等县。当时的徐闻县包括现在湛江市的赤坎区、霞山区、麻章区（除硇州岛外）和徐闻县、雷州市、遂溪县等地；高凉县包括现在的湛江市坡头区、硇州岛和吴川市；合浦县即现在的廉江市。现在上述各地为湛江市所辖。雷州窑是对雷州地区唐至清代窑址群的总称。

一　关于雷州窑

雷州地区烧制陶瓷的历史非常悠久。

雷州地区目前已见最早的陶器，是出土于遂溪县江洪镇东边角村的鲤鱼墩贝丘遗址，属新石器时代晚期。同时期遗址在徐闻、雷州、廉江、吴川等县市也有发现。出土的陶片主要是夹砂陶，以及少量的泥质陶。器型有釜、罐、圜底器、矮圈足器、大口尊等。这些器物与广东其他地区同时期的器物共性较少。目前未发现这一时期的窑址，很可能仍处于平地烧陶的阶段。

春秋战国时期出现了印纹硬陶。除延续本地特有的器物外，在吴越地区和珠江三角洲地区流行的几何印纹陶，在这里也有少量出现。器型有罐、瓿、杯等。纹饰有流行于春秋的夔纹陶和流行于战国的米字纹、方格纹、网格纹、回纹、水波纹等。说明本土文化与越文化有了一定的交流，这种交流在秦汉时更进一步扩大。

雷州地区出土的秦至西汉时期的陶器，主要仍延续战国时期的风格，器型以罐、釜、盆、钵、碗、杯、碟、壶、瓮等多见，纹饰主要有水波纹、弦纹、篦点纹等。其中陶瓮是瓮棺葬的葬具，反映了俚僚民族的葬丧习俗。

南朝至隋唐时期，出土器物主要是篦纹硬陶，常见的有大口瓮、罐、釜等，多平底。器物特征与广东其他地区同时期器物差别仍较大。

自20世纪60年代开始，在雷州地区陆续发现了大量以烧制青釉瓷器为主的古窑址，考古界称之为雷州窑系，与广州西村窑系、潮州窑系、石湾窑系并称广东四大窑系。

从考古资料来看，目前所见雷州窑最早的遗址，属中唐时期，有雷州市沈塘镇茂胆村窑和余下村窑，以及遂溪县城月镇里仁堂村溪头坎窑和草潭镇酒管村后山坎窑，产品有碗、盘、豆、罐等。雷州市的窑址地处通明河畔，遂溪县的窑址地处城月河下游。

廉江市的唐代窑址主要分布在北部湾畔，有营仔镇窑头村窑；车板镇龙头沙窑、长山仔岭窑、盐埠岭窑等。产品与上述窑口相近。个别窑址年代下限至宋代。

晚唐的窑址主要发现于遂溪县，有杨柑镇马城村长坎山窑、界炮镇枫树村窑和黄略村弯埚岭窑。前二者产品有碗、盘、罐、钵、盆、釜、杯、灯等，与上述者相近；后者产品风格略有不同，碗、盘的胎体较薄。

综观上述雷州地区的唐代窑址，选址都在河畔或海湾畔，交通十分便利。产品也都十分接近。碗多饼形足或玉璧底，盘多圜底、玉璧底或饼形足。早期的器物制作较精细，晚期的器物制作较粗糙。目前除发现茂胆窑有匣钵装烧外，其余各窑均为叠烧，以垫环、垫饼、垫珠分隔。器物由于直接接触火焰，青釉多泛黄。

宋元时期是雷州窑迅猛发展的时期。这一时期的窑址主要集中在雷州半岛中北部从西到东的整个区域（图一），即现在雷州市的北部和遂溪县、廉江市的部分地区，按地域可分为东海岸窑区、西海岸窑区和中部的南渡河窑区。

西海岸窑区主要是在遂溪县、廉江市两地，以遂溪窑的范围最大。杨柑镇、下六镇沿海近20公里的海岸线都有窑址发现，当地群众有99条窑的传说。廉江市宋元窑址多分布于营仔、车板、横山、高桥等乡镇的沿海和九洲江下游地区。西海岸窑区的产品宋元时比唐代更为丰富多样，有碗、盘、盏、杯、灯、罐、钵、壶、瓶、枕、砚、炉、魂坛等。

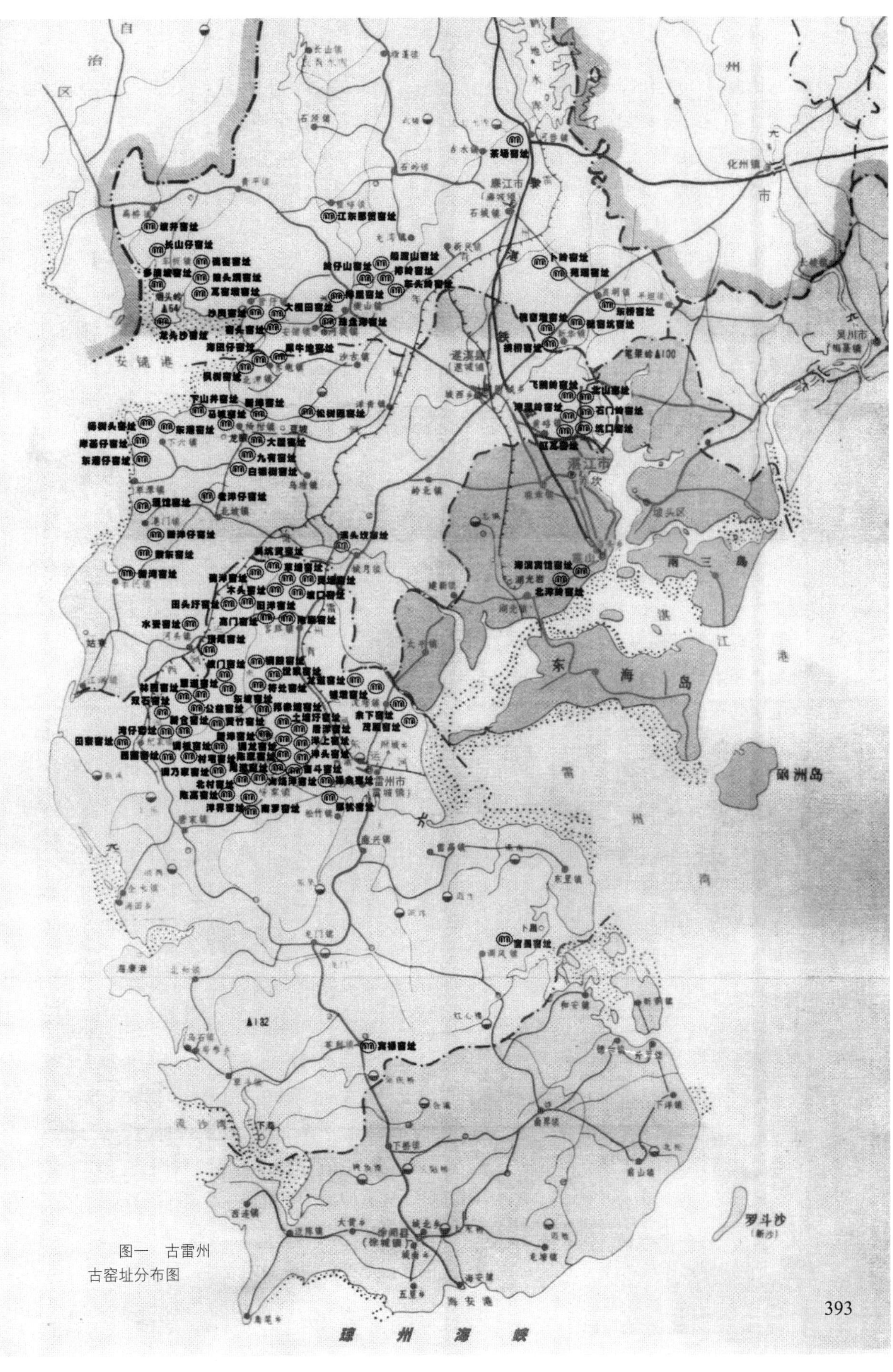

图一　古雷州古窑址分布图

南渡河宋元窑区，主要分布在雷州市纪家、杨家、客路、白沙等乡镇，共发现窑口遗址 44 座。主要生产碗、盘、壶、炉、罐、枕、钵等生活用器。

东海岸窑区的宋元窑址主要发现有湛江市北洋岭、海滨宾馆窑址；遂溪县黄略镇石门岭、飞鹅岭、北山窑址；吴川市塘尾镇东隅旧村、长歧镇番桃岭、下庙岭窑址等。主要产品有碗、盘、钵、罐、杯、炉、灯、洗、壶、枕等生活用器。

宋元时期的雷州窑普遍采用匣钵装烧技术，大小套叠，既充分利用了窑室空间以提高产量，又提高了瓷胎的烧结度、胎釉的结合度和釉的色泽，使瓷器的质量较唐代有了较大提高。大部分窑口为陶瓷器兼烧。以青釉为主，褐釉次之。但各窑口这两种釉色所占比例略有不同，有的青釉为主，有的褐釉为主，甚至有的只烧褐釉。其中最有特色的品种，当属青釉釉下褐彩彩绘瓷器，从单纯的器物口沿点彩，向复杂的绘画发展，显示出明显的工艺和艺术水平进步的过程，以雷州市公益窑生产的罐、枕等最具代表性。此外，雷州市其他一些窑口如超板、西园、土塘圩等，和遂溪县的下山井等少数窑口也有少量釉下彩绘瓷，器型以枕为主，还有少量盘、壶等。

明清时期的雷州窑突然衰落，产品以碗、盘、杯、罐、瓮、盆、灯、煲、钵、炉等生活用器为主，釉色多青釉、青白釉、酱釉等，出现了少量的白釉器，清代出现粗糙的青花器。至今在遂溪县和雷州市境内仍未发现一处明代窑址，清代窑址在上述二市县发现得也不多。而这二市县正是构成雷州窑的主体。墓葬和窑址出土的器物，多是制作相当粗糙的生活用器。究其衰落的原因，笔者认为主要有两大方面，一是统治者为了防范反对势力和倭寇的侵扰，实行的海禁政策。二是这一历史时期雷州半岛居民迁徙及结构变化造成了一定的影响。

明初洪武时曾四次下禁海令，禁止民间私商出海贸易。此后永乐、宣德、正统、天顺各朝都颁禁海令，并以立法的形式将禁海令列入《大明律》，实行海禁与市舶司管理并行的制度。由此，明政府在明中期以前对海外贸易实行了最大限度地控制和垄断，实行的是“时禁时开，以禁为主”的朝贡贸易政策。

清初为了防范沿海反清势力，继续实行海禁。曾于顺治十二年（1656 年）、十三年和康熙元年（1662 年）、四年、十七年五次颁布禁海令。由于效果不理想，又于顺治十八年（1661 年）、康熙元年和三年三次下令将禁海令升级为迁海令[1]。这使得海上丝路的正常贸易大受打击。由于海禁政策严重影响政府的财政收入和沿海民众的利益，清廷不得不于康熙八年起逐步部分解禁，二十三年正式停止海禁[2]。次年下令于广东广州、江苏松江、浙江宁波、福建厦门设置粤海关、江海关、浙海关、闽海关四个海关，为对外贸易港口[3]。至此，中国海禁结束，海外贸易进入海关管理时期，广东海上丝路得以持续发展。但禁海令与迁海令对雷州窑造成的伤害已无法挽回。

此外，明清时期大量闽人从福建南迁至此，导致俚僚人大量迁往海南和广西。这种民族间的迁徙和摩擦，对当地窑业无疑也造成一定的影响。

明清时期雷州窑仍有发展的仅廉江县。廉江因地处雷州半岛的北端，属内地，禁海令对其影响不大。而雷州市、遂溪县、吴川市等地窑业的衰败，又把市场推向了廉江。但与宋、元时期的辉煌相比，已不可同日而语。

雷州半岛三面临海，港湾多，船舶可直出南洋，是南海海上丝绸之路的前沿地段，海外贸易的历史非常悠久。汉代徐闻、合浦已是著名港口。宋元时期雷州窑产量极大，其中部分很可能通过海陆路外销至东南亚、西亚以至非洲等地。在南海海上丝绸之路沿线的雷州半岛海域、海南岛保亭、琼海县和西沙群岛，以及越南、泰国、印度、埃及等地，都有雷州窑相同或相似的青釉釉下褐彩彩绘瓷器出土、出水或传世[4]。

二　出土的雷州窑彩绘瓷器

雷州窑釉下彩绘瓷器首先而且绝大部分是在宋元墓葬出土，主要分布在雷州市。因与磁州窑和吉州窑产品相似，曾一度被认为是此二窑的产品。20 世纪 80 年代中期以后，在雷州半岛陆续从窑址中出土了相同的彩绘瓷器，才解决了雷州彩绘瓷器的产地问题。但从窑址出土的情况来看，出土彩绘瓷的窑口并不太多，主要有雷州市南渡河上游的纪家镇公益村和杨家乡土塘村等地[5]。综合目前已有的资料来看，“已出土的青釉褐彩瓷共计 109 件。雷州市出土 101 件，徐闻出土 5 件，廉江出土 2 件，遂溪出土 1 件。现藏广东省博物馆 6 件，湛江市博物馆 5 件，雷州市博物馆 92 件，徐闻县博物馆 2 件，遂溪县博物馆 1 件，私人收藏 3 件。罐类所占比例最大，共 75 件，占总数的 69%，枕 13 件，占总数的 12%，棺 6 件，魂坛 6 件，碗 3 件，盆 2 件，瓶、钵、碟各一件”[6]。

1. 典型器物品种

(1) 罐

罐是雷州窑彩绘瓷器中数量最多、彩绘纹饰最为丰富的器型，宋至明墓均有出土，其中以宋、元时期为多。器型一般为敞口或奢口，圆唇，束颈，溜肩，鼓腹，胫内收，饼形厚底。有盖无盖均有，盖为碗形者制作较粗，年代相对较早；盖为荷叶形者制作较精，年代相对较晚，为元代典型风格。造型修长与矮胖兼有。有的在肩部附四个系耳。彩绘纹饰主要有花卉、人物和文字。纹饰层次一般较为丰富，在四至五层以上。肩、胫部绘辅助纹饰，多绘卷草纹、水波纹、钱纹、弦纹等；腹部绘开光主题纹饰，开光多绘以弦纹方形，亦有绘海棠形的。

水波纹盖罐（图二）。宋代。通高 25.2 厘米，口径 12.8 厘米，底径 10 厘米。1974 年廉江市营仔镇凌禄坡岭墓葬出土，湛江市博物馆藏。此罐出土时是一对，盖为塔形，盖沿堆塑波浪纹一圈。施青釉不到底，釉色泛黄。釉下褐彩绘弦纹和水波纹各三组。这种罐即是谷仓，亦称“魂坛”，是二次葬葬具。从胎、釉、彩的特征对比来看，此罐属雷州窑产品无疑。但到目前为止，在廉江还未发现有彩绘瓷的窑址。

花卉纹罐（图三）。宋代。高 14.7 厘米，口径 8 厘米，底径 8 厘米。1976 年雷州

图二　宋雷州窑水波纹盖罐

图三　宋雷州窑花卉纹罐

市雷城镇上坡墓葬出土，雷州市博物馆藏。此罐在肩部堆塑水波纹一圈。通体施青釉，釉面开细小纹片。釉下绘折枝花卉，在肩部一朵，腹部四朵，笔法随意。

"积善之家"四耳罐（图四）。宋代。高 25.2 厘米，口径 9.5 厘米，底径 10.5 厘米。1986 年雷州市白沙乡北山仔墓葬出土，雷州市博物馆藏。此罐肩部附四个系耳，通体施青釉，彩绘层次丰富。肩部上围绕四系绘如意云纹，四系之间绘莲瓣纹与四个如意云纹相连；下分别绘钱纹和卷草纹各一圈；腹部主题纹饰为四道弦纹开光八个，书"积善之家，必有余庆"八字；胫部绘弦纹数道以填补空白。

花卉四耳罐（图五）。宋代。高 30 厘米，口径 9.2 厘米，底径 12.5 厘米。1976 年雷州市雷城镇上坡水产局大楼后墓葬出土，雷州市博物馆藏。此罐肩部附四个系耳，外壁通体施青釉。肩部和胫部分别绘折枝花卉各四朵，笔法随意；腹部主题纹饰为弦纹椭圆形开光四个，内画折枝莲花和菊花相间。

"既以醉酒"罐（图六）。元代。高 21.5 厘米，口径 9.5 厘米，底径 10 厘米。1988 年雷州市白沙乡全茂坡墓葬出土，雷州市博物馆藏。外壁通体施青黄釉。肩部辅助纹饰绘钱纹和短弧线弦纹各一圈；腹部主题纹饰以六线弦纹绘八个开光，内绘"既以醉酒，既饱以德"八个字。胫部绘写意莲瓣纹。

"金玉满堂"荷叶盖罐（图七）。元代。高 23 厘米，口径 9.4 厘米，底径 9.7 厘米。1983 年雷州市雷城镇上坡墓葬出土，雷州市博物馆藏。罐盖为子母口，荷叶形，弧形顶，火焰珠钮。外壁通体施青黄釉。罐盖纹饰共两层，分别为卷草纹和莲瓣纹；罐身纹饰共八层，肩部绘弧线钱纹、网格纹和两层钱纹；腹部主题纹饰以五线竖弦纹分八个开光，

图四　宋雷州窑"积善之家"四耳罐

图五　宋雷州窑花卉四耳罐

图六　元雷州窑"既以醉酒"罐

图七　元雷州窑"金玉满堂"荷叶盖罐

内绘相间的折枝菊花和书写“金玉满堂”四字;胫部再绘钱纹、卷草纹、莲瓣纹各一圈。

凤鸟花卉纹荷叶盖罐(图八)。元代。通高31.5厘米,口径9.8厘米,底径13.4厘米。1957年雷州市附城西湖墓葬出土，广东省博物馆藏。盖为子母口，荷叶形，浅弧形顶，圆柱形钮。外壁通体施青釉。盖面绘莲瓣纹；罐身纹饰分五层，肩部绘缠枝菊花和凤鸟、喜鹊纹，以及钱纹各一圈;腹部主题纹饰绘海棠形双重开光四个，内绘折枝菊花纹；胫部为卷草纹一圈，以及弧形开光四个，内绘写意折枝菊花。

此罐器型规整，纹饰精美，呈现出极高的工艺和艺术水平，是目前所见雷州窑彩绘瓷器中最为精致华美的作品。其造型和纹饰风格与同时期吉州窑和景德镇窑青花同类器物极接近，但钱纹、弦纹开光又是典型的雷州窑瓷特色。在墓中同时出土的一块买地券，写明墓主人是一县丞，死于元至元三年。因此，此罐也是目前唯一一件有确切纪年参考的雷州窑瓷器。笔者认为，从此罐的造型和纹饰特征来看，具有典型的元代器物风格，应是元代中期以后的产品。因而其参考年代应是1337年。

菊花人物罐（图九)。元代。高26厘米，口径11.5厘米，底径13厘米。1976年雷州市雷城镇西郊蟹坡墓葬出土，雷州市博物馆藏。外壁通体施青釉。肩部分别绘粗弦纹、网格纹、卷草纹、钱纹各一圈；腹部绘主题纹饰，上下以粗弦纹与辅助纹饰相隔离，以六竖线弦纹绘八个开光，内绘侍女与折枝菊花相间。侍女两鬓盘髻，身穿交领花衫和长裙，手捧圆盘。

图八　元雷州窑凤鸟花卉纹荷叶盖罐

图九　元雷州窑菊花人物罐

缠枝花纹四耳小罐（图一〇）。明代。通高 12 厘米，口径 7.9 厘米，底径 8 厘米。1977 年雷州市雷城镇医院后墓葬出土，雷州市博物馆藏。罐外壁通体施青釉。盖为碗形，无子口。肩部附四系耳。四系之间绘单个蔓草纹；腹部主题纹饰绘卷草纹一圈。

此罐出土时有明“洪武通宝”铜钱共出。纹饰较宋元时期的简单，器型也相对较小。到目前为止，雷州半岛无论窑址还是墓葬，都还没有发现明中期以后的褐彩彩绘瓷。可见此罐属明早期产品，而雷州窑褐彩彩绘瓷在明中期以后已停烧。

（2）枕

瓷枕也是雷州窑重要产品之一。广东省古代瓷窑生产瓷枕的有：唐代水车窑，产品为圆角长方形，无纹饰[7]；北宋广州西村窑，枕面为荷叶形，上刻游鱼和花卉[8]。雷州窑生产的釉下彩绘瓷枕，枕面多为如意头形，前低后高，上宽下窄，枕面微凹，纹饰一般画在枕面上，多绘花卉、蝴蝶，书写诗文等。气孔一般也开在前面，多为半月形大孔。

福字纹枕（图一一）。南宋至元。残高 2 厘米，长 23 厘米，宽 21 厘米。雷州土塘窑址出土。这是窑址出土的残件，底部残缺。通体施青釉。枕面为如意头形，前沿平直，中心微凹，釉下褐彩画双弦纹两组，两组弦纹之间书五个小“花”字，中心书一个大的“福”字，均为草书。

图一〇　明雷州窑缠枝花纹四耳小罐

图一一　宋元雷州窑福字纹枕

莲花纹枕（图一二）。元代。高 11 厘米，长 29.5 厘米，宽 25.3 厘米。1983 年雷州市白沙乡赤坡铺墓葬出土，雷州市博物馆藏。枕面为如意头形，前沿平直，中心微凹，釉下褐彩画三线弦纹两组，两组弦纹之间绘卷草纹，中心绘怒放的莲花，有轻微的晕散。枕的前面有一半圆形气孔。

诗文枕（图一三）。元代。高 12.3 厘米，长 26.5 厘米，宽 17 厘米。1984 年雷州市白沙乡赤坡铺墓葬出土，雷州市博物馆藏。枕上大下小、前高后低。枕面呈长方形，但枕面后侧突出一小块如意云形，中心微凹。枕面所绘纹饰以三线弦纹分隔，中心行楷书诗文“枕冷襟寒十月霜，小窗闲放早梅芳。暗香入被侵人梦，花物依人乐洞房”。左右两侧对称画钱纹和短弧纹图案，突出部分绘卷草纹。

目前所见雷州窑彩绘瓷枕，多绘莲花或菊花，或书写“福”字。书写诗文的仅此一件。

(3) 棺

雷州窑彩绘瓷棺目前仅见 6 件，其中 4 件分别是两对，均从墓葬中出土，为二次葬葬具。均为长方形，成对的 4 件是弧形顶，另 2 件为平顶。

四神十二生肖图瓷棺（图一四）。元代。高 28 厘米，长 56 厘米，宽 36 厘米。1976 年雷州市雷城镇上坡村 M1 合葬墓出土，雷州市博物馆藏。此棺是从一个夫妻合葬墓成对出土的，此是男棺。棺呈长方形，弧形顶，平底，前面是活动插板可开关。上、前、后、左、右五面均绘有纹饰。顶面前后两端各绘一个双线莲瓣纹，莲瓣内分别书“天门”

图一二　元雷州窑莲花纹枕

图一三　元雷州窑诗文枕

图一四 元雷州窑四神十二生肖图瓷棺

和“地户”；左右两面边缘以双线夹卷草纹为边框。其中左面中间绘一持幡人，身穿长袍，骑在青龙背上，青龙前面竖写“左青龙”三字，人的前面绘鼠、龙、虎生肖，后面绘马、猴、狗生肖，生肖均为人身兽头、身穿长袍、持笏立于云雾中，每生肖像头上方分别写有“正月子”、“正月寅”、“三月辰”、“五月午”、“七月戌”、“九月戌”生肖所属月份。右面中间绘一持幡人，身穿长袍，骑在白虎背上，白虎前面竖写“右白虎”三字，人的前面绘牛、兔、蛇生肖，后面绘羊、鸡、猪生肖，生肖造型与左面同。每生肖像头上方亦分别写有“十二丑”、“二卯”、“四巳”、“六未”、“八酉”、“十亥”生肖所属月份；前面绘朱雀，旁边竖书“前朱雀”三字，中间竖书“寿化考黄二公墓”七字（女棺书“寿化妣刘三孺人墓”）；后面绘玄武，旁边竖书“后玄武”三字。

（4）其他

碗、瓶等。碗的数量极少，纹饰也简单，有“福”字纹、卷草纹等（图一五、图一六）。瓶为带盖梅瓶一对（图一七），元代，男瓶高27厘米，口径7厘米，底径9.2厘米；女瓶高26厘米，口径6.8厘米，底径9.2厘米。1990年雷州市白沙乡东茂坡墓葬出土，雷州市博物馆藏。此瓶为同一墓葬出土，分男女性别，为装骨灰之用。其纹饰非常特别，各为四个开光，分别绘了两对男性和女性与两个飞凤纹相间。男瓶人物为一对光头、一对头顶盘髻，身穿交领长袍，皆赤足，双手皆放在背后。女瓶人物皆穿交领短衫长裙，一对赤足，左边之人皆伸出右手放于右边同伴胸前。盖为碗形，绘朵花纹、卷草纹和莲瓣纹。

2. 艺术特征与文化内涵

雷州窑彩绘瓷器是以氧化铁为呈色剂，在瓷胎上绘画后，施一层薄薄的透明青釉

图一五　南宋－元雷州窑"福"字碗

图一六　南宋－元雷州窑卷草纹碗

图一七　元雷州窑带盖人物纹梅瓶

一次烧成。釉面多开细小纹片，有的釉色青中泛黄。胎质较粗，灰白色，露胎处为砖红色。火候较高。胎釉结合较好。

从目前已见的实物资料来看，雷州窑彩绘瓷的器型特征大致如下：罐的造型稳重、敦实，口为圆唇和直口平唇两种，有的圆唇口器物还在卷唇下划一刀。口径与底足大致相当，饼形足较厚实。肩部有的有四个系耳。罐盖从碗形—塔形—荷叶形—碗形的轨迹发展。罐身从修长（南宋）向矮壮（元代）过渡。枕元宝形（较少）、如意头形等。如意头形大多前沿平直，时间越晚的越直。半圆形气孔开在前面。

雷州窑彩绘瓷的纹饰经历的是简单—复杂—简单的过程。最初是简单的点彩、弦纹、水波纹、单个卷草纹或朵花纹，笔法随意潦草。南宋晚期至元代，彩绘发展成熟：构图丰满，层次丰富，笔法细腻流畅，画面充满美感。纹饰主要有人物、花卉等。到了明代纹饰又回归简单潦草。文字装饰方面，诗文装饰的目前只见一件瓷枕（见图一三），内容为通俗诗，与长沙窑瓷器上的诗文风格接近；其余文字则是吉祥语，罐一般书八字或四字，弦纹开光内书写，四字的与花卉相隔，如“福似东海，寿比南山”，“金玉满堂”，“风清玉洁”，“长命富贵”等；碗、枕等器物上有单书一个“福”字的。字体为行楷、行草。

就雷州窑彩绘瓷的断代而言，笔者认为目前还缺乏充分的证据能厘清一些问题。一是起源的确切时间：我们目前只能断定其出现的时间在南宋——从墓葬和窑址出土的情况来看是在南宋中期左右。至于是南宋早期还是中期，目前还缺乏有说服力的材料。二是南宋与元代器物的断代：南宋中后期至元代成熟的彩绘瓷断代的分水岭，目前仍较模糊。以罐而言，南宋器物较修长，多为圆唇口，有的在唇口下还加划一刀；盖子多为碗形，无子母口。较早的肩部有四系耳，较晚的没有。元代器物较矮壮，多为直口；罐盖多向塔形和荷叶形转变（其中塔形早于荷叶形），有子母口。肩部四系耳已消失。而有一些处于南宋末期至元代过渡的器物，则难以划分是南宋还是元。例如“既以醉酒”罐（见图六），整个器型体现的是元代的特征，但是口沿仍是南宋的特征，而纹饰特征是宋、元均有。该器物从元墓出土，但后朝用前朝器物随葬也是很正常的事情。因此，笔者认为，雷州窑彩绘瓷器可分为三期：第一为起源期，年代为南宋中期以前。第二为成熟期，年代为南宋中期至元代。在成熟期又可分为早、中、晚三期：早期为南宋中期至晚期；中期为南宋末至元代早期；晚期为元代中至晚期。第三为衰落期，年代为明初。成熟期的三个阶段纹饰变化并不明显，区分的依据主要是器型的变化。因此，笔者认为成熟期，应作为一个整体，首先判断器物属于早、中、晚当中的哪个阶段，再进行断代。

雷州窑彩绘瓷器使用最多的纹饰，是钱纹、弦纹、菊花和莲花纹。这些纹饰在其它瓷器上是很少见到的，它以鲜明的个性和俗文化特征，体现了丰富的地域文化和民俗文化内涵。

雷州窑彩绘瓷器中最常见的菊花和莲花，在岭南民间日常生活中也最为常见。菊花在岭南地区生长范围极广，花期特别长，一般有半个月左右，是民间非常喜爱的花卉品种。不仅祭祀时常用，平常的家居摆设也常用之。据载："菊，离骚草木疏，北方随秋之早晚，独岭南不然，至冬至乃盛发。岭南地暖，百卉造作无时而菊独后开。考其理，菊性介烈，不与百卉盛衰，须降霜乃发，而岭海常以冬至微霜，故也。"[9] 菊性介烈，体现在她的不畏寒霜、坚忍不拔的顽强生命力。而这正与雷州半岛居民的习性十分契合。雷州窑彩绘瓷器的菊花纹饰占了花卉纹饰的绝大多数，既是对身边大自然风物的信手拈来，也反映了雷州人对菊花的钟爱。

荷花原产于中国，在中国已有3000年的栽培历史，足迹遍及大江南北。由于"荷"与"和"、"合"谐音，"莲"与"联"、"连"谐音，中华传统文化中，经常以莲花作为和平、和谐、团结、联合，以及幸福美满等的象征；以荷花的"出淤泥而不染，濯清涟而不妖"象征君子品格的高洁。因而莲花在中国传统文化中具有特别的意义，常被用于各种工艺品中。雷州窑彩绘瓷器描绘的莲花图案，正是反映了人们追求和谐与美满幸福生活的意愿。

雷州窑彩绘瓷器常见的钱纹，呈一笔连画而成的带状，俗称"一本万利"，是雷州半岛贸易之风盛行的反映。雷州半岛早在汉代就有了著名的对外贸易港口徐闻港和合浦港。1984年在遂溪出土了一批波斯萨珊王朝银币（383~484年）20多枚，以及波斯银碗、银镯、金镯、银簪等舶来品；1987年在湛江出土了一批西班牙银币共134枚，币上文字分别为"西班牙与印第安国王斐迪南六世"和"西班牙与印第安国王查理三世"， 纪年为1736 ~ 1771年。币上还凿有中国商号文字，说明流入中国后仍流通使用[10]。这些出土文物，从一个侧面证明了雷州半岛以地利之便，盛行商贸之风的史实。

雷州窑彩绘瓷罐中纹饰层次的分隔、开光的边线等均用弦纹，可以说弦纹的使用是其显著的特色。这种弦纹装饰，加上上述的带状钱纹，在古代铜鼓上常可见到，因此笔者认为是深受铜鼓纹饰的影响。铜鼓是我国西南和中南地区古代少数民族的重器，既是上层人物权力与财富的象征，也是民间百姓文娱活动的乐器，因此它既是神器又是乐器。先秦以前雷州半岛上的先民是西瓯、骆越人，唐时称俚人，即今天黎族、壮族的祖先。秦汉以后，汉、越和俚僚杂处，汉文化、越文化与土著文化互相交融。明清时大量闽人从福建南迁至此，俚人大部分迁至海南和广西。至此，雷州半岛的居民构成始以汉人为主。但雷文化的影响深远，不少民间信仰和生活习俗流传和影响至今。世居雷州半岛的骆越人图腾崇拜雷电，制造青铜鼓以象征雷，供奉铜鼓为神，又击鼓作乐，相娱为乐。俚僚传承，以供鼓祭雷相沿成习。铜鼓的鼓面、鼓身均以弦纹为主要装饰，称为"晕圈"。雷州窑彩绘瓷器上弦纹的运用，可以说是铜鼓晕圈的借鉴。而汉唐时的北流型和灵山型铜鼓则多在腰部或鼓面饰以带状钱纹，与雷州窑彩绘瓷器上钱纹有异曲同工之妙。

雷州窑彩绘瓷棺所绘的四灵十二生肖图，反映了我国古代人们喜用十二生肖随葬的习俗。十二生肖起源于何时，众说纷纭，有黄帝说、东汉说等[11]。1975年出土的湖北云梦睡虎地秦墓竹简，当中《日书》甲种中的《盗者》，内容是用失窃时日来占卜盗者的相貌特征的，其中就提到了十二生肖。十二地支与动物相结合成为生肖，与远古时代人们对大自然的敬畏心理和动物图腾崇拜有关。在古代，十二生肖常以各种形式随葬。广东地区目前所见的十二生肖墓葬，最早的是唐代张九龄墓（开元二十九年，741 年），为石碑阴线刻像，兽首人身，身穿长袍（图一八），分布于墓志铭盖四周斜边上[12]。惠州市惠环区邹屋山唐墓，出土了生肖陶俑 5 个，分别为虎、兔、龙、蛇、马。形象为男立俑，生肖动物附在冠顶，兔、龙、马三俑背后分别刻有与之相配的地支卯、辰、午三字[13]。紫金县城郊公社高墩顶山宋墓出土的石雕生肖俑共 6 件，像生亦附在男立俑的冠顶。除一件头部损坏不知属相外，其余为鼠、牛、虎、龙、猴[14]。遂溪县杨甘镇那略村元墓出土的青釉人物十二生肖墓砖（图一九），人物为双手执笏的文吏，生肖动物在人物背后露出半身。纹饰为浅浮雕 。这些生肖随葬的现象，反映了古人生肖崇拜、生肖敬畏、祈求灵魂平安的生活态度。四灵和十二生肖本来是中原文化的特色。上述各处墓葬的生肖随葬，应为南迁的客家人所带来。而在“骆越风俗殊”的雷州地区出现，则说明了汉越不断融合的过程中，中原文化的影响力日益增强。

瓷棺上的碑记书写格式与内容，也反映了独特的民俗。男棺上所写“寿化考黄二

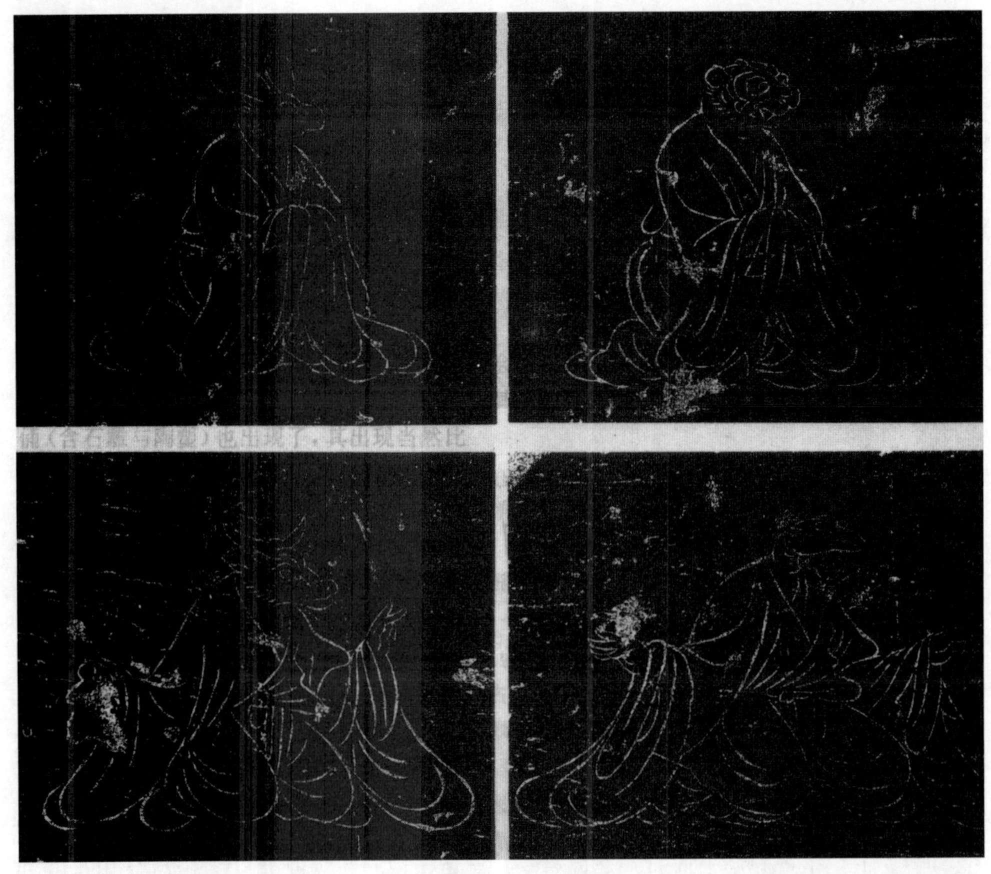

图一八　唐张九龄墓生肖碑刻

图一九　元青釉人物十二生肖墓砖

公墓”7字单数以合阳，女棺书“寿化妣刘三孺人墓”8字双数以合阴。这是宋代书写碑记的格式。近代雷州人书写灵位均从单数字，不再分阴阳，并在“考”、“妣”字前加“显”字，以示彰显和赞美。其次宋代“孺人”特定为七品以下命妇用之，其后则普通人家也私自用之。“公”字为雷州地区特色，周边其他地区用“府君”而不用“公”。另外碑文中“化”字的使用，是从中原传入，但在雷州也被地方化了：15岁以前死亡者称“殇化”，16~25岁之间亡者称“幻化”，26~35岁之间亡者称“壮化”，40岁亡者称“顺化”，50岁以上亡者称“艾化”，60岁以上者称“寿化”，70岁以上者称“奴化”，80岁以上者称“耋化”，90岁以上者称“耄化”，百岁以上亡者称“期颐化”。道士亡称“羽化”。可见，此瓷棺主人夫妇寿命均在60~70岁之间。

三 雷州窑彩绘瓷与磁州窑、吉州窑同类产品的关系

雷州窑彩绘瓷器是在磁州窑、吉州窑工艺成就的基础上，受其影响而发展起来的。其纹饰的特点，尤其是受吉州窑的影响更为明显。虽然风格与磁州窑、吉州窑同类产品极为接近，但区别也十分明显：

第一，从烧造工艺来看，与吉州窑更为接近。同为龙窑烧造，同为直接在瓷胎绘画而不用化妆土。磁州窑为馒头窑烧造、施化妆土再绘画。三者均使用匣体装烧。瓷枕的气孔，雷州窑的为弯月形，开在前面。磁州窑、吉州窑为圆形，开在后面和侧面。

第二，从器型来看，磁州窑最丰富，其次是吉州窑，雷州窑的最少。

第三，从装饰方法和绘画题材来看，也是磁州窑最丰富，其次是吉州窑，雷州窑的最少。磁州窑和吉州窑的彩绘瓷除绘画外，有的还融入了刻、剔、印等装饰。而雷

州窑只有绘画一种。绘画题材方面，雷州窑以简单的花草（主要是生活中常见的菊花和莲花）、花蝶和人物为主，人物均为当地原住民的形象。磁州窑则各类花鸟、动物、人物非常丰富。人物纹饰有婴戏纹，也有许多戏剧故事题材的画面；花卉纹饰除常见的菊花、莲花外，还有牡丹、芙蓉、海棠等多种花卉；动物纹饰除龙凤外，还有虎、马、狮等；其他的如各种树木、竹子等也非常丰富。绘画风格方面，磁州窑是写意与工笔相结合，风格豪放、壮丽。吉州窑是以工笔为主，古朴中透着清秀。雷州窑是以简单、潦草的笔触为主，只有凤鸟花卉纹荷叶盖罐等少量几个罐绘画较细腻。雷州窑彩绘瓷的纹饰特点，上文已详谈，不再赘述。

雷州窑彩绘瓷器虽然在制作上略显粗糙，但充满了民间生活情感和乡土艺术气息。它以质朴、稚拙、清丽的艺术魅力，独具一格，丰富了我国古代陶瓷文化的内涵。

注释：

[1]（清光绪）《大清会典·卷六九二》。

[2]《清朝文献通考·卷三三·市籴》。

[3]《军机处上谕档》，见《清宫广州十三行档案精选》第107页，广东经济出版社，2002年。

[4] 邓杰昌：《广东海康地区陶瓷》，香港《东方文化》1985年第2期；新加坡东南亚陶瓷学会：《越南陶瓷》，1982年；狄·李察士：《泰国陶瓷》，南澳大利亚美术馆，1977年；广东省文物考古研究所等编：《雷州窑瓷器》第30~33页，岭南美术出版社，2003年。

[5] 邓杰昌：《广东省海康县古代赫彩瓷器生产初探》，《海康文史》1989年；杨少祥：《海康县公益村、土塘村宋元窑址》，《1987年中国考古学年鉴》，文物出版社，1988年。

[6][15] 湛江市博物馆等编：《雷州窑瓷器》，岭南美术出版社，2003年。

[7] 广东省博物馆等编：《广东出土五代至清文物》第65页，香港中文大学，1989年。

[8] 曾广亿：《略论广东宋瓷工艺及其装饰》，《中国古陶瓷研究》第二辑，紫禁城出版社，1988年。

[9]（清）周广等纂修：《广东考古辑要·物产》，光绪十九年（1893年）。

[10] 广东省文物管理委员会等编：《南海丝绸之路文物图集》，广东科技出版社，1991年。

[11] 黄帝说见（五代·蜀）马鉴《续事记》、（明）陶宗仪：《说郛》等。东汉说见（清）赵翼：《陔余丛考》等。

[12] 广东省文物管理委员会等：《唐代张九龄墓发掘简报》，《文物》1961年第6期。

[13] 惠州市文化局等：《惠州文物志·唐代陶俑》，1987年。

[14] 广东省博物馆：《广东紫金县宋墓出土石雕》，《考古》1984年第6期。

简谈重庆、四川仿磁州窑系绘花艺术

重庆市文物考古所　董小陈
重庆中国三峡博物馆　陈丽琼

内容提要：河北磁州窑系的装饰纹样是在唐五代南方邛窑、长沙窑彩绘艺术的基础上再创造性的开拓与发展，主要纹饰是白地黑花、白地褐花和绿釉黑花，花纹内容极富民族、民俗风情。其产品粗料细作，价廉物美，深为广大消费者推崇。尤在两宋的商品经济推动下，全国各地竞相仿效，形成了一个庞大的民间磁州窑系。本文列举了重庆四川仿磁州窑的主要窑址，有重庆涂山窑、巴县清溪窑、河川河州窑；四川广元窑、灌县金凤窑、乐山西坝窑，仿磁州窑的白地黑花、白地褐花、绿釉黑花和褐釉黄花等，皆既相似又相异，都是在磁州窑的影响下产生的，说明在两宋时期中国的瓷器行业百花齐放，同时相互学习共谋发展。

关键词：邛窑　磁州窑　涂山窑　清溪窑

Abstract: The decoration of Cizhou Ware in Hebei creatively expanded from its artistic foundation, Qiong and Changsha Ware in the south in Tang and Five dynasties. Principal designs were black-on-white, brown-on-white, and black over green glaze, their contents full of ethnic and folk customs. These products were made of coarse material with delicate construction, competitively priced but of excellent quality, and received deep and wide-ranging consumer acclaim. Especially due to the promotion of the commodity economy during the Northern and Southern Song, kilns across the country fought to imitate Cizhou Ware, forming an enormous Cizhou Ware civilian kiln series. This paper enumerates the principal kilnsites of imitation Cizhou Ware in Chongqing Municipality and Sichuan Province, namely Tushan Ware of Chongqing, Qingxi Ware of Ba County, Hezhou Ware of Hechuan, Guangyuan Ware of Sichuan, Jinfeng Ware of Guan County, and Xiba Ware of Leshan. Imitation Cizhou Ware includes black-on-white designs, black designs over green glaze, and yellow designs over brown glaze, etc.; all are alike but differ, and all were produced under the influence of Cizhou Ware. This indicates that the Northern and Southern Song saw a multifarious diversification of porcelain production in China, and at the same time witnessed development of mutual learning and collusion.

Keywords: Qiong Kiln, Cizhou Kiln, Tushan Kiln, Qingxi Kiln

磁州窑系，是宋时六大名窑系之一，是我国著名的民间窑系，主要分布于河北、河南、山西，其次是山东、辽宁、内蒙古，辐射安徽、江西、重庆、四川、广东、福建等地。其主产地位于河北磁县，因地属磁州而得名。始烧于五代，盛行于宋金，至元末始衰。

磁州窑历史悠久，产品丰富，尤重装饰，具有浓厚的民间生活风情。据统计，磁州窑的花纹装饰，按照釉色、色料、装饰技法的不同，有58种之多[1]，真可谓集诸窑各种装饰艺术之大成。其中白地绘黑花是最具代表的装饰艺术，也是标志性的装饰，它使磁州窑在“定、汝、官、哥、钧”五大名窑以高雅似玉盛行的时代，独树一帜，以民间喜闻乐见的装饰内容，奇巧构思，为中国陶瓷装饰艺术增添了华章。

磁州窑的白地绘黑花以及釉上釉下绘花，皆是在中国国画传统艺术的影响下，继隋唐五代邛窑、长沙窑多色彩绘、题诗文等装饰艺术之后而产生、发扬和推广的。这类装饰艺术为何会被全国各地民窑陶瓷所青睐，并群起而仿效？主要是磁州窑大师们，率先因地制宜利用低质广布的泥料，进行粗料细作精致加工，为掩盖原料粗糙的胎体，在胎体上先施一层细白的化妆土，而后在化妆土上用黑色或褐色泥料笔绘各种纹饰，最后施以透明釉，釉面显得平整亮丽，再加上瓷艺师们的绘画内容，多采取民间所喜闻乐见的，具有民族、民俗风情的题材，其纹样无论简约、繁缛皆具，产品成本低，为广大消费者所欢迎。另外各地仿造均可就地取材，绘画技艺又可各显所长，自然就为全国各民窑所紧跟仿效，从而形成了一个庞大的磁州窑系。

关于磁州窑系的装饰艺术，品类繁多，仅根据磁州窑16处窑址的调查结果，即有58种之多，但色彩最雅、构图最富、产量最多、影响最大、仿者最广的首推白地绘黑花或褐色花，其次是色釉绘花。

一 重庆仿磁州窑白地黑花

两宋时重庆辖区内仿磁州窑白地黑花的窑址，主要有重庆南岸涂山窑、巴县清溪窑、荣昌昌州窑和合川合州窑，这几个窑从全国七大窑系看属南方建窑系，均是以烧黑釉瓷为主，此外还在不同程度上烧有简约的白地黑花瓷。其制作方法皆是在粗糙的胎上施白色化妆土，而后用笔绘黑色或黑褐色纹饰，最后上一层透明釉。其纹饰内容，仅从目前调查试掘所得器物来看，一是喜在白器碗口施黑覆轮一周，二是在碗、钵的内外绘黑色或黑褐色花草纹（图一、图二、图三），其花草纹虽简约，但注重对称，除少数有花有叶有枝外，大多数为五笔花草纹。所谓五笔花草纹，以一笔上尖下尾中宽长叶为首，二笔、三笔并列为身，四笔、五笔分披卷曲为腿足，即把婷婷玉立的兰草纹，或两两对称，或三株平衡有序饰于器之内壁，给人的感观是简而美。从目前所知，这种产品以重庆为起点，下至乌江的武隆，上至嘉陵江的阆中均有出土，可见在南宋时涂山窑的白地黑花器还是畅销产品之一。

图一　南宋涂山窑仿磁州窑白地黑花碗标本

图二　南宋涂山窑仿磁州窑白地黑花碗标本

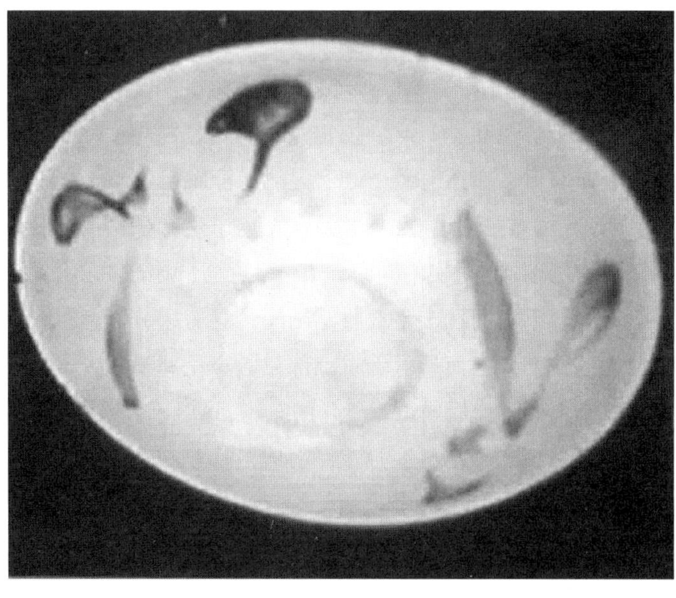

图三　南宋涂山窑仿磁州窑白地黑花碗

二 四川仿磁州窑系绘花艺术

四川仿磁州窑白地黑花的窑口，主要有灌县金凤窑、乐山西坝窑和广元瓷窑铺窑（简称广元窑），这三个民窑仍是以烧黑瓷为主，兼烧仿磁州窑白地黑花器。

1. 灌县金凤窑白地黑花

灌县金凤窑主要是烧造黑釉瓷，兼烧少量白瓷及仿磁州窑的白地黑花或白地黑褐花。1999 年配合基本建设清理发掘有 38 座半倒焰式砖结构的馒头窑，出土器物皆为两宋时期，出土的白地黑花器，器型有碗、瓶、盘、盒等。大多数白地黑花无开片，仅少数有开片。此处白地黑花工艺过程与磁州窑相同，用笔有浓淡之分，如一件盒盖（图四），无论花枝、花叶、花瓣均用浓黑一笔绘出，具有浮雕之感，仅花蕊用浅褐色填绘点染，把鲜花盛放之姿容勾画无遗，达到了笔到意到，笔不到意已到的艺术效果。

2. 乐山西坝窑白地黑花

乐山西坝窑位于乐山市五通桥区西坝镇，距乐山大佛约 18 公里。以烧黑釉瓷为主，兼烧少量白瓷及仿磁州窑系白地黑花器。始烧于北宋，盛于南宋至元，明始衰微。

关于仿磁州窑系白地黑花器，从目前所知，器型有碗、罐、盒、瓶、梅瓶、器盖和动物插座等（图五、图六、图七）。制造工艺，既有学磁州窑先于胎上饰白色化妆土，而后绘画，再施透明釉，亦有不上化妆土，直接于胎上绘画，最后施釉，色彩黑白对比强烈，与磁州窑白地黑花纹饰相仿。绘画题材，主要有花卉、丛草，花卉有牡丹、菊花、梅花、宝相花等，虫草有蝴蝶、蜜蜂、竹子、卷草纹及一些变形花草纹等。构图形式注重对称平衡，即有简约豪放，又有繁缛缜密，一般的盒、盖、碗，多简约，好似即兴挥毫，潇洒娴熟，一气呵成，具有士人画气（又称文人画，图八、图九、图一〇），较大件的罐、瓶、梅瓶等就多繁茂缜密，尤以梅瓶纹饰最为常见，一般分上中下三区，上下两区为舒卷自如的卷草纹，或排列有序的扇形花草纹，中区主体纹饰，多善用开窗纹（又称开光），窗式多为三层四连弧椭圆形，以两两对称分绘于腹上，窗内绘蜂忙蝶舞戏牡丹，或梅竹纹饰满布，窗外空白补绘同类纹饰填光，全图紧凑严密，繁而有序，错落有致；其次是罐、瓶上绘有盛放的菊花，瓶上绘蜂蝶飞舞满身等（见图五、图六、图七、图一〇），充满了生命的活力，让人赏心悦目。这类纹样，多以写实为基础，在写实的同时，又有写意的情趣，只求大同于形，不求细微末节的具像。用笔飘逍，下笔圆润丰腴，收笔枯淡，具有墨分五色的艺术效果，有的又似先用浅淡的黄褐色绘初样，而后再于重点部位敷染浓墨重彩，显出浓淡有别的花胚叶脉，好似北宋徐崇嗣效五代后蜀黄筌所作的花卉，只用色彩绘成，名“没骨花枝”的艺术效果[2]。乐山西坝窑仿磁州窑白地黑花，白地黑褐绘花艺术，它的用色有浓淡之别，不仅发展了磁州窑的白地绘黑褐彩艺术，而且还是后来明末清初景德镇青花瓷纹饰墨分五色的先驱与开创者。

图四　南宋金凤窑仿磁州窑白地黑花盒

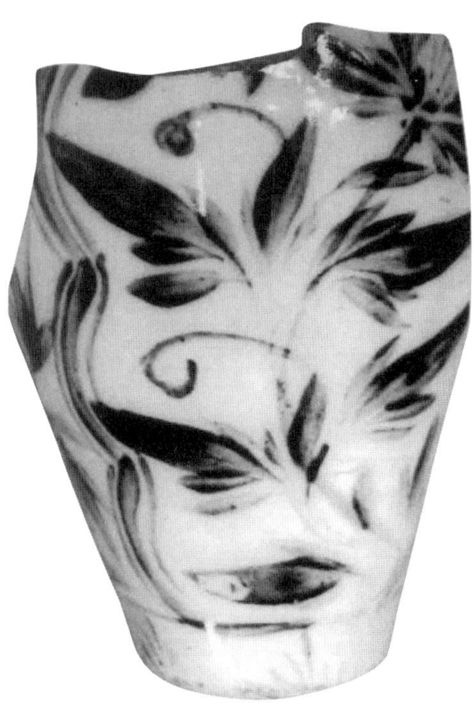

图五　南宋西坝窑仿磁州窑白地黑花梅瓶标本

图六　南宋西坝窑仿磁州窑白地黑花梅瓶标本

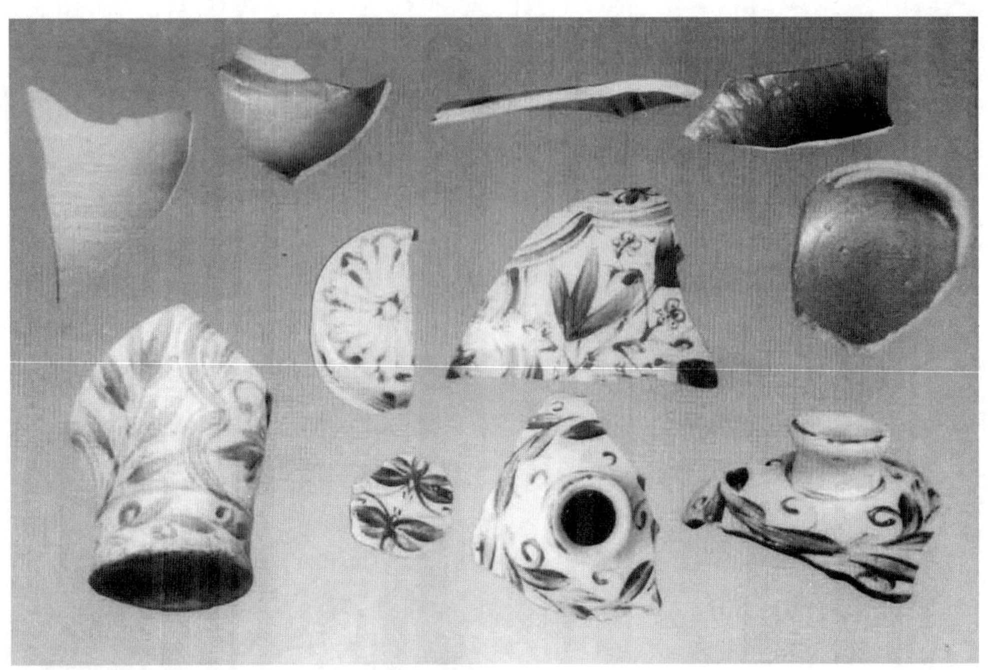

图七　南宋西坝窑仿磁州窑白地黑褐绘花器标本

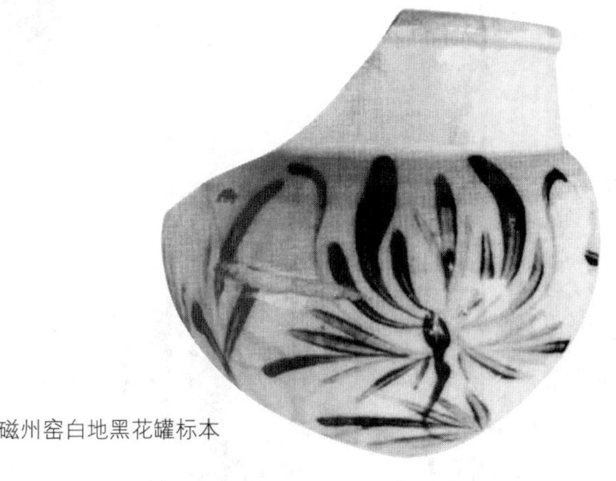

图八　南宋西坝窑仿磁州窑白地黑花罐标本

图九　南宋西坝窑仿磁州窑白地褐花盖

图一〇　南宋西坝窑仿磁州窑白地褐花器标本

3．广元窑仿磁州窑绘花艺术

广元窑位于广元市瓷窑铺乡，嘉陵江右岸千佛岩之旁。主烧黑釉瓷，兼烧绿、黄低温及白地黑花、白地绘褐花、褐底绘黄白花、绿底绘黑花等。始烧于五代，盛于两宋，衰于元初。

（1）广元窑白地黑花

广元窑白地绘黑花，是广元窑绘花艺术中较为丰富多姿的品种，其器型有碗、罐、壶、瓶、水注、水盂、香炉、梅瓶和小动物等。绘饰纹样以花卉为主，并以牡丹为主题纹饰。其工艺过程，与磁州窑相类，先于胎上施白色化妆土而后绘画，最后施透明釉。广元窑的白地绘花既与乐山西坝窑仿磁州窑系白地绘花相似，但又有所区别，西坝窑绘画多缜密工细，敷色浓淡有别，酷似国画的水墨画，广元窑色彩虽亦浓淡之分，但并不突出且粗狂，纹饰多稀疏单调，从目前所知，多为简约折枝牡丹与简笔的草叶纹（图一一、图一二、图一三、图一四、图一五）。但也有优者，极似磁州窑，如双耳小口扁圆壶，所绘之折枝花叶纹，极似磁州窑系的产品（见图一四）。此外，广元窑的白地绘花器，有的还不施釉，直接用褐色釉料于白色化妆土绘画，其花纹多为折枝牡丹，由于绘制之釉料亮丽，增显了纹饰之美，关于这种装饰，在湖南湘阴樟树镇百梅窑亦有，周世荣先生称之为“粉地彩绘”[3]。

（2）广元窑绿地黑花

广元窑的绿地黑花，也是仿磁州窑系纹饰之一，其制作过程，仍是先于胎上施白色化妆土，后绘画，再施釉，这类绿地黑花，多用于瓶、壶、炉上。纹饰题材多为牡丹，其绘画技法有两种，一是似为平涂绘染，无明显的浓淡之分，画面光洁平整（图一六）；二是用墨浓肥厚似如堆脂，有鼓凸的立体感，如一绿釉黑花执壶，腹部即四组四竖一斜线，分绘腹之两侧面，中绘折枝牡丹。由于艺师们艺术超群，胸有成竹，用笔娴熟生动自然，无论是花瓣、花蕊、花叶、花枝的宽窄、卷曲、起伏、俯昂皆恰

图一一　南宋广元窑仿磁州窑白地黑花水盂标本

图一二　南宋广元窑仿磁州窑白地黑花盏托

图一三　南宋广元窑仿磁州窑白地黑花壶

图一四　南宋广元窑仿磁州窑白地黑花双系壶

到好处，即把那牡丹花朵欲开半放的活鲜神态展示于人，又让视者的心灵在遐想中起舞（图一七），另外值得注意的是，此壶不仅画工端丽，其造型也别具一格，其肩上贴塑一对印花云头耳，这种装饰不是广元窑自身的特色，而是浙江慈溪上林湖越窑北宋执壶所善用造型装饰[4]，从这一点看，广元窑不仅仿磁州窑装饰艺术，它还博采众长，并融会于一体。

（3）广元窑褐地绘花

广元窑的褐地绘花，从目前所知，主要绘于瓶上。其瓶的颈足部位为鸭黄色，腹部以黑褐为地，而后绘鸭黄牡丹纹，形成亮丽的双色彩绘（图一八）[5]。广元窑这种

图一五　南宋广元窑仿磁州窑白地黑花罐

图一六　南宋广元窑仿磁州窑绿地黑花瓶

图一七　南宋广元窑仿磁州窑绿地黑花执壶

图一八　南宋广元窑仿磁州窑褐地绘花瓶

装饰绘画，既有磁州窑系的艺术风格，又不同于磁州窑，而是广元窑在仿烧学习中的一种简朴的绘画装饰。

三 小结

从以上所介述的重庆、四川仿磁州窑系的白地绘黑花、褐花，绿地绘黑花、褐地绘黄花纹饰看，磁州窑在两宋时深受南北各地民窑所崇尚，从而各地在其带动启迪下，又有不同的创新和发展，通过这些充分说明了在两宋时我国陶瓷文化在商品经济刺激的驱动下，既成百花齐放，各竞其美的鼎盛时期，同时也进入相互学习、共同繁荣的新时期。

注释：

[1] 马忠理：《磁州窑的装饰品种及流行时代》，《文物春秋》（增刊）第67页，总第38期，1997年。

[2] 《辞海》（缩印本）第901页，上海辞书出版社，1980年。

[3] 周世荣著：《湖湘陶瓷》第232~235页，湖南美术出版社，2008年。

[4] 慈溪市博物馆编：《上林湖越窑》第187页，科学出版社，2002年。

[5] 文中图片有部分引曹洪、王如瑜著：《西坝古窑瓷器鉴赏》第7页、第9页，中国文化出版社，2010年；代开林著《缤纷蜀窑》第266页、第267页、第269页，四川美术出版社，2009年。

金代鹤壁窑和观台窑的比较研究

河南鹤壁市文物工作队　王文强

内容提要：创烧于唐代的鹤壁窑和始烧于五代宋初的观台窑，发展到金代，都进入了鼎盛时期。这一时期两窑产品的风格基本相同，在很多方面都十分相似，但也有所差异。本文在介绍两窑概况的基础上，对两窑产品的类型、品种、釉色、胎质胎色、造型风格、烧制工艺和装饰艺术等方面的异同进行了初步探讨。

关键词：金代　鹤壁窑和观台窑　比较研究

Abstract: The Hebi kiln, which first fired during the Tang Dynasty, and the Guantai Kiln, which first fired during the Five Dynasties and early Song, developed until their golden age during the Jin Dynasty. During this period the products of both kilns were fundamentally similar in style, in many respects extremely alike but also containing some differences. This paper builds on a basic introduction of both kilns' circumstances to undertake a preliminary investigation of the two kilns' similarities and differences, with respect to typology, variety, glaze coloration, body quality and coloration, molding and style, firing techniques, decorative artistry, etc.

Keywords: Jin Dynasty, Hebi and Guantai Kilns, comparative studies

鹤壁窑是我国北方一处大型民间窑场，窑址位于河南省鹤壁市西北 30 公里的鹤壁集西侧　河两岸，面积 84 万平方米，创烧于唐而终于元，烧瓷历史达 500 年之久。鹤壁窑之北约 40 公里的观台窑，位于河北省磁县观台镇之北 2 公里的漳河南岸台地上，始烧于五代宋初而终于元，是磁州窑的一处中心窑场，也是我国北方一处影响很广的民间窑场。两窑自创烧以来，发展到金代，都进入了各自制瓷史上的繁荣时期，鹤壁窑址 1963 年和 1978 年的发掘[1]，观台窑址 1958 年和 1987 年的发掘[2]，金代地层获得的丰富实物资料就是明证，这些资料为两窑的对比研究打下了基础和提供了条件。由于两窑同属民窑，又有相近的地理位置和资源条件，经过一定的梳理和研究，发现两窑产品在类型、种类、釉色、胎质胎色、烧成工艺、装饰技法和装饰题材等方面都十分相似，然而又因烧造环境、文化氛围和匠师技法擅长的不同而有所差异。本文在介绍金代两窑概况的基础上，试就二者在以上诸方面的异同作一初步探讨，以便有助于磁州窑系产品研究的深入开展，不妥之处，敬请指正。

一　鹤壁窑生产概况

历次窑址发掘表明，金代地层出土遗物极为丰富，多数器物出自此期，产品以日常生活用瓷为主，此外还有艺术性陈设用瓷和文化娱乐用品。这一时期釉色最全，以白釉居多，黑釉、酱釉次之，还有少量黄釉，新出现有青釉、钧釉、绿釉、茶叶末釉、粉釉等。器型种类繁多，有碗、盘、钵、盏托、执壶、盒、器盖、灯、炉、瓶、盆、枕、瓷塑人物等，其中以各式碗、盘烧制最多。与该窑址发掘的宋器相比，器物胎壁变薄，制作规整，造型美观，如碗、盘、壶类的圈足修整非常规整，弧腹碗为这期的显著特征，器物造型总体上显得挺秀、端巧。在釉色上，白釉釉色大部分白中泛灰，也有部分呈白或乳白色，施釉匀净，釉面光润，很少有开片，仿定细白瓷釉色洁白或略泛黄色；黑釉漆黑光亮，有的黑中闪蓝，部分釉面出现美妙的窑变；黄釉黄中泛褐，光亮润泽，布满细碎的开片；青釉一般呈青绿、豆青或葱绿色，釉质细腻透明，部分釉面布满大小不等的开片；钧釉有天蓝、天青、灰蓝等色，釉面莹润，乳光内蕴。金代瓷土淘洗较细，杂质少，器物胎色普遍呈灰白、黄褐或棕褐色，有的带有少量细小的气孔。器胎烧结度和致密度一般偏低，达不到玻化程度，胎质疏松，多属生烧。仿定细白瓷胎料经过特殊处理，胎色洁白无瑕，胎质细腻坚致，断面呈乳（油）脂状光泽（图一）。

图一　金鹤壁窑仿定细白瓷标本（鹤壁市文物工作队藏）

在装烧方法上，瓷器烧制使用匣钵装烧。其方法主要有四种，一是普遍使用北宋沿袭下来的三角形支钉叠烧法，以碗为例，即在底部用支顶钵支垫，其上放置三枚或五枚三角形支钉，然后将碗覆扣着叠烧，外部用筒状匣钵套装；还有采用深腹筒状匣钵装烧，底部加垫片，将碗正置于垫片上，碗与碗之间以三角形支钉间隔。二是覆烧法，仿定的碗、盘均使用这种方法，即在底钵的垫阶上覆扣碗、盘，然后叠放覆烧圈，再在支圈上覆扣碗、盘，依次叠置，外部用深腹筒状匣钵套装，烧出的器物皆为芒口。三是涩圈叠烧法，即将底部正置的一件器物，内底刮去一圈釉面，形成露胎环，然后将叠烧的器物底足正置其上（凡叠烧的器物底足均无釉），使露胎环正好与无釉的器足接触。四是“衬块”烧，即在碗、盘、瓶、罐等器物的足根底面环衬小块高岭土或瓷泥，组成梅花点，以作支具。由此派生出也有在碗与碗之间支垫沙粒的。后三种烧法是金代鹤壁窑新出现的装烧方法。

金代鹤壁窑的装饰工艺，既有对前代的继承，又有创新，总的趋势是向着多样化的途径发展。各种装饰技法这时期都得到了充分展开，同样取得了前所未有的成就。

在胎上的装饰，鹤壁窑北宋时期的刻花、划花、篦划花这时期继续流行，新出现的印花、剔花、贴塑、镂空、黑釉凸线纹，以及在白化妆土以下的胎体上划花的暗划花，也都是这时期很有特色的装饰。

彩装饰上的白地黑花以这时期数量最多、绘制精美、图案内容最为丰富而著称，成为鹤壁窑典型风格的标志。在此基础上产生的白地黑划花，则融合了绘、划两种技法，技艺精湛，经其装饰后画面黑白分明，生动活泼，富有立体感。新出现的白釉红绿彩艳丽夺目，对比强烈，为金以后五彩的诞生奠定了基础。

釉装饰方面最典型的要数黑釉，它不是一种纯粹的黑釉，而是在高温下烧出各种奇妙的铁结晶和窑变，使漆黑光亮的釉面上出现兔毫、油滴、玳瑁、铁锈花等纹络或斑片。

装饰题材极其丰富，计有卷草、卷枝、连续忍冬、缠枝牡丹、缠枝荷叶莲花、折枝草叶、折枝花叶、莲瓣、荷塘、水浪、殿宇、太湖石、花草蜂蝶、鱼、民谚、吉语、诗词、婴戏，以及鹤、鹭鸶、鸳鸯、喜鹊、鸭、鹅、芦雁、凤、兔、鹿纹和各种珍禽瑞兽纹等。

二　观台窑生产概况

窑址发掘表明，金代观台窑产品种类有了重要发展，产品以日常生活用瓷为主，陈设用瓷次之，另外新出现了佛教用瓷和建筑构件。釉色仍以传统的白瓷居多，黑釉较前减少，低温釉的黄釉、绿釉大量增加。器型有碗、盘、钵、盏托、执壶、盒、炉、瓶、罐、盆、瓷塑人物，还出现了独具特色的佛像、菩萨像、佛塔和部分建筑脊饰，如迦陵频伽（图二）、摩羯、羽人等。器型多姿多彩，造型总体风格是挺拔秀美。在釉色上，

图二 金观台窑绿釉迦陵频伽

白釉多呈白或卵白色，很少有开片，釉色不够莹润；黑釉一般釉色晦暗，多呈黑褐色和酱褐色；黄釉呈酱黄或橙黄色，绿釉呈深绿、翠绿、淡绿等色，二者色泽鲜艳明亮，透明性强。器物胎色普遍呈浅灰、灰褐等色，胎质一般较细，但烧成温度不高，多数器物胎体很疏松。

在装烧工艺上采用多种方法，一是同样普遍使用三角形支钉支垫叠烧。二是涩圈叠烧，这时期仅有少量器物采用这种方法。三是覆烧，仿定的碗、盘大部分使用这种方法。四是匣钵单烧，即在一个匣钵内放置一件器物，器底与匣钵之间以垫片相隔；这种匣钵一般都是大个的漏斗形匣钵，其内放置的器物往往还要搭烧较小的器物，部分仿定器内底的三角形支钉痕正是这种方法的表征。

金代观台窑最突出的成就是装饰。经过五代末、宋初创烧以来的发展，这一时期装饰技法最为丰富。胎上的装饰划花、篦划花仍然流行，印花、刻花、镂空多见，剔花技法得到了极大的发展，与各种釉色和技法相结合，产生了白釉剔花、黑釉剔花、绿釉剔花、绿釉黑剔花、黑釉剔花刻填等各种装饰，此外还有黑釉凸线纹、贴花，以及在化妆土以下的胎体上划花的暗划花等。

彩装饰方面代表观台窑装饰特征的白地黑花这时期已经发展成熟，绘法流畅，一气呵成，潇洒自如，形象生动，呈色稳定，技法娴熟，达到了极盛时期。装饰精美的白釉黑划花，以及白釉红绿彩也都在这一时期出现。此外还有黄釉黑彩、绿釉黑花、白釉酱彩，以黑彩书写吉语、诗词的装饰也很流行。

釉装饰同样突出地表现在黑釉上，在黑色釉面上出现兔毫、油滴、玳瑁和铁锈花等。

观台窑的装饰题材相当广泛，有卷草纹、卷技纹、连续忍冬纹、缠枝牡丹纹、缠枝荷叶莲花纹、莲瓣纹、单株草叶纹、山、水、荷塘、婴戏、花草蜂蝶、吉语、诗词以及各种动物，如鹭鸶、芦雁、鹤、鸭、鹅、鱼、兔、鹿神话中的龙、凤等富有生活气息的题材，清新活泼，充满生机，具有浓郁的民间色彩。

三　鹤壁窑和观台窑的异同

通过以上对两窑的介绍，我们可以看出，两窑在产品的类型、种类上有明显的不同，鹤壁窑主要生产日常生活用瓷，此外还生产部分艺术性陈设用瓷和少量的娱乐玩具类用品。观台窑的产品也以日常生活用瓷为主，还生产大量的艺术性陈设用瓷，但同时还生产大量的宗教用瓷和建筑用瓷，这些富有特色的产品，为鹤壁窑所无。在器物造型上，两窑既有同时代的共性，也各有自己的特点。两窑产品都以日常生活用瓷为主，主要器型有碗、盘、钵、盏托、执壶、盒、炉、灯、瓶、罐、盆、枕以及瓷塑人物。毋庸置疑，碗、盘在两窑都是大宗产品，从造型上看，大部分内圜底、弧腹、玉环形圈足且挖足过肩，但两窑烧制的兔毫碗有所区别，它是一种茶具，观台窑生产的是当时流行的式样，敞口、斜腹、圈足、挖足矮浅，近似假圈足（图三），金代鹤壁窑大量生产这种茶具，但都是上腹略向内曲（图四），有别于观台窑生产的流行式样 。典型器物白釉花口瓶两窑都有烧制，均为喇叭口、长颈、圆肩、鼓腹斜收、圈足外撇，相比之下，鹤壁窑的这类瓶挖足很浅，并且在下腹与足交接处往往附加一道凸棱，观台窑则无（图五）。再如两窑都生产的白地黑花梅瓶，小口、圆唇、折沿下斜、短颈、

图三　金观台窑黑釉兔毫碗

图四　金鹤壁窑黑釉兔毫碗（鹤壁市文物工作队藏）

图五　金观台窑白釉花口瓶

圆溜肩、上腹稍鼓、下腹斜收、隐圈足，造型看似一样，但圈足有异，鹤壁窑的隐圈足外撇（图六），观台窑则为较直的隐圈足（图七）。另外，鹤壁窑最有特点的褐黄釉折沿大盆（图八），胎壁薄如蛋壳的仿定细白瓷器，以及造型秀美的黑釉凸线纹玉壶春瓶（图九），为观台窑所无。而观台窑造型丰富多样的瓷枕，以及一些大件器物如高达 55.5 厘米的白地黑花花口瓶（图一〇）都是该窑十分有特点的造型器物，这是鹤壁窑所无法相比的。

在釉色上，两窑都有白釉、黑釉和黄釉，其中明显不同的是黑釉在两窑都发生了很大变化。鹤壁窑这一时期黑釉发展到了高峰，其工艺居于各釉色之首。釉色漆黑光亮，有的黑中闪蓝，可鉴人影，有些釉面上还带有铁结晶和酱斑装饰[3]。而观台窑的黑釉在北宋中晚期为其高峰，发展到金代则处于下降趋势，大部分釉色晦暗，多呈褐色和酱褐色，一般不带酱斑装饰[4]。此外，鹤壁窑这时期新出现了青釉和钧釉。青釉系临汝窑类的高温釉，一般呈青绿、豆青和葱绿等色；釉质可分两种，一种是透明釉，玻璃质感强，釉面布满大小不等的开片，釉中悬浮气泡釉层匀净，清澈温润（图一一）；另一种釉层失透，釉质沉静含蓄，滋润如玉。钧釉有天蓝、天青、灰蓝等乳光釉，釉

图六　金鹤壁窑白地黑花梅瓶（鹤壁市文物工作队藏）

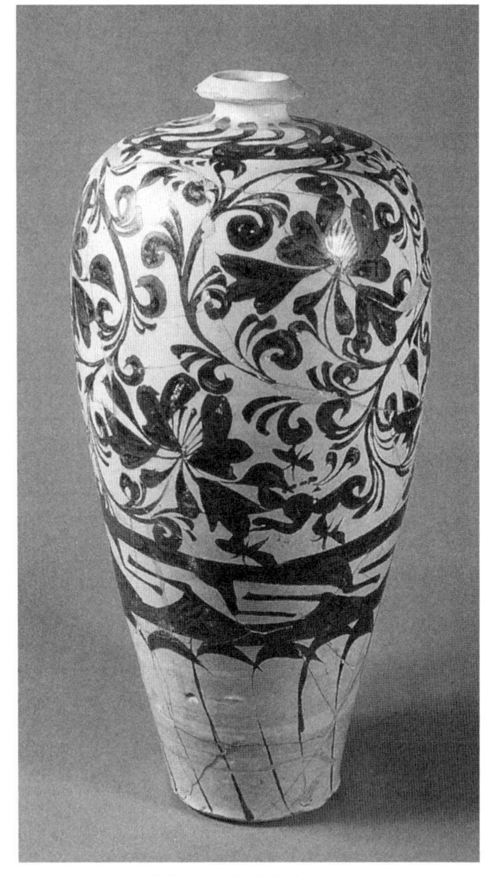
图七　金观台窑白地黑花梅瓶

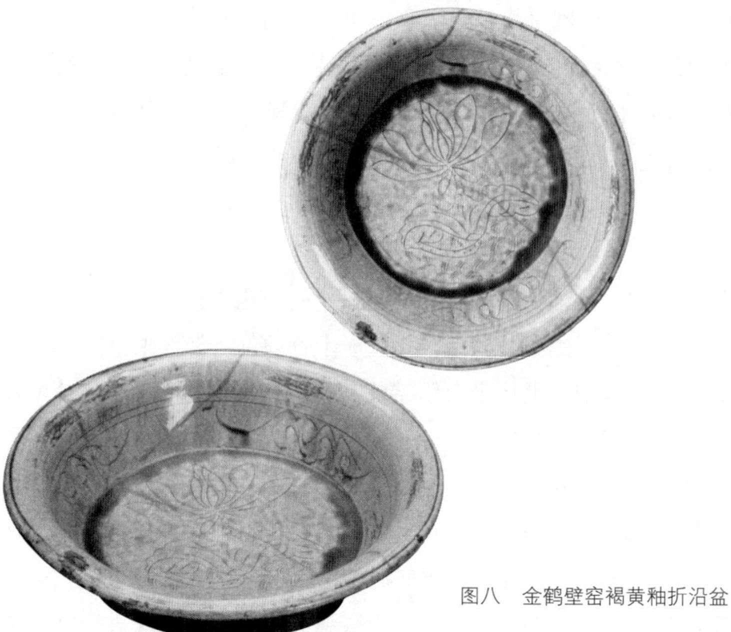

图八　金鹤壁窑褐黄釉折沿盆（河南省博物院藏）

图九　金鹤壁窑黑釉凸线纹玉壶春瓶（鹤壁市文物工作队藏）

图一〇　金观台窑白地黑花花口瓶

图一一　金鹤壁窑青釉碗标本（鹤壁市文物工作队藏）

质细腻，釉面光润。这两种釉观台窑均未发现，但观台窑这时期大量生产一种低温绿釉，大体有三种颜色：直接在坯上施釉后烧成的呈深绿色，在施有白化妆土的坯上罩釉烧成的呈浅绿色，在高温烧成后的白瓷器上（多数是生烧）施釉后，再二次低温烧成的呈翠绿色。釉质透明度高，釉面光亮。绿釉经过窑工特殊加工后，产生了不同的色阶与装饰效果，颇具特色，而这些均不见于鹤壁窑。

在胎质、胎色上，两窑南北毗邻，在地理位置上同处于太行山东麓的浅山、丘陵地带，地下都蕴藏有丰富且便于就地取材的制瓷原料。根据科学工作者对金代两窑瓷胎所含化学成分的科学分析，我们可以看出两窑的制瓷原料化学成分非常接近。以金代两窑白地黑花瓷胎为例，鹤壁窑氧化铝（Al_2O_3）的含量一般为27.59%，氧化硅（SiO_2）的含量为61.07%[5]；观台窑氧化铝（Al_2O_3）的含量一般为28.62%，氧化硅（SiO_2）的含量为62.96%[6]。而胎中硅铝比值的大小是决定烧结温度的一个重要因素。分析结果显示，两窑瓷胎硅铝的比值大小基本相同，表明两窑烧成温度、瓷化程度大体相同，无明显差别。但由于鹤壁窑瓷胎氧化铁（Fe_2O_3）的含量为6.82%[7]，而观台窑瓷胎氧化铁（Fe_2O_3）的含量为2.51%[8]，原料中铁含量的高低与瓷胎的呈色有直接关系，相比之下，鹤壁窑的瓷胎含铁量较高，这大约是鹤壁窑和观台窑胎色不同的主要原因。鹤壁窑的胎色一般比观台窑要深，多呈灰白、黄褐或棕褐色，而观台窑的胎色呈浅灰、灰褐色。

在装饰技法上，鹤壁窑和观台窑都以这一时期最为丰富。两窑装饰大体相同，但也各有特色。两窑在胎装饰上都十分流行篦地划花、印花、剔花装饰，此外还有黑釉凸线纹、镂空等。彩装饰上的白地黑花、白地黑划花都在这一时期发展成熟，绘法流畅，呈色稳定，纹饰丰富多彩，其潇洒自由的画风、明快生动的色彩和人民喜闻乐见的题材令人耳目一新；白釉红绿彩也都是这时期新出现的装饰。釉装饰主要表现在黑釉上，釉面上都有兔毫、油滴、玳瑁和铁锈花装饰。各具特色的是，鹤壁窑在饰有多组凸线纹的黑釉上，在每组凸线纹之间的黑色釉面上又饰有美妙的酱斑（图一二），还有在褐黄釉上综合使用刻、划、剔于一体的技法，为观台窑所无。观台窑这时期出现了大量的绿釉，并且在绿釉上使用了刻、划、剔、绘等各种技法，出现了绿釉划花、绿釉黑花、绿釉酱彩、绿釉剔花、绿釉黑剔花、绿釉黑绘划花、绿釉贴花等丰富多彩的装饰（图一三、图一四），还有的器物上出现了精美的黑剔花刻填装饰，这些均不见于鹤壁窑。

在装饰题材上，两窑都取材于大自然和社会生活，内容极为丰富，题材十分广泛，都以各种各样的花卉、草叶纹最为流行，其中莲花、牡丹纹为最。最有特色的是活泼可爱的婴戏纹，还有一些诗词、吉语、民谚、警语等书法题材，以及动物、水浪纹等。此时观台窑枕或花盆上出现的福寿题材和白地黑绘划花大盆上的龙纹题材（图一五），鹤壁窑均无所见。相比之下，观台窑的题材内容更为丰富。

鹤壁窑和观台窑发展到金代都进入鼎盛时期，虽然两窑产品既有同时代的共性，又有各自的特点，但都以产量大、品种繁多、装饰丰富著称于世，两窑都以其突出的成就为繁荣金代陶瓷生产做了积极的贡献。

图一二　金鹤壁窑黑釉凸线纹罐（河南省博物院藏）

图一三　金观台窑绿釉剔划花罐、瓶标本

图一四　金观台窑绿釉黑花瓶标本

图一五　金观台窑白地黑绘划花龙纹盆

注释：

[1] 河南省文化局文物工作队：《河南省鹤壁集瓷窑遗址发掘简报》，《文物》1964 年第 8 期；简报中原定北宋晚期的第五段的时代应为金代，见中国硅酸盐学会编：《中国陶瓷史》第 248 页，文物出版社，1982 年；鹤壁市博物馆：《河南省鹤壁集瓷窑遗址 1978 年发掘简报》，《中国古代窑址调查发掘报告集》，文物出版社，1984 年。

[2] 河北省文化局文物工作队：《观台窑址发掘报告》，《文物》1959 年第 6 期；北京大学考古系、河北省文物研究所、邯郸地区文物保管所：《观台磁州窑址》，文物出版社，1997 年。

[3] 鹤壁市博物馆：《河南省鹤壁集瓷窑遗址 1978 年发掘简报》，《中国古代窑址调查发掘报告集》，文物出版社，1984 年。

[4][6][8] 北京大学考古系、河南省文物研究所、邯郸地区文物保管所：《观台磁州窑址》，文物出版社，1997 年。

[5][7] 陈尧成、郭演仪、赵青云：《鹤壁集黑、褐彩陶瓷的初步研究》，《中国陶瓷》1988 年第 5 期。

磁州窑白地黑花与景德镇元青花

——从纹饰细节的对比看二者之间的关系

河北省文物出境鉴定中心　穆青
河北省文物保护中心　穆俏言

内容提要：金元磁州窑白地黑花是我国古代最成熟的釉下彩绘瓷器，很多作品具有极高的艺术水平。元代景德镇青花继磁州窑之后，把釉下彩绘推向新的高峰。本文将金元时期磁州窑白地黑花瓷器上一些常见纹饰，与景德镇元青花同类纹饰进行对比，试图从微观角度来印证二者之间的关系。

关键词：磁州窑　白地黑花　元青花　对比

Abstract: Black-on-White Cizhou Ware of the Jin and Yuan Dynasties is the most mature of ancient Chinese painted underglaze porcelain, with many works displaying extremely high levels of artistry. Jingdezhen blue-and-white porcelain in the Yuan era succeeded Cizhou Ware, and thereupon propelled underglaze painting to new heights. This paper takes a few designs commonly found on Yuan-era black-on-white Cizhou Ware and compares them with similar designs on blue-and-white Jingdezhen Ware, attempting to substantiate the relationship between the two on a microscopic level.

Keywords: Cizhou Ware, black-on-white porcelain, blue-and-white porcelain of Yuan dynasty, comparison

磁州窑是我国北方最具特色的民间窑场，它采用在胎体表面加施化妆土的方法，用当地蕴藏丰富的低品质瓷土生产出精美的白瓷。磁州窑素以丰富多彩的装饰技法以及老百姓喜闻乐见的装饰纹样而闻名于世，其中金元时期的釉下黑彩作品（白地黑花）代表了磁州窑的最高艺术水平。

根据墓葬以及窑址出土的资料显示，磁州窑白地黑花装饰从北宋后期开始出现[1]，到金代进入高度发达阶段，进入元代后，白地黑花成为磁州窑最主要的装饰技法，很多图案的画法也逐渐形成相对固定的模式，特别是一些具体细节部位的习惯处理手法，有着很强的规律性。

景德镇青花大约从元代中期才开始出现，经过短暂的发展后于元代后期迅速成熟，产品画工精湛，题材广泛，构图层次繁密，具有极高的艺术水平和独特的时代风格。元青花常用的装饰纹样在构图以及画法上同样具有很强的规律性，其中有些纹饰的局部图样以及细节部分的习惯处理手法，与金元磁州窑的同类纹饰非常相似，笔者从中筛选了一部分进行对比，试图从微观角度来印证二者之间的关系。

一 花卉纹

花卉纹是中国古代瓷器上使用频率最高的装饰纹样。金元时期，最流行的花卉纹主要有牡丹纹、菊花纹和莲花纹。对比磁州窑与元青花上的花卉纹，牡丹和菊花在构图、细节描绘上都有明显的相似处。

1．牡丹

北宋后期到金代，磁州窑的牡丹主要以缠枝形式为主，花头的画法变化很多，常常在写实的基础上大胆夸张，具有很好的装饰性（图一）。进入元代后，折枝牡丹的比例明显增多，花头的画法也有了比较固定的模式（图二）。这种采用主视角度的牡丹，与人们正常观看牡丹时的角度相同，盛开的牡丹花瓣向外卷曲，花瓣外缘采用连续的小圆弧来表现，花蕊画得相对比较简单，但简洁的构图和流畅的线条使画面充满勃勃生机。

图一　宋金磁州窑牡丹纹梅瓶

图二　元磁州窑白地黑花折枝牡丹纹枕

图三　元青花牡丹纹

元青花上牡丹花的画法变化非常丰富，大体上可以分为由侧面角度看的主视，由上往下垂直看的俯视以及从花朵背面向上看的仰视三类（图三）。将景德镇元青花上的牡丹与磁州窑对比，可以看出第一类（主视角度）花头的结构以及花瓣形态、花瓣边缘的画法等细节，均与元磁州窑有颇多相似之处（图四）。但是，元青花在画工以及细节表现上比磁州窑要更加精细，花蕊、花瓣都用青花涂染，花瓣边缘采用小串珠露白的手法来表现花瓣的层次，看上去花瓣具有一定的立体感。

2. 菊花

菊花纹是元代磁州窑使用频率最高的纹饰之一。磁州窑菊花的花头有圆形也有扁圆形，花蕊有两种画法：第一种比较复杂，是在花蕊内画上细密的斜网格纹；第二种非常简单，以中心为固定点，由里向外逐圈旋绕，形成一个螺旋线状的花蕊。花蕊外

图四　元磁州窑（左）与元青花（右）器牡丹纹对比

的花瓣由简单的弧线勾勒而成，无论构图还是画风都带有磁州窑特有的粗犷豪放风格（图五、图六）。

菊花也是景德镇元青花上最常用的纹饰，在构图复杂、画工精美的“至正型”青花上，菊花花蕊的画法采用斜方格纹。另一类元青花（供应国内以及东南亚市场的元青花）上菊花的花蕊则主要采用螺旋线的画法。与元代磁州窑菊花相对比，花蕊、花瓣结构以及画法都有着惊人的相似之处（图七、图八）。从数量统计上来看，菊花主要用在供应国内以及东南亚市场的元青花上，花蕊画法两种类型都有，但以第二种为主。“至正型”青花上的菊花数量较少，花蕊画法也只有斜方格纹一种。

3. 叶片

叶片是花卉类图案中重要的组成部分，磁州窑和元青花花卉图案中的叶片在构图和画法上都有很强的规律性，虽然叶片外形差异较大，但很多细节处理特别是叶片轮廓线条的处理，仍有很多共通之处。

首先，叶片无论画成什么形状，叶子平面都始终与人的视线保持水平。这种经过图案化的叶片虽然没有立体感，但却具有很好的装饰效果。其次，叶片轮廓线全都采用向外隆起的弧线，用这种线条绘出的叶片形态饱满，显得肥厚且充满生机。

以上两点是磁州窑与元青花叶片所共有的特点。但相比之下，磁州窑的叶片形状相对比较简单，叶片轮廓向外隆起的弧度也比较平缓。元青花（主要是“至正型”）叶片的形状复杂多变，不同花型所配的叶片各不相同，但叶片轮廓都向外隆起，且隆起的弧度较大，这种与众不同的“肥胖”叶片，成为元青花独特艺术风格的重要组成部分（图九）。

图五　元磁州窑
白地黑花菊花纹罐

图六　元磁州窑
白地黑花菊花纹罐

图七　元磁州窑（左）与元青花（右）器菊花纹对比

图八　元磁州窑（上）与元青花（下）器菊花纹对比

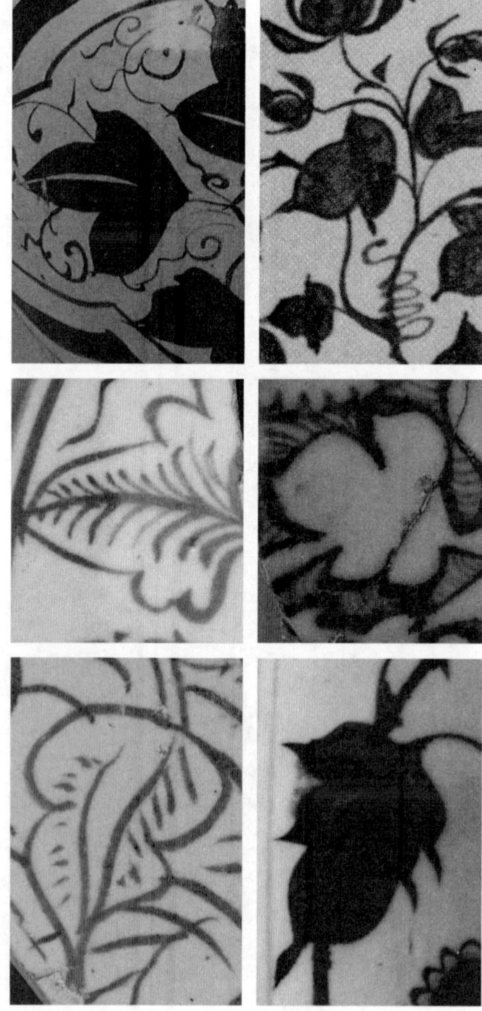

图九　元磁州窑（左）与元青花（右）器叶片纹对比

二 动物纹

磁州窑的装饰内容非常广泛，动物题材占有一定比例，除了龙、凤等瑞兽仙禽外，山中的狮、虎、鹿、兔，天上的大雁，水中的各种水鸟、游鱼等，老百姓日常所熟悉、喜爱的动物几乎都能在磁州窑的画面中找到。元青花中的动物题材同样十分广泛，其中不少动物的基本形态以及细节刻画，都与磁州窑非常相似。

1. 龙凤

宋金时期，磁州窑上的龙纹并不多见，直到元代开始才广泛流行，其中多数装饰在罐、瓶等琢器的腹部。元代磁州窑的龙纹运笔大胆泼辣，不拘小节，虽然显得粗放，但形象活泼生动。罐上的龙纹大多采用两面开光的形式，在罐腹画出对称的两个菱形开光，开光内各画一龙或画一龙一凤。为了适合菱形开光的形状，龙体多呈盘曲状，龙身粗壮，脖颈较细，张牙舞爪，须鬣飞扬。

元青花上的龙纹与磁州窑比身体比较纤细，小头，细颈，身体盘曲也不如磁州窑那么强烈，但运笔同样大胆奔放，龙的神态生动自然。眼、口、鼻、角、须发等部位画得比磁州窑精细，但仔细比较许多细节的画法仍很相似（图一〇）。

磁州窑凤鸟的画法有两类：一类采用大写意的笔法，画面简洁，线条流畅，不求形似，但气韵生动、动感十足；第二类写实性较强，头部、羽毛等细节的处理比较细致（图一一、图一二）。第二类在整体形态以及细节刻画上与元青花中的凤纹十分相似（图一三）。

2. 狮子戏球

狮子戏球纹在磁州窑和元青花中都不太多，但从现有的资料对比看，无论造型还是细节的具体画法，都有很多相似之处。狮子的造型活泼可爱，口中衔着丝带，丝带系着圆圆的彩球。狮子头、腿、爪、尾以及身体骨骼、肌肉的描绘，都与磁州窑颇为相似（图一四）。

3. 芦雁

芦雁纹在金代磁州窑瓷器上已经十分流行，一件金磁州窑白地黑花芦雁纹枕（图

图一〇 元磁州窑（左一、左三）与元青花器（左二、左四）龙纹对比

图一一　元磁州窑凤鸟纹罐

图一二　元磁州窑凤纹枕

图一三　元磁州窑（上）与元青花（下）器凤鸟纹对比

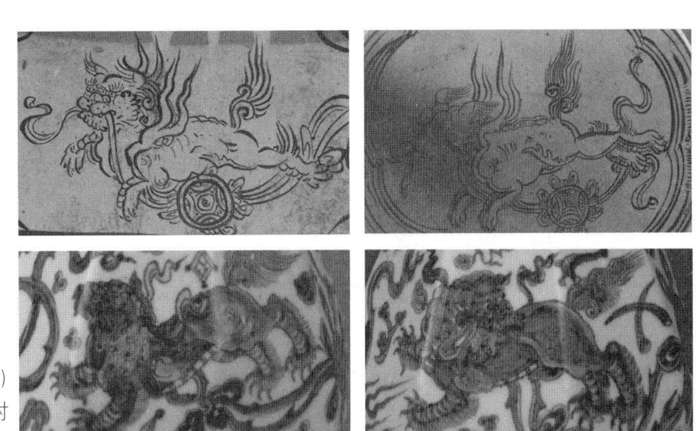

图一四　金元磁州窑（上）与元青花（下）器狮子戏球纹对比

图一五　金磁州窑白地黑花芦雁纹枕

图一六　金磁州窑白釉剔花芦雁纹枕

一五）和一件白釉剔花芦雁纹枕（图一六），同样的图案，采用不同的装饰技法，画面简洁，主题突出，具有很强的艺术感染力。元代磁州窑的芦雁纹延续了金代风格，在运笔上更加大胆泼辣。景德镇元青花和釉里红上也有芦雁纹，在构图和细节处理上均与磁州窑相似（图一七）。

此外还有很多其他图案，如兔纹、鹿纹、鸳鸯、仙鹤、鱼藻以及云纹等，都能找出十分接近的构图因素（图一八、图一九、图二〇、图二一、图二二、图二三、图二四）。

磁州窑白地黑花瓷器被誉为“白与黑的艺术”，在白与黑的运用上磁州窑有多种技巧，除了最常见的白地黑花外，还有白地黑绘划花（图二五）、黑地白花（图二六）、黑篦纹白花（图二七）、黑地划篦纹白花（图二八）、黑地划篦纹黑花等（图二九）。通过底色与纹饰颜色二者的巧妙变化，使画面显得更加活泼自然。元青花中除了白地青花外，也有很多图案采用青花地白花（图三〇、图三一），或者白地青花与青花地白花交替使用（图三二），这种技法显然也是源于磁州窑。

磁州窑白地黑花与景德镇元青花都属于釉下彩瓷器，二者从彩绘工具到绘画技法都一样，只不过在彩绘颜料上一个用氧化铁，一个用氧化钴。磁州窑彩绘艺术早在金代就已经高度发达，而元青花从元代后期才“突然”成熟，因此，磁州窑彩绘工艺对景德镇青花的影响是毋庸置疑的。笔者所做的这些比较，就是想从微观角度为二者之间的关系提供证据。

图一七　金磁州窑（左）与元青花（右）器芦雁纹对比

图一八　宋磁州窑（左）与元青花（右）器兔纹对比

图一九　金磁州窑（左）与元青花（右）器鹿纹对比

图二〇　金磁州窑（上）与元青花（下）器鸳鸯纹对比

图二一　金磁州窑（左）与元青花（右）器鸳鸯纹对比

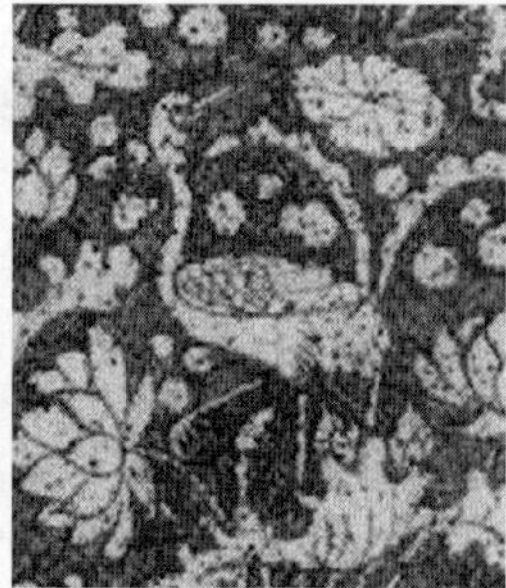

图二二　金磁州窑（左一、左三）与元青花（左二、左四）器仙鹤纹对比

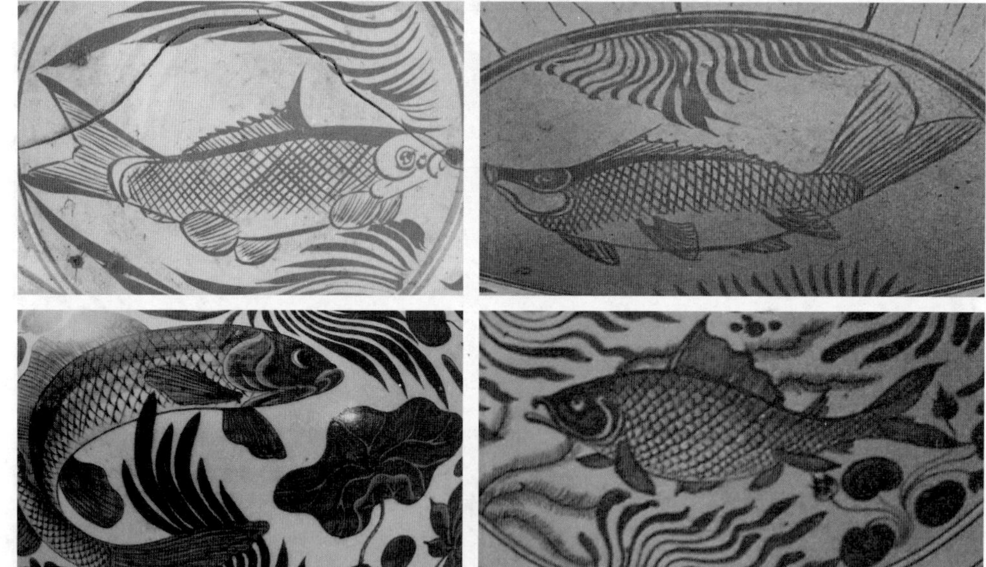

图二三　金元磁州窑（上）与元青花（下）器鱼藻纹对比

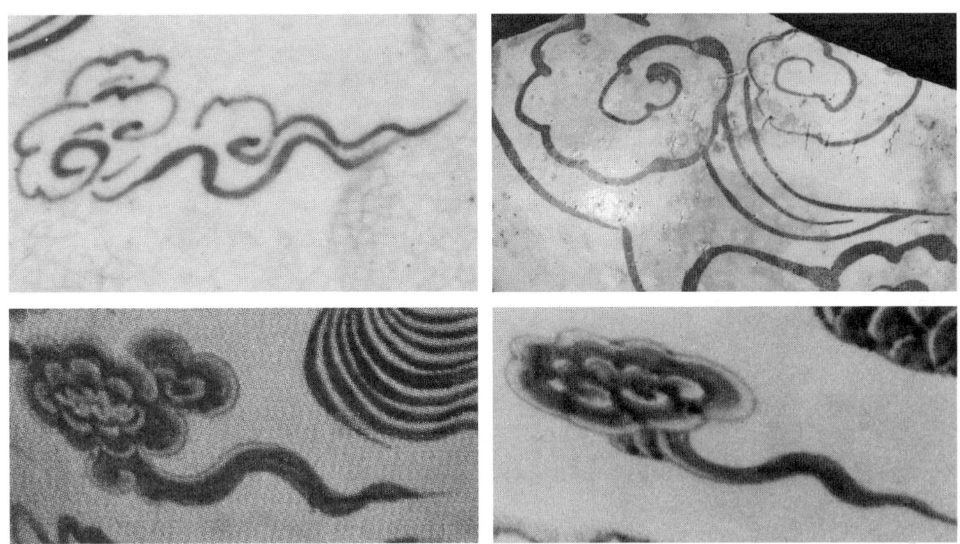

图二四　金元磁州窑（上）与元青花（下）器云纹对比

图二五　元磁州窑白地黑绘划花龙纹四系扁壶

图二六　金磁州窑黑地白花枕

图二七　金磁州窑黑篦纹白花盆

图二八　金磁州窑黑地划篦纹白花枕

图二九　金磁州窑黑地划篦纹黑花枕

图三〇　元青花地白花盘

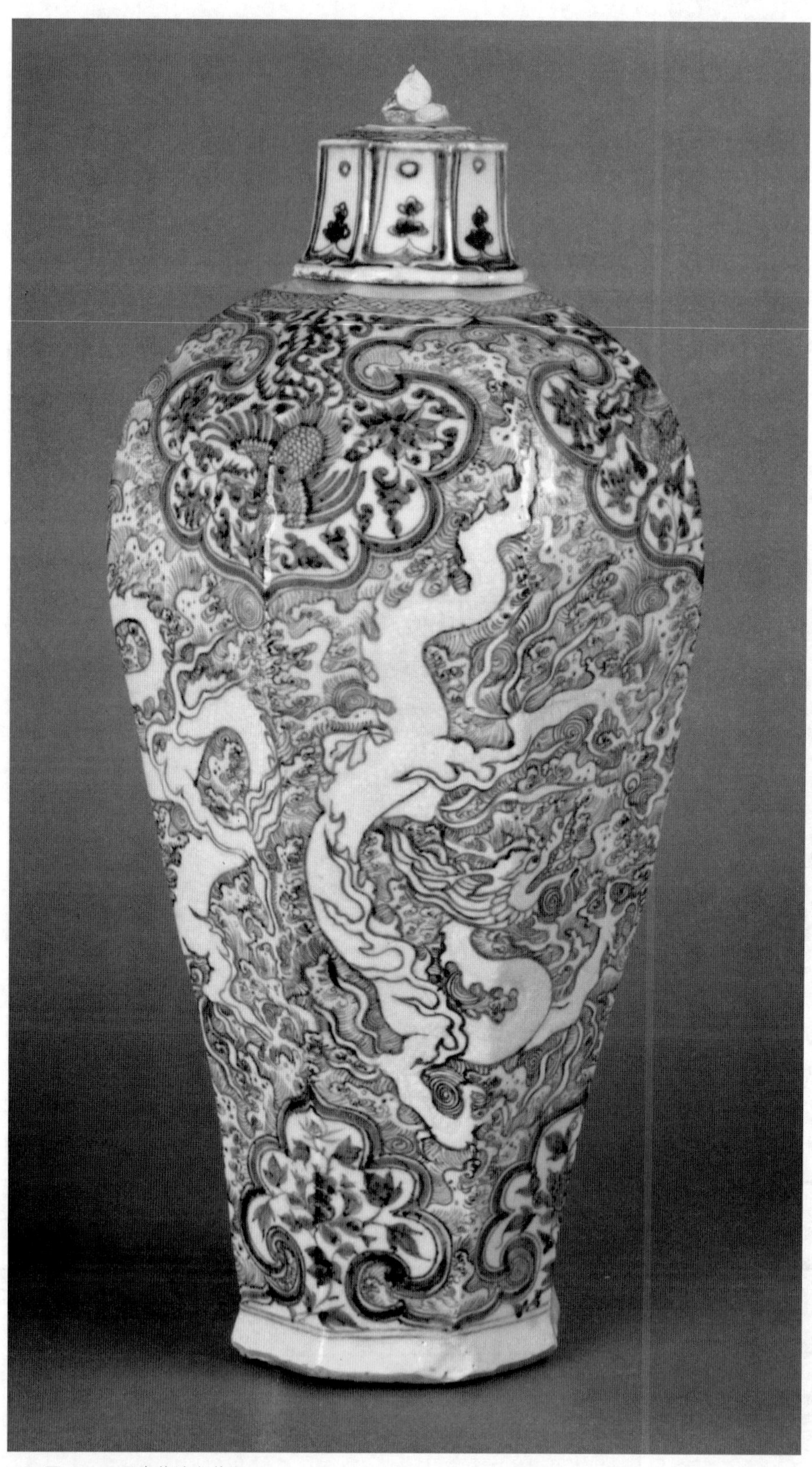

图三一　元青花地白花瓶

图三二　金磁州窑黑地白花（上）、元青花白地青花与青花地白花（下）

三 结语

在对比纹饰细节的同时，笔者也对磁州窑和景德镇元青花的整体艺术风格以及纹饰内容做了宏观对比。通过对比发现磁州窑对景德镇青花的影响主要集中在彩绘工艺技术以及绘画技巧上。景德镇工匠借鉴磁州窑成熟的彩绘工艺，使元青花得以迅速发展成熟，而元青花飘逸流畅的线条，显然受到磁州窑绘画风格的影响，至于那些与磁州窑极为相似的纹样以及细节部位的习惯处理手法，则似乎可以证明当时的确有磁州窑工匠直接参与创作[2]。

当景德镇工匠熟练掌握了彩绘工艺之后，青花产品的造型和装饰开始随商品属性而变化：销往西亚地区的青花多为大件器皿，构图层次繁密，装饰风格明显受伊斯兰文化影响；销往国内以及东南亚地区的青花以小件器皿为主，构图延续中国传统风格，主题突出，层次较少。随着自己艺术风格的成熟，磁州窑影响元青花的痕迹也逐渐淡化。

从明代开始，景德镇质优价廉的青花瓷在市场上占据了绝对优势，宋元时期许多著名窑场此时纷纷衰落，磁州窑虽然还保持着一定的生产能力，但无论产品质量和生产规模都大不如前。明代景德镇青花的空前繁荣奠定了彩绘瓷的主导地位，其影响力也越来越大，当时几乎所有生产彩绘瓷的窑场都受其影响。明代磁州窑仍以白地黑花瓷器为主，绘画风格也保持着宋元以来流畅潇洒的风格，但此时很多景德镇青花上的装饰图案（特别是人物故事类图案），在河北、河南磁州窑产品上同样流行[3]。

瓷器作为古代重要的日用商品，一直遵循着商品的价值规律。宋代几大名窑产品的畅销，使得其他窑场纷纷效仿，从而形成了所谓的“六大窑系”。这种现象就连名窑本身也不例外，磁州窑就曾大量仿烧定窑印花白瓷，定窑也烧造磁州窑风格的剔花瓷器。中国陶瓷正是在这种相互学习、借鉴中发展成长的。

注释：

[1] 北京大学考古学系、河北省文物研究所、邯郸地区文物保管所编：《观台磁州窑址》，文物出版社，1997 年。

[2] 曹建文：《景德镇青花瓷器艺术发展史研究》第四章，第 57 页，山东美术出版社，2008 年。

[3] 郭学雷：《明代磁州窑》，文物出版社，2005 年。

图书在版编目（CIP）数据

磁州窑瓷器研究 / 冯小琦主编. — 北京：故宫出版社，2013.11

（中国古陶瓷研究辑丛）

ISBN 978-7-5134-0434-1

Ⅰ. ①磁… Ⅱ. ①冯… Ⅲ. ①民窑－瓷器（考古）－研究－磁县 Ⅳ. ①K876.34

中国版本图书馆CIP数据核字（2013）第178363号

中国古陶瓷研究辑丛

磁州窑瓷器研究

主　　编：冯小琦
责任编辑：万　钧
装帧设计：王孔刚
出版发行：故宫出版社
地址：北京东城区景山前街4号　邮编：100009
电话：010-85007808　010-85007816　传真：010-65129479
网址：www.culturefc.cn　邮箱：gugongwenhua@yahoo.cn
印　　刷：保定市中画美凯印刷有限公司
排　　版：保定市万方数据处理有限公司
开　　本：787×1092毫米　1/16
印　　张：28.625
字　　数：590千字
版　　次：2013年11月第1版
2013年11月第1次印刷
印　　数：1-3000册
书　　号：ISBN 978-7-5134-0434-1
定　　价：96.00元